中国石油企业协会
中国石油大学中国油气产业发展研究中心

中国油气产业发展分析与展望报告蓝皮书

(2014–2015)

彭元正　董秀成　主编

中国石化出版社
HTTP://WWW.SINOPEC-PRESS.COM

图书在版编目(CIP)数据

中国油气产业发展分析与展望报告蓝皮书 / 彭元正,董秀成主编 .—北京:中国石化出版社,2015.3
ISBN 978-7-5114-3199-8

Ⅰ.①中… Ⅱ.①彭… ②董… Ⅲ.①石油工业-经济发展-研究报告-中国 ②天然气工业-经济发展-研究报告-中国 Ⅳ.①F426.22

中国版本图书馆 CIP 数据核字(2015)第 035660 号

中国石化出版社出版发行

地址:北京市东城区安定门外大街 58 号
邮编:100011 电话:(010)84271850
读者服务部电话:(010)84289974
http://www.sinopec-press.com
E-mail:press@sinopec.com
北京科信印刷有限公司印刷
全国各地新华书店经销

*

787×1092 毫米 16 开本 19.5 印张 326 千字
2015 年 3 月第 1 版 2015 年 3 月第 1 次印刷
定价:198.80 元

《中国油气产业发展分析与展望报告蓝皮书》（2014—2015）编委会

（按姓氏笔画为序）

前　　言

人类社会进入工业文明以来，油气产业在全球范围内得到迅速发展，油气成为世界经济和社会发展的主体能源，成为支撑人类社会工业文明的重要基础和全球经济发展的血液，在国际经济、政治和军事领域发挥着越来越重要的作用。在当今世界，世界各国，无论是发达国家还是发展中国家，都无一例外地高度重视本国油气产业发展，都在根据世界能源发展形势和本国国情制定油气产业发展战略和政策，都在迎接国际政治和经济环境变化对油气产业发展带来的机会和挑战。

对于任何一个国家来说，油气产业发展有其自身的现实特征与理论逻辑，在日益复杂变幻的油气产业发展环境中，各个国家都需要围绕着本国的油气产业发展历史阶段、现状、问题、趋势、理念和价值观等进行系统分析和整体审视。一方面，油气产业正在面临人类历史上前所未有的外部环境变化，无论从经济、社会、生态、环境、政治、外交、军事、文化、交通和家庭等各个层面，都可以感受到油气产业正在承受着各种压力、影响和冲击；另一方面，油气产业发展并非孤立，而是存在着诸多利益攸关者，关系到许多相关产业乃至整体经济和社会的发展，正在日益引起国际组织、政府部门、相关产业、相关企业、广大消费者、社会公众、非政府组织、媒体和学术界等高度关注。目前，油气产业发展已经成为中国国民经济发展和社会进步的重大议题，与中国全面建设和谐社会目标和实施全面协调可持续发展战略息息相关。

《中国油气产业发展分析与展望报告蓝皮书》是目前中国公开出版的唯一一部全面分析和研究中国油气产业发展现状和趋势展望的蓝皮书，它由中国石油企业协会和中国石油大学中国油气产业发展研究中心合作共同完成，按年度向全社会公开出版发行。蓝皮书共分五大部分：国际篇、国内篇、合作篇、专题篇和附件。国际篇，主要分析国外宏观外部环境对中国油气产业发展的影响，包括国际政治环境对中国油气产业发展的影响、国际经济环境对中国油气产业发展的影响、全球油气产业发展分析与展望等；国内篇，从产业整体发展角度重点分析中国油气产业发展现状和趋势展望，包括中国宏观经济环境对中国油气产业发展的影响、中国油气市场发展分析与展望、中国油气勘探产业发展分析与展望、中国油气开发产业发展分析与展望、中国油气炼制与化工产业发展分析与展望、中国油气管道产业发展分析与展望；合作篇，主要包括中国油气产业国际合作分析与展望、中国油气产业对外贸易分析与展望等；专题篇，与国际篇、国内篇和合作篇等部分形成补充关系，主要从专题角度分析油气产业发展的相关问题，每个专题形成一篇独立成篇的文章；附件，主要包括按时间顺序编写的全年油气产业发展大事记和一些国内外油气产业发展的数据信息。

蓝皮书不是一般意义上的年鉴，更不以大块文字和数据图表堆积为主，而是以年度分析和来年展望为基本特征。国内篇、国际篇、合作篇和专题篇具有很强的相关性和互补性，但各部分在编写上独立成篇成文，因此读者可以根据需要和兴趣分别阅读。附件篇，主要是大事记和辅助数据资料，供读者在阅读时参考。蓝皮书以文字分析为主，辅以必要数据和图表，文字描述力求言简意赅，分析和展望力求强调逻辑性、高度性、概括性和权威性，分析结论力求对相关部门和油气企业实际工作具有指导性。蓝皮书作者主要来自中国石油企业协会、中国石油大学中国油气产业发展研究中心、中国石油化工集团公司经济技术研究院、中国石油化工集团公司勘探开发研究院、中国海洋石油总公司经济研究院等单位，长期从事油气产业发展研究，具有国内一流专业水准和专业基础。作者团队本着促进中国油气产业发展的良好愿望，除从产业发展整体上分析外，还对有关产业热点问题坦率提出看法和观点，希望引起社会关注和讨论。作者团队努力进行全面、系统和深入研究，试图得出有助于读者全面了解中国油气产业发展的正确结论，这正是其追求的目标，更是肩负的义务和责任。蓝皮书具有较强的可信度、一定的权威性和较好的时效性，对于理论研究者和实际工作者都具有一定的参考价值。

蓝皮书编写分工如下：国际篇，国际政治环境对中国油气产业发展的影响（曾叶丽、宋翠芳、董嘉佳），国际经济环境对中国油气产业发展的影响（曾叶丽、陈佳、董嘉佳），世界油气产业发展分析与展望（高建、常勇、田婧）；国内篇，中国宏观经济及油气产业政策分析与展望（尹强、皮光林），中国油气市场发展分析与展望（张海霞、张祎雄、曹斐、郭晶晶），中国油气勘探产业发展分析与展望（赵入辉、孔朝阳），中国油气开发产业分析与展望（李云旭、孙怡然、王丽霞、孔朝阳），中国油气工程技术服务产业分析与展望（孙梅、史志勇、张明阳、田雨辰、张春丽、李彤），中国炼化产业分析与展望（孙梅、王甜雪、富静媛、潘媛媛、刘宏涛、葛燕），中国油气管道产业发展分析与展望（宋利泽、孔朝阳)；合作篇，中国油气国际合作分析与展望(张琼、董聪)，中国对外油气贸易发展分析与展望(曾叶丽、侯运、温静怡)；专题篇，中国天然气产业改革挑战与思路(董秀成)，发展是第一要务——再议天然气管道“独立”(董秀成、周仲兵、赵旭)，成品油价格市场化改革大趋势(董秀成)，国际油价暴跌原因、影响及对策(董秀成、皮光林)，2014 年油价下跌历程、趋势分析(赵旭)，关于中国居民用气阶梯价格制度的思考(张海霞、郭晶晶)，上海建立亚太地区天然气基准价格的思考(郭杰、董秀成、曾叶丽、张琼)，“一带一路”战略背景下中国油气企业发展的战略选择(郭杰、李君臣)，中国页岩气产业发展的现状、问题和政策建议(李君臣、尹强)，中国煤制气产业发展现状与战略分析(郭杰、马郑玮)，对民营资本参与国家石油商业储备模式的思考(孙仁金、杨烁)，中外石油战略储备模式比较研究(孙梅、赵映梅、潘袁园、董秀成)，“大数据”时代下石油企业的对策分析(梁赟玲、刘力)，中俄天然气合作历程、现状与前景(董聪、陈佳)，中国石油企业海外并购特点和趋势(刘力、梁赟玲)，纯电动汽车取代燃油汽车的可行性分析(周璇)，中国石油公司物流管理模式优化分析(张海霞、曹斐)；附件部分的收集和整理工作(郭杰、董聪)。

彭元正、董秀成、严绪朝组织了蓝皮书框架设计，并负责组织了全书编写；董秀成负责蓝皮书最终统撰工作；徐孚、王琳、孙仁金、刘毅军、张柏成等参与了书稿修改和审定工作。

编委会

2015 年 3 月 10 日

目　录

国　际　篇

国　内　篇

合　作　篇

专　题　篇

附　　件

国际篇

2014年全球GDP增长3.3%，与2013年增幅一样。其中，发展中国家GDP增长率约为4.4%，较2013年的4.7%有所下滑；发达国家GDP增长率为1.8%，较2013年的1.4%有所上升。世界石油消费相对2013年小幅增长95万桶/日，达到9119万桶/日。其中，美国石油消费平稳增长，日本和欧洲石油需求连续萎缩，中国石油消费仍然维持增长态势。

供应方面，2014年世界石油产量维持在9200万~9300万桶/日，全年平均同比增长120万桶/日，远高于2013年同期10万桶/日的增长。其中，非石油输出国组织产量增长198万桶/日。北美地区的增产对于非石油输出国组织产出的增加贡献最多，紧接着是拉丁美洲地区国家。与之对应，受利比亚和阿尔及利亚产量下降、沙特减产以及伊朗制裁的影响，石油输出国组织(欧佩克)石油产量却在小幅下降。

2014年，世界油气勘探开发投资达到7300亿美元，较2013年增加5.1%。世界各个地区，油气勘探开发投资都有较大增长。其中，中东地区的勘探开发活动最具活力，增长10%；北美地区和原苏联地区增幅次之，分别为8.5%和7.5%；亚太地区勘探开发投资有3.3%的增幅；欧洲和非洲地区增幅为2.8%；拉丁美洲油气勘探投资增速为1%。

2014年，受油气市场供需、金融、地缘政治等因素影响，WTI价格和布伦特价格经历了先震荡上升，后急剧下降的波动过程。其中，WTI价格由2014年7月22日的104.59美元/桶下跌到12月22日的55.25美元/桶，跌幅高达47.17%；布伦特价格由2014年7月22日的106.48美元/桶下跌到12月22日的58.32美元/桶，跌幅达到45.23%。

展望2015年，全球经济复苏形势仍不明朗，尤其是中国、巴西和俄罗斯等主要新兴经济体经济增长的放缓将会制约全球石油需求的增长。与此同时，以沙特为首的欧佩克成员国石油供应的稳定和美国页岩气革命的持续繁荣都将进一步导致原油供应过剩。全球石油供过于求将致使2015年国际油价总体维持低迷。

国际政治环境对中国油气产业发展的影响

2014年世界政治环境纷繁多变。克里米亚危机和马航MH17事件使俄罗斯成为2014年地缘政治焦点，俄罗斯和西方多国关系严重倒退，能源战略东移。中国提出了“一带一路”战略布局，对于整合亚太地区经济和地缘政治，强化亚太经合组织（APEC）地位有重要积极作用，同时也为亚洲能源通道提供了多元化选择。美国能源独立的影响持续发酵，原油出口禁令松动，海外地面部队派兵谨慎，能源政策重心偏向亚太区域及其国内中期选举都对世界政治格局和油气市场产生了深远的影响，由于美国霸权退出导致的能源贸易和运输安全保护区域性空缺吸引诸如“伊拉克和黎凡特伊斯兰国”（ISIS）等区域势力去填补空白。此外，全球传统的地缘政治问题依旧存在，中东、非洲地区局部动荡持续，叙利亚、伊朗、埃及等国局势变化影响全球油气生产，经济制裁、油价波动和武装冲突成为石油供应安全地主要问题，中日关系、朝韩关系仍然是远东地缘政治的主要问题。2014年的世界政治环境给全球油气市场供需格局和安全问题带来了新的问题，也给中国油气产业的发展带来了新的外部性风险，同时也带来了诸多发展机会。

一、2014年国际政治环境分析及展望

（一）克里米亚危机使俄罗斯与欧美关系严重倒退

2014年的克里米亚危机成为俄罗斯与西方关系严重倒退的开始。2014年初，乌克兰亲欧盟示威运动升级为大规模暴力事件，乌克兰陷入日渐混乱的状况。2014年2月21日，克里米亚特别会议召开，前总统亚努科维奇遭到国会弹劾，而乌克兰国家安全局表示“将用严厉的措施防止领土分裂”。2014年3月1日，俄罗斯议会批准总统普京在乌克兰使用武力，将出动俄罗斯联邦武装部队进驻乌克兰境内，协助确保克里米亚领土和平。在乌克兰，俄罗斯人群体希望与俄罗斯建立密切联系，克里米亚鞑靼人与乌克兰人则支持乌克兰革命，乌克兰冲突加剧，进入战备状态。2014年3月11日，克里米亚议会通过了《克里米亚独立宣言》；3月16日举行的克里米亚归属公投显示绝大多数克里米亚选民赞成脱乌入俄；克里米亚共和国随后成立，并宣布和塞瓦斯托波尔市一起加入俄罗斯。2014

年4月11日，克里米亚议会通过新宪法，规定克里米亚共和国是俄罗斯联邦内的民主法制国家和平等的联邦主体。由于俄罗斯在克里米亚问题上授权军队在乌克兰用兵，美欧多国认为俄罗斯对克里米亚危机的军事升级有推动作用，各国纷纷对俄罗斯实行了严厉的经济制裁；同时，八大工业国组织除俄罗斯以外的其他七国决定将俄罗斯的会籍暂时冻结。

2014年7月的马航MH17事件将俄罗斯和冷战时期苏联对民航客机攻击的多次事件联系到一起，使得国际社会对俄罗斯的政治排斥掀起了新一轮高潮。2014年7月17日，马来西亚航空MH17班机在乌克兰靠近俄罗斯边界33000英尺(10000米)高空疑受到9K37“山毛榉”地对空导弹击落坠毁的事故，机上283名多国乘客和15名机组成员悉数罹难。此次空难是21世纪以来除“9·11事件”外死亡人数最多的空难事件和致死人数最多的民航客机遭击落事件。事件发生后，国际社会普遍将矛头指向俄罗斯，认为MH17事件是一次恐怖袭击；同时，国际大型航空公司纷纷开始禁止班机进入乌克兰东部或全境领空范围；2014年11月的APEC会议和G20会议上，普京都因为MH17事件受到国际社会的冷遇。

克里米亚危机和马航MH17事件使得俄罗斯和西方各国在战略目标和安全利益上的结构性矛盾暴露无疑，美国和欧洲多国对俄经济制裁会严重影响俄罗斯经济，但是俄罗斯作为世界重要的经济体之一、重要的能源出口国和主权国家，西方各国又需要俄罗斯在全球问题和区域问题上多方面的合作，因此，此轮战略互信的确会影响未来多边的合作，并且加剧多方博弈。

(二) 中国“一带一路”战略部署带动亚太能源市场一体化建设

2013年9月7日，习近平在哈萨克斯坦纳扎尔巴耶夫大学发表演讲时提出了共同建设“丝绸之路经济带”的理念。同年10月3日，习近平主席在印尼国会发表演讲时提出了中国愿同东盟国家加强海上合作，共同建设“21世纪海上丝绸之路”的理念。2014年11月北京APEC会议上，“一带一路”重大战略规划再次被提出并得到共识。“一带一路”战略规划主要包括：(1)中蒙俄经济带：主要通过环渤海、东北地区与俄罗斯、蒙古等国家的的交通与能源通道，并向东连接日本和韩国，向西通过俄罗斯连接欧洲。(2)新亚欧陆桥经济带：通过原来的亚欧大陆桥向西通过新疆连接哈萨克斯坦及其中亚、西亚、中东欧等国家。(3)中国-南亚-西亚经济带：通过云南、广西连接巴基斯坦、印度、缅甸、泰国、老挝、柬埔寨、马来西亚、越南、新加坡等国家；通过亚欧陆桥的南线分支连接巴基斯坦、阿富汗、伊朗、土耳其等国家。(4)海上战略堡垒：分别由环渤海、长三角、海峡西岸、珠三角、北部湾等地区的港口、滨海地带和岛屿共同连接太平洋、印度洋等沿岸国家或地区。“一带一路”战略分别从海上和陆上联通欧亚非三个大陆，最终形成一个海上、陆地的闭环。2013 年至 2014 年，中国为推动区域经济一体化作出了很多战略规划，包括 21 世纪海上丝绸之路战略、丝绸之路经济带战略、中印缅孟经济走廊战略、中巴经济走廊战略、东北亚经济整合战略等，并且，“一带一路”建设还将加速进行。

中国“一带一路”战略部署具有非常重要的区域能源市场整合和带动作用。例如，对于阿拉伯国家而言，阿拉伯国家具有连接欧亚的区位优势，和中国的各方面合作密切。中国是阿拉伯国家第二大贸易伙伴，而阿拉伯国家是中国最大的原油供应地、第七大贸易伙伴、重要的工程承包及海外投资市场。对“一带一路”战略，阿拉伯国家积极支持，以科威特为例，科威特已在筹建“丝绸之城”，并在科威特与伊朗边境地区建立一个占地 250 平方公里，容纳 80 万人口，投资 930 亿美元，与“丝绸之城”连通的自贸区，该项目计划将在 25 年内建成。再如，对于俄罗斯而言，作为横跨欧亚大陆的国家，俄罗斯对于欧亚大陆能源通路、管网建设、铁路、高速建设项目一直有巨额投资，在建与中国、日本和韩国的能源大通道。对“一带一路”战略部署，俄罗斯有较高的积极性，这不仅符合其能源战略东移的部署，也可以从中获取直接利益，例如北方航道项目绕开苏伊士运河，可以使上海到欧洲运输周期从 33 天降低到 20 天。“一带一路”战略将会给亚太各国带来一系列重大能源和基础设施建设项目，有效促进区域内各国共同理解及合作的展开，促进区域协调，促进区域内的基础设施建设，建立更好的交通运输网络，促进金融和银行业的一致性，加强区域一体化进程，从而带动一体化能源市场的建设。

（三）伊朗核问题：伊核谈判困难重重，陷入僵局

伊朗核问题六国与伊朗于 2014 年 10 月 16 日在维也纳举行新一轮全面协议谈判，但并未有突破性进展。根据伊朗与伊核问题六国 2013 年 11 月达成的阶段性协议，伊朗应于 2014 年 7 月 20 日之前就该国核计划作出妥协，换取西方国家缓和制裁，双方同时寻求通过谈判达成全面协议。由于未能于 7 月 20 日之前达成全面协议，双方决定将谈判延长至 11 月 24 日。当美欧与伊朗在核问题上的谈判陷入僵局之时，俄罗斯和伊朗签署了新的核电协议，包括 8 座核反应堆计划，建好后的核反应堆，燃料将由俄罗斯提供，使用后的燃料则会运回俄罗斯进行加工储存。俄罗斯对外表示这份协议的签署是基于 1995 年的协议，并称这将有助于伊朗核活动的透明度，也有利于维也纳谈判的推进。但西方国家担忧核反应堆

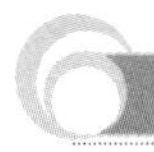

的建设会加速伊朗浓缩铀的研发。这份协议不仅给俄罗斯带来数百亿美元的收入，还将巩固其在中东地区的政治地位。2014 年，俄罗斯总统普京和伊朗总统鲁哈尼进行过多次会面，两国签署了一些经济协议，他们都在西方的制裁下寻求新出路。

（四）阿富汗问题：和平重建是焦点

北约 2014 年 10 月 26 日正式终结在阿富汗的作战任务。北约驻阿富汗的美军和英军当天举行了交接仪式，向阿富汗军方移交美英两个军事基地，标志着美英自“9.11”恐怖事件后，在阿富汗的 13 年军事行动终结。中阿两国是传统友好邻邦，中国政府高度重视中阿关系发展，坚定奉行对阿友好政策，支持阿富汗和平重建。阿富汗顺利完成总统选举进程，并组建民族团结政府。阿富汗新总统首访选在中国，此访是加尼总统就任后首次正式出访，也是阿富汗新政府成立后中阿之间首次高层访问，中方对此高度重视。中国经济体量大、中阿双边关系长期保持稳定、中国在本地区形象正面等条件都促使阿富汗总统将中国作为外访首站。美英两军 10 月 26 日撤出阿富汗，阿富汗国内局势尚未稳定，亟须通过发展对华关系稳定周边。中国对此表示欢迎和祝贺，希望阿富汗新政府带领阿富汗人民走向和平、稳定与发展，中国将一如既往地为阿富汗和平重建提供力所能及的帮助。

（五）朝鲜半岛：亚太再平衡战略伙伴关系

2014 年，金正恩的全方位外交努力和朴槿惠的“半岛信任进程”交叉运作，取得了若干进展。由于朝鲜实施三次核试爆，解决朝核问题的难度大大增加，长期化将难以避免。朝鲜半岛局势依然存在脆弱性，朝鲜不仅与美、韩在弃核问题上立场不可调和，而且与中国的朝鲜半岛无核化主张存在严重分歧，解决朝核问题必须寻找新思路。“拥核”已成朝鲜的核心国家利益，金正恩实现了“拥核入宪”。朝核问题起源于冷战结束后的南北严重失衡，经过美朝 20 余年的较量，朝鲜实际“拥核”，形成了半岛的相对平衡。南北平衡问题不解决，朝鲜安全得不到保证，朝鲜不会弃核。

中国的对朝关系正处在以意识形态为主导的特殊国家关系向以经济合作为主导的正常国家关系转变过程中，朝鲜仍然是中国最重要的邻居国家，是中国在东北亚经济区域合作的主要国家，也是中国平衡美国“亚太再平衡”战略的战略性伙伴国家。对于韩朝两个相邻国家实施“南北均衡”仍将是中国朝鲜半岛政策的战略性选择。坚持朝鲜半岛无核化、坚持和平对话解决争端、坚持朝鲜半岛和平稳定，是中国处理朝鲜半岛问题的三大原则。中国战略的精华和核心是平衡各方利益，实现朝鲜半岛的和平稳定，有关各方应共同致力于对话接触、缓和局势，为早日重启六方会谈创造条件。

（六）中东地区：动荡与冲突不断

巴以和谈多次失败，2014 年 4 月初再次陷入危机。2014 年 4 月 24 日，以色列以巴勒斯坦民族解放运动（法塔赫）和敌视以色列的巴勒斯坦伊斯兰抵抗运动（哈马斯）达成内部和解协议为由，宣布中止巴以和谈。7 月 8 日，以色列对加沙地带发起大规模军事攻势，长达一个多月的冲突使加沙地带遭受重大人员伤亡和财产损失。近年来，在耶路撒冷和约旦河西岸地区发生了多起针对巴以双方人员的暴力事件。

中东地区从加沙到利比亚，从叙利亚到伊拉克，地区国家接连陷入动荡与冲突的深渊。在利比亚，面对日益恶化的安全局势，美国等西方国家开始撤离。在伊拉克，"伊拉克国"极端组织武装攻城略地，致使伊拉克面临陷入分裂的严重威胁。在叙利亚，恐怖主义和宗教极端势力壮大，日益对西方利益构成威胁。

二、2014 年国际政治环境对全球油气产业的影响

（一）多方博弈推动 2014 年原油价格高位平稳后自由下落

2014 年的国际原油价格 6 月前后出现了截然不同的市场表现。2014 年前 6 个月，国际油价在 100 美元/桶向上小幅波动，而从 6 月开始油价迅速下跌。尽管油价下跌符合此前对 2014 年全球经济放缓，油气供应面宽松的市场预期，但是区域地缘政治和多方博弈仍然对国际油价的变动有推波助澜的作用。

2014 年上半年，国际油价基本稳定在 100 美元/桶向上波动。尽管供应增加与需求下滑并存的局面给油价带来了下行压力，年初全球石油市场表现仍然较为强劲，世界地缘政治局势带来的影响尚未对石油供应产生实质性影响，布伦特原油价格甚至在 115 美元/桶基础上略有上涨。随着伊拉克极端组织 ISIS 可能迫使伊拉克减产甚至断供的局势出现，以及和克里米亚危机军事化升级，各方对于国际石油市场的担忧普遍增加，油价保持高位。同时，根据美国《多德-弗兰克法案》，美联储要求美国各银行最晚不能超过 2014 年 12 月底之前将大宗品贸易要从银行中剥离出去，所有场外交易要在接受场内监管。这一规定也大大减少了国际原油市场中的投机者和相关交易。因此，从市场上看，2014 年上半年油价在高位小幅震荡。

2014 年 6 月底，两个事件推动了油价急剧下跌。一件是美国原油出口解禁。2014 年 6 月底，奥巴马政府低调解禁了执行四十年的原油出口禁令，允许位于得克萨斯州欧文市的先锋自然资源公司和位于休斯敦的企业产品合伙企业合法出口

一种称为石油凝结物的超轻质原油，这种原油可以被精炼为汽油、航空燃料和柴油，且随着美国页岩地质带石油的勘探开发而变得非常充裕。这一原油品种经过简单处理即可提供出口，预计到 2015 年初可日出口 70 万桶，并最终增加到每天 300 万桶。这一事件对亚太及全球原油市场震动强烈，油价开始高点回落。另一件则来自于欧佩克内部各方对亚洲市场的博弈。2014 年 7 月 1 日，利比亚反对派武装同意开放两大石油港口，出口利比亚石油到欧洲。此前，尼日利亚已经不再向美国墨西哥湾和加拿大东部出口石油，利比亚出口欧洲石油可能会替代掉尼日利亚的欧洲市场份额，因此尼日利亚希望和亚洲炼油厂商建立长期关系。无独有偶，由于受北美能源独立的影响，原本主要将石油出口到美国的哥伦比亚将中国作为其最大的买家。在全球需求疲软的情况下，沙特显然不希望自己亚太市场份额被瓜分，因此，沙特放弃了欧佩克会限产保价的一贯做法，宁愿降价也不愿意放弃被其他国家继续生产石油并抢走的亚洲石油客户。于是，国际油价自由下落，从 2014 年 6 月 110 美元/桶左右跌至 12 月的 60 美元/桶上下。

美国能源独立带来的深远影响继续发酵，而欧佩克各国的市场争夺和价格战也并未结束。2014 年 12 月，沙特公布了 2015 年 1 月发货的原油产品官方定价，出口至亚洲的所有等级的石油售价较 2014 年 12 月每桶价格再次降低 1.5 美元至 1.9 美元，出口至美国的所有等级的石油售价每桶降低 0.1 美元至 0.9 美元。基本面下，国际原油价格 100 美元/桶以上的历史暂时告一段落。

（二）制裁、油价和战乱成为影响国际石油生产的主要因素

俄罗斯是高度油气出口的单一经济增长模式，根据俄罗斯联邦审计院发布的《2014 年联邦预算和 2015、2016 年预算计划结论》预测，2014 年俄罗斯联邦财政收入约为 13.57 万亿卢布（约合人民币 2.04 万亿元），其中石油和天然气相关收入约 6.5 万亿卢布，占财政收入的 48%（约占 GDP 的 8.9%）。而根据俄罗斯联邦储蓄银行的计算，原油价格需要维持在 104 美元/桶，俄罗斯才能维持收支平衡。俄罗斯 40%的天然气出口至乌克兰，克里米亚危机使得俄乌关系升级为武装冲突，俄国天然气出口受到影响；克里米亚危机和马航 MH17 航班事件后，俄罗斯更是受到西方各国经济制裁，油气出口同样受影响，但对其财政支撑又至关重要。2014 年下半年的油价急速下跌，俄罗斯饱受制裁的处境雪上加霜，不得不动用外汇储备和放任卢布贬值来艰难应对。2014 年 10 月俄罗斯央行曾经放弃 85 美元/桶的预期，改对油价跌至 60 美元/桶进行压力测试，但是 12 月油价已经跌至 60 美元/桶，如果这个趋势持续，俄罗斯经济将陷入极端困境并导致深度衰退，产生大规模的经常账和财政赤字，并必然影响其原油生产。根据俄罗斯中央

能源监控管理局的数据，2014 年俄罗斯的天然气开采量为 6410 亿立方米，同比减少 4%。此外，2014 年俄罗斯石油开采量为 5. 27 亿吨，同比增长 0. 6%；但与此同时石油出口则下降了 5. 7%。俄罗斯困扰于制裁、油价和纷繁复杂的多方博弈，其油气生产和出口也受到影响。

而中东北非地区主要的产油国则继续受制于制裁和战乱。2014 年初国际能源署(IEA)对伊拉克的石油出口量预测非常乐观，认为 2015 年伊拉克的石油产量将从 250 万桶/日攀升至 440 万桶/日，并在 2020 年增加到约 600 万桶/日，为世界石油市场提供大量成本较低的石油。然而，ISIS 占领了伊拉克北部。2014 年 3 月，伊拉克北部的输油管道遭到破坏，6 月伊拉克日产 17 万桶石油的最大炼油厂 Baiji 因战乱关闭，伊拉克恢复石油出口的希望日益渺茫，甚至在伊拉克北部和巴格达出现了石油短缺。伊拉克 90%的石油产量均来自由什叶派占领的南部，由于伊拉克政治动荡和 ISIS 破坏，南部地区的石油生产和输油管线也受到不同程度破坏。处于半自治状态的伊拉克库尔德地区可以提供一定的石油出口，但是伊拉克中央政府对任何非法石油出口行为的严肃态度限制了该地区的石油出口。伊拉克局势恶化及恐怖袭击的增加严重影响了这个昔日欧佩克第二大产油国的石油生产恢复。利比亚曾经被人们寄予厚望，但是 2014 年的骚乱和经济停摆使叙利亚石油生产继续受到巨大影响。2014 年底叙利亚的石油出口量从原来的 40 万桶/日降至零。该国的产量跌落 100 万桶/日以下，随着战乱继续，利比亚还可能受到更为严重的打击，其恢复成为石油大国的希望也是越来越小。

尽管市场需求疲软，战乱国的产量减少可以从沙特等国的石油产能储备和美国的石油出口中得到一并补充，但是市场前景不会一直如此乐观，当国际石油需求和价格发生变化时，产油国受到的影响会迅速显示出来，造成潜在而巨大的市场风险。

(三) 美国军事紧缩政策增加产油国地缘政治风险

作为世界上最大的单极硬实力国家，美国在确保全球贸易和能源供应安全方面，一直扮演了一个关键的角色。美国历年军事预算几乎是随后十国军事预算的总和，美国全球军事基地战略部署在近 30 个国家或地区，与之对应的，法国军事力量分布在 15 个国家或地区，英国 10 个，俄罗斯 10 个，而中国暂时没有。但是 2014 年，美国军事预算被缩减，美国民调显示民众对美国海外军事活动并不偏好，美国对国际武装冲突介入，尤其是直接派遣地面部队方面变得谨慎。

在原油产量较低的情况下，产油国及中转国的武装冲突很可能成为影响产量，甚至导致断供的主要驱动因素。美国银行全球大宗商品研究小组对 2014 年原油市场的分析报告中则证实了武装冲突和原油产量的关系。他们认为，持续增加的地缘政治风险并不与原油市场或原油价格波动性高度相关，这可能部分因为每个国家对国际油价的影响力不尽相同。但是，当一个国家被卷入战争的泥潭，该国原油开采和分销系统就很难保持正常运转。中东、北非和欧洲东部的地缘政治已经非常脆弱，宗教、民族、文化、政治、经济、资源争夺和气候问题都可能成为武装冲突的导火索。对于伊拉克和乌克兰问题，美国并没有派遣地面部队的意愿。这些地区的主要产油国及中转国地缘政治局势紧张程度持续攀升对世界石油生产带来了巨大的风险，并很有可能如历史上伊朗革命或伊拉克入侵科威特等事件一样影响到国际油价。

总的来说，美国这种军事紧缩政策可能有利于美国战死人数的下降，但是无助于抑制全球暴力事件，从而使其他国家因流血冲突而死亡的人数上升。产油国战争伤亡和原油产出之间存在紧密联系，脆弱的地缘政治可能会对产油国的产量造成威胁。此外，美国全球军事战略部署的变化可还可能会造成世界能源贸易和安全维护出现空白，而部分区域性力量正在试图填补空白。例如，俄罗斯就尝试加大在国际社会中的影响力，而极端激进组织也有意彰显自己在产油国的影响力。新生区域力量的博弈无疑又会进一步增加中东、北非和欧洲东部地区为主的产油区和中转国的武装冲突风险，从而影响市场稳定。在美国霸权主义后期，世界原油市场应当准备迎接更多此类地缘政治风险事件。

三、2014 年国际政治环境对中国油气产业发展的影响

（一）“一带一路”战略为中国油气多元化进口提供战略通道

“一带一路”战略规划不仅消化过剩产能，强化 APEC 在亚太地区的推动作用，促进欧亚大陆经济整合，对冲美国战略计划等方面有积极作用，还为中国油气资源进口多元化战略提供了重要通道。中国的油气资源、矿产资源对国外的依存度较高且进口通道单一，这些资源主要通过沿海海路渠道进入中国。中国与其他重要资源国的合作还不深入，经贸合作也未广泛有效的展开，使得资源方面的合作并不牢固。“一带一路”新增了大量有效的陆路资源进入通道，对于资源获取的多样化十分重要。“一带一路”战略规划将带动中国海外投资和对外援助向“一带一路”沿线倾斜，对于亚太经济复苏乏力的现状有积极的带动作用，有助于实现多方共赢。

（二）国际石油市场供需面宽松促进中国原油储备建设多元化

2014 年国际石油市场基本面总体来说非常利于中国油气进口。从供应上看，

2014年国际石油市场受到经济增速拖累，需求整体下降，基本面供应宽松。此外，美国能源独立的影响继续显现，原来北美市场供应国家转向亚太市场，亚太市场成为欧佩克等产油国纷纷争取的目标。从价格上看，国际油价在多方博弈下下跌，利于进口。

但是中国却面临一个尴尬的处境，就是无地储油。据国家能源局2014年初发布的一份会议公告透露，中国国家石油战略储备一期项目全部建成投入运行，二期项目建设有序推进，三期项目正开展前期选址。截至2013年底，一期四个基地全部装满储备原油，基地保持安全平稳运行。而据更早前中国国际金融有限公司在2013年5月发布的一份研究报告称，由于国际油价走势趋平稳，且随美国页岩油开发，油价超级周期预期结束，因此中国石油战略储备建设二期工程延期，注油需求推迟。2014年的原油市场走势显然在早前预期之外，低廉的油价和宽松的供应面带来了巨大的储油机会，而单一的石油战略储备建设已经不能满足现有需求。鉴于价格行情还会持续一段时间，中国原油储备建设中开发利用民间石油储备资源，加快国家战略储备和民间商业储备并进的建设方案可能会成为新的思路，从而促进中国原油储备多元化的实现。

(三) 中俄能源合作促进石油结算去"美元化"进程

俄罗斯油气生产和出口在世界市场占有举足轻重的地位，2013年俄罗斯原油生产和出口仅次于沙特，为世界第二位；俄罗斯天然气生产和出口则为世界第一，独占20%左右的市场份额。2014年，克里米亚危机和美欧国家对俄罗斯的政治围堵使得俄罗斯和美欧关系严重倒退，而随之而来的经济制裁和国际原油大跌对俄罗斯经济造成了严重危害。据俄罗斯联邦审计院数据估算，油价每下降1美元，俄罗斯财政收入就会损失23亿美元，60美元/桶的原油价格使得俄罗斯经济陷入困顿，俄罗斯决策层重视利用地缘政治优势化解困境，寻求远东市场的需求开发。中国和俄罗斯的能源合作始于1994年，中俄能源合作一直是双边合作关系中的重要内容，在现在局势下，中俄关系已经上升为俄罗斯亚太政策的第一目标。

中俄双方除了传统的能源长期合约和管网建设合作外，在能源生意的处理方式上也发生了一些深度合作。作为对俄经济制裁的一部分，2014年3月以来，美国和欧洲的银行大幅减缓了对俄放贷活动，而俄罗斯也开始在中俄贸易中使用人民币结算。据海外媒体披露，Gazprom通过俄罗斯石油运输公司的东西伯利亚-太平洋管线输送到中国大庆原油交易接受人民币付款，同时Gazprom也同意从北极的Novoportovskoye油田出口至欧洲的原油接受卢布形式的付款。此外，英国媒体还曾援引国有的俄罗斯外贸银行首席执行官安德烈·科斯京的话称，扩大使用美元以外货币是该银行2014年5月以来的主要任务之一。俄罗斯不仅努力使用卢布和人民币结算，还被披露正致力于创建一套支付系统，以降低俄罗斯对Visa和万事达等西方集团的依赖。随着中俄原油交易增加，中国在进行原油交易时，实际付款并不一定要使用美元。而人民币也正在成为使用逐渐增多的原油结算货币，这对于中国在国际原油市场中话语权的提升有深远的影响。

(四) 国际新能源革命促进中国开展积极的能源外交政策

2014年中俄能源合作进展迅速。2014年5月，中国和俄罗斯签订了金额为4000亿美元的合作协议，西伯利亚管线每年出口中国380亿立方米天然气，中国还将获得在俄罗斯境内进行能源勘探开发的权利。2014年11月份的APEC会议上，中俄在天然气领域又签署了24项协议，包括《中国西线天然气供应备忘录》《俄罗斯天然气工业公司与中海油总公司合作备忘录》《俄罗斯联邦储蓄银行与中国出口信用保险公司合作备忘录》等。此外，中国参与俄罗斯原油的勘探和开采及合作设立石油精炼厂的工作也已经启动。在建的阿勒泰(Altai)管道完成后，中俄管气将额外增加300亿立方米，中国将超过欧洲成为俄罗斯最大的天然气购买国，中俄以能源合作为主的战略合作迎来了近年的最好时期。

2014年中美加强了基于气候变化的能源领域合作。2014年11月，中美发表了《中美气候变化联合声明》，明确要在过去两国七个合作领域之上，在清洁煤的技术、页岩气的开发、核电和可再生能源、低碳城市、绿色贸易产品等领域进一步开展合作。根据世界银行评估报告，从1990年到2010年全球累计节能量中，中国的节能量占了58%，即全世界有一半以上的节能量是通过中国的努力实现的。同时，双方确定建立一个倒逼机制，来促进结构调整以及发展方式的转变，以真正进入绿色低碳发展的轨迹中，使中国步入可持续发展的道路。

2014年中欧加强能源技术，尤其是清洁能源技术方面的合作。2014年中国和德国在能源领域的会晤频繁。在欧盟加强发展可再生能源的大框架下，为实现欧盟2020年可再生能源满足20%能源需求的目标，德国的法定目标是到2020年可再生能源在能源消费中的比重达到18%，其中可再生能源电力占电力需求总量的比重为35%。根据这一目标，德国联邦政府于2010年8月通过了“国家可再生能源行动计划”，提出2020年德国可再生能源的利用总量将达到3855.7万吨标油(约5500万吨标准煤)，比2005年(1492.6万吨标油)增长158%。2014年10月，中欧清洁能源中心(EC2)在北京举办了中欧能源合作路线图2020研讨会，旨在讨论中欧双方在未来能源需求、能源供应以及跨领域合作(能源管理、能源与环境、能源与城市）中所面临的机遇与挑战，中欧双方均普遍同意重新推动能源合作，并针对未来的能源关系起草了《中欧能源合作路线图2020》。

2014年，中澳“战略伙伴关系”提升为“全面战略伙伴关系”。澳大利亚是中国重要的经贸合作伙伴，而中国已连续五年是澳大利亚第一大贸易伙伴。2014年G20领导人峰会上，习近平主席将中澳双边关系提升为全面战略伙伴关系，宣布实质性结束自由贸易协定谈判，建立省州负责人交流合作机制，并达成自由贸易协定，将取消或逐步取消从牛奶到铜的各种商品以及教育和银行业等服务的关税。这项历史性的协定最终将使95%的澳大利亚输华商品免征关税。对于中国而言，该协定将帮助中国将拟定的1万亿美元海外投资额中的更大部分投向澳大利亚农业和矿业。在对澳的国事访问中，中澳双方签署了投资、金融、教育、极地、能源矿产、基础设施等领域多项合作文件。这说明两国在战略上更加接近，为两国关系未来发展指明了方向。而实质性结束双边自由贸易协定谈判则意味着双方实现自由贸易的脚步临近，将为两国合作提供更广阔的市场、更便利的条件、更完善的制度保障。

（五）美国“能源独立”加速中国页岩气商业开发

美国自1982年开始进行页岩气勘探探索性开发，经过30多年的发展后，其在页岩气开采技术方面逐渐成熟。美国页岩气勘探开发技术的突破催生美国页岩气革命和能源独立，被国际社会普遍认为是全球能源领域的一场革命。几年过去，美国页岩气革命对美国能源独立带来的影响还在持续释放。加拿大是继美国之后，世界上第二个对页岩气进行商业开发的国家。加拿大与美国同处北美洲，其地质构造与美国类似，美国较为成熟的页岩气开发技术可以较为方便地在当地移植和应用。

中国页岩气资源也较为丰富，在美国页岩气革命后也加快了页岩气开发。2014年3月，中国石油化工股份有限公司（以下简称“中石化”）宣布涪陵页岩气田勘探开发取得重大突破，提前进入规模化商业化发展阶段，是中国首个商业化开发的大型页岩气田。根据公开资料显示，涪陵页岩气田项目资源量2.1万亿立方米，中石化集团计划2017年建成年产能100亿立方米的页岩气田，相当于建成一个1000万吨级的大型油田。截至2014年，全国共设置页岩气探矿权54个，面积17万平方公里，钻井400口左右。此外，在页岩气开发格局上也是采取积极培育的开放方式。国有石油企业和民营石油企业都有不同程度的机会参与页岩气开发。由于技术和管道运输等条件的限制，中国页岩气生产供应有明显的区域化特征，集中在四川和重庆地区，其商业化进程仍有赖于输送管道等配套基础设施的发展。

国际经济环境对中国油气产业发展的影响

2014 年，世界上大部分国家都在多重困难下奋力摆脱经济困境。一方面，在后金融危机时期，各国必须解决全球金融危机引发的遗留问题，包括债务积压、高失业率等。另一方面，在经济前景不够明朗的状况下，各国相继下调了增长率预期，而经济前景的恶化又使得市场缺乏信心，从而使市场更加缺乏生机。尽管困难重重，但全球经济正在逐渐摆脱困境。据国际货币基金组织(IMF)数据，2014 年世界经济增长水平大体与 2013 年持平，但可以看到的是发达国家，尤其是欧美发达国家的经济比起 2013 年要有明显的好转，整体水平比 2013 年高了 0.4%，达到 1.8%(表 1)，美国经济缓慢回升的同时，欧元区已经扭转了局面，从衰退的泥沼中走了出来。日本由于前期政策影响的逐步释放，经济增长速度有所回落，约为 0.9%，新兴市场和发展中国家也因为自身产业结构调整、经济结构改革等因素，增长率略微下调。2015 年预计全球经济会进一步复苏，更有活力的各国经济也将推动全球经济展现出更好的增长态势。

表 1　2013-2015 年世界经济增长态势　　单位:%

年　份	2013	2014	2015(P)
世界经济	3.3	3.3	3.8
发达国家	1.4	1.8	2.3
美国	2.2	2.2	3.1
欧元区	-0.4	0.8	1.3
日本	1.5	0.9	0.8
新兴市场和发展中国家	4.7	4.4	5.0

数据来源：IMF，World Economic Outlook

一、2014 年国际宏观经济环境分析及展望

金融危机遗留问题比预期更难解决以及潜在增长下降这两股力量的交织已导致过去的几年内经济预测几度下调，2014 年也发生了同样的情况。世界经济陷入“平庸”增长状态，2014 年内各国经济增长大都持续低迷甚至有所减慢。各国

情况不一导致了全球经济呈现分化状态：在先进经济体，美国和英国已有摆脱危机的迹象，取得了不错的增长表现。即使这样，其经济增长率也要低于21世纪初的水平。日本经济在增长，但过去遗留下来的高额公共债务和较低的增长率将造成严峻的宏观经济和财政挑战。欧元区国家，甚至是部分核心国家，2014年早期的增长几乎停滞。尽管这在一定程度上反映了暂时性因素，但危机遗留问题(主要是在南部国家)以及潜在增长率低(几乎所有国家)拖累了经济复苏。在新兴市场经济体，相比于危机遗留问题，潜在增长率下降则成为其经济低迷的主导因素。中国维持了较高增长，但未来增长的小幅减缓将是一种健康的发展态势。印度已从相对疲软状态中恢复，经济增长有了明显的提高，这在一定程度上得益于有效的政策和信心的回升。与此形成对照，俄罗斯不确定的投资前景在乌克兰危机之前就已使经济增长下滑，原油市场的波动则导致增长前景进一步恶化。

(一) 北美洲：短暂波折后继续复苏

美国经济在经历了第一季度的短暂波折之后迎来了反弹，市场之前存在的库存和季节性的压力也有所缓解。楼市活动的改善、更强的非住宅投资和稳定的收入增长推动美国经济开始了持久的反弹。伴随着经济的复苏，美国失业率降到了6.1%左右，而劳动参与率升高至62.8%(表2)。

表2 美国经济情况 单位:%

实际GDP			消费者物价			流动资产负债			失业率		
2013	2014	2015	2013	2014	2015	2013	2014	2015	2013	2014	2015
2.2	2.2	3.1	1.5	2.0	2.1	-2.4	-2.5	-2.6	7.4	6.3	5.9

数据来源：IMF，World Economic Outlook

虽然美国经济有所复苏，但价格压力依旧存在。2014年8月，消费者物价指数通货膨胀率达到了1.7%，2014全年消费者物价水平增长约为2%，2015年可能还会进一步升高。价格上涨意味着更高的生活成本，也意味着美国居民实际收入被摊薄了，但价格的压力似乎并未拖累美国经济的复苏，鉴于改善的劳动力市场状况、更好的居民家庭资产状态、良好的金融市场以及趋于健康的房产市场，美国居民消费有望回升、非住宅投资也将有所增长，在资本市场出现好转及财政负担有所减轻的共同推动下，2015年美国的经济增长有望超过预期达到3%。接下来美国的政策将转为保持经济复苏态势和获得长期的经济增长，可能通过货币政策调整处于低位的利率，以聚集市场资金达到物价稳定条件下充分就业的方式来保障“零利率”政策的退出，这可能会对金融稳定造成风险，对全球经济也可能产生消极影响。

加拿大的经济在第一季度也有所放缓但随即发生了反弹。2014年经济增长速度达到了2.3%，2015年预计会进一步加快。

表3　加拿大经济情况　　单位:%

实际GDP			消费者物价			流动资产负债			失业率		
2013	2014	2015	2013	2014	2015	2013	2014	2015	2013	2014	2015
2.0	2.3	2.4	1.0	1.9	2.0	-3.2	-2.7	-2.5	7.1	7.0	6.9

数据来源：IMF，World Economic Outlook

从表3可以看到，与2013年相比，2014年加拿大国内物价水平增长幅度较大，这种局面在2015年将有所缓解。另外，加拿大流动资产负债情况也有所好转，失业率也有了小幅降低，经济已进入复苏阶段。加拿大的出口增长受益于美国经济的复苏和其自身货币的疲软，疲软的货币将会一定程度上激发投资，但外部需求的长期疲软将会阻碍出口和投资。

加拿大国内市场较为宽松，通货膨胀预期也较为乐观，面临的经济下行风险也有所降低，这些现象表明加拿大当前推行的融通型货币政策依然是适用的，因此，加拿大下一步将在对近期经济增长影响降到最低的前提下继续进行财政整顿，这个阶段的整顿将集中在空间较为有限的省级层面。从加拿大国内市场状况来看，仍需推出后续的宏观措施以维持经济的复苏局面。

(二) 欧洲的发达地区：处于复苏的不同阶段

表4为欧洲地区几个典型性发达国家的经济情况。从表中可以看出，这几个发达国家的经济都处在复苏的阶段，但复苏的速度与程度是存在差异的。总的看来，欧洲地区整体的经济复苏态势依旧疲软，伴随着可能要持续更久的低增长、低通胀风险，某些国家的房产市场风险也逐渐涌现。欧洲范围内经济各方面的指标在向好的方向发展，但变动幅度十分有限，说明整体复苏缺乏动力。但希腊在2014年不仅有效止住了2013年近4%的经济衰退，还实现了0.6%的经济增长，这种变化体现了其经济的潜力，但其失业率依旧居高不下，达近26%，降低失业率无疑将是希腊下一步的工作重心；意大利、西班牙、荷兰等都有效地控制了国内的经济衰退，迎来经济复苏；原本经济低迷的德国、法国、英国等经济的增长速度也有了明显的增加。因此尽管各国情况有异，但整体向好。

这类国家短期内的工作重心将是保持经济复苏的势头并加以强化，适当调高通胀水平并通过宽松的货币政策刺激经济以获得中长期的增长，与此同时，扩大调整银行和企业的资本负债规模并推动建立银行联盟实施结构性改革，通过市场体系的改善为经济复苏保驾护航。

表 4 欧洲地区发达国家的经济情况 单位:%

	实际 GDP			消费者物价			流动资产负债			失业率		
	2013	2014	2015	2013	2014	2015	2013	2014	2015	2013	2014	2015
整体	2.0	2.3	2.4	1.0	1.9	2.0	-3.2	-2.7	-2.5	7.1	7.0	6.9
德国	0.5	1.4	1.5	1.6	0.9	1.2	7.0	6.2	5.8	5.3	5.3	5.3
法国	0.3	0.4	1.0	1.0	0.7	0.9	-1.3	-1.4	-1.0	10.3	10.0	10.0
意大利	-1.9	-0.2	0.8	1.3	0.1	0.5	1.0	1.2	1.2	12.2	12.6	12.0
西班牙	-1.2	1.3	1.7	1.5	0.0	0.6	0.8	0.1	0.4	26.1	24.6	23.5
荷兰	-0.7	0.6	1.4	2.6	0.5	0.7	10.2	9.9	9.6	6.7	7.3	6.9
英国	1.7	3.2	2.7	2.6	1.6	1.8	-4.5	-4.2	-3.8	7.6	6.3	5.8
希腊	-3.9	0.6	2.9	-0.9	-0.8	0.3	0.7	0.7	0.1	27.3	25.8	23.8

数据来源：IMF，World Economic Outlook

（三）欧洲的新兴经济区：国内需求发挥主导作用

欧洲地区发展中国家和新兴经济体的经济增长还不够明朗。尽管整体数据体现出经济在缓慢地复苏，可以看到实际 GDP 有了缓慢的增长(表 5)，但未来情况仍很难预判。因为尽管匈牙利、波兰和土耳其从 2013 年开始经济就开始有不错的表现，2014 年还进一步增长，但南欧各国的经济增长有所放缓，金融市场的发展虽然得到了广泛的支持，但前途依旧渺茫：土耳其以外国家的信贷市场仍很虚弱，这从某种程度上反映出高额不良贷款给金融体系造成的巨大负担。通货膨胀方面各国都有所下降，这意味着更低的生活成本也意味着欧洲地区存在的通货紧缩压力。这些国家还都存在着较高的失业率，未来经济走势如何，很大程度上要依赖于国内市场的需求。

表 5 欧洲地区发展中国家的经济情况 单位:%

	实际 GDP			消费者物价			流动资产负债			失业率		
	2013	2014	2015	2013	2014	2015	2013	2014	2015	2013	2014	2015
整体	2.8	2.7	2.9	4.2	4.0	3.8	-3.9	-3.2	-3.5	—	—	—
土耳其	4.0	3.0	3.0	7.5	9.0	7.0	-7.9	-5.8	-6.0	9.0	9.5	9.9
波兰	1.6	3.2	3.3	0.9	0.1	0.8	-1.4	-1.5	-2.1	10.3	9.5	9.5
罗马尼亚	3.5	2.4	2.5	4.0	1.5	2.9	-1.1	-1.2	-1.8	7.3	7.2	7.1
匈牙利	1.1	2.8	2.3	1.7	0.3	2.3	3.0	2.5	2.0	10.3	8.2	7.8
塞尔维亚	2.5	-0.5	1.0	7.7	2.3	3.4	-6.5	-6.1	-5.1	21.0	21.6	21.8
克罗地亚	-0.9	-0.8	0.5	2.2	-0.3	0.2	0.9	2.2	2.2	16.6	16.8	17.1
希腊	-3.9	0.6	2.9	-0.9	-0.8	0.3	0.7	0.7	0.1	27.3	25.8	23.8

数据来源：IMF，World Economic Outlook

混乱的市场状况和整体复苏乏力的现状将是这些国家经济走出低谷需要面对的两大挑战，鉴于多个国家存在大量的外部私人债务和一些与外汇相联的国内债务，这个地区的经济就显得更加脆弱。欧洲央行针对性地推出了应对措施以进一步放松货币政策，提振市场信心和国内市场需求。

（四）亚洲及太平洋地区：稳步增长

2014 年第一季度亚太地区大部分的国家都出现了经济增长放缓，主要原因是出口增长降低和中国国内的需求降低，泰国等国的经济增长放缓还与其国内紧张的政治局势有很大关系。但第二季度开始，包括中国在内的各国经济开始好转，印度因其国内商业信心的恢复和选举活动的刺激也有了良好的增长表现。在这个地区，金融市场的发展依旧得到了广泛的支持，多方面的因素预示着亚太地区经济将保持较强的增长态势。

考虑到亚太国家大都有着良好的金融状况和健康的劳动力市场，因此这些国家的经济增长的主要原因在于国内的需求。与此同时，由于发达国家经济开始反弹以及中国经济的稳定增长，亚太地区国家的出口状况在未来阶段应该会继续走强。如果各国能继续保持宏观经济政策的有效刺激，通货膨胀将会继续保持较低且稳定的状态，那样对于经济的进一步回温将大有裨益。

2014 年，中国经济保持了 7.4%左右的增速，其间中国开展了更多的基础设施和社会住房建设项目，并且很大程度上为中小企业提供了支持，这对于激发中国国内经济的活力起到了不小的作用。2015 年，考虑到银行与非银行投资减少造成的信用市场增长放缓以及房地产市场的自身消化过程，中国会适当降低经济的增速，调整到 7.1%左右。与中国情况不同，日本面临的情况要更为特殊，日本经济在前两个季度先涨后跌，主要是日本前期的货币和财政政策导致的。2014 年日本经济增长由 2013 年的 1.5%降到了 0.9%，2015 年可能还会有小幅下降。澳大利亚、韩国和新西兰的经济增长主要由其出口状况决定，因此，在 2015 年应该都会有一定程度的上升。东南亚五国的经济仍会保持稳定的增长，随着国内政局的稳定、消费投资的增长以及外部需求的增强，东亚五国在 2015 年可能会有更加强劲的增长。其他的亚洲发展中国家也将有良好的经济表现，因为其参与国际市场的规模有限，因此受国际经济状况的不利影响也较小，但随着全球经济回暖这些国家会获得更多的贸易机会，对其经济增长十分有利，而太平洋大区的小国可能由于基础设施过于落后而延续“差劲”的表现。

（五）拉丁美洲和加勒比地区：持续萎靡

2014 年前两个季度，拉丁美洲和加勒比地区的经济增长再度放缓，地区内国家面对的外部需求降低(表 6)。因此，对于这个地区经济在 2015 年的表现只能审慎地认为复苏程度十分有限。在大宗商品价格停滞不前和存在供给瓶颈的经济大环境中，维护宏观经济的稳定性和施行经济结构改革对于刺激投资和生产就显得格外重要。所以，这个地区国家的工作重心都将放在保障经济总体运行稳定和提升经济活力方面，以尽快改善当前的萎靡状态。

表 6　拉丁美洲和加勒比地区的经济情况　　单位:%

	实际 GDP			消费者物价			流动资产负债			失业率		
	2013	2014	2015	2013	2014	2015	2013	2014	2015	2013	2014	2015
墨西哥	1.1	2.4	3.5	3.8	3.9	3.6	-2.1	-1.9	-2.0	4.9	4.8	4.5
南美洲	3.2	0.7	1.6	8.5	—	—	-2.6	-2.5	-2.7	—	—	—
巴西	2.5	0.3	1.4	6.2	6.3	5.9	-3.6	-3.5	-3.6	5.4	5.5	6.1
阿根廷	2.9	-1.7	-1.5	10.6	—	—	-0.8	-0.8	-1.1	—	-0.8	-0.8
委内瑞拉	1.3	-3.0	-1.0	40.6	64.3	62.9	5.0	7.6	6.4	7.5	8.0	10.4
中美洲	4.2	3.8	3.9	4.2	3.6	4.2	-6.7	-6.3	-6.2	—	—	—
加勒比	3.2	3.8	3.3	5.1	4.1	4.4	-3.3	-2.7	-2.4	—	—	—

数据来源：IMF，World Economic Outlook

（六）独联体地区：经济复苏受到动荡局势的威胁

当前地缘政治局势紧张，独联体国家的经济面临着极其严峻的挑战。2014 年 3 月开始恶化的乌克兰局势引发了独联体国家经济的巨大不稳定性：一方面在于俄罗斯与乌克兰在克里米亚问题上的对峙，以及由此引发的多个国家对俄罗斯施行的经济制裁，很大程度上将打击独联体国家的经济；另一方面乌克兰国内的混乱局面也会影响独联体国家的经济环境，导致经济状况恶化。另外，2014 年石油价格产生了巨大波动，对原油出口国集中的地区经济造成的冲击可想而知，包括俄罗斯、乌克兰、哈萨克斯坦、阿塞拜疆、乌兹别克斯坦等在内的多国经济都出现严重下滑，恶化的经济环境导致资金大量外逃，有些国家内部面临严重的通货膨胀。因此，这些国家下一步的政策方向将是稳定市场并发掘经济增长潜力，如果能有效解决当前紧张的地缘局势，2015 年这个地区国家的经济将会有一定程度的反弹。

（七）中东、北非：复苏依旧处于萌芽状态

鉴于 2014 年状况，2015 年中东、北非地区的经济即使能有所复苏，但由于缺乏稳固的基础，复苏仍将处于萌芽状态。另一方面，一些国家的政治过渡和安全问题，包括伊拉克愈演愈烈的动荡局势都将为这个地区的经济带来潜在威胁。

众所周知，这一区域的经济与全球原油市场也有着密切的联系，2014 年世界原油市场产生了巨大的波动，波动原因是多方面的，主要来自原油市场供过于求的市场结构，这对于区域内国家本就岌岌可危的经济无疑又是雪上加霜。因此，2015 年这个地区经济的走势难以判断，要依据地区局势和世界原油市场情况而定。

（八）撒哈拉以南非洲：维持经济增长速度

2014 年，强劲的外部需求和国内公共与私人投资的增长推动撒哈拉以南非洲地区的经济有了迅猛的增长。然而，除了严重的人道主义问题的影响，埃博拉病毒的肆虐也对这个地区的国家，尤其是几内亚、利比里亚和塞拉利昂的经济造成了严重的威胁。除此之外，一些国家累积的巨大财政漏洞和越来越严重的安全问题也威胁着这个地区内国家的经济，一旦全球金融市场或原油市场恶化，这些风险将会放大，所以这个地区绝大部分国家的工作重心都在稳定经济增长和创造更多的就业，把经济面临的风险降到最低。

二、2014 年国际宏观经济对全球油气产业的影响分析

2014 年的全球经济充满了期待也充满了变数。上半年，世界经济继续温和复苏，发达与新兴经济体分化增长的格局依然突出；中国经济缓中趋稳，石油消费平稳增长，成品油需求增速放缓，天然气消费增长低于预期。下半年，全球经济复苏程度略有增长，但风险因素越来越多。全球经济整体萎靡，再加上局部地区政治动荡加剧，世界能源市场也难免会受到影响，全球油气产业状况也在发生着变化。

（一）能源市场变革，各国期望“能源独立”

2014 年世界范围内掀起了“能源革命”，这很大程度上加速“能源独立”的进程，重塑全球能源版图。美国油气产量在过去五年经历了大幅增长，对国际能源市场产生巨大冲击，很快美国可能将取代沙特成为全球最大的能源生产国，并有望在 2037 年实现真正的“能源独立”。欧洲国家由传统化石能源迈向可再生能源的战略转型也取得显著进展，2014 年可再生能源占能源消耗总量的比重达到了 15.2%，比起 2004 年的 8.3%有了很大的进展。

在 2014 年乌克兰局势持续恶化的情况下，欧洲对能源独立的追求更加迫切。日本在 2014 年也推出了新的《能源基本计划》，明确表示要重启核电站。随着全球范围“能源革命”的推进，发达经济体正在逐步降低来自主要能源输出国的制约。受此影响，包括俄罗斯在内的石油出口国的经济实力和政治影响力会逐步被

削弱，全球能源和政治版图将发生深刻变化。金融风险不容忽视，在微刺激政策带动下，中国宏观经济缓中趋稳。全年 GDP 增长基本稳定在 7.4%，虽然整体增速低于 2013 年同期的 7.6%，但宏观经济“缓中趋稳”的特征已然十分明显，经济内生动力正在增强。为了刺激国内的经济，在全球经济缺乏动力的背景之下，中国投入了大量资金用于基础设施建设，其中很大一部分用在与新型能源相关的基础设施建设中，例如风电站的建设、光伏发电站的建设等，这体现出中国在推动国内“能源革命”方面的努力。据澳大利亚专家预测，中国很快会取代德国，成为全球性“能源革命”的典范，这种趋势将会逐步减弱近些年持续火热的全球油气市场的热度。

（二）原油市场面宽松，国际油价大幅下挫

2014 年 6 月底开始，全球原油市场产生了巨大的波动（图 1），原油价格罕见地出现“跳水”现象，其原因很大程度上在于全球原油市场的供求不平衡，随着全球经济的低迷，各国对于油气资源的需求增长呈现放缓的趋势，而在 2014 年，主要的几个原油产区在原油生产方面都取得了巨大的增长，如此一来，供需缺口越来越大，原油价格自然会随之下调。

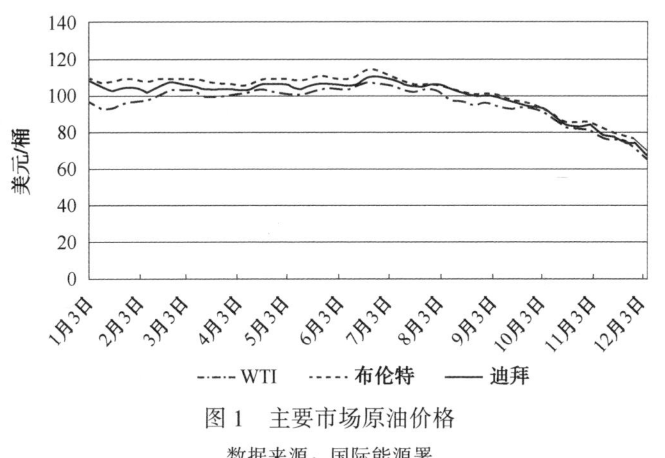

图 1　主要市场原油价格

数据来源：国际能源署

2014 年国际油价经历了一稳一跌。上半年，受宏观经济形势复苏好转、利比亚复产乏力、美欧俄就乌克兰局势持续角力、伊拉克与极端恐怖组织发生严重冲突等事件的影响，布伦特油价获得支撑，国际石油市场供需相对宽松走势平稳，原油期货价格波动区间为 104.79～115.06 美元/桶，均价 108.82 美元/桶，涨幅 0.9%。从七月份开始，国际原油市场发生了“崩塌”，从图 1 可以清楚地看到，六月底到七月初全球主要原油市场的原油价格达到了年内的高点，紧接着快速回落，三大市场原油价格八月份相继跌到了100美元/桶，尽管如此仍没有任何停止的迹象，随之而来的是更猛的下跌，十二月原油平均价格跌至60美元/桶，这种现象在价格长期居高不下的原油市场来说十分罕见。

究其原因，与国际宏观经济存在密切联系：2014年全球在原油需求增长方面明显放缓。全球各国的经济复苏不如预期，除了美国经济复苏较为稳定清晰之外，欧盟经济仍深陷在欧债危机之后的泥淖之中，中国这一最大的新兴市场国家的经济增速在显著放缓，日本经济刺激政策的效果并不明显，这些因素共同导致了全球市场石油需求疲软。需求增长的疲软丝毫没影响石油供应的增长，美国的页岩油气革命导致美国的石油生产能力大幅提高，显著改善了美国这个全球最大能源消费国的能源自给能力。数据显示，自2004年以来，美国石油产量增长了56%，相当于在美国的传统油田正常产量之外，每天新增产量310万桶。但与此同时，美国的汽油和其他燃料需求却下降了8%。美国的石油供需能力和对国际石油市场需求的变化，对国际油价是个极大的影响因素。与此同时，中东地区各国的原油产能也在2014年得到了进一步的释放，使得供给增长更快。一方面供给增长速度加快，另一方面需求增长速度放慢，原油市场势必出现过剩，价格下跌也就在情理之中。

当然，2014年的油价大跌不可排除也会有政治因素的存在，但归根结底是萎靡的全球经济给油价下跌提供了更大的可能性，就经济状况及各原油生产国的应对情况来看，低油价还将持续下去。

（三）产能过剩难解决，全球炼油业面临困境

2011年以来，全球已关闭总炼油能力达350万桶/日的炼油装置以应对产能过剩，尽管如此，炼油业并未走出产能过剩的困境。未来几年全球炼油利润仍将下滑，亚太地区亦难以幸免。尽管亚太地区经历了炼油低利润周期，但是因为市场显著变化，这一次的挑战特别严峻，亚太地区炼油工业必须应对前所未有的问题。

亚太地区的中国和印度是油品需求大国，随着经济低迷引发的油品需求降低以及过去的十几年中、印两国为增强自身油品供给能力不断增强炼油能力，亚太地区炼油能力有了长足的进步。2000年以来亚太地区新增大量炼油能力，相当于每年增加4座20万桶/日的炼厂，尤其是中国和印度的国家石油公司为实现本国道路燃料自给自足目标，加快建设炼油项目。但是随着需求状况的变化炼油工业开始面临越来越大的压力。过去几年，亚太地区炼油工业强势发展的主要动力来自该地区石油需求的强劲增长。虽然该地区仍将维持全球需求增长中心的地

位，但是需求增速将明显放缓。从 2000 年到 2013 年，需求年均增速达 2.8%。据 EIA 预计，2014 年至 2020 年，需求年均增速约为 2.1%。石油需求增幅减小主要是受到中国经济增长放缓、马来西亚和印度石油产品价格放松管制、能源效率提高以及石油替代产品应用增加等因素影响。

与此同时，尽管欧洲将继续为亚洲出口商提供套利机会，但是机会正在减少，因为来自美国炼厂和中东新建出口型炼厂的出口竞争加剧。美国炼油商已可获取相对廉价的国内页岩油和加拿大原油，这令它们在汽油和柴油等燃料出口市场拥有了竞争优势。在美国炼油商将燃料出口至欧洲和南美时，亚洲炼油商已开始感受到压力。总之，越发激烈的竞争和欠缺活力的市场都将使全球炼油业继续挣扎。

（四）运营风险仍较高，国际大石油公司开展业务更趋谨慎

国际大石油公司（IOC）生产经营指标持续下滑。2014 年受成熟油田产量递减、资产剥离、部分项目合作许可证到期等因素影响，五大国际石油公司（埃克森美孚、BP、壳牌、雪佛龙、道达尔）的油气产量和原油加工量持续减少。虽然油品销售量有所增加，但在国际经济形势低迷、生产成本大幅上涨的影响下，五大石油公司的营业收入下降超过 3%、盈利同比大幅下降超过 40%。

国际大石油公司的目标都转向了缩减投资规模，调整产量目标，投资重点转向能够长期获得稳定现金流的项目。五大石油公司 2014 年投资预算总额 1406 亿美元，较 2013 年投资峰值下调 22.3%。但上游投资比重进一步提升，一季度五大石油公司投资总额的 89% 投入上游业务，比 2013 年同期增加 4.5 个百分点。随着投资规模的缩减，五大石油公司调整了短期油气产量目标：埃克森美孚将 2014 年油气产量目标下调为日产 400 万桶，同比减少 4%；雪佛龙下调了油气产量增长速度，将 2017 年产量目标下调 6% 为日产 310 万桶；BP 和壳牌将根据公司实际投资水平调整产量，而不再把产量增长作为公司发展的明确目标；只有道达尔提高了 2015 年油气产量目标，由 2013 年的日产 230 万桶增加到 260 万桶。

五大石油公司的投资重点转向能够长期获得稳定现金流的大型项目。投资重心进一步向盈利能力强的上游业务倾斜，业务领域以深水、LNG 和非常规为主，投资地区向墨西哥湾、俄罗斯、中亚和非洲南部等国家和地区开发潜力大、成功率高的大项目集中，投资项目以拥有项目控股权且能充分发挥公司自身技术和资本优势为重点。下游业务进一步向需求增长快的亚太地区转移，业务类型以回报高的润滑油和化工业务为主。

同时，加速资产“瘦身计划”，严格执行成本控制。五大石油公司加速剥离

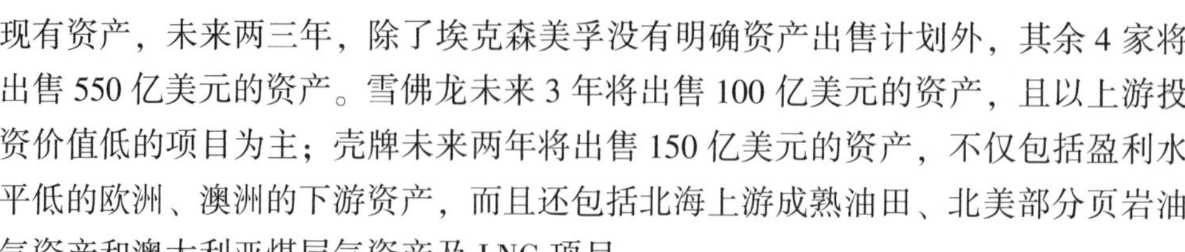

现有资产，未来两三年，除了埃克森美孚没有明确资产出售计划外，其余 4 家将出售 550 亿美元的资产。雪佛龙未来 3 年将出售 100 亿美元的资产，且以上游投资价值低的项目为主；壳牌未来两年将出售 150 亿美元的资产，不仅包括盈利水平低的欧洲、澳洲的下游资产，而且还包括北海上游成熟油田、北美部分页岩油气资产和澳大利亚煤层气资产及 LNG 项目。

五大国际石油公司为了控制成本、提高投资效益，对投资项目执行更为严格的评价机制，确保资金投入到回报更为丰厚的项目。BP 因考虑到中国石油消费需求增长速度低于预期，取消了投资广西钦州炼厂的计划；壳牌因投资成本和复杂性不断提高，放弃了挪威第二大气田海底天然气压缩项目；道达尔因其在南非的煤炭子公司利润下滑而整体出售该子公司，并调整在南非的业务发展方向，全面向油气勘探开发领域发展。

（五）非常规油气产业发展受限，油气并购市场更活跃

由于 2014 年内国际油价的下跌，有意对致密油气等非常规油气产业进行投资的投资者积极性也受到抑制，出于对风险和成本的考量，投资者会减少新的勘探活动而将更多资本投入到更有把握、风险较小的地区，使自身的产量得到一定的保证，如此一来，整个非常规油气产业的发展将会受到不小的影响。

与此同时，高负债比的油气企业将更倾向于抛售所持有的油气资产，因为油价较低的时候这些高负债比的企业将面临更大的财务风险，为了获得稳定的现金流以维持企业的正常运转，这些企业不得不选择将现有的一些油气资产进行变现。从卖方的角度来讲，卖方的增加会推动油气并购向更加活跃的方向发展。此外，低油价一定程度上意味着买方市场的形成，油价持续走低会使得油气并购市场中买方的主动性不断增强，尽管在过去的一年之中，各大石油公司对于油气并购的态度日渐审慎，但低油价时期无疑是油气并购难得的时机，因此，全球油气并购较为活跃。据统计，仅上半年达成交易金额就已近 1000 亿美元，同比增长近两倍。从地区分布看，北美地区是全球油气并购最为集中的地区，交易金额占全球总交易额的一半，其中非常规资产特别是非常规油资产仍是交易的热点。北美之外地区，常规成熟资产是主要的交易对象，约占总交易量的 40%。

三、2014 年国际经济环境对中国油气产业的影响分析

随着经济全球化进程的加快，中国经济融入世界经济的程度也越来越高，中国经济与国际经济的相互影响也变得越来越大。2014 年全球经济依旧处于艰难的复苏阶段，每个地区都在努力地寻求有效的方式将经济带出低谷。中国从 2013

年开始也逐步进入了经济增长的调整期，2014 年经济增速约为 7.4%，比 2013 年略有下降，但这样适当的调整会给经济的持久增长打下基础，从国内市场状况来看，内生动力正在增强，2015 年可能会有更好地经济表现。在国际、国内宏观经济共同影响之下，2014 年中国的油气产业也发生了各方面的变化。

（一）经济增速减慢，石油、天然气需求增速放缓

2014 年全年中国原油表观消费量高达 51785.3 万吨，同比增长 5.8%，比 2013 年增长 2.6 个百分点。

在成品油方面，汽油需求较快增长，煤油需求强劲，柴油需求低迷。国家统计局数据显示，1~6 月国内成品油表观消费量 1.47 亿吨，同比增长 4.2%，增速较 2013 年同期下降 0.4 个百分点。在乘用车产销向好、节假日高速费减免、旅行增加的驱动下，汽油消费较快增长，上半年同比增长 10.6%。受经济增长疲软、交通运输不景气以及 6 月南方持续暴雨等因素影响，柴油消费较为低迷，同比不增反降 0.9%。煤油消费实现较快增长，上半年民航总周转量同比增长 11.1%，煤油表观消费同比增长 16.6%。

柴油需求低迷主要有以下五个原因：一是在供过于求的形势下，传统制造业产品积压严重，生产扩张受阻；二是经济疲软、产能过剩、资金匮乏与技术进步的共同作用下，主要需求方工矿企业开工情况不容乐观；三是交通运输业出车情况不容乐观；四是酒店服务业用油客源大幅下降；五是替代能源逐步替代柴油消费。可以看出这五方面的因素都是宏观经济不景气导致的，预计随着 2015 年经济的好转，柴油需求会有明显的回升。

中国天然气消费增速也有所放缓。2014 年，表观消费量 1805.9 亿立方米，同比增长 8.9%。一季度，中国北方地区处于供暖期，取暖用气处于高位，但受北方地区平均气温高于 2013 年同期影响，中国天然气表观消费量达到 468 亿立方米，同比增长 11.5%，增速相比 2013 年同期有所放缓。除天气原因之外，国内市场商品需求的减弱也使得生产、加工活动方面对天然气的需求受到了很大的影响。

中国天然气产量稳定增长。三大生产企业挖掘生产潜力，天然气产量 1325 亿立方米，同比增长 7%，低于 2013 年 9.8%的增长水平。进口增速低于 2013 年同期，进口气价格持续严重倒挂。2014 年，中国进口天然气 598.1 亿立方米，同比增长 12.6%，远低于 2013 年 25%的增长水平。2015 年，随着中国经济活力增强，对于天然气的需求应该会有迅速的回升。

（二）原油储备增加，生产、生活成本降低

2014 年 7 月底以来，国际原油价格迅速暴跌。2014 年 12 月 22 日，WTI 现

货价格、布伦特现货价格以及迪拜现货价格分别下跌到每桶 55.25 美元、58.32 美元以及 58.60 美元。国际油价的大跌对于中国无疑是巨大的利好，中国是全球最大原油进口国，较低的原油价格是中国增加战略石油储备的好时机。根据估计，中国战略石油储备大约为 70 天，距离 90 天的储备目标仍有一定距离。油价的下跌给中国提供了增加原油战略储备难得契机。与此同时，国际原油价格下跌给国内创造的宽松能源供需，也有益于能源体制改革。

随着国际油价的下跌，国内的成品油价格在 2014 年发生了连续的下跌，这对于国内经济的复苏也是巨大的推动，一方面，低油价可以降低生产加工企业的成本，这会一定程度上提高生产企业的积极性；另一方面，低油价可以一定程度上降低国内的通货膨胀率并通过减少居民的能源方面的支出达到降低生活成本的效果，生活成本降低就意味着会产生更多的可支配收入，从而有更多的消费。这样通过供给和需求两个方面的刺激增强经济的活力。

（三）国际油价大跌，页岩气产业发展受到影响

低迷的国际宏观经济引起的原油市场波动会冲击中国仍很脆弱的页岩油气产业，页岩油气不同于常规油气，具有低丰度、开采技术难度大、成本高等特点，因此只有高油价时代，页岩油气才具有开发的经济价值，也只有在高油价的支持下石油企业才有足够的资金投入到页岩油气技术研究和生产开发项目。

根据 EIA 在 2013 年对于世界上 41 个国家页岩气资源量的预测，中国页岩气的技术可采资源量或达到约 31.6 万亿立方米，超过阿根廷、阿尔及利亚及美国，是世界页岩气技术可采资源量最大的国家，占这 41 个国家总页岩气资源量的 14.3%。尽管页岩气资源丰富，但中国的页岩气产业仍处于起步阶段，设备、技术等方面都还很不完善，随着涪陵页岩气田的发现中国开始推动页岩气产业的发展，但由于技术、设备方面的限制现在的生产还处于高成本、高消耗、高污染的阶段，进一步的发展还需要长期有利的外部环境支持，油价大跌无疑会对中国本就脆弱的页岩气产业产生巨大的冲击。

（四）市场需求萎缩，中国油气装备制造业面临巨大挑战

中国的油气装备制造业有了长足的发展，规模不断扩大的同时，竞争力也在逐渐增强，但快速的发展依然无法掩盖中国油气装备制造业存在的一些问题。2014 年，中国大概有 3000 家从事油气装备制造的企业，年销售额约为 4000 亿人民币，相比国际上较大的油气装备制造企业，中国的企业普遍规模较小，难以形成有力的竞争，同时，中国的企业自主研发能力和市场开拓能力与境外公司相比也存在明显差距，产品方面技术含量不够高，这也是中国油气装备制造企业缺乏核心竞争力的根本原因。

但在国内市场，中国的装备制造企业还是发挥了很大的作用。进入 21 世纪以来中国油气产业进入了高速的发展期，这也推动了中国国内的装备制造企业加大投资、扩大生产，中国在钻井、采油、海工等等方面的产品产能都有了大幅的提高。截至 2013 年，中国油气装备的产量已经可以满足甚至大大超过了市场的需求，产能过剩逐渐凸显，这样的背景之下，2014 年低迷的全球经济和不够乐观的国内经济令中国油气装备制造业面临更加巨大的挑战。

（五）变革成本降低，中国油气产业结构优化迎来契机

近些年，伴随着中国经济的快速发展，中国的油气产业也经历了全方位的提升。一方面，中国石油的勘探、开采、储运、销售等方面的能力都进步明显，为中国发展提供了有力的能源保障，中国已经拥有了包括中石化、中石油、中海油在内的较有影响力的大石油公司，这些公司的发展壮大为中国能源战略的顺利开展创造了良好的条件；另一方面，中国的油气产业趋于完善，形成了涵盖开采、炼制、油田工程技术服务、装备制造、储运、贸易等所有环节在内的完备油气产业，更具系统化的产业结构也为中国油气产业进一步的发展提供了保障。

尽管中国油气产业日趋完善，但产业内部结构仍存在着许多问题。产业内某些部分，比如装备制造方面，产业集中度很低，无法形成足够的影响力，另外中国油气领域还普遍存在着技术含量低、自主化程度低和生产水平低的问题，解决这些问题的关键就是要在产业内进行有效地整合，通过并购、重组将企业优化，强强联合以快速提高自身实力。某种程度上看，外部经济的低迷为中国油气产业的结构调整创造了条件，有并购意愿的企业能够以更低的成本实现自身的整合目标。

世界油气产业发展分析与展望

2014年是世界油气市场急剧变动的一年。世界油气储量继续呈现小幅增长的趋势，新发现的石油和天然气资源持续增加。在近些年国际市场原油价格保持高位的历史背景下，2014年上半年大型的勘探开发项目陆续展开，勘探开发投资快速增长，部分热点地区勘探活动尤为活跃。世界油气产量大幅增长，以北美为代表的部分地区产量均创了历史记录。由于世界各主要经济体复苏乏力，油气消费萎靡不振，世界石油市场整体呈现供强需弱的局面。2014年以来，世界原油价格急速下跌，美国原油期货NYME× 12月11日跌破60美元/桶。短期内，石油价格还有进一步下跌的可能，价格止稳回升没有确切期限。石油炼制产业毛利出现下降，世界范围内炼油产业调整正在进行。预计2015年世界石油市场整体将维持整体低价状态，2015年下半年原油价格回升到80美元/桶后低价徘徊，国际石油勘探开发投资出现一定程度下降，除欧佩克和前苏联地区石油生产国以外世界原油供应将小幅下降，世界石油与天然气产业兼并重组和资产交易相对活跃，国际石油供需格局进一步调整，非常规油气资源如页岩油的发展会受到较大冲击，世界范围内以油气为核心的权力博弈会进一步加剧。

一、世界油气储量小幅增长

(一) 俄罗斯石油储量显著增加

俄罗斯自然资源和环境部公布数据显示，俄罗斯2014年新增探明石油储量5.5亿吨，俄罗斯境内新增33个油气田，新增资源产地主要自西西伯利亚地区，其中乌林斯基油气田为2014年新发现的世界第六大油气田。近些年来，俄罗斯境内的石油勘探活动升温，各大跨国石油公司联合本土企业在多个热点地区都有良好的油气发现，但跟2013年俄罗斯新增探明石油储量6.35亿吨相比有所下降。

随着陆地石油资源发现的逐渐减少，各大油气企业勘探的重点开始转向了滨海的大陆架地区。而俄罗斯海岸线辽阔，拥有世界上最丰富的大陆架资源，近年来俄境内新的勘探发现集中在里海和北极地区的大陆架区域。2014年4月，俄罗斯自然资源部发布消息称，在濒临里海的阿特拉斯罕地区发现了Velikoye油田，初步估计有3亿吨石油、900亿立方米天然气的储量，该油田是过去二十年来，俄境内最大的油气发现。

近年来，北极地区也一直是俄罗斯油气勘探的重点区域。受制于严酷的自然环境，北极地区的油气勘探面临较大的技术困难，因此，许多本土公司选择与西方跨国石油公司合作。2014年9月，俄罗斯石油公司(Rosneft)宣布，其与埃克森美孚组成的联合勘探项目组，在北极喀拉海大陆架发现大型油气田，初步评估有1亿多吨石油、3380亿立方米天然气的储量。

(二) 欧佩克国家探明石油储量略有降低

世界范围内，欧佩克国家的已探明石油储量一直占据总储量的70%左右。BP发布的数据显示，2014年，欧佩克国家已探明石油储量占世界总量的71.9%，与2013年(72.6%)同比有所下降。2013年欧佩克国家的探明石油储量增长至12142亿桶，基本上与2013年(12138亿桶)持平。其中，委内瑞拉探明石油储量达到2983亿桶，较2013年提高8亿桶，增加量居欧佩克国家榜首；沙特阿拉伯、伊朗、伊拉克、科威特、阿联酋探明石油储量基本维持不变；BP小幅下调卡塔尔石油储量1亿桶，至251亿桶；此外，一些非洲地区欧佩克成员国，如利比亚、尼日利亚、安哥拉、阿尔及利亚等国的探明石油储量基本上与2013年持平。

与2013年相比，尽管欧佩克国家的探明储量的总占比略降，但长期来看，欧佩克国家储量上的优势地位不会改变，将对世界的长期能源供应、长远经济发展起到举足轻重的作用。

(三) 世界天然气探明储量微增

世界天然气探明储量增加主要来自美国、俄罗斯、伊朗等国家。其中美国储量增加最多，相对于2013年增加6000亿立方米；俄罗斯和伊朗也有2000亿~3000亿立方米的储量增加。与此对应，BP下调了其他部分主要天然气产出国的探明储量。中东产气国储量下调最多，海湾液化天然气出口大国卡塔尔储量下调近2000亿立方米；其他地区天然气产出国，如挪威和澳大利亚，也有近1000亿立方米的储量减幅。

需要注意的是，近两年以来，BP对于世界天然气探明储量预估统计正在深度调整中。2013年，为了统一会计计量标准，BP就将独联体国家的天然气储量下调了将近三分之一。此外，技术和经济因素对于储量统计的影响越来越大。

二、世界油气勘探开发投资再创新高

(一)油气勘探支出继续增长、增速放缓

法国石油和新能源研究院在2014年11月份发布的《2014年油气勘探、开发、炼化投资》报告中指出，2014 年全球用于油气勘探开发的总支出将超过 7300 亿美元，再创新高。勘探开发投资增速在维持 4 年两位数增速之后，开始放缓，2014 年同比增长 5.1%，增幅为 2010 年以来最低。其中，中东地区的勘探开发活动最具活力，支出增长 10%；北美地区和原苏联地区增幅次之，分别为 8.5%和 7.5%；亚太地区勘探开发投资有 3.3%的增幅，而欧洲和非洲地区增幅为 2.8%；拉丁美洲油气勘探投资增速最缓，为 1%。跨国石油公司勘探开发项目投资的减少是造成勘探支出增速放缓的主要原因，国家石油公司和独立石油公司的大量投资整体拉动了世界油气勘探开发投资的增长。

2015 年，主要跨国石油公司均表示将维持或者缩减投资。很多大型油气项目，如澳大利亚 LNG 项目，将在 2015 年达到投资峰值，北海油田开发进入中后期，投资快速下降。而在 2014 年带动投资增长的国家和独立石油公司将继续扩大投资，热点投资地区包括中东、北美和亚太。考虑到油价持续走低，而石油公司在年初制定 2014 年投资计划时所参考的油气价格较低，预计油气勘探开发投资将进一步放缓。

（二）油气勘探发现有所减少

法国石油和新能源研究院发布的年度报告显示，截至 2014 年 9 月底，世界范围内共有 152 个新的油气勘探发现，而 2013 年这一数字为 177 个。过去数年内，在一些热点勘探区域，如东非和巴西海上，勘探作业公司都有许多丰富的油气显示发现。而 2014 年，作业单位的主要工作焦点集中在评估和开发已发现的油气发现上，这是世界范围内勘探发现数量减少的主要原因。勘探技术人员对于现存的油气发现资源的认识有限，但是许多发现已经显示了良好的储量前景。2014 年，勘探作业公司在撒哈拉以南非洲有许多重大发现，如安哥拉盐上层资源，自 2012 年被发现以来，油气资源潜力被再次确认。对于安哥拉盐上层资源，Cobalt Energy 在两年多的勘探活动中，以 100%的钻井成功率，在五个勘探区块，重新评估资源潜力，总计有 11 亿~20 亿桶的石油资源预估。此外，油气公司对于之前有较多发现的勘探项目，如东非海上油气资源开发项目，资源潜力评估正在集中开展。

（三）北美以外地区可能取得非常规油气勘探突破

欧洲公众对水力压裂所持的怀疑态度以及波兰等地非常规油气勘探的受挫，对非常规资源勘探开发的进程造成了一定影响，但能源供需的巨大缺口，仍将推动北美以外地区非常规油气的勘探开发。不考虑俄罗斯、墨西哥等无暇顾及非常规油气资源的国家，务实的英国政府对开发页岩气态度异常积极；澳大利亚也已

有煤层气的成功开发先例和配套的基础设施；阿根廷无疑将最具页岩油气潜力，不仅有多个页岩油气发现，还是除美国以外非常规油气资源交易最活跃的地区。这些地区都有望实现非常规油气勘探开发的新突破。

（四）俄罗斯海域和亚太地区成为全球最活跃的勘探区域

2014 年俄罗斯的油气勘探地震作业量超过全球总量的 40%，投入作业人员也占全球所有地震作业人员数量的近一半。这个比例随着俄罗斯加强大陆架海域区块的勘探，还将进一步提升。俄罗斯主要的地震作业地点在鄂霍次克海和巴伦支海的前沿区域，俄罗斯石油公司与挪威石油公司成立的合资企业将在未来数年钻 6 口探井。另一个热点区域是以中国为代表的亚太地区，地震工作人员数量超过 2014 年全球总量的 20%。2014 年，这两个地区成为最活跃的勘探区域。此外热点地区还有墨西哥湾、东非海上和北极等地区。

三、世界油气产量继续快速增长

2014 年，世界石油产量快速增长。石油输出国组织欧佩克于 2015 年 1 月中旬发布的月度石油市场报告显示，2014 年 12 月份世界石油产出平均达到 9316 万桶/日，全年平均同比增长 120 万桶/日，远高于 2013 年同期 10 万桶/日的增幅；全年平均产量维持在 9200 万~9300 万桶/日。报告预计，全年非石油输出国组织产量将增长 198 万桶/日，北美地区(美国和加拿大)的增产对于非石油输出国组织产出的增加贡献最多，紧接着是俄罗斯和拉丁美洲地区国家。与之对应，受利比亚和阿尔及利亚产量下降、沙特减产以及伊朗制裁的影响，欧佩克石油产量却在小幅下降。

（一）美国石油产量强劲增长

2014 年全年美国石油产出增加 163 万桶/日，达到平均 1286 万桶/日，在非欧佩克国家中增幅最大。美国石油产量的增加主要来自德克萨斯和北达科他州的致密油油井，其他页岩油气产区也贡献颇多；另外，墨西哥湾石油产量创下了 2011 年 1 月以来的新高。

美国主要的致密油产区，诸如 Bakken、Eagle Ford、Haynesville 等地，产出的液态烃类占全美石油产量增加量的 95%。据美国能源信息署(EIA)的数据，2014 年 10 月份 Bakken 地区的致密油产出达到了平均 119 万桶/日，月度净增 2.9 万桶/日。另外 Eagle Ford 地区的产出也达到了 161 万桶/日，增加 3.5 万桶/日，平均每口新井的产量达到 540 桶/日。

随着石油价格的急速回落，市场普遍对于美国石油生产增速有减缓的预期，但根据最新的数据，美国石油产量仍在增加。这主要是缘于主要生产商对冲投资组合风险的需要。欧佩克分析，只有在油价跌破 80 美元/桶，并且保持一段时间（超过六个月）低价，才可能对美国非常规石油的产出产生实质影响。

（二）加拿大非常规石油生产提速

2014 年，欧佩克预计加拿大的石油生产将会提高 18 万桶/日，达到 419 万桶/日，但增速比 2013 年生产的增速低。加拿大 2014 年前两季度的石油生产增量有 19 万桶/日和 34 万桶/日。进入第三季度以来，由于主要油砂开采项目的维护，加拿大石油产量持续下降。由油砂合成的原油产量大幅降低，平均只有 408 万桶/日。

但随着主要非常规石油项目维护期的结束，欧佩克预计，加拿大石油生产将再次提速。此外，许多非常规项目中应用的技术，如原位生成法和蒸汽重力驱油工艺，都在不断进步，将有效提高油井单产。加拿大有丰富的油砂和致密油资源，是世界上最早开发利用非常规资源的国家。一些知名的非常规石油项目，如 Foster Creek Phase F 项目，或者是阿尔伯塔省的 Cold Lake 油砂产业，近年来都获得了长足的发展。这些非常规石油的生产将有力支撑加拿大石油产量的快速增加。

（三）多因素助推巴西石油生产

欧佩克的数据显示，2014 年巴西液态燃料产量达到 290 万桶/日，较 2013 年增加 26 万桶/日。巴西石油产量的增加，不仅抵消了其他拉美国家产量的下降，还整体上拉动了拉美总产量的增加。巴西石油的增产很大程度上归功于深海油气项目的发展，许多深海项目（如 Roncador 和 Lula 油田）产量正在稳步提升中。欧佩克发布的数据显示前三季度巴国深海油田的增产平均达到 23 万桶/日。第四季度石油产量继续增长。另一方面，巴西是世界上最大的糖类生产和出口国，仅次于美国的第二大乙醇生产国。近些年来，随着国际油价的走高，大部分巴西国内的糖类生产商开始尝试糖类转乙醇开发，作为汽油的替代燃料，或者制作乙醇汽油。

四、世界石油消费增长停滞不前

欧佩克在 2015 年 1 月末发布月度石油市场报告，预计世界石油消费较 2013 年相比，小幅增长 95 万桶/日，达到 9115 万桶/日。

一般而言，石油产品消费增长和经济活动的扩张紧密相连，呈现正相关的关系。尽管从当前的状况来看，世界经济形势并不乐观，但总体上还是呈现微弱复苏态势。以新兴市场经济体为例，虽然一些资源出口国面临经济困境是事实，但其他一些国家，以中国和印度为代表，预期经济增长率维持在5%~8%之间，石油消费仍然在小幅成长，总体上推高了新兴经济体的消费水平。世界范围内，以新兴经济体为代表的发展中经济体的经济成长，是维持石油消费正增长的主要动力。考虑到其他重要经济体的情况，如欧盟和日本尚面临许多持续性的财政和政治难题，经济增长率低；一些能源资源出口型新兴市场国家，如严重依赖石油出口的俄罗斯，下半年国际市场大宗商品价格持续走低，经济形势严峻。综合世界各主要经济体的情况，2014 年国际石油消费增长停滞不前。

（一）美国石油消费温和增长

EIA 发布的数据显示，2014 年月度石油消费量维持了平和的增长趋势。其中，全美车用汽油消费有小幅成长，与此同时，由于交通运输和工业部门经济的快速恢复，馏分油消费量有大幅度增长。其他种类的主要石油产品消费大幅下降，超过了馏分油消费的增加。残渣燃料油、丙烯、丙烷消费的下降最为明显，主要是因为在技术进步的大背景下，这些产品开始被其他一些廉价的大宗商品，主要是天然气所替代。

美国石油消费结构正在发生某种变化，这种变化是和基础工业与交通部门的能源替代，以及车辆燃油效率的提高紧密相关的。2015 年乃至更长时间内，这种积极变化还将持续。总体上，经济成长、燃料替代和燃油效率是预测美国石油消费的两个重要考虑因素。经济成长提振石油消费，而燃料替代和燃油效率对石油消费的影响与之相反。

（二）欧洲石油消费需求延续萎缩态势

2014 年初以来，欧洲石油消费需求延续了 2013 年以来的萎缩态势。欧佩克发布月度石油市场报告显示，与 2013 年相比，2014 年欧洲石油消费会萎缩 20 万桶/日，这种趋势还将延续到 2015 年。

欧佩克公布的数据显示，除 2014 年 9 月份欧洲石油消费量同比正增长以外，其他月份数据均呈现负增长。2014 年 1~11 月，欧盟四架马车（德国、法国、英国和意大利）的石油消费下降了 17 万桶/日，其中德国、法国、英国的消费数据下降较明显，而意大利则与 2013 年同期一致。欧盟区域内，市场对于车用汽油和轻质柴油的需求都在降低。2014 年，欧盟区域汽车销售量持续增加，然而汽车销量的增加并没有反映在石油消费上。造成这种情况的主要是高税负，整个欧盟范围内都在对交通运输行业征收高额的燃油税。此外，部分欧盟国家预算赤字问题尚未得到有效解决，将恶化欧洲经济复苏前景，进而影响区域内石油消费。2015 年，欧洲石油消费萎缩态势将延续。

(三) 中国石油消费需求维持增长态势

2014 年中国石油消费仍然维持增长态势。各个产业依据自身特点，对不同石油产品有不同需求：石化产业对液化石油气有很大依赖；公路交通产业消费汽油较多；航空运输业则消耗大量航空煤油；农牧渔业则离不开柴油。以上各个产业中，石化、交通、航空产业的产品消费增长比例都维持在 10%~20%之间；农牧渔业柴油消费也保持个位数的增幅。这些产业企业、居民的消费整体上推高了中国石油消费需求水平。另一方面，并不是所有种类的石油产品消费都在增加。由于天然气和煤炭的替代，其余燃料油消费都在大幅下降。

尽管新车销量一直维持温和增长，但中国政府正在采取措施(包括价格手段)提高交通燃料质量，以求缓解大中城市严重的空气污染，因此汽油消费增长并不是不受限制。此外，日益增加的天然气车辆和不断改进的燃油效率，将抑制交通运输产业的石油消费。综合以上因素，欧佩克预计，2014 年中国石油消费维持增长态势，消费增加量为 34 万桶/日。

(四) 日本石油需求继续萎缩

日本石油需求连续萎缩，2014 年石油消费数据同比下降了 43 万桶/日。除了航空煤油、轻柴油和液化石油气之外，各类石油产品需求都大量萎缩。日本市场石脑油消费大幅减少；与新注册车辆数据趋势一致，汽柴油需求水平也在不断降低；用于直接燃烧的原油和燃料油消费同样在减少。大部分石油产品消费的减少使得日本石油需求持续萎缩。

此外，日本仙台地方政府决定重新运作本地核电站，开启两台反应堆机组，大大增加了日本政府全面重启核电的可能性；另外，市场普遍对于新车注册数量的预期也持悲观态度，预计将有 9%的下降。综合以上各种分析，日本石油需求还将继续萎缩。

五、世界石油价格先升后降且持续走低

(一) 石油价格先升后降，且跌破 80 美元大关

2014 年，受经济、金融、地缘政治等因素影响，WTI 价格和布伦特价格经历了先上升后下降的震荡过程。2014 年第一季度，WTI 均价为 98. 5 美元/桶，较 2013 年第一季度 WTI 均价 94. 4 美元/桶有所上涨；2014 年第一季度布伦特均价为 107. 8 美元/桶，较 2013 年第一季度布伦特均价 112. 7 美元/桶有所下跌。第二季度，受全球经济形势复苏以及地缘政局不稳定等影响，国际油价整体呈现上升态势。2014 年 7 月底以来，国际原油价格迅速暴跌，其下跌幅度远远超过市场

预期，且基本没有止跌回升迹象。其中，WTI 现货价格在 12 月 22 日下跌到 55.25 美元/桶，跟 2014 年 7 月 22 日的 104.59 美元/桶相比，跌幅高达 47.17%；布伦特现货价格由 7 月 22 日的 106.48 美元/桶下跌到 12 月 22 日的 58.32 美元/桶，五个月的跌幅达到 45.23%；迪拜现货价格由 7 月 22 日的 106 美元/桶下跌到 12 月 22 日的 58.60 美元/桶，跌幅为 44.72%。根据 EIA 和普氏能源资讯的数据，自 1991 年以来，除了 2008 年金融危机以外，其他任意连续五个月内的国际三大基准原油价格跌幅均低于 2014 年 7 月 22 日到 12 月 22 日的油价跌幅。

（二）全球经济疲软和原油市场供应充足是油价走低的主因

国际油价和全球经济增长基本上是一个正相关关系。受经济增长放缓影响，美国原油进口萎缩速度加快，中国原油需求量增速放缓。此外，作为一直以来带动全球石油消费增长的重要引擎，巴西、俄罗斯等新兴经济体受结构性因素、地缘政治因素等影响，经济增速持续放缓，石油消费需求呈现低迷态势。

在石油供应方面，全球石油产量大幅提升。其中，欧佩克石油产量增长稳定，非欧佩克石油产量达到 5590 万桶/日，多数时间的日产量都较 2013 年同期相比增加 100 万～200 万桶，尤其是美、加等非欧佩克国家石油产量增长迅速，成为全球石油产量增长的主要推动者。2014 年 12 月 9 日，EIA 公布的能源市场短期前景月度报告显示，美国 2014 年原油产量增至 860 万桶/日。奥巴马政府通过一系列巧妙的行政措施，事实上突破了美国 1974 年以来的原油出口禁令，已经涌向国际市场的页岩油正在不断充实供应。EIA 在 2013 年 11 月曾预计，2015 年，美国将超过俄罗斯和沙特阿拉伯成为全球最大产油国。

（三）美元走强助国际油价走低

2014 年，美国经济在经历了第一季度的短暂波折之后迎来了显著复苏，国内生产总值增速强劲、就业市场与房地产市场逐渐企稳、其他多个经济指标的基本面也趋向好转。美国商务部发布的数据显示，美国 2014 年第三季度 GDP 按年率计算增长 5%，是 2003 年第三季度以来的最快增速。与之相反，欧元区、日本等经济体经济复苏态势依旧疲软，面临着不同形式的挑战。此外，随着美联储在 2014 年 10 月宣布退出量化宽松政策及加息预期逐步升温，美元进一步走强。数据显示，美元指数已经从 2014 年 7 月份的 80 左右上升到了 12 月份的 90 左右，上升幅度超过 10%，成为涨幅最大的货币。由于国际油价以美元计价，美元的持续走强推动了国际油价的下跌。

六、世界石油炼制产业的竞争格局进一步深化

随着炼油产业毛利的下降，世界炼油业竞争格局发生了变化，中东炼油业的

竞争力受到影响，北美炼油业重新夺回成本优势，欧洲、日本炼油业步入衰退期，中国炼油业已经出现产能过剩。

2014 年全球炼油能力达到 46.28 亿吨/年，新增炼油能力约 6125 万吨/年。在炼油商排名中，埃克森美孚公司炼油能力虽然有所下降，但仍以 2.73 亿吨/年的炼油能力蝉联榜首。中石化和壳牌分列全球第二位和第三位，炼油能力分别达到 2.7 亿吨/年、2.09 亿吨/年。中石油跃居全球第 4 位，炼油能力达到 1.94 亿吨/年。

全球最大的二十座炼油厂中，排名前三位的炼油厂是：委内瑞拉的 Paraguana 炼油厂（4700 万吨/年），韩国 SK Innovation 蔚山炼油厂（4200 万吨/年）以及韩国 GS Caltex 公司的丽水炼油厂（3925 万吨/年）。入围的中国炼油厂分别是位列第 10 位的台塑集团台湾麦寮炼油厂（2700 万吨/年）和位列第 19 位的中石化镇海炼油厂（2300 万吨/年）。

（一）亚洲炼油产业原油处理能力提高，产业面临新形势和新挑战

为满足国内需求和出口潜在市场，亚洲炼厂不断提高原油处理能力。其中，印度石油公司在印度奥利萨邦新建的原油加工能力为 1500 万吨/年的炼厂于 2014 年 12 月正式投产。印度巴拉特石油公司将位于阿萨姆邦的 Numaligarh 炼厂原油加工能力从 300 万吨/年提高到 900 万吨/年。此外，马来西亚国家石油公司投资 5 亿美元用于马来西亚柔佛州的炼化一体化项目，计划 2019 年年初投产。这个项目包括 1500 万吨/年的炼厂及 LNG 再气化终端等。泰国 PTT 环球化工公司计划投资 80 亿美元建设一座炼油能力为 1800 万吨/年的炼厂。

亚太地区炼油工业面临新形势，主要包括：亚太地区油品需求降温；汽油短缺和中间馏分油过剩的不平衡；来自北美和中东炼油商的竞争加剧，进口依赖度增加；原油品质趋于轻质化等。虽然亚洲地区仍将维持全球油品需求增长中心的地位，但是增速明显放缓。2000~2013 年，需求年均增速达 2.8%，2014~2020 年，需求年均增速预计降为 2.1%。石油需求增幅减小主要是受中国经济增长放缓、马来西亚和印度石油产品价格放松管制、能源效率提高以及石油替代产品应用增加等因素影响。亚太地区历史上存在液化石油气、石脑油和燃料油供应短缺的局面，这种状况将继续下去。欧洲继续为亚洲出口商提供套利机会，但是机会正在减少，因为来自美国炼厂和中东新建出口型炼厂的出口竞争加剧。美国炼油商已可获取相对廉价的国内页岩油和加拿大原油，这令它们在汽油和柴油等燃料出口市场拥有了竞争优势。在美国炼油商将燃料出口至欧洲和南美时，亚洲炼油商已开始感受到压力。而当前，美国公司开始将燃料出口至亚洲。此外，中东地

区正在大量新建出口型炼厂，其目标区域也是亚太炼油商的传统市场。

（二）欧洲炼油产业前景惨淡，炼油能力持续下降

欧洲炼油产业进入低迷阶段。原本开工率就已严重不足的欧洲炼油厂，正面临一波新的危机：越来越多的低价油品正从世界低成本炼油中心源源不断地进入欧洲市场。随着需求萎缩，成本高企，利润收窄，欧洲已趋老化的炼油企业一直没有吸引到参与国际市场竞争所需的投资。然而，世界低成本地区的炼油企业不断加大进入欧洲市场的力度。

欧洲炼油产业因盈利难而被迫削弱产能，很多因素令欧洲的炼油业前景不容乐观。中东新建炼油厂将逐步投产，美国国内原油产量的增加将进一步提升美国炼厂竞争力。预计到 2018 年，欧洲需要削减 190 万桶/日的炼油能力，但仍不足以改善继续运行的炼油企业运营状况。法国和意大利将继续关停炼厂，过去 6 年其炼油能力已缩减 10%。

（三）美国炼油工业逐步繁荣

原料优势促使美国炼油工业迎来新一轮扩能热潮。金德摩根公司在得克萨斯州休斯敦新建 1 套凝析油分馏装置，预计 2015 年建成投产，新增 10 万桶/日的炼油能力；瓦莱罗能源公司在库帕斯克里斯蒂的炼厂将新增 7 万桶/日的炼油能力，而休斯敦的炼厂将新增 9 万桶/日的炼油能力，均在 2015 年完成；MDU 资源公司在北达科他州新建 2 万桶/日的炼厂并计划在 2015 年实现装置投产；科氏工业旗下 1 家公司对其位于得克萨斯州的炼厂扩能改造，计划增加 3 万桶/日的产能，预计 2015 年完成；瓦莱罗能源公司计划将路易斯安那州 1 家炼厂产能扩大 2.5 万桶/日，投产时间待定。这些炼油项目将保证在 2015 年底前使美国至少新增 31 万桶/日的炼油产能。

美国炼油工业改良原油供应战略。几年前，美国炼油工业提升赢利能力的优选战略是加工劣质原油。拥有加工重质和高含硫原油能力的炼油商可以购买比优质原油价格低 10 美元/桶~20 美元/桶的原料。原料价格支持炼油商建设规模较大的焦化装置、脱硫装置，以适应重质含硫原油的加工，而近几年的页岩油开采带来了新气象。美国开采的页岩油通常是轻质、低含硫原油，可以通过简单工艺进行加工，例如用拔头装置和凝析油分离装置加工。这些装置的建设成本远低于工艺复杂的传统炼油装置。金德摩根公司在休斯敦新建处理能力在 10 万桶/日的凝析油分离装置，投资成本只有 3.7 亿美元。为加工大批量的轻质含硫原油，1 家英国油企投资印第安纳州 Whiting 炼厂现代化改造项目的资金达 38 亿美元。

美国为提高炼油产业竞争力，加快了乙烷裂解技术发展。2014，几家石化公

司已宣布在美国新建3套世界级规模乙烷裂解装置的计划；台塑化学正在规划路易斯安那州120万吨/年的装置；巴西 Odebrecht 公司宣布了在美国西弗吉尼亚州的一项装置建设计划。美国总计将新增10个主要裂解项目，合计产能约1250万吨/年，预计大部分项目将在2016~2018年投产。

（四）中东炼油产业采取扩张战略，重视炼油催化剂需求

2014年，中东炼油产业采取了积极的扩张战略。中东地区新增的一批炼油项目预计将在2017~2020年投产，其新增产能占2014~2020年全球新增产能的25%（9500万吨/年）。中东各国发展炼油业的初衷并不相同，沙特阿拉伯、科威特和阿联酋希望维持或加强其石油产品出口国的地位，而伊朗和伊拉克则专注于满足国内需求。中东地区的炼油能力大多为国家石油公司拥有，同时也控制该地区的原油供应。

中东地区正加快由原油出口向高附加值燃料和化学品出口改变。虽然全球燃料需求增速趋缓，但是市场普遍预计，新兴市场燃料需求以及更加严格的硫排放限制将刺激炼油催化剂需求继续增长。其中，约占该地区50%炼油能力的沙特阿拉伯，未来几年炼油催化剂增速将超过10%。另外，阿联酋、科威特、卡塔尔、阿曼和巴林等国的多个在建炼油项目将进一步支持中东地区炼油催化剂需求增长。随着新建炼油厂陆续投产，一些催化剂生产商也在加快本土化生产步伐。

七、2015年世界油气产业发展展望

全球经济复苏形势不明朗，美国经济短期发展动力不足，欧元区的持续低迷和中国、巴西和俄罗斯等主要新兴经济体增长的放缓，这些因素阻滞了全球石油需求的增长。与此同时，以沙特为首的欧佩克成员国的石油供应有增无减和美国页岩气革命的持续繁荣都进一步导致了原油供应过剩。全球石油供过于求将促使石油价格保持低位，较低的原油价格则会对全球经济的复苏起着良好的促进作用。此外，与原油相关的全球石油炼制产业也将被迫进行改革，其中，全球炼油低竞争力地区可能采取因地制宜的调整策略以促进本地区炼油产业的繁荣与发展。

（一）经济前景持续低迷影响石油需求

在2014年10月7日发布的《世界经济展望报告》中，IMF调低了2015全球经济增长预期。报告预测，全球经济2015年的增幅将为3.8%，比7月份的预测低了0.2个百分点。下调预期的主要原因来自欧元区的持续低迷和主要新兴经济体增长的放缓等。IMF认为美国经济短期动能还显不足。欧洲经济则不容乐观，

欧洲央行此前宣布的一揽子刺激政策显然没能达到预期效果。与此同时，中国、巴西、俄罗斯等新兴市场增速放缓，也给全球大宗商品需求端带来极大压力。EIA 将 2015 年全球石油需求预估从每日 9289 万桶下调至 9271 万桶。美国页岩油繁荣降低了世界对欧佩克石油的依赖，欧佩克下调未来 20 年世界对其石油需求的预测值。欧佩克在新发布的《世界石油展望》指出，2017 年世界对欧佩克石油需求可能降至 14 年来最低的 2820 万桶/日，相比 2013 年报告少了 60 万桶/日，相比 2014 年需求量减少 80 万桶/日。

（二）世界原油生产总体供应过剩

世界原油产量受多方力量影响，原油供应方面超出预期。得益于技术突破，美国页岩油产量大幅增加，导致 2008 年至 2014 年其总体原油产量增长 80%。IEA 2014 年 12 月 12 日发布石油市场报告称，非欧佩克国家 2015 年的日均产量预计将增加 130 万桶，至 5780 万桶。EIA 公布的报告显示，2015 年美国原油产量将增至 932 万桶/日；巴西桑托斯盆地的原油产量开始上升，从而使得巴西 2014 年的日均原油产出增加 20.6 万桶，2015 年预计日均增幅为 32.5 万桶；墨西哥湾的原油日产量在 2015 年预计将增加 15.5 万桶。在欧佩克国家中，伊拉克日均原油产量预计将增加 20 万桶，利比亚的产出则预计稳定在每日约 70 万桶。

（三）原油价格走低或将利于全球经济复苏

原油将和曾经达到“天价”的天胶、铁矿石、动力煤一样，逐步去泡沫化，步入理性价格区间；同为基础能源品种的天然气、动力煤较原油已存在过大的成本价差，三者价格博弈将使得“气涨、煤稳、油跌”。此外，原油的金融属性有减弱的趋势，以中国为代表的新兴经济体对高油价的排斥，以及光伏、风电、新能源汽车等新兴产业的普及，使原油的话语权正在由卖方向买方转移，价跌成为必然。EIA 将 2015 年 WTI 原油价格预估从 94.58 美元/桶大幅下调至 77.75 美元/桶。同时，其还将 2015 年布伦特油价预估从 101.67 美元/桶下调至 83.42 美元/桶。金融机构也纷纷下调原油价格预测。花旗集团在报告中宣布将 2015 年 WTI 原油价格预估下调 10 美元，至 89.50 美元/桶，并将 2015 年布伦特油价预估自 105 美元/桶下调至 97.50 美元/桶。瑞士信贷则调降 2016 年布伦特原油价格预估至 93 美元/桶，对于 2017 年的预估则为 88 美元/桶。

然而，低油价成为常态的概率较低，不少油田的生产成本较高，比如深海、油砂、页岩油等。如果原油价格长期低于 80 美元/桶，诸多边际油田开采将成亏本买卖，勘探开采投资力度自然会下滑。基于生产周期的考虑，2017 年开始生产增速就会面临回落压力。沙特选择“价格战”也正是考虑这一诉求，从而避免

重蹈20世纪80年代减产但油价继续回落、市场份额被大幅侵蚀的覆辙。

此外，油价大跌相当于一次超大规模量化宽松计划，它将有助于刺激经济复苏，全球经济会因此受益。另外，油价大幅下滑对美国在年底消费高峰来临时的经济表现也可能构成利好，因为能源价格的走低将释放其他领域的消费需求。花旗集团报告指出，石油价格处在四年低位，相当于给全球经济提供了1.1万亿美元的刺激动力，这降低了燃料及其他大宗商品的成本，给消费者和企业以额外的资金来消费并提振经济增长。

（四）勘探开发投资因收益预期大幅降温

Bernstein Research 研究报告称如果国际布伦特原油价格在每桶80美元，将导致全球勘探和生产支出将下降20%至6400亿美元。而如果全球油价在每桶60美元，则全球最大的40家油企整体将需要削减1700亿美元的支出。受到国际原油低迷影响，美国大陆资源公司2014年底连续两次宣布大幅消减2015年投资预算以维持净债务持平，从最早的52亿美元下降到46亿美元后最终减至27亿美元。美国康菲石油公司将把2015年的资本开支消减20%以应对日益下跌的国际原油价格，2015年公司资本开支将较2014年大幅削减至135亿美元。其中，开发钻探开支将削减23%至50亿美元。

EIA分析油价下跌将使2015年美国原油产量增速有所降低，但受历史勘探开发投资的影响，2015年原油年度总产量仍将增至1972年来最高水平。预计2015年北达科他州和德克萨斯州的页岩油钻井活动仍会保持在高位，这两个地区是美国页岩油主产地。美林银行估计，当国际油价处于70美元/桶附近时，将会对美国页岩油产业产生影响；当国际油价低于50美元/桶的价位，将让美国页岩油产业完全无利可图。美国页岩油主要生产商大陆资源已第二次削减2015年的资本支出计划，并打算将2015年开采的油井数量减少将近40%。

高盛报告显示鉴于原油价格急剧跌破每桶60美元，近1万亿美元石油项目的勘探开发支出面临风险。取消这些开发项目会让全球今后10年的新增产量减少750万桶/日，相当于全球目前石油需求的8%。在墨西哥湾深水区等具有挑战性的前沿地带，石油开采项目的可行性随着油价跌破60美元不再具有经济可行性。在油价处于每桶70美元的水平时，石油公司需把成本削减至30%才能保证项目的盈利能力，这类面临风险的油田项目代表着总计9300亿美元投资。

（五）欧佩克内部因原油价格或将出现分歧

在原油供应过剩促使原油价格跌至自2009年来最低水平之际，2014年11月27日欧佩克决定维持日产量3000万桶不变，来捍卫其市场占有份额。自欧佩克在该次会议预计原油供应过剩达 200 万桶/日后，原油价格已下跌了 20%。沙特不减产是出于国际非常规油气大幅增加推动的市场份额下降，沙特采取“价格战”策略无疑将打压深水、非常规等高成本油田项目开发进程，使其石油产量增速放缓，美国是沙特原油的重要出口市场，占沙特原油出口份额约 20%，美国原油进口份额 17%左右。未来美国在原油进口量持续下降的同时，原油进口集中度将越来越高，到 2020 年从加拿大进口份额达 70%，进口沙特原油份额或降至 11%，相当于 80 万桶/日左右的沙特原油被挤出美国市场。

欧佩克成员国多数产业单一过分依赖石油，由于各成员国生产成本、财政状况和产业依赖程度不一致，在国际原油价格大幅下降的背景下内部分化严重。沙特、阿联酋和科威特代表的中东国家通过减价来扩大出口从而保障市场份额。这些国家有充足的财政盈余和外汇储备可以支撑较短时间低油价危机。另一方面高度依赖石油出口，2013 年已产生财政赤字的国家，比如委内瑞拉和厄瓜多尔，甚至包括伊拉克，都希望减产保证油价处于相对高位。IEA 预计，2014 年欧佩克石油净出口收入为 7000 亿美元，比 2013 年下降了 14%。2015 年欧佩克国家石油出口收入 2015 年将下降至 4460 亿美元，相比 2013 年下降了 46%。在世界石油市场供过于求，国际油价大幅回落的情况下，欧佩克主要成员国中部分国家积极呼吁减产，主要包括委内瑞拉、厄瓜多尔和伊朗等，而沙特、阿联酋和科威特等产油国则更倾向于由市场来自行调节供需平衡，尤其是作为欧佩克最重要产油国的沙特，明确表示不会减产。

（六）全球炼油产业进行战略性调整

欧洲炼油业为了生存，必须进行重大结构调整。欧洲炼油厂的进一步关闭将减少该地区结构性汽油过剩问题，但同时还会造成中间馏分油供应不足的情况持续发生。欧洲炼油厂关闭潮源于 20 世纪 80 年代，预计将持续到 2020 年，这正在加深欧洲国家对进口燃料的依赖。英国对于进口柴油的依赖度将从 40%增加至 2020 年时的 70%，这种趋势将遍及整个欧洲地区。欧洲多数炼油厂是在几十年前建设的，当时主要的燃料是汽油，因此这些炼油厂主要是生产汽油的。但是自这些炼油厂建成以来，欧洲地区的柴油需求已经出现大幅增长。一些炼油厂不能适应这种变化，导致欧洲汽油供应过剩，炼油利润下降。据 IEA 估计，自 2008 年以来，欧洲地区已经有约 15%的炼油商关闭了所有或部分生产设施。一些炼油厂已经变为燃料存储地。

日本炼油商提高能效同时降低产能。为了实现日本政府制订的提高能效的新目标，日本炼油商还将削减 10%的产能，并促进结构调整和兼并。日本经济贸易和工业省发布的规章草案规定，日本炼油商将被要求通过设备更新或降低原油加工量而增加的汽油、柴油等高价值燃料产量。据此预测，日本炼油业将被迫比目前的炼油产能395万桶/日再减少40万桶/日。这是4年来日本政府第二次要求炼油产业提高效率。早在2010年日本经济贸易和工业省就提出，炼油业必须在2014年3月之前提高渣油裂解化/原油蒸馏产能比例，使得日本炼油公司纷纷关闭原油蒸馏产能，而不是投资建设昂贵的裂解装置。由于人口不断减少和汽车能效提高，日本的石油产品需求呈现下降趋势，从而促使炼油厂不断降低产量。预计到2018年，日本国内炼油能力还需要削减22%。

炼油厂或将加强与上游合作。随着世界炼油业发展，特别是受劣质原油价差和原油供应等因素影响，全球原油资源不断朝重质化发展。现代化炼油厂为了适应原油性质不断变化，必须加强与上游运营商协作。另外，焦油砂产量也在不断增加。对于炼油厂来说，为了满足加工重质原油要求，必须了解上游按年度和油田的生产计划等，还必须针对原油结构变化情况定期进行研究。目前，科威特国家石油公司已计划开展2015年、2020年和2025年的相关研究，将继续通过持续的实验室分析，研究原油和未经处理的产品特性，同时还将通过试验工厂开发ARDs/DHTs催化剂。与轻质原油相比，重质原油普遍含硫，金属和沥青质更高，因而更难于处理和加工。因此，炼油厂需要更新设计理念。

(七)国际石油和天然气产业兼并重组交易活跃

因油价大幅下滑，2015年世界油气产业将进入兼并及收购的一年。低迷的国际原油价格意味着被并购企业的资产价格降至最低，预计2015年国际石油与天然气市场上将会又出现一轮以新领域扩展和一体化服务为方向的兼并重组。在石油价格大幅下滑的背景下，壳牌、雪佛龙和挪威国家石油公司等石油企业均宣布了大规模的裁员计划。石油市场整体疲软，产业整体业绩不佳导致国际石油产业进行公司兼并重组和资产交易的并购预期概率增加。西班牙第一大石油公司雷普索尔以83亿美元收购加拿大第五大独立原油生产商塔利斯曼能源公司。2014年11月17日，复星国际以23.6亿元人民币收购澳大利亚洛克石油。同时壳牌正在进行收购英国石油公司的谈判，如果项目进展顺利，该合并将与2015年内完成。国际工程技术服务市场竞争激烈，大量以技术服务为主打业务的公司进入市场，传统技术服务领域前三位公司的市场总份额正在降低，国际工程技术服务公司不断以并购来实现业务能力的提升和市场的拓展，当前油价下跌推动了这一过程。全球第二大油田服务企业哈里伯顿2014年11月17日宣布以约350亿美元的价格收购业内第三大企业贝克休斯。

国内篇

2014年中国GDP增幅为7.4%，CPI涨幅为2%。在经济增速有所放缓的情况下，中国对化石能源的需求依然强劲。2014年全年原油表观消费量高达51785.3万吨，同比增长5.8%；全年累计天然气表观消费量1805.9亿立方米，同比增长8.9%，增速低于市场预期。中国原油和天然产量增速有所放缓，全年生产原油共2.1亿吨，同比增长0.6%；天然气产量约1234.1亿立方米，同比增长6.9%。中国油气供应形势依然紧张，油气生产企业着眼资源可持续性，加大油气勘探力度。截至2014年底，中国新增石油探明地质储量达到10.83亿吨，新增天然气探明地质储量超过6000亿立方米。下游方面，2014年底中国炼油总能力达到7亿吨/年，成品油产量约为3.17亿吨，同比增长7.1%，增速比2013年增加2.7个百分点。油气管道方面，截至2014年底，中国已建成油气管道总里程10.34万公里，其中天然气管道6.3万公里，原油管道2.03万公里，成品油管道2.01万公里。展望2015年，中国经济下行压力增大，预计中国石油消费需求增速将有所放缓，原油产量将继续增加；成品油市场供需总体平衡，汽油将继续供大于需，柴油供应依旧偏紧；天然气消费随着管网的建成将明显增加，供应能力继续加强，但局部地区仍将出现供不应求的局面。

中国宏观经济及油气产业政策分析与展望

2014年是中国宏观经济步入结构调整与体制改革的关键时期，中国宏观经济保持稳定增长，但增速进一步放缓。政府制定的各项宏观调控政策紧紧围绕制度建设、体制改革，并将短期政策融入长期改革之中，注重短期宏观调控与重大制度建设相结合。2014年，在油气政策方面，政府进一步推动了油气价格市场化改革，鼓励油气基础设施建设，规范非常规油气开采，推行节能环保政策。

一、2014年中国宏观经济运行概要

根据国家统计局发布的数据，2014年中国全年国内生产总值(GDP)为636463亿元，按可比价格计算，同比增长7.4%。全年宏观经济运行主要情况如下：

(一) 国内生产总值增速放缓

2014年，中国正处于产业结构调整、改革深化攻坚阶段，旧的增长动力已经不足，新的增长动力还未形成，经济延续了2011年以来的总体下滑态势。2014年中国宏观经济增速进一步放缓，GDP增速为7.4%，比2013年降低0.3个百分点，分季度来看，一季度同比增长7.4%，二季度增长7.5%，三季度增长7.3%，第四季度增长7.3%。

(二) 工业生产基本平稳

2014年中国工业经济总体平稳，全国规模以上工业企业(指年主营业务收入在2000万元及以上的工业企业)实现主营业务收入1094646.5亿元，同比增长7%，实现利润60471.7亿元，同比增长1.3%。分地区看，东部地区增加值同比增长7.6%，中部地区增长8.4%，西部地区增长10.6%。2014年，规模以上工业企业产销率达到97.8%，与2013年持平。在41个工业大类行业中，28个行业利润总额同比增长，2个行业持平，11个行业下降。

(三) 物价总水平涨幅回落

2014年中国居民消费价格水平总体稳定。CPI同比上涨2%。其中，城市CPI同比上涨2.07%，农村上涨1.78%；食品价格上涨3.1%，非食品价格上涨

1.45%；消费品价格上涨1.78%，服务价格上涨2.52%。2014年11月份CPI同比上涨1.4%，涨幅创下自2009年11月份以来的新低。

2014年大宗商品价格低位徘徊，加之部分工业行业产能过剩严重，工业产品成本下降以及供给过剩，抑制工业品价格水平。2014年工业生产者出厂价格(PPI)同比下降1.9%，降幅与2013年持平。

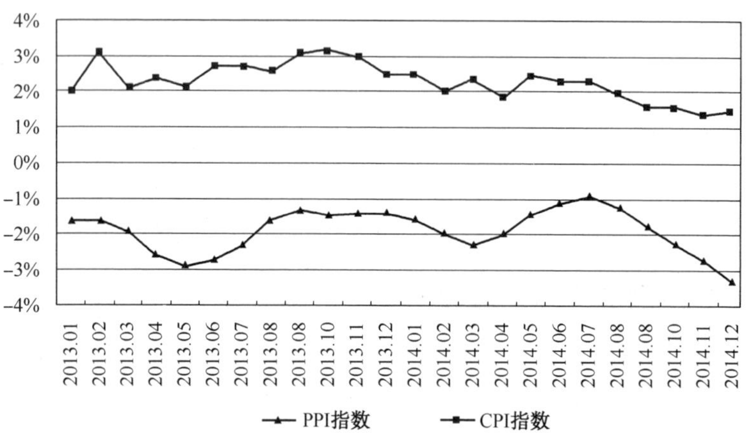

图2　2013~2014年CPI和PPI同比增长情况

数据来源：国家统计局

(四) 城乡居民收入稳定增长

国家统计局发布的数据显示，2014年居民收入继续增加，全年全国居民人均可支配收入20167元，比2013年名义增长10.1%，扣除价格因素实际增长8.0%。按常住地分，城镇居民人均可支配收入28844元，比2013年增长9.0%，扣除价格因素实际增长6.8%；农村居民人均可支配收入10489元，比2013年增长11.2%，扣除价格因素实际增长9.2%。全国居民人均可支配收入中位数17570元，比2013年名义增长12.4%。2014年城乡居民收入差距进一步缩小，全国居民收入基尼系数为0.469。

(五) 进出口形势逐渐转好

2014年中国进出口总额26.43万亿元，同比增长2.3%；出口总额14.39万亿元，同比增长4.9%；进口总额12.04万亿元，下降0.6%；实现贸易顺差2.35万亿元，扩大45.9%。

2014年中国一般贸易进出口总额14.21万亿元，增长4.2%，占外贸总值的53.8%，较2013年同期提升1.8个百分点。其中出口7.39万亿元，占出口总值的51.36%；进口6.82万亿元，占进口总值的56.64%，一般贸易项下顺差0.57

万亿元，而 2013 年同期为贸易逆差 0.25 万亿元。2014 年中国加工贸易进出口 8.65 万亿元，增长 2.8%，占外贸总值的 32.7%，与 2013 年同期基本持平。

在与主要贸易伙伴双边贸易中，中国对欧盟、美国和东盟进出口保持增长。2014 年中欧双边贸易总值 3.78 万亿元，增长 8.9%。中美双边贸易总值为 3.41 万亿元，增长 5.4%。中国与东盟双边贸易总值为 2.95 万亿元，增长 7.1%。中日双边贸易总值为 1.92 亿元，微降 1%。

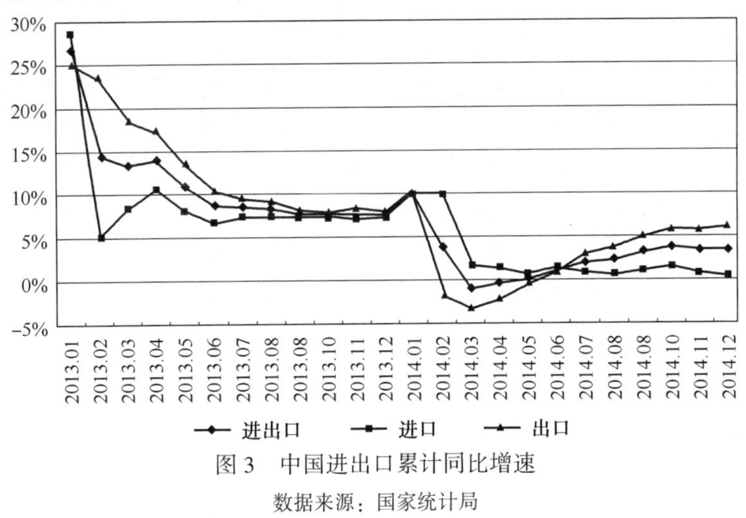

图 3　中国进出口累计同比增速

数据来源：国家统计局

（六）经济结构更趋合理

近年来，结构调整一直贯穿经济发展主线，在产业更趋优化、发展更注重质量和效益的同时，也催生了经济增长新亮点。在 2013 年第三产业占比首超第二产业后，2014 年延续了这一增长势头，第三产业在 GDP 中所占比重进一步扩大。2014 年，第三产业累计增加值 306739 亿元，占 GDP 的比重为 48.2%，第二产业累计增加 271392 亿元，占 GDP 比重为 42.6%；而且 2014 年中国消费拉动力也明显增强。这反映出中国经济结构正发生新变化，经济增长从以往更加依赖工业和投资，逐步转向更加依靠服务业和消费。

二、2014 年中国主要油气产业政策

根据十八届三中全会精神和《石油与化学工业“十二五”发展规划》的既定目标，2014 年国家相关部门出台了一系列的油气产业政策。2014 年中国针对油气产业而出台的政策主要着力在七个方面：一是油气监管；二是油气财税及价格；三是油气基础设施；四是非常规油气资源开发；五是天然气供应与购销；六是油

气进口与海外投资；七是油气产业节能环保。这些政策的出台，对中国油气产业市场化改革产生了极大地促进作用。

(一) 油气监管政策

1. 加强能源监管

2014 年 5 月，国家能源局制定印发《能源监管行动计划(2014~2018 年)》(以下简称《计划》)，明确了未来五年能源监管的目标、重点任务以及监管的相关措施。《计划》指出国家能源局将重点从以下六个方面加强监管：一是监管能源政策和规划、项目落实情况；二是加强能源市场秩序监管；三是突出能源垄断环节监管；四是强化安全监管和能源供应保障；五是深化能源产业节能减排监管；六是加强能源服务民生和普遍服务监管。《计划》中提到国家能源局以后将开展能源政策法规执行情况专项调研或检查，对国家能源规划、计划执行情况定期开展综合性评价，从而加强对能源政策、规划、计划和项目落实情况的监管，防止“未批先建”“已核未建”和“批建不一”等现象，做到对能源项目的全过程监管，保障能源项目建设规范有序。

2. 加强管网设施公平开放监管

2014 年 2 月 13 日，国家能源局正式印发《油气管网设施公平开放监管办法(试行)》(以下简称《管网开放办法》)，要求油气管网设施运营企业在一定前提下，向新增用户开放使用油气管网设施，而且该办法正式明确了管网设施开放的范围——油气管道干线和支线以及与管道配套的相关设施。这一办法的出台旨在促进油气管网设施公平开放，提高管网设施利用效率，保障油气安全稳定供应，规范油气管网设施开放相关市场行为。在目前油气产业纵向一体化的体制下，《管网开发办法》的出台对于解决上、下游多元化市场主体的开放问题具有重大意义，这是监管层明确表态要打破管网垄断迈出的重要一步。

为进一步加强对油气管网设施公平开放的监管，做好油气监管工作，2014 年 9 月 5 日，国家能源局综合司发布《关于做好油气监管相关信息报送工作的通知》。该通知对油气管网设施开放监管信息报送做出了具体安排，明确规定了信息报送企业、报送内容以及报送程序等。

(二)油气财税及价格政策

1. 调整进口优惠税及资源税

2014 年 4 月 21 日，财政部、海关总署、国家税务总局三部委联合下发关于调整享受税收优惠政策的天然气进口项目的通知，通知中明确规定将福建液化天然气项目可享受政策的进口规模由 260 万吨调整为 630 万吨，并且新增三个享受税收优惠政策的液化天然气进口项目：天津浮式液化天然气(220 万吨/年)、唐山液化天然气(350 万吨/年)、海南液化天然气(300 万吨/年)。

2014 年 10 月 9 日，财政部、国家税务总局联合发布《关于调整原油、天然气资源税有关政策的通知》(以下简称《通知》)，该通知规定了关于原油、天然气资源税适用税率以及优惠政策：原油、天然气矿产资源补偿费费率降为零，将资源税适用税率由 5%提高至 6%；对油田范围内运输稠油过程中用于加热的原油、天然气免征资源税，对稠油、高凝油和高含硫天然气资源税减征 40%，对三次采油以及深水油气田资源税减征 30%，对低丰度油气田资源税暂减征 20%。《通知》还对税收优惠政策的适用范围做了一定限制：符合减免税规定，但原油、天然气划分不清的，一律不予减免资源税；同时符合两项及两项以上减税规定的，只能选择其中一项执行，不能叠加适用。该项通知的出台对于改变原有的资源税税费并存现象，建立合理完善的能源税费制度具有重要意义。

2. 深化天然气价格改革

根据深化资源性产品价格改革的总体要求，为逐步理顺天然气价格，保障天然气市场供应，促进节能减排，提高资源利用效率，国家发改委分别就居民用气、非居民用存量气出台相应的指导性政策。

2014 年 3 月 20 日，国家发改委发布了《关于建立健全居民用气阶梯价格制度的指导意见》(下称《阶梯价格意见》)，决定在全国范围内推行居民阶梯气价制度。《阶梯价格意见》要求 2015 年年底前，所有已通气城市原则上均应建立起居民生活用气阶梯价格制度。阶梯气价分三档，各档气价按 1∶1.2∶1.5 的比价安排，第一档用气量按覆盖区域内 80%居民家庭用户的月均用气量确定，保障居民基本生活用气需求；第二档用气量按覆盖区域内 95%居民家庭用户的月均用气量确定，体现改善和提高居民生活质量的合理用气需求；第三档用气量为超出第二档的用气部分。

2014 年 8 月 10 日，国家发改委发布了《关于调整非居民用存量天然气价格的通知》，该通知规定在保持增量气门站价格不变的前提下，适当提高非居民用存量天然气门站价格。非居民用存量气最高门站价格每千立方米提高 400 元；广东、广西存量气最高门站价格按与全国水平衔接的原则适当提高。此次价格调整中，明确进一步落实放开进口 LNG 气源价格和页岩气、煤层气、煤制气出厂价格政策。这几类气如果要进入管道与国产陆上气、进口管道气混合输送并一起销售，供需双方可区分气源单独签订购销和运输合同，气源和出厂价格由市场决定，管道运输价格按有关规定执行。此次价格调整意味着中国进口 LNG 和非常规天然气价格全面放开。

(三) 油气基础设施政策

2014 年 3 月 20 日，国家发改委公布《天然气基础设施建设与运营管理办法》(以下简称《办法》)，该办法明确所称天然气应包括天然气、煤层气、页岩气和煤制气等。《办法》规定，通过天然气基础设施进行天然气交易的双方，应当遵守价格主管部门有关天然气价格管理规定；天然气可实行居民用气阶梯价格、季节性差价、可中断气价等差别性价格政策；天然气销售企业应当建立天然气储备，以满足所供应市场的季节(月)调峰以及发生天然气供应中断等应急状况时的用气要求。该《办法》强调了以下几点：一是国家鼓励、支持天然气基础设施相互连接；二是天然气基础设施运营企业不得利用对基础设施的控制排挤其他天然气经营企业，并应与用户强调天然气基础设施服务合同；三是承担天然气储备义务的企业可以单独或者共同建设储气设施储备天然气，也可以委托代为储备。

2014 年 5 月 21 日，国家发改委下发《国家发展改革委关于发布首批基础设施等领域鼓励社会投资项目的通知》。该《通知》指出国家将在交通基础设施、信息基础设施等五大领域首批推出 80 个鼓励社会资本参与建设营运的示范项目，油气管网及储气设施领域占项目总数的 1/8。首批推出的油气管网及储气设施领域包括西气东输三线中段工程、陕京四线天然气管道工程、中石油深圳迭福北 LNG 调峰站、中石油金坛地下储气库二期工程等 10 个项目。

(四) 非常规油气资源开发政策

1. 规范煤制油气产业发展

2014 年 7 月 17 日，国家能源局下发《国家能源局关于规范煤制油、煤制天然气产业科学有序发展的通知》。该通知提到，要进一步加强煤制油(气)生产要素资源配置，煤炭供应要优先满足群众生活和发电需要，严禁在煤炭净调入省发展煤制油(气)；严禁挤占生活用水、农业用水和生态用水，以及利用地下水发展煤制油(气)。对于取水量和主要污染物排放量超标地区，将暂停审批新建煤制油(气)示范项目；对不符合产业政策规定的项目，在资源配置、建设用地、环境评价、贷款融资等方面严格控制。

2. 构建页岩气勘探开发标准体系

2014 年 4 月 17 日，国土资源部以公告形式，批准发布了由全国国土资源标准化技术委员会审查通过的《页岩气资源/储量计算与评价技术规范(DZ/T 0254—2014)》(以下简称《规范》)，并于 2014 年 6 月 1 日实施。《规范》将页岩气勘探开发分为勘探、评价、先导试验、产能建设 4 个阶段；根据技术可采储量大小，将页岩气田规模分为特大型(大于等于2500亿立方米)、大型(大于等于250亿立方米，小于2500亿立方米)、中型(大于等于25亿立方米，小于250亿立方米)、小型(大于等于2.5亿立方米，小于25亿立方米)、特小型(小于2.5亿立方米)；根据埋深、开发特点，将页岩气储量分为5档，并将试采6个月的单井平均日产气量下限规定为进行储量计算应达到的最低经济条件。这是中国第一个页岩气行业标准，是规范和指导中国页岩气勘探开发的重要技术规范，是加快推进中国页岩气勘探开发的一项重大举措。

(五) 天然气供应与购销政策

1. 保障天然气稳定供应

2014年4月14日，国务院办公厅转发了发改委《关于建立保障天然气稳定供应长效机制若干意见》(下称《意见》)，要求建立保障天然气稳定供应长效机制，增加天然气供应。《意见》提出，到2020年天然气供应能力达到4000亿立方米，力争达到4200亿立方米；同时将推进“煤改气”工程，到2020年累计满足“煤改气”用气需求1120亿立方米。

2. 规范天然气购销

2014年2月25日，国家能源局印发《天然气购销合同(标准文本)》(以下简称《合同标准文本》)。该文本适用于天然气供应企业与城市燃气集团、直供用户参照签订多年、年度或短期天然气购销合同。《合同标准文本》共21条及6个附件，内容涵盖交付、年合同量、合同价格和气款结算、质量和计量、调试和维修以及争议解决等；合同双方可在公平、合理和协商一致的基础上，进一步对有关条款进行补充、细化或完善，增加或减少附件，相关附件内容由供用气双方协商确定。该文本有三点值得注意：一是文本既适用于已建成项目，也适用于新项目；二是合同价格有两个模板；三是一年期以上的合同适用照付不议条款。

(六) 油气进口与海外投资政策

1. 促进原油进口

2014年5月4日，国务院办公厅公布《国务院办公厅关于支持外贸稳定增长的若干意见》(以下简称《意见》)以支持外贸稳定增长。《意见》共16条，其中第一条明确指出，应进一步加强进口，扩大国内短缺资源进口。结合淘汰落后产能，赋予符合条件的原油加工企业原油进口和使用资质，扩大原油进口渠道。

2. 鼓励海外投资

2014年4月8日国家发改委印发了《境外投资项目核准和备案管理办法》，大幅收窄境外投资项目核准权限、缩小核准范围，并简化了办事程序，预计将对中国企业海外投资起到极大的促进作用。根据新规章，发改委核准中国企业海外投资的权限门槛从原来的中方投资额3亿美元提高到了10亿美元以上，而且不再区分资源类和非资源类，对中方投资额10亿美元以下的项目实行备案制；已在境外设立的中资企业在境外实施的再投资项目，如果不需要境内投资主体提供融资或担保，则不再需要办理核准或备案。但是如果境外投资涉及"敏感项目"，则一律需报发改委核准。"敏感项目"指涉及未建交和受国际制裁的国家、发生战争、内乱等国家或地区，或涉及敏感行业(包括基础电信运营、跨境水资源开发利用、大规模土地开发、输电干线、电网、新闻传媒等)。

2014年9月6日，商务部发布新修订的《境外投资管理办法》，确立了"备案为主、核准为辅"的管理模式。该办法规定仅对中国企业在敏感国家和地区、敏感行业的投资实行核准管理，其余均实行备案；取消了对特定金额以上境外投资实行核准的规定，并将核准时限缩短了5个工作日。商务部和省级商务主管部门通过"境外投资管理系统"对企业境外投资进行管理，并向获得备案或核准的企业颁发《企业境外投资证书》，该证书由商务部和省级商务主管部门分别印制并盖章，实行统一编码管理。

(七) 油气产业节能环保政策

1. 加强大气污染防治

治理大气污染是天然气作为清洁能源的优势应用领域。2014年3月24日，为贯彻落实《大气污染防治行动计划》和《京津冀及周边地区落实大气污染防治行动计划实施细则》，促进能源产业与生态环境的协调和可持续发展，切实改善大气环境质量，发改委、能源局、环保部联合制定《能源行业加强大气污染防治工作方案》(下称《大气防治方案》)。《大气防治方案》特别强调了推广分布式供能，要求以城市、工业园区等能源消费中心为重点，加快天然气分布式能源建设。2015年，力争建成1000个天然气分布式能源项目；2017年，天然气分布式能源达到3000万千瓦。2015年底前，重点在上海、江苏、浙江等地区安排天然气分布式能源示范项目；此外，推进"新城镇、新能源、新生活"计划，在江苏、浙江、河北等地选择中小城镇开展以LNG为基础的分布式能源试点。

2. 推行节能环保

2014年6月4日，国务院常务会议部署石化产业科学布局和安全环保集约发展。会议指出石化产业布局必须按照安全环保优先、科学合理规划、提高产业效益、保障能源安全四项原则。石化产业规划布局方案一经确定，必须严格执行，要严格环评、科学论证，做好项目选址，避免盲目违规乱上；切实加强安全环保监管，落实企业主体责任，及时排查隐患，从严查处环境违法事件；要加强信息公开、科普宣传和解疑释惑，保障公众知情权，推动石化产业绿色、安全、高效发展。

2014年11月5日，国家发改委印发《国家应对气候变化规划（2014~2020年）》，该规划提出调整化石能源结构。合理控制煤炭消费总量，加强煤炭清洁利用，优化煤炭利用方式，制定煤炭消费区域差别化政策，大气污染防治重点地区实现煤炭消费负增长；加快石油、天然气资源勘探开发力度，推进页岩气等非常规油气资源调查评价与勘探开发利用；积极开发利用海外油气资源；继续推进煤层气（煤矿瓦斯）开发利用。该规划中还提出到2020年天然气消费量在一次能源消费中的比重达到10%以上，利用量达到3600亿立方米。

三、2015年中国宏观经济及油气产业政策展望

（一）2015年中国宏观经济展望

1. 经济增速继续下降

2015是中国经济新常态全面步入“攻坚期”的一年，经济下行的压力依然很大。2015年房地产市场和金融市场都有可能出清，全面深化改革有望落实，因此经济更有可能呈现先破再立或者边破边立的格局。预计2015年GDP增长率在7.2%左右，其中消费、投资、净出口的贡献率分别在3.4%、3.1%和0.7%附近。经济再平衡方面的进度令人鼓舞，总体情况将好于2014年。

2. 物价水平仍将走低

在经济运行缓中趋稳的背景下，有效需求不足抑制物价上涨；国内成品油价格持续下调以及房地产行业相关价格的调整，物价总水平缺乏显著上升动力；虽然央行调降了基准利率，但其主要目的还是在于降低实体经济融资成本，而且由于宏观经济政策的滞后性，短期内货币供给不会显著增加，物价不具备流动性推升的动力。未来CPI同比增速下行的压力依然很大，预计2015年全年CPI在1.8%左右。由于国内投资与消费需求一直低迷，导致国内工业生产不景气；国际油价的下跌，国内石油、成品油等的价格可能会在低位维持一段时间；虽然世界经济开始逐步复苏对中国出口有一定的促进作用，整体来看PPI负增长趋势短期难以改变，预计2015年全年PPI在-1.7%左右。

3. 改革红利逐步释放

十八届四中全会的召开，“法制反腐”替代“运动式反腐”，使得全面落实改革的组织条件具备；而且全面落实改革的制度条件也更加成熟。财税体制改革、

土地制度改革、国有企业改革以及“一带一路”战略将在2015年逐步落实，其中“一带一路”、国企改革和土地改革无疑是重中之重。这三大改革的实质都是通过改革来盘活存量，使得隐性的价值显性化，这将掀起一轮传统产业和传统资产的价值重估，改革红利将会逐步释放。

4. 宏观调控主基调确定

2014年12月9日至11日召开的中共中央政治局会议，为2015年的宏观调控政策确定了基本方向——要保持稳增长和调结构平衡，坚持宏观政策要稳、微观政策要活、社会政策要托底的总体思路，保持宏观政策连续性和稳定性，继续实施积极的财政政策和稳健的货币政策。从已经出台的宏观经济调控政策来看，政府对经济增速回落的容忍度提高，与经济增长速度相比，政府更重视经济发展质量，未来政策将以质量和效益为中心，推进产业转型升级，坚决抑制产能过剩和重复建设。

（二）2015年中国油气产业政策展望

1. 进口原油权限有望进一步放开

在能源改革中，放开对进口原油、成品油、天然气的限制，是中国油气价格改革中的关键，也是油气产业实现市场化定价的前提条件。2014年5月，国务院办公厅发文关于支持外贸稳定增长的若干意见明确提出，结合淘汰落后产能，赋予符合条件的原油加工企业原油进口和使用资质，扩大原油进口渠道。这表明《进口原油使用权的管理办法》有望出台，届时地方炼油企业将获得合法的地位，将充分利用炼油产能。

2. 企业产成品核算制度有望出台

为了在石油石化行业深入贯彻《企业产品成本核算制度（试行）》（财会〔2013〕17号），保证石油石化企业产品成本信息真实、完整，提升企业之间成本信息的可比性，2014年10月13日，财政部发布关于征求《企业产品成本核算制度——石油石化行业（征求意见稿）》意见的函文。征求意见稿对石油石化产品成本相关项目都进行了较为细化的设置和规定。2015年，《企业产品成本核算制度——石油石化行业》有望正式发布，这将有助于改进和加强石油石化企业产品成本核算，提高石油石化企业产品成本管理水平，促进油气产业可持续发展。

3. 第三轮页岩气招标有望开启

自2011年以来，为推动国内页岩气勘探开发，国土资源部进行了两轮页岩气探矿权招标。由于前两轮页岩气招标结束后，各区块的开发并不顺利，而且多方在新招标区块上存在意见分歧，导致第三轮招标没有如期召开。为此，国土资源部正积极准备各方面工作，有关区块已经规范完毕，招标活动有望在2015年开启。

4. 煤制油气产业发展将进一步规范

国家发展改革委、能源局正在研究制定《关于有序推进煤制油示范项目建设的指导意见》和《关于稳步推进煤制天然气产业化示范的指导意见》，这两项指导意见有望在2015年发布实施。中国煤制油气处于尚产业化示范阶段，这两项指导意见的出台，对于推进中国煤制油气科学有序发展意义重大。

5. 节能减排力度将进一步加强

中国节能减排以及雾霾防治形势严峻，2015年节能减排力度会进一步加大。近期密集释放的政策信号显示，环境保护税立法进程提速。十八届四中全会公报以"依法治国"为主题，使环境保护税立法预期再度升温。财政部、环境保护部以及国家税务总局共同编制的《环境保护税法草案稿》已报送国务院，2015年《环境保护税法》有望出台。这对于能耗大、污染排放较重的炼油企业而言，其所承担的成本就会提高，负担也会加重。

6. 成品油价格改革将进一步深化

自2013年3月新成品油定价机制实施以来，国内成品油调价周期由22个工作日降到10个工作日。但2014年下半年国际油价的持续下跌，10个工作日的调价周期仍显滞后，再一次暴露了中国当前成品油定价机制的缺陷。为使国内成品油定价机制更加灵活，更加适应国际市场的变动，成品油10个工作日的调价周期有望取消。

7. 原油市场管理办法和成品油市场管理办法将进一步完善

中国出台了《原油市场管理办法》和《成品油市场管理办法》对原油和成品油市场进行监督管理。未来有望进一步完善这两个管理办法。对于原油市场，可能会放宽取得原油销售经营资格的条件，放宽取得原油仓储经营资格的条件，进一步规范原油销售仓储审查程序、加大法律追责力度。对于成品油市场，可能会修改取得成品油批发经营资质的条件并降低申请成品油仓储经营资格的条件。

8. 天然气价格改革继续深化

天然气价格市场化的改革是一个缓慢的过程，首先是推行居民的阶梯气价，当阶梯气价在全国各城市全面推广后，再解决存量气和增量气两种价格的并轨，最后解决工业用气和居民用气的价格并轨。2014年居民的阶梯气价开始推行，而且非居民用存量气也开始调整。2015年居民阶梯气价将会继续推进，存量气和增量气两种价格并轨将有新进展。

中国油气市场发展分析与展望

2014年中国经济复苏缓慢，中国制造业产值增长也呈现放缓趋势，同时国内工业燃料价格走高，原油需求量增长放缓。中国原油进口主要来源于沙特、安哥拉和俄罗斯，原油对外依存度已高达59.4%，高依存度下要保障国内石油供应稳定的压力日益增大；成品油供需维持紧平衡格局，国内成品油价随国际原油价格出现“十一连跌”的局势；通过天然气产量、净进口量与消费量比较来看，国内天然气市场供需总体偏紧。展望2015年，国家调整经济结构、发展新能源以及节能减排的政策力度还将进一步加大，原油需求在一定程度上会放缓增速；由于炼油能力和扩能幅度较大，国内成品油供给将会趋于长期稳定增长态势，随着价格改革的继续，价格波动也会频繁；天然气消费将继续保持快速增长势头，天然气供应呈现国内天然气、进口LNG和陆路管道进口天然气的多气源供应良性格局，进口天然气增速将远高于国内产量增速，对外依存度将进一步攀升。

一、2014年中国原油市场发展分析与展望

2014年全年国内原油产量21009.6万吨，较2013年同期上涨0.6%，产量稳定略有增长；全年原油进口量30835.7万吨，较2013年同期上涨9.3%，进口量继续加大，进口来源呈现多元化；全年原油加工量50277.4万吨，较2013年同期上涨5.3%，原油进口依存度持续上升。预计2015年中国经济发展转型、环保压力和能源使用效率的提高会持续影响原油需求的增长，原油消费量增速放缓，受炼厂产能影响，原油进口量将继续增加。

（一）2014年中国原油市场发展分析

1. 2014年国内原油产量保持稳定

国家统计局数据显示，中国2014年原油产量21009.6万吨，较2013年同期上升0.6%，国内原油生产能力稳步增强。

2014年第一季度原油产量相对较低，第二、三季度都保持在5200万吨以上，2月与9月国内原油产量较13年同期有小幅波动增长，其余各月与2013年相比变化不大(图4)。

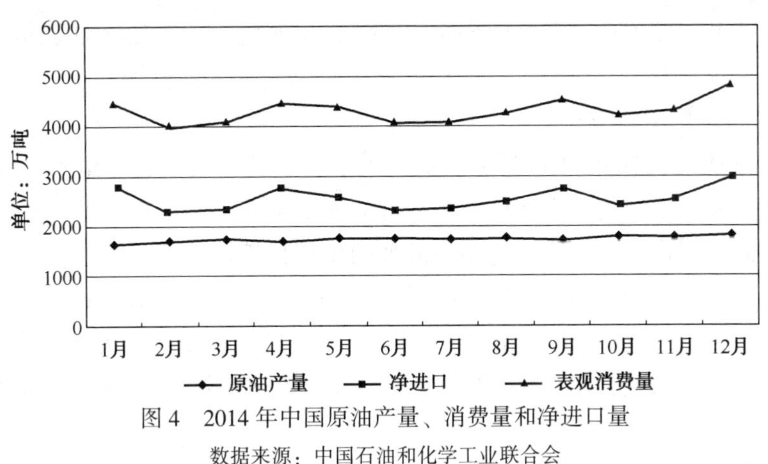

图 4　2014 年中国原油产量、消费量和净进口量

数据来源：中国石油和化学工业联合会

2. 原油进口量加大

2014 年是国际原油市场供应充足的一年，全球经济增长减缓和美国页岩气革命，使全球对原油的需求减少，原油价格也出现了波动下降。国家海关总署数据显示，2014 年全年累计原油进口量达 30835. 7 万吨，同比上升 9. 3%；全年累计原油出口量达 60 万吨，原油净进口达 30775. 7 万吨。原油进口量增加，进口额增长比例较小。

中国原油进口量连续 14 年保持上升，从全年数据来看，2014 年较 2013 年相比增幅较小。中国采用多元化原油进口方案，按产销国统计，中国进口原油前三位分别为：沙特、安哥拉和俄罗斯，比例均超过进口总量的 10%。另外阿曼、伊拉克、伊朗等中东国家的进口量也占比较大。

3. 原油消费总量大，对外依存度达 59. 4%

国家发改委数据显示，2014 年中国原油加工量 50277. 4 万吨，较 2013 年同期增长 5. 3%。原油加工的增长量大部分由进口原油满足，过去 20 年里国内炼厂的加工量持续增长，但是 2014 年全年的原油加工量远低于过去 5 年 6. 3%的平均增幅。2014 年全年累计原油表观消费量呈现出持续增长的趋势，高达 51785. 3 万吨，同比增长 5. 8%。2014 年中国原油对外依存度达 59. 4%。

4. 原油价格持续下跌

从 2014 年 6 月至 2014 年底，国际油价大幅下跌，跌幅已接近 2014 年 6 月最高点的 40%。国际油价下跌由多种因素造成，从全球经济形式来看，各国经济增长不如预期，欧盟国家经济仍未摆脱债务困扰，中国、印度等新兴经济体经济增速放缓，日本经济刺激政策效果并不理想，导致全球各国对原油需求降低；美国页岩气相关开发技术的突破使美国页岩气产量快速增长，使美国原油进口压力降低；还有全球石油产能过剩、伊朗和俄罗斯地缘政治等因素。

5. 国内市场主体分析

国内原油的供应主要来至于大庆、冀东、华北、大港、塔里木、新疆、吉林、长庆、胜利以及海上等产区。中石油原油产量在国内最多，因此在此轮油价下跌中利润受损也最大；中石化与中海油的生产量相差无几，但是中海油主营业务在上游，所以中海油集团整体所受影响也较大。中石油在勘探开采上投入较多，中石化则在炼化板块占比最多。油价下跌造成国内石油企业上游利润缩减，但对于炼化产业来说，则直接造成相当大一部分企业亏损，这其中便包括三大国有石油公司的炼厂。

中石化在中游的资源优势更加明显，大部分炼厂接近油品消费市场。而中石油炼厂都在油田附近，炼完油后运输、物流成本较大。因此中石化炼化板块的经营、利润情况要好于中石油。对于三大国有石油公司来说，保证供应这一任务又一次出现在炼化业务上。成品油十一连跌中，一些小的炼化企业为了避损，纷纷关停。而中石化与中石油背负着保障供应的重担，不得不保持生产。中石化产业链的布局较为完善，承压能力也较强。若油价继续下跌，上游为主的中石油、中海油仍将承受较大压力。

（二）2015 年中国原油市场展望

1. 国内需求增速放缓

随着中国经济进入增长放缓的新阶段，中国的石油的需求增长将继续放缓。随着新能源的发展，替代石油用作燃料的清洁能源会越来越广泛使用，这会一定程度上放缓原油需求增速。近十年，中国原油产量年均增长 1%～2%。预计，2015 年原油产量将继续保持小幅增长。

2. 原油进口量持续增长

巨大的国内供需缺口会使原油净进口量保持上涨趋势，新增炼油能力投产也将使进口原油量继续上升。预计 2015 年原油进口量的增速会比 2014 年略有提高，原油对外依存度将继续扩大。原油进口继续保持多元化格局，对俄罗斯、安哥拉的进口会保持增长，对中东地区的进口量会相对减少。随着国内页岩气的开发利用，一定程度上会缓解部分地区的供需压力，也会放缓原油进口的增速。

3. 国内油价窄幅波动

由于国际市场缺乏利好消息，预期国际油价会继续在低位波动，美国页岩气革命使天然气替代石油的压力加大，国际经济持续低迷使得美国、欧盟对石油的进口持续减少，产油国通过保持低价来扩大各需求国的进口量。2015 年国内油价的波动受供需影响，成品油价格会随国际油价而变动，国家调整经济结构、发展新能源以及节能降耗的政策力度还将进一步加大，在一定程度上会放缓原油需求增速。预计 2015 年国内油价会跟随国际油价窄幅波动。

二、2014 年中国成品油市场发展分析与展望

受美国经济回升、页岩气革命、地缘性政治以及国际石油组织不减产等诸多因素影响，国际油价频繁波动，供需面疲软。在这样的国际背景下，2014 年中国成品油市场呈现出供给充裕、需求不足的局面。同 2013 年相比，成品油价格下调次数较多、波动较大，第一次出现成品油净出口的情况。展望 2015 年，两大主营企业炼油板块将受价格冲击，交通航空业则将呈现利好情况。此外，随着国际经济的整体继续回暖，石油供需将趋于稳定增长，国内成品油价格也将保持在一定的合理水平，且成品油定价机制将不断完善。

（一）2014 年中国成品油市场特点

1. 成品油生产供给充裕

由图 5 可以看出，2014 年中国成品油产量较为充裕，供给稳定增长。小幅度波动主要受柴油产量和汽油产量的影响，柴油产量的影响最大。成品油产量增速延续分化格局，但累计产量增速均有所上升。其中，成品油产量为 31666. 2 万吨，增长 7. 1%，一、二、三、四季度分别增长 4. 8%、6. 0%、4. 0%和 8. 4%；分品种看，汽油 11029. 9 万吨，增长 12. 3%，柴油 17635. 3 万吨，增长 2. 4%。

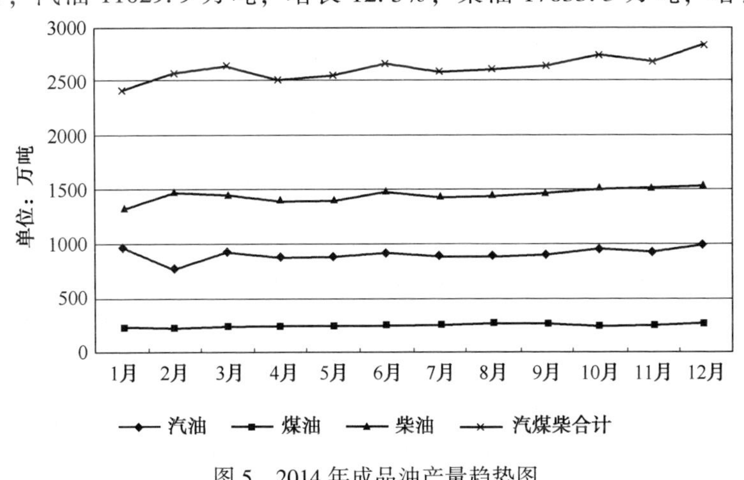

图 5　2014 年成品油产量趋势图

数据来源：国家统计局

成品油产量中柴油占得比重较大，汽油同比增长率较高，因此，2014 年成品油产量上升受汽柴油双重影响。通过分析可知，1~3 月份由于四川石化、泉州石化千万吨大炼油项目投入使用从而增加了成品油的供给，3 月份的产业需求也较大促进供给达到一个小高峰；6 月份汽油、煤油、柴油单月产量增速较 5 月份均有所上升，综合带动成品油产量的上升。

2. 成品油需求持续疲软

2014 年，在汽车市场利空政策下，国内汽油需求增速放缓；受工业、农业和运输业三大行业的刺激，国内柴油需求小幅回暖；随着航空业市场化程度的提高，煤油需求稳定增长。由于炼油产能增长较快，国内成品油资源略有富余。2014 年成品油表观消费量 30181.6 万吨，增长 5.6%，其中汽油 10534.8 万吨，增长 12.6%，柴油 17282.9 万吨，增长 1.9%。9 月末，成品油库存较 8 月末下降 43 万吨，比 2013 年同期高出 34 万吨(图 6)。成品油市场供过于求导致国内市场的成品油价格波动不断，震荡下行。

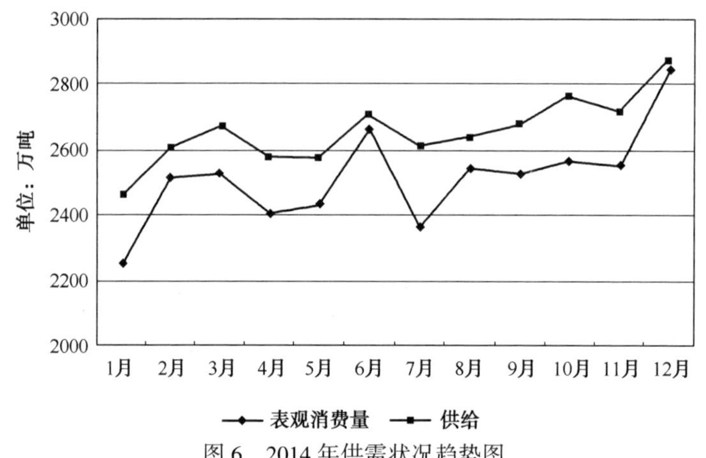

图 6 2014 年供需状况趋势图

数据来源：国家统计局、中国海关、国家发展和改革委员会

3. 成品油出口增加，进口减缓

从 2014 年年初开始，中国由成品油净进口国转变成净出口国，而上一次出现净出口情况还是在 2010 年初。从图 7 可以看出，2014 年全年的成品油出口量都超过了进口量，出现净出口的情况。其原因主要包括以下几个方面。

出口增加主要与国内炼油产业产能过剩有较大的关联性。截至 2014 年 11 月，国内一次原油加工能力已经达到 7.14 亿吨/年，后期仍有 2.71 亿吨/年加工能力的新扩建计划，若新扩建项目全部完成，中国一次加工能力将接近 10 亿吨/

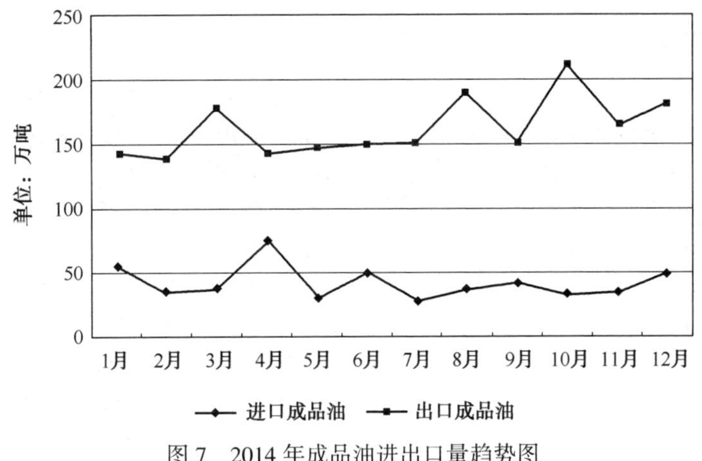

图 7 2014 年成品油进出口量趋势图

数据来源：中国海关总署

年，产能过剩现象将继续加重。进口减缓一方面是油气进口基数不断增大，另一方面是经济疲软，需求减速导致。

4. 三大国有石油公司炼化业务盈利空间压缩，零售环节利好

三大国有石油公司主营业务有所差异，因此受到冲击的业务面有所不同。在炼化方面，中石油与中石化的炼化能力占国内炼化市场的 70%左右，因此，中石油和中石化的炼化业务上利润也会在大环境下缩减。中石化、中石油、中海油的批发环节较为疲软，油价接连下挫，利润空间寥寥。中石油、中石化的零售环节可以在一定程度上改善批发环节低利润的局面。此外，自发改委缩短调价周期以来，市场投机囤货行为基本已消失，中间商大多谨慎待市，保持快进快出的策略，地方炼厂长期维持低负荷运行消化自身库存。成品油价进一步下调后，无疑将对中上游生产企业的利润造成影响。

5. 价格波动频繁，油价震荡下行

2014 年，国际原油价格处于波动不断的状态，这直接影响了国内成品油价格，使成品油油价一直震荡下行。具体来看，2014 年汽柴油价格调整状况如表 7。

表 7 2014 年汽柴油价格调整情况表

时 间	详 情
2014 年 12 月 27 日	汽油下调 520 元/吨，柴油下调 500 元/吨
2014 年 12 月 13 日	汽油下调 170 元/吨，柴油下调 400 元/吨
2014 年 11 月 14 日	汽油下调 195 元/吨，柴油下调 180 元/吨

续表

时　间	详　情
2014 年 11 月 1 日	汽油下调 245 元/吨，柴油下调 235 元/吨
2014 年 10 月 31 日	汽油下调 245 元/吨，柴油下调 235 元/吨
2014 年 10 月 17 日	汽油下调 300 元/吨，柴油下调 290 元/吨
2014 年 9 月 29 日	汽油下调 100 元/吨，柴油下调 95 元/吨
2014 年 9 月 16 日	汽油下调 140 元/吨，柴油下调 135 元/吨
2014 年 9 月 1 日	汽油下调 105 元/吨，柴油下调 100 元/吨
2014 年 8 月 18 日	汽油下调 190 元/吨，柴油下调 185 元/吨
2014 年 7 月 21 日	汽油下调 245 元/吨，柴油下调 235 元/吨
2014 年 6 月 23 日	汽油上调 165 元/吨，柴油上调 160 元/吨
2014 年 5 月 23 日	汽柴油均上调 70 元/吨
2014 年 5 月 9 日	汽柴油均下调 50 元/吨
2014 年 4 月 24 日	汽油上调 155 元/吨，柴油上调 145 元/吨
2014 年 3 月 26 日	汽油下调 135 元/吨，柴油下调 130 元/吨
2014 年 2 月 26 日	汽油上调 205 元/吨，柴油上调 200 元/吨
2014 年 1 月 24 日	汽油下调 130 元/吨，柴油下调 125 元/吨
2014 年 1 月 10 日	汽油下调 125 元/吨，柴油下调 120 元/吨

数据来源：中华人民共和国国家发展和改革委员会

2014 年，中国成品油价格共经过 19 次调整，其中，涨价 4 次，降价 15 次。国内成品油油价的频繁波动主要是由国际和国内两个方面决定的。从国际方面看，首先，在美元中长期走强的背景下，美元指数创出新高，而以美元计价的国际原油自然受到压制。其次，随着页岩油气革命的成功，美国实现能源独立，从而使得全球原油供应能力增强。再次，局部地缘政治冲突对产油区和输油管道影响不大，市场炒作供应端危机的意愿偏低，地缘因素给予油价支撑作用的边际效应逐步递减。最后，美国能源信息署和欧佩克组织纷纷调低了 2015 年全球石油需求增长预期，使得市场做多信心下降。从国内方面看，首先，2013 年出台的成品油价格机制方案使得中国油价调整频繁的状态变为常态，成品油定价将更多由油气企业根据市场供需变化及国际油价波动进行调整，政府对油价的控制作用将减弱。其次，由于 2014 年初国内四川石化、中化泉州等数家炼厂新建或扩建投产，炼油能力和扩能幅度较大，导致中国成品油产能扩大，供给处于充裕的状态。此外，中国经济发展速度减缓，以及中国环境保护等因素的影响减少了乘用车的需求量和使用频率，从而导致成品油需求的不足，综合考虑，会导致供过于求，价格下跌。

成品油价格在 2014 年上半年经过“三跌三涨”后呈现出频繁波动的态势，这主要是受国际国内各种因素交互作用的影响。成品油价格的上涨，会导致物流运输等相关机构成本和居民生活成本增加，成品油需求量出现较大幅收缩；成品油价格的下降则起相反作用，会使得企业生产成本降低和居民日常生活开支减少，同时也会导致炼油企业受到挤压，效益降低。2014 年 7 月份以后，受国际成品油市场的多头利空影响，国内成品油价格出现震荡下行的局面，主要表现为从 2014 年 7 月 21 日起的油价“十一连跌”，汽油下跌幅度达到每吨 2300 元，柴油下跌幅度达到每吨 2440 元，下跌幅度之大，历史罕见，这一趋势使得中国汽柴油回归“6 元时代”。由于国际市场缺乏利好支撑，短期上行乏力，成品油价格下跌或将持续。

2014 年成品油价格调整的情况表现出国内油价受国际石油市场的影响较大。如图 8，2014 年中国成品油价格呈现出频繁波动，震荡下行的态势。总体来看，上半年成品油价格是“降-升-降-升-降-升-降”的“2 个 M 形”频繁波动走势，变动结果是最高连续增幅近 405 元/吨，最高降幅达 265 元/吨的价格变动。从 2014 年 7 月份起，油价的“十一连跌”反映了石油价格一直持续下行的态势。

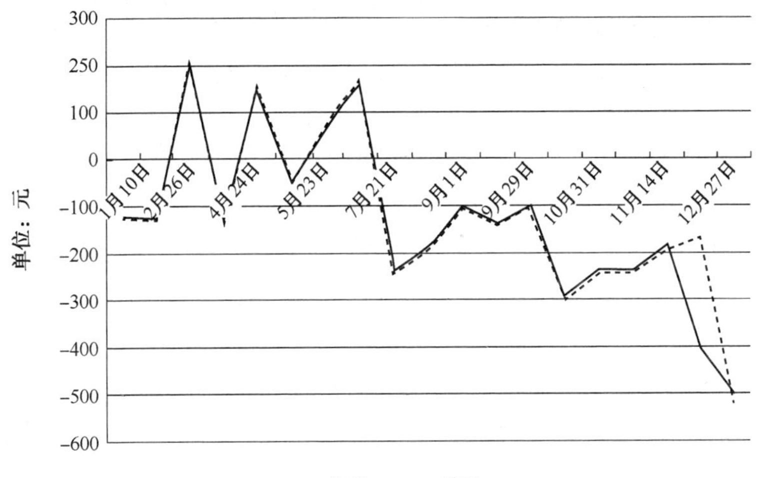

图 8　2014 年成品油价格调整趋势图

数据来源：中华人民共和国国家发展和改革委员会

（二）2015 年中国成品油市场发展展望

1. 成品油供需趋于稳定增长

国内供给方面，由于炼油能力和扩能幅度较大，国内成品油供给将会趋于长期稳定增长态势，保障国内生产生活用油需求。国内需求方面，随着经济增速的放缓，以及能源结构性调整等多方面的因素影响，成品油需求增长速度将减慢，但是由于国际经济的温和复苏，中国国内工业用油需求和民用乘用车数量的提

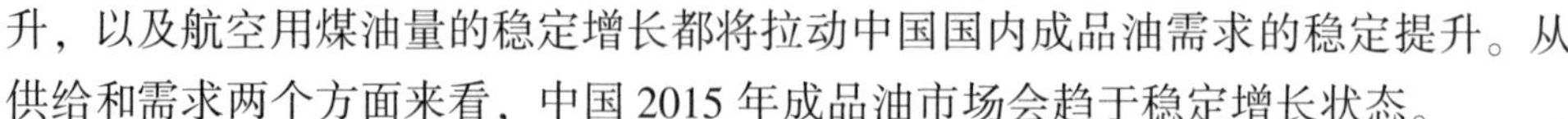
升，以及航空用煤油量的稳定增长都将拉动中国国内成品油需求的稳定提升。从供给和需求两个方面来看，中国 2015 年成品油市场会趋于稳定增长状态。

2. 成品油价格趋于合理，价格改革机制进一步深化

国内成品油价格在 2014 年 7 月份之后，一直处于下跌状态，2015 年若有利好因素支撑，诸如国际原油价格回涨，国内某些因素促进成品油需求增加，成品油价格或将顺势理性回归，成品油价格将最终趋于一个稳定合理的价格区间。此外，经过 13 年的价格改革，成品价格改革市场化方面有所进步，但在公平性、透明化、定价权方面仍有所欠缺。因此，在价格改革的体制方面，中国将会随着具体情况进行进一步的深化改革。

3. 炼油板块将受挤压，交通运输和航空物流业利好

成品油价格连续下调，对国内交通运输和航空物流等行业来说，是一大利好。成品油价格下跌降低了这些行业的成本，增加了行业利润。但是对国内炼油产业，尤其是中石油、中石化来说，其炼油板块业绩肯定会受到冲击；地方炼厂方面，虽然目前加工成本处于下滑阶段，但是下游产品的不佳表现，将继续限制炼厂加工的利润盈利空间。随着原油、用于生产汽油和柴油的原材料价格下跌，本应该降低炼油厂的成本，并增加利润。但低迷的需求反而让燃料价格下跌并缩小了利润空间；同时，低油价正在使这些炼油厂早先购买的高价库存原油价值下跌。

4. 页岩气发展给成品油市场带来压力

在国内雾霾天气严重的情况下，节能环保和油品质量升级是中国将要着眼解决的问题之一。天然气被视为最干净的能源之一，对成品油市场影响较大。特别是美国页岩气革命对国际成品油价格产生了极大的冲击，页岩气革命本身是一场技术革命，现在美国页岩气产量已经超过了它的常规天然气的产量。而中国起步比较晚，现在中石化的页岩气探明储量达到 1070 亿立方米，预计 2014 年产能达到 50 亿立方米，但是相对来说成本高，比美国高十几倍。如果在技术方面进行革新，将会对成品油市场造成巨大的冲击。

三、2014 年中国天然气市场发展分析与展望

2014 年中国天然气表观消费量达到 1805.9 万亿立方米，同比增长 8.9%，增幅较 2013 年有所回落。国内天然气生产量保持增长势头，达到 1234.1 亿立方米，同比增长 12.6%。天然气进口量达到 598.1 亿立方米，同比增长 12.6%，对外依存度达到 31.7%。随着国家能源结构调整的深化、大气污染防治措施的落实，各地“煤改气”“油改气”以及天然气汽车等工程项目的加速实施，需求激增

导致天然气供需总体偏紧。为了解决天然气供需矛盾，中国天然气发展提出了“海陆并举、液气俱重、多种渠道、保障供应”的举措。预计2015年天然气消费将继续保持快速增长势头，天然气供应格局呈现国内天然气、进口LNG和陆路管道进口天然气的多气源供应的良性格局，进口天然气增速将远高于国内产量增速，对外依存度将进一步攀升。

（一）2014年中国天然气市场发展分析

1. 市场主体多元化

长期以来，中国天然气市场的主体是中石油、中石化、中海油，三大石油公司垄断经营天然气产业上中游。2014年，国家发改委、能源局相继发布《油气管网设施公平开放监管办法（试行）》和《天然气基础设施建设与运营管理办法》，鼓励和引导民间资本进入石油天然气领域。截至2014年底，已有新奥、广汇、京能等8家民营企业进入了大型进口LNG接收站建设领域，市场竞争日趋激烈。

2. 国内产量增速趋缓

2014年天然气产量达1241.1亿立方米，比2013年同期增加6.9%，增速趋缓。从月度数据来看，各月产量略有波动，但基本在120亿立方米范围内（图9）。2014年3月，四川盆地安岳气田龙王庙组气藏试生产，探明天然气地质储量440383亿立方米，成为迄今为止中国发现的单体规模最大的特大型海相碳酸盐岩整装气藏，使2014年中国天然气产量提升到一个新的高度。液化天然气产业发展势头强劲，上游工厂密集投产，非常规天然气发展受到政府大力支持，页岩气产量提升明显，中国天然气整体产量稳步增长。然而，在天然气需求量增幅放缓、进口量充沛双重因素影响下，国内部分老气田放慢开采步伐，产量增幅有所降低。

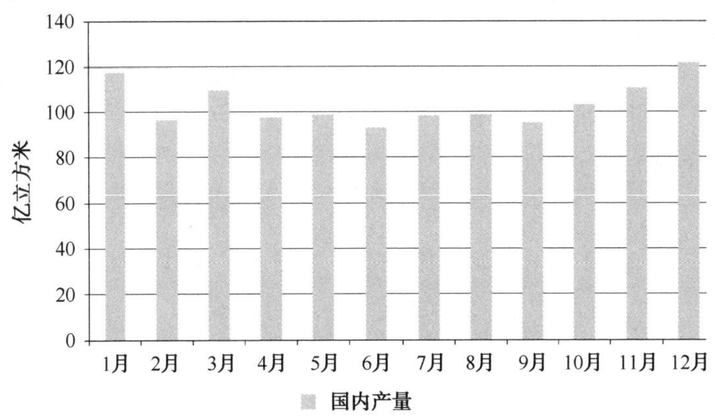

图9　2014年月度天然气产量

数据来源：中国石油和化学工业联合会

3. 天然气进口持续攀升

2014年进口天然气持续扩大(图10),累计达598.1亿立方米,同比增长12.6%,对外依存度达到31.7%。2014年我国进口管道气约为322亿立方米,以土库曼斯坦天然气为主,进口液化天然气约为266亿立方米,主要来自澳大利亚、印度尼西亚、马来西亚、卡塔尔四国。2014年中俄天然气协议的签署,再加上中亚到中国新疆、缅甸到中国云南以及东南沿海液化天然气进口通道的打通,中国四大天然气进口通道格局已经初步建成。随着四大进口通道逐步进入稳定运营,进口天然气将继续为增加中国天然气供应发挥重要作用。

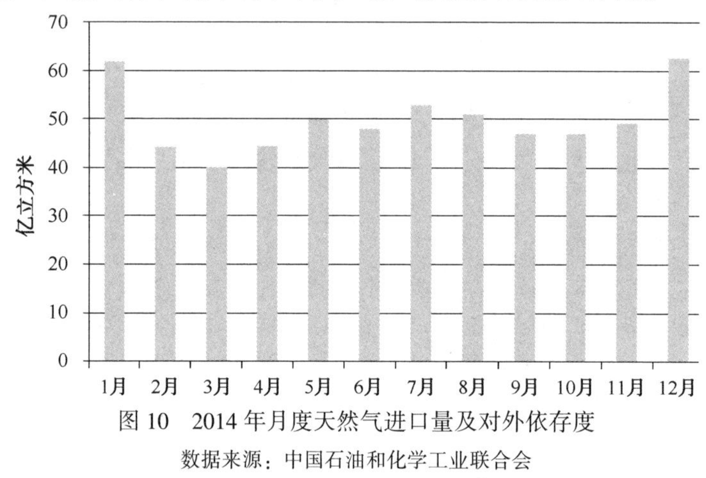

图10 2014年月度天然气进口量及对外依存度

数据来源:中国石油和化学工业联合会

4. 市场供需总体偏紧

2014年随着我国经济增速放缓,天然气价格改革方案进一步推进,天然气消费量增速减缓。全年累计天然气表观消费量1805.9亿立方米,同比增长8.9%,远低于预期。2014年天然气供应量约为1839.2亿立方米。总体来说,中国天然气需求总量跟供应总量保持接近,供需基本平衡。

5. 气价改革进一步深化

2012年天然气气价改革在“两广”地区试点之后,自2013年开始向全国推广。2014年3月20日,国家发改委发布了《关于建立健全居民生活用气阶梯价格制度的指导意见》,要求2015年底前所有已通气城市均应建立起居民生活用气阶梯价格制度。2014年8月10日,国家发改委发布了《关于调整非居民用存量天然气价格的通知》,提出存量气价格上涨0.4元/立方米。随着有关天然气价格调整方案的连续出台和落实,政策效果逐步显现,国内天然气开发和进口天然气的速度明显加快,天然气供应能力逐步提高,资源配置趋于合理。

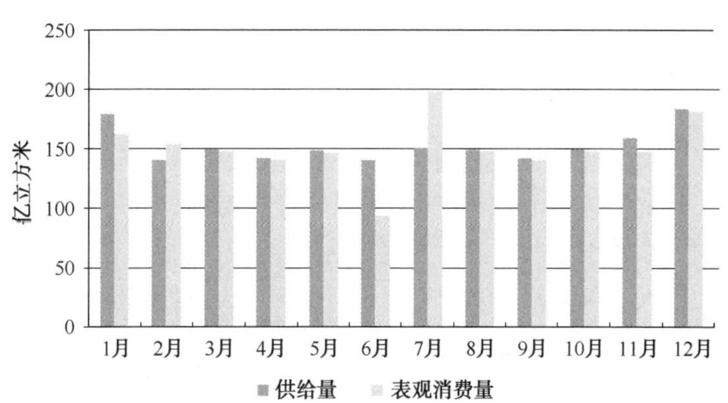

图 11　2014 年月度天然气消费量和供给量

数据来源：中国石油和化学工业联合会

（二）2015 年中国天然气市场发展展望

在经历了发展的“黄金十年”之后，中国天然气市场将全面进入市场主体多元化、下游利用精细化、供需关系由市场决定的全新发展时期。预计 2015 年天然气消费将继续保持快速增长势头，受制于天然气自有产量提升困难的瓶颈，进口天然气增速将远高于国内产量增速，对外依存度将进一步攀升。

1. 市场竞争持续加剧

随着中国天然气的快速发展，以及逐步加快的天然气开采和进口步伐，天然气市场将全面进入经营主体多元化、供需由市场决定的全新发展时期。中石油、中石化、中海油等企业强调一体化经营，凭借强大的经济实力和资源优势渗透扩张，民营企业近年来迅速发展，抢占市场先机。尤其在城市燃气行业，已经发展到国有燃气企业、外资(港资)燃气企业、民营燃气企业“三足鼎立”的局面，市场竞争格局基本形成。随着天然气市场的快速发展以及政府对城市天然气市场的不断放开，大量新进入者涌入国内天然气市场，预计未来天然气市场竞争将持续加剧。中国天然气市场逐步由发展期转向成熟期，消费模式由供应驱动消费逐步向需求拉动消费模式的转变。

2. 国内产量平稳增长

根据天然气发展“十二五”规划，到 2015 年国产天然气供应能力预计达到 1760 亿立方米左右，未来几年中国天然气的产量增量主要来自煤制气、煤层气及页岩气等非常规天然气产量的增长。而国内常规天然气产量增长将难有突破，主要原因如下：中国缺乏深水资源开发装备，加之海上天然气施工难度大、投资风险高，海上天然气开发难有快速进展；中西部地表条件复杂、资源埋藏深、开采技术要求高；东部潜在气田规模较小，对总体供给增量贡献不大；老气田的剩余储量中，开发难度和成本显著上升，并已进入产量递减阶段。

3. 进口或将迎来新局面

根据我国进口天然气管道、液化天然气接收站项目的实施情况，预计 2015 年我国进口天然气量较 2014 年有所提高。目前，俄罗斯与乌克兰的对峙局势日益紧张，美国、欧盟也相继对俄罗斯进行制裁，俄罗斯与西方国家的关系陷入僵局，或能为中俄天然气谈判带来利好。中石油与塔吉克斯坦输气公司签署成立中塔天然气管道公司协议，建造并运营中亚—中国天然气管道 D 线，为将土库曼斯坦天然气运输至中国创造条件。由于受到俄乌变局影响，加上中亚天然气管道的进一步完善，中国天然气进口或将迎来新局面，天然气进口将从快速发展期稳步过渡到稳定成熟期。

4. 市场需求进一步扩大

随着国家能源结构的进一步调整和国务院大气污染防治措施的落实，京津冀、长三角、珠三角等“煤改气”“油改气”以及天然气汽车等工程项目的加速实施，天然气消费将呈大幅刚性增长趋势。在推动节约环保型社会建设过程中，居民对生活质量和生态环境的要求也日益提升，天然气由于具有优质、洁净、环保的优点，市场容量迅猛增长，由于季节峰谷差矛盾突出，冬季供需形势仍比较严峻。中国天然气市场逐步由发展期转向成熟期，消费模式由供应驱动消费逐步向需求拉动消费模式的转变。预计 2015 年中国天然气的消费量可能达到 1912 亿立方米左右，占一次能源消费的比重将会升至约 6. 3%，市场供需将保持紧平衡。

5. 价格改革全面展开

中国天然气价格改革的目标是到“十二五”末，中国天然气门站价存量增量气并轨，使天然气价格达到合理水平。“十二五”期间将是中国天然气发展的关键时期，而天然气价格改革将是其中的重要一环。现阶段乃至今后相当长时间内，天然气价格改革的重点将集中于理顺价格水平，建立价格调整机制，推行天然气价阶梯价格，完善价格体系，引导天然气合理消费，推动天然气产业健康快速发展。从中国天然气的产业体制、机制和市场环境看，真正实现天然气竞争性市场定价的路还很长，稳步推进天然气价格改革，彰显了推动资源价格改革的决心，也将为 2015 年天然气价格的进一步市场化改革奠定坚实基础。

中国油气勘探产业发展分析与展望

2014年，按照"稳定东部、加快西部、发展南方、开拓海域"的原则，中国油气勘探形势继续向好，油气储量双增，地质认识深化，油气勘探取得了新进展。在鄂尔多斯盆地、四川盆地、准噶尔盆地、塔里木盆地发现了大油田、大气区。在渤海海域、南海海域北部深水区等海域，油气勘探也取得了重大突破。截止到2014年底，中国新增石油探明地质储量达到10.83亿吨，连续8年超过10亿吨，新增天然气探明地质储量超过6000亿立方米。

一、2014年中国油气勘探产业发展分析

（一）常规油气资源勘探情况进展

1. 陆上油气资源勘探成果

2014年，大港油田新增控制储量5000万吨油气当量。大港油田油气勘探持续深化科学勘探、立体勘探、精细勘探，加强歧口和沧东富油气凹陷研究，推进板桥次凹深层天然气、乌马营逆冲带潜山研究，完成区带评价和部署优化。大港油田完钻探井20口、进尺7.3万米，新获工业油流井14口，探井成功率达74%，实现勘探突破与效益增储双丰收。同时，在歧南—歧北低斜坡油气勘探取得新进展，港深24-28井、歧122-11井，预探沙二段、评价沙一段，均已完钻并钻遇多套油气层，扩大了这一区域勘探成果，形成了有规模的整装油气田。

塔里木油田公司2014年完成钻井189口井，同比增加75口，新增探明储量188.9万吨油气当量。在连续5年实现钻井提速5%以上的基础上，将库车地区7000米以内山前井完井周期控制在280天以内，持续实施提速提效工程，继续加大成熟技术的集成和规模化应用，完善油基泥浆和空气钻井等工艺技术，完成钻井进尺65.8万米，在台盆区全面实现勘探目标。

华北油田公司新增石油地质储量180万吨油气当量，束鹿西斜坡地区油藏评价继晋93-35x井评价取得成功后，晋93-41x井评价再获新突破，进一步展示了束鹿西斜坡带良好的滚动勘探前景，同时拓宽了这一区块找油新领域。在对冀中南部地区各区带潜力分析评价的基础上，优选束鹿西斜坡西曹固构造带作为评价

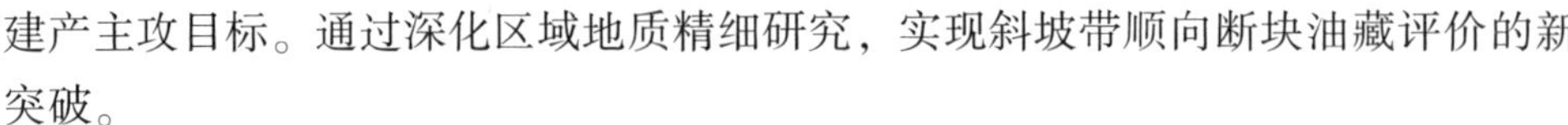

建产主攻目标。通过深化区域地质精细研究，实现斜坡带顺向断块油藏评价的新突破。

辽河油田公司新增石油地质储量 655 万吨油气当量，迎来近十年来的储量增长新高峰。2014 年辽河油田公司在区块内部署控制井欢 141-32-27 井，并见到高产油流。科研人员进一步精细刻画地质体，准确落实大凌河油层展布情况，迅速进行井位部署，实施控制井 5 口，实现勘探一体化推进，尽快将优质储量转化为产量。

胜利油田 2014 年发现一个 1000 万吨级油田——三合村油田，该油田是胜利油田勘探发现的第 81 个油田。三合村油田控制含油面积 15.9 平方公里、控制石油地质储量近 3200 万吨，有较大的勘探潜力。三合村地区缓坡扇形多期次叠置，储层厚度大，地质识别困难。针对这一难题，科研人员以分析不同期次砂砾岩体叠合关系为主线，从古构造恢复入手，分析扇体古地貌背景和砂体展布范围，并最终确定了沉积的规律。

江苏油田新增石油控制地质储量 2700 万吨，完成年度计划的 103.8%，超额完成了年度勘探任务。一是江苏油田在高邮内斜坡甩开勘探取得重要突破：花瓦地区钻探 4 个新圈闭均发现油层，新增控制和预测储量 809 万吨。二是复杂断裂带立体勘探重现曙光：金湖石港断裂带钻探的石 X14 井发现三套含油层系，试采一层获得日产原油 11.2 吨，打破了此断裂带多年的勘探瓶颈。三是北部湾徐闻探区经过评价，新增控制储量 272 万吨，徐闻 X8 井在涠三段低部砂岩发现新的含油层系。通过对徐闻探区首块高精度三维处理解释，发现和落实圈闭 61 个，初步估计圈闭潜在资源量达 5000 多万吨。

中石化华北分公司在鄂尔多斯盆地的油气勘探取得了“三项重大突破”：一是在杭锦旗十里加汗区带持续获得规模储量，形成 5000 亿方规模储量阵地。二是在定北探区大型叠合岩性圈闭勘探取得规模商业发现，展现了一个千亿方储量矿藏。整体评价盒 1 气藏，落实面积 639.22 平方公里，预计控制储量 803.29 亿方。三是在镇-泾探区整体评价稳步推进，新增地质储量超 1 亿吨。落实代家坪地区长 81 控制储量 8234 万吨，含油面积 220.2 平方公里，为该区下一步勘探奠定了资源基础。何家坪地区长 9 油藏含油范围不断扩大，落实预测储量 5449.08 万吨。

2. 海上油气资源勘探成果

中海油的“海洋石油 981”钻井平台在南海北部深水区陵水 17-2 测试获得高产油气流，测试日产天然气 56.5 百万立方英尺(约 1350 吨油当量)，该气田是中国海域自营深水勘探的第一个重大油气发现。陵水 17-2 构造位于南海琼东南盆地深水区的陵水凹陷，距海南岛约 150 公里，平均作业水深 1500 米。

中石化上海海洋油气分公司 2014 年控制储量和预测储量创历史最高，控制和预测地质储量 3000 亿方，超越历年提交储量的总和，成绩显著。

3. 海外常规油气资源勘探成果

中石油接管里海曼格什套（MMG）项目，成功实现了中石油多年来进入里海进行油气勘探。MMG 项目拥有里海水域 M（Makhambet）区块和 B（Bobek）区块的勘探合同，总勘探面积约 3000 平方公里，水深 4 米至 8 米，构造上属于滨里海盆地南缘。滨里海盆地是里海地区最重要的含油气盆地之一，拥有十分丰富的油气资源。目前已发现 200 多个油气田，预测远景可采储量约为 130 亿吨。

中石油阿克纠宾油气股份公司塔克尔构造探区勘探获得重大进展。位于滨里海盆地中区块南部塔克尔构造的试油现场 T-5 井获高产油气流，日产天然气 4.3 万立方米，展示了塔克尔构造的中区块南部良好的勘探前景。

中石化国际石油勘探有限公司下属 Addax 公司喀麦隆海上 RDR 区块 INM 钻采平台在喀麦隆老油田勘探有所突破，2014 年在该平台部署的两口近油田勘探井 MIB001 井和 MIB002 井相继完钻，经过测井、MDT 和取芯验证，分别发现 18 米和 38 米厚油层，初步计算可新增石油地质储量 1500 万吨。Addax 公司喀麦隆海上 RDR 区块是 30 多年的老油田，已进入高含水递减期。此次新发现不仅扩大了 Addax 公司喀麦隆海上老油田周缘的勘探潜力，而且对成熟盆地的复杂构造带勘探工作具有指导意义。

（二）非常规油气资源勘探情况进展

1. 页岩气勘探取得新进展

永泰能源股份有限公司在贵州凤冈二区块页岩气矿产资源的勘探中，勘查区域内页岩气储量为 2000 亿方。项目共完成 1∶50000 地质调查面积 1030.4 平方公里、路线 162 条，累计地质调查线路 3265 公里，1∶5000 实测地质剖面 6 条，共计 28.5 公里。完成二维地震勘查线 17 条，测线总长度 392.82 公里。分别完成勘查区域内志留系龙马溪组、寒武系牛蹄塘组钻井 2 口，并开展了页岩气测井工作。

重庆市能源投资集团在黔江页岩气区块的勘探取得初步成效，目前已圈定有利区 236 平方公里，预测页岩气储量达 300 亿立方米。目前在黔江页岩气工区内的岩心提出地面、浸水解析、点火试验等各项工作开展顺利。为进一步探明页岩气有利区油气赋存情况和可采情况，重庆能源投资集团页岩气公司 2014 年在当

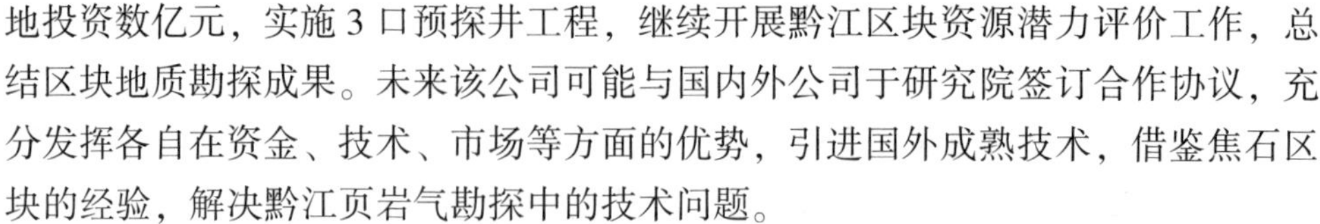

地投资数亿元，实施 3 口预探井工程，继续开展黔江区块资源潜力评价工作，总结区块地质勘探成果。未来该公司可能与国内外公司于研究院签订合作协议，充分发挥各自在资金、技术、市场等方面的优势，引进国外成熟技术，借鉴焦石区块的经验，解决黔江页岩气勘探中的技术问题。

2. 致密油勘探取得突破

吉林油田致密油勘探获突破，2014 年 5 月吉林油田在新庙西地区庙平 5 井试油获日产 54.36 吨，让 53 区块完钻探井、评价井 6 口，均见到较好油气显示。庙西、乾 246、让 53 等区块勘探形势不断明朗，标志着吉林油田公司的致密油勘探已获突破。松辽盆地南部扶余油层致密油是吉林油田剩余资源量最大的油层，近年来吉林油田不断调整工作思路、攻克技术瓶颈，向致密油勘探领域挺进。他们主攻扶余油层致密油勘探，通过预探与评价联合部署，地质与工程密切协作，集中精良装备和优势力量，打造水平井工厂化作业示范工程，努力开辟效益建产新战场。

青海油田扎哈泉致密油探区扎 208 井日产原油 39.78 立方米，标志着青海油田致密油的勘探再次取得突破，进一步扩大了扎哈泉地区致密油的含油面积。扎哈泉探区是青海油田于 2013 年勘探落实的一个亿吨级致密油储量区，也是中石油第四大致密油区块。截至 2014 年，青海油田扎哈泉致密油探区勘探面积由过去的 37 平方公里扩展至现在的 1000 多平方公里，勘探面积净增了 27 倍；从 2012 年 5 月的扎 2 井获得突破后，到 2013 年扎 7 井获得日产 50 立方米的高产工业油流，再到 2014 年 2 月扎 9 井和扎 208 井再获高产工业油流，勘探成果三年迈出三大步。青海油田已经对 9 口井进行了试采，开井 5 口，试采累计产油已经突破了万吨。

（三）油气勘探技术显著进步

1. 陆上油气勘探技术

长城钻探测井公司在哈萨克斯坦 PK 测井项目，首次在 WTXX 井完成核磁测井作业。核磁测井是当今石油测井行业的领先技术，可以提供地层内部详细的分类孔隙度、石油储集层油气水饱和度和渗透率等诸多油藏评价需要的核心资料，可以帮助分析储集层沉积相特性，识别孔隙孔径大小等详细地质结构。该项目最终所得核磁资料与常规测井相比，不仅呈现出了常规测井未能发现的 1 个油层，还重新判定 3 个油水同层为纯油层，打破了低阻油层识别困难的瓶颈。

青海油田完成第一口分支水平井，坪 1H-2-7 井于 2014 年 10 月完钻，完钻井深 4443 米。分支水平井是提高油气井效益重要技术手段之一，可降低吨油开采成本，实现少井高产，有利于提高采收率。分支水平井的核心是开窗技术，难点在于窗口处的承压密封，为此，这口井在技术上积极引进新工艺、新技术，应用了防斜打直、井眼轨迹精确控制、BH-WEI 复合有机盐钻井液、井眼重入钻井、涡轮钻具等工艺技术，成功解决了钻井过程中遇到的各种难题，为高效低渗透气藏，提高采收率提供了新的技术手段。

西南油气田公司完成双探 1 井，标志着西南油气公司成为继塔里木油田之后的国内第二家具备超 100 兆帕、超高温、含硫气井开产条件的石油企业。双探 1 井是西南油气田公司部署在双鱼石构造的一口风险探井。这口井的目的层茅口组属于超深、超高压、超高温、含硫储层。为进一步开展川西南部地区双鱼石构造茅口组气藏资源的勘探、评价工作，该公司对这口井进行二次完井作业，将其转变成一口适于高压试产、生产的井，双探 1 井的二次完井、试油作业创造了三个国内“首次”：首次使用两次尾管悬挂固井工艺修补 193.68 毫米套管破损处；首次采用环空液氮补压的方式平衡油、套压差；首次采用 140 兆帕国产采气井口为动态试井、试生产作业提供服务。

西部钻探超浅层定向技术在哈萨克斯坦肯基亚克油田试验成功，利用浅层定向技术攻克 MB-14 井，使该油田超浅层稠油取得突破性进展。在对肯基亚克超浅层水平井做了大量的前期调研后，西部钻探首批试验井 MB-14 井和 MB-15 井相继开钻。定向井技术服务公司在陀螺测斜仪未到位的情况下，在地面采用电子多点校准地面方位，通过地面定向解决了仪器在套管内受到磁干扰的难题，减少了造斜段垂深损失。最终 MB-14 井 A 点垂深 189 米，完钻井深 480 米，水垂比达到 1.9：1，创阿克纠宾公司水平井井深最浅纪录。

2. 海上油气勘探技术

2014 年 5 月，中海油海洋工程公司与渤海装备公司、规划总院、宝石机械公司等单位联合承担的中国石油“十二五”前三年重大科技项目——滩海/海上油气技术研究取得重大创新成果，大幅提升集团公司海洋工程技术服务能力与设计建造能力，通过中石油科技管理部组织的专家组验收。项目组按照“完善滩海、发展浅水、储备深水”的总体思路，开展海工关键技术研究与装备研制。经过 3 年攻关，400 英尺自升式平台设计、建造及关键技术实现国产化配套，为提升集团公司浅海钻井平台设计、建造能力与服务能力提供了重要的技术支撑。其中，海底管道外防腐层检测技术、生产装备数字化管理平台，已在冀东油田成功应用，为南堡油田安全生产提供关键技术保障；初步掌握 1500 米水下井口装置、水下采油树、生产立管、3000 米深水钻井船以及深水海工配套技术，大幅提升集团公司深水工程装备设计和制造能力，为深水油气业务发展储备了新技术。此外，这个项目研制 2 套重大装备，储备一批新技术，软件 2 套，申报发明专利 13 项，建立深水立管全尺寸疲劳实验方法和深水高压环境下海工结构物检测实验技术，大大提升深水实验检测和技术研发能力。

中科院地质地球所运用分类识别油气异常新方法，发明了地表油气地球化学勘探技术，在油气勘探技术系列中，该技术是一种廉价、快速和直接的勘探手段。科研人员从油气异常新概念出发，通过严格的数学推导建立了异常下限和不同类型异常间界限的理论公式，并且创建和应用逻辑乘聚类分析这一新的数学方法，最终建立起分类识别油气异常的新方法。这套新概念、新方法已在中国渤海湾、二连盆地、鄂尔多斯、吐哈和俄罗斯西西伯利亚盆地等十多个地区进行了应用实践，取得了良好的应用效果。其中，渤海湾盆地东营凹陷南斜坡的应用最为典型。其研究结果与地球物理和钻探资料相吻合，使地表油气地球化学实现了从不能预测到能够预测油气分布的转变，从而揭示了三个油气富集带。

（四）政策大力支持油气勘探

2014 年 11 月 19 日，国务院办公厅下发《能源发展战略行动计划（2014～2020 年）》，明确提出了到 2020 年中国能源发展的总体目标、战略方针和重点任务，部署推动能源创新发展、安全发展、科学发展。其中，针对油气油气勘探方面应坚持立足国内，将国内供应作为保障能源安全的主渠道，发挥国内资源和技术、装备优势，加强自主研发与国际合作，突破关键技术瓶颈，着力于增强能源供应能力，掌握能源安全的主动权。该《计划》主要强调以下几个方面：

1. 继续加大油气勘探力度

以松辽盆地、渤海湾盆地为重点，深化精细勘探，积极发展先进采油技术，努力增储挖潜，提高原油采收率，保持产量基本稳定。实现西部增储上产。以塔里木盆地、鄂尔多斯盆地、准噶尔盆地、柴达木盆地为重点，加大油气资源勘探力度，推广应用先进技术，努力探明更多优质储量，提高石油产量。加大羌塘盆地等新区油气地质调查研究和勘探技术攻关力度，拓展新的储量和产量增长区域。加快海洋石油。按照以近养远、远近结合，自主与对外合作并举的方针，加强渤海、东海和南海等海域近海油气勘探，加强南海深水油气勘探形势跟踪分析，积极推进深海对外招标和合作，尽快突破深海采油技术和装备自主制造能力，大力提升海洋油气产量。

2. 加快常规天然气资源勘探

抓住能源绿色、低碳、智能发展的战略方向，围绕保障安全、优化结构和节能减排等长期目标，以四川盆地、鄂尔多斯盆地、塔里木盆地和南海为重点，加强西部低品位、东部深层、海域深水三大领域科技攻关，加大勘探力度，力争获得大突破、大发现，努力建设8个年产量百亿立方米级以上的大型天然气生产基地。到2020年，累计新增常规天然气探明地质储量5.5万亿立方米。

3. 重点突破页岩气和煤层气勘探

确立非常规油气及深海油气勘探等重点领域创新，加强页岩气地质调查研究，加快“工厂化”“成套化”技术研发和应用，探索形成先进适用的页岩气勘探技术模式和商业模式，培育自主创新和装备制造能力。着力提高四川长宁-威远、重庆涪陵、云南昭通、陕西延安等国家级示范区储量和产量规模，同时争取在湘鄂、云贵和苏皖等地区实现突破。到2020年，页岩气产量力争超过300亿立方米。以沁水盆地、鄂尔多斯盆地东缘为重点，加大支持力度，加快煤层气勘探步伐。到2020年，煤层气产量力争达到300亿立方米。

二、2015年中国油气勘探产业展望

（一）加大老区剩余资源勘探

目前中国石油产量的70%仍来自老油田，2014年全国各地凭借精心治理老区，深入挖掘老区潜力，在稳定老区生产的同时，不断勘探出新的油气资源，激发了老油田的活力。其中长庆油田、吐哈油田、辽河油田、青海油田、玉门油田及新疆油田等老油田都通过老区精细勘探，取得了良好的勘探成果，展示了油田老区扩展勘探的潜力。在未来一段时间内，老油田仍将是中国石油供给的主力，剩余油气资源潜压力巨大。老油田目前总体进入高采出程度、高含水的“双高”阶段，高含水油田将成为中国石油界面临的重大挑战。2015年的勘探工作重点应该转向深化对夹层剩余油控制的认识，积极开展高含水井堵水作业和机械封堵调剖试验，并利用新工艺增产，实现控水增油，提高采收率，增加老区产能。

（二）加强油气勘探合作

各勘探公司应不断加强与国内和国际其他公司合作，充分发挥合作双方的技术优势，对勘探困难区域有新的认识，提高勘探技术水平、创新勘探技术，建立合作共赢的勘探模式。勘探领域的开放式合作是各油田2014年度的主旋律，并且取得了较为显著的成功。长庆油田向社会公开招标，引入工程技术队伍，使每年参与苏里格气田的企业达到10多家，中石油以外的钻井队伍就有100多支。勘探领域的开放式合作能够带来多种变革效应：弥补勘探资金的不足，引进先进技术和管理，减少和规避投资风险，转变方式，共享信息资源，协调施工安排，

使队伍配置、技术引进和成本等难题迎刃而解。在国内各油田探区内，有几千支钻井队，远远多于中石油的勘探队伍。开放式激发的活力，将成为未来长国内油气增产的有力支撑。

（三）出台更详细的页岩气勘探政策

要加快页岩气发展，首先需要从国家层面加强统筹和协调，进行顶层设计，研究制定国家页岩气发展综合性工作方案，同时成立宏观决策、统筹协调的高层组织机构；其次要坚持市场化改革，加大开放力度。放宽市场准入，完善矿业权出让和转让制度，促使工程服务市场化，同时页岩气生产与管网运营分开，下放省及以下管网建设核准审批权限，现有管网允许第三方准入。最后需要统筹示范区，选择川渝黔鄂湘等不同类型的页岩气重点有利区，由国家组织协调机构牵头，多方参与，整合现有示范区，建设新示范区，在资源评价、技术、利用模式、管理体制、政策支持和监管等方面先行先试进行综合示范，建成中国页岩气主产区。

（四）加强油气勘探工艺研发

2014 年中石油和中石化全面进入地震勘探与钻井提速阶段，不断突破提速瓶颈，以实现降低成本、全面增产增效。针对中国能源改革的新形势、新情况、新标准，2015 年油气资源的勘探提速将面临更高难度的挑战。各勘探公司应将自主创新与吸收借鉴有机结合，深入研究地质复杂井、水平井施工技术，大力推广应用新工具、新工艺，集中开展课题研究，攻克现场技术难题，着力解决钻井提速问题。

中国油气开发产业发展分析与展望

2014年中国国内原油产量约2.1亿吨，同比增长0.6%。天然气产量约1234.1亿立方米，同比增长6.9%。2014年，在三大石油集团公司中，中石油油气产量最大，生产原油1.14亿吨，较2013年增长8.2%，生产天然气952亿立方米，较2013年增长8.2%；中石化生产原油4378万吨，与2013年持平，生产天然气约200亿立方米，较2013年增长7.2%；中海油生产原油3955万吨，较2013年增长1.1%，生产天然气118亿立方米，较2013年增长23.6%。

一、2014年中国油气开发产业发展分析

（一）陆上油气产能建设情况

2014年，中国陆上油气生产呈上升趋势，中石油和中石化针对各自情况，制定了实现石油的稳产高产、进一步加快油气开发步伐的战略目标和战略措施。面对世界经济复苏缓慢、国内成品油市场需求不振、化工市场持续低迷的严峻形势，实现生产经营平稳受控。

1. 中石油产能建设

2014年，长庆油田、塔里木油田、吐哈油田、新疆油田等中石油下属公司针对油田开发现状，大力推广技术创新，同时加强新区产能建设，产量都有所提高。中石油境内油气产量1.14亿吨，同比增长300万吨，实现连续四年净增原油200万吨以上。油气当量中天然气比例达到40%。油气产量分别占到全国原油、天然气产量的54.3%、77.1%。

2014年是长庆油田油气产量实现5000万吨后，由规模上产转入长期稳产阶段的第一年。长庆油田在2014年油田开发工作会议、气田产能建设方案交底及生产建设启动会上部署了全年工作。2014年长庆油田公司生产油气当量5540.8万吨，比2013年净增长345.8万吨。

2014年塔里木油田公司油气产量当量达到2467万吨，与上年同比净增101万吨，连续3年增量超过100万吨。自塔里木油田2013年首次年产气量突破200亿立方米以来，塔里木油田一直为“十二五”规划的“稳油增气”目标奠定基础，

为保障西气东输及南疆五地州生产生活用气提供了充足资源。2014 年，塔里木油田更是瞄准产气量达到 244 亿立方米的新目标，前 8 个月已完成的产气量即相当于 1260.8 万吨以上油气当量，这是塔里木油田依靠精细研究和科研攻关得来的成就，为长期稳定供气提供了强大的动力。

吐哈油田的油田勘探区域主要分布在吐哈、三塘湖、六盘山和民和盆地，总面积 10.12 平方公里。2014 年，吐哈油田生产原油 200.1 万吨，天然气 10 亿立方米。其中，原油比 2013 年增产 29 万吨，产量增幅居中石油首位。按照中石油建设“新疆大庆”发展规划，预计到 2015 年，吐哈油田年产油气当量要从 2012 年的 240 万吨提升到 400 万吨，三年内将增产 160 万吨。

2014 年新疆油田全年新增油气三级地质储量超额完成下达计划，生产原油 1180 万吨、天然气 27.1 亿立方米。新疆油田公司在准噶尔盆地天然气累计探明气藏 31 个，已动用气藏 23 个，储量动用程度达到 80%。“十一五”期间，随着玛河气田和克拉美丽气田投入开发，天然气产量快速增长，到 2010 年达到 38 亿立方米峰值后逐年下降，2014 产量计划仅为 27 亿立方米。新疆油田为确保天然气产量下滑趋势得到有效遏制，2014 年 5 月编制出台《新疆油田公司“增气工程”三年规划》及《2014 年“增气工程”实施方案》，并得到了中石油的批复同意。新疆油田公司计划通过实施增气工程，到 2015 年天然气产量重新登上 30 亿立方米峰值，这将有力缓解北疆地区日益紧张的天然气供需矛盾。然而，新疆油田剩余储量偏少，且因气藏规模小和远离集输系统，近期难以动用，成为上产瓶颈。经科学测算，预计到 2015 年，新疆油田天然气产量将实现 31.8 亿立方米，2016 年可以达到 34.7 亿立方米。但若无新增探明储量补充，预计 2018 年新疆油田天然气产量将下降至 24.9 亿立方米。

位于柴达木盆地西北边缘的青海油田是世界海拔最高的油田，平均海拔 3000 米左右。自 20 世纪 50 年代勘探开发以来，这里已发展成为中国重要的油气生产基地。2014 年，青海油田涩北、东坪、南八仙三大产气区累计生产天然气 2290 万立方米，同比增长 0.83%，天然气产量连续四年保持在 60 亿立方米以上。根据中石油青海油田公司的规划，到 2017 年，青海油田的天然气年产量将达到 90 亿立方米，原油产量将达到 300 万吨，油气总当量达到 1000 万吨以上。

2. 中石化产能建设

2014 年中石化境内原油产量为 4207 万吨(约合 3.1 亿桶)，与上年基本持平；生产天然气 202.88 亿立方米，同比增长 8.51%。在原油开发方面，中石化加大滚动勘探与油藏评价力度，落实了准噶尔西缘、塔河奥陶系、胜利东部等五个建产阵地；天然气开发方面，元坝、大牛地、川西中浅层天然气和涪陵页岩气产能建设进展顺利。

胜利油田扎实推进生产经营工作，全力以赴保运行、保上产、提质量、增效益，圆满完成了阶段工作目标。2014 年共生产原油 2787 万吨，同比增加 10.8 万吨，连续 18 年保持储采平衡。此外，油气单位完全成本控制在计划考核指标之内。

华北分公司大牛地气田生产天然气商品量超过 40 亿立方米，这是大牛地气田连续 9 年超额完成冬季天然气保供任务。该气田全年新建集气站 8 座，增压站 1 座，新投产井 166 口，新建产能 9 亿立方米。担采气重任的华北第一采气厂经过全面落实气井产量调配、增压站运行维护、污水处理等生产环节的组织协调，2014 年 1 月起，已经实现天然气产量每天提升 30 万立方米。

中原油田坚持以质量效益为中心、标准和导向，转换经营机制，创新管理方式，重新调整分公司、采油厂、采油管理区职能。2014 年中原油田全面分析存量资产，通过优化资源配制使存量资产激发出更大活力，全年新建产能近 10 万吨。目前，采油六厂已完成油公司改造，采油一厂、五厂正在实施，到 2017 年六个采油厂将全部改造完成。

江苏油田勘探系统注重拓展勘探领域，多区域开辟勘探新天地，总计上报地质储量 2188.2 万吨，为多年来江苏油田上报储量之最。针对油田递减速度加快、老区稳产挖潜难度加大、措施潜力下降等不利因素，江苏油田不断深入细致地做好开发单元动态分析，把提高单井产量、增强单井的开发效果作为重点，强化方案论证优化、作业监督、效果跟踪。2014 年江苏油田日产原油 4650 多吨，合计年产能超过 170 万吨。

中石化在页岩气开发上加快步伐。自 2013 年 1 月中石化的焦页 1HF 井正式投产以来，涪陵页岩气田累计生产页岩气突破 10 亿立方米，充分展示了良好的资源储量和开发前景。涪陵页岩气主要供应重庆地区工业和民用气市场，已基本实现全产全销。2014 年来国家高度重视页岩气勘探开发，明确将页岩气勘探开发确定为战略性新兴产业，于 2014 年实现页岩气产量 13 亿立方米，并规划 2015 年全国将实现页岩气产量 65 亿立方米。

（二）海上油气产能建设

2014 年中国海上油气产量基本与 2013 年持平。中海油油气净产量为 432 万桶油当量，其中收购尼克森公司带来的净产量约为 69 百万桶油当量，而在 2013 年中海油净产量约为 412 百万桶油当量。

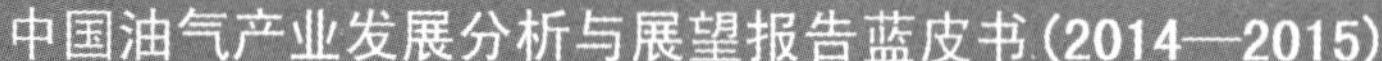

2014上半年，中海油油气净产量同比增长6.8%至211.6百万桶油当量，其中尼克森公司产量贡献为36.3百万桶油当量。在油气生产中，国内区域的产量占62%，而海外石油与天然气的产量增幅超过18%。公司共运营、管理43座钻井平台(包括33座自升式钻井平台、10座半潜式钻井平台)。其中14座在中国渤海作业，10座在中国南海作业，2座在中国东海作业，15座在挪威北海、墨西哥、印度尼西亚等海外地区作业，1座平台在海外修理，1座平台在进行作业前准备。

2014下半年，中海油产量稳中有增，实现净产量221百万桶油当量，其中尼克森公司产量贡献为69百万桶油当量。从产地分布来看，中国海域的渤海产量增长稳定，海外主要由于英国北海Buzzard油田停产检修，产量小幅下降。2014年10月13日宣布，恩平24-2油田成功投产，日产原油约8000桶，预计2017年达到日产原油约4万桶的高峰产量。2014年11月3日宣布，英国北海Golden Eagle区域开发项目投产，且Golden Eagle油田已投产的两口生产井日产原油约1.8万桶，该项目预计于2015年达到7万桶的高峰日产量。

根据《中国海洋石油有限公司2014年经营策略和发展计划》，2014年中海油的净产量目标为422至435百万桶油当量，其中收购尼克森公司带来的净产量约为69百万桶油当量。根据中海油统计数据，这个净产量目标已经完成。2014年，为加大勘探开发力度以支持可持续增长，中海油的资本支出达到1050亿至1200亿元人民币(尼克森公司资本支出约占19%)，其中，勘探、开发和生产资本化投资分别约占19%、65%和14%。这些投资将有力支持本公司未来的产量和储量增长。“十二五”期间中海油主要业务领域为成熟区块稳产增产、深水、非常规油气领域；深水业务的新增产能逐步释放、深水作业进入实际操作阶段；成熟区块的稳产增产业务将稳中有升；还扩大煤层气等非常规油气领域的服务种类。

(三) 2014年油气开发技术进步分析

2014年，中国油气开发取得一系列重要突破，这些重大成果和油气开发新技术的不断进步密不可分。目前中国东部地区老油田总体处于开发中晚期，进入产量递减阶段；中部地区油田处在开发调整阶段，产量稳中有升；西部地区油田多处在开发中期，今后增产潜力相当大；海域油田总体处于产量上升阶段，产量增长幅度大。2014年，各油田针对自身的状况，发挥优势，弥补劣势，攻克了一系列技术难关，一方面把新技术的开发研究放在了重要地位，另一方面，积极利用先进的油气开发技术提高采收率、增加油气产量，为全年的稳产增产做出了巨大贡献。

针对老区递减压力大、新区会战规模受限等诸多困难，江苏油田坚持以产量效益和提高采收率为目标，把资源、技术、管理潜力发挥到极致，利用压裂、侧钻及水平井技术为油田开发提供技术支撑效果明显，年增油可达 10 万吨，成为遏制老油田递减的重要手段，为油田稳产提供了重要保证。

针对奥陶系缝洞型油藏水平井开发的难题，西北油田采用分段压裂工具实施水平井分段完井技术，在超深井中取得了良好的应用效果。“十二五”期间分别在储层较发育碳酸盐岩井尝试了遇水膨胀封隔器、储层欠发育碳酸盐岩井尝试了国产化液压封隔器及兼具液压和遇水膨胀封隔器优点的复合式封隔器。中低含水阶段射孔优化井平均单井累积多采油 1 万吨，分段调流完井水平井含水率低于10%时单井累产油是同区邻井的 4.9 倍，增油效果显著。

针对柴达木盆地油气勘探领域广、面积大，高原地质构造异常复杂，油气储层凌乱分散。青海油田研制成功了常温低浓度胍胶、高温低浓度胍胶、增能压裂液、稠化酸 4 套压裂液体系配方；形成了昆北复杂砂砾岩储层小排量、小砂量、小液量、高砂比“三小一高”的控水压裂工艺技术，为高效开发、快速建设和达产提供了强有力的技术支撑。

针对非均质性强、储集和构造条件复杂，采收程度低，西北油田工程技术研究院通过多年技术攻关，形成超深井储层改造、短半径侧钻、稠油降粘和注水、注气等五项提高采收率技术，成为该油田恢复产能、挖潜增效的有效技术手段。针对缝洞型碳酸盐岩油藏衰竭式开采和注水替油不能解决了溶洞溢出口以上“阁楼油”的开采问题，研究院自主创新了缝洞型油藏注气替油提高采收率技术，2014 年注气三次采油共实施 133 井次，上半年累产油 13.9 万吨，取得显著效果。

二、2015 年中国油气开发产业展望

（一）总体思路

根据国家“十二五”规划的指导思想，油气开发产业总体发展思路体现为加强陆上油气开发，提高原油采收率、增加经济可采储量、提高难采储量的动用率，扩大油气生产能力；强化海域勘探开发，提高油气产量；加快推进非常规油气开发进程，为保障国家能源安全提供支持；建设多元化的全球油气生产与供应基地，力争增加海外油气权益产量；突破油气开发关键技术，提升自主创新能力。

为满足国家“十二五”规划的要求，2015 年中国油田企业将继续加强陆上东部油田老区精细开发，油藏评价扎实推进，保持稳定生产的基础上增加油气储

量、油气产量；立足中部的四川、鄂尔多斯两大盆地，加大开拓规模增储阵地，加强中部地区油气开发；着力发展西部塔里木、准噶尔盆地，建立油气战略接替区，适时扩大生产能力。海上开发重点集中在对南海、渤海、东海海域的油气开发，加强已发现大型油气田的开发，提高油气产量；着眼于海上油气中长期发展战略，使中国走向深水、走向非常规油气资源勘探开发实现二次跨越。在保障国家能源安全的现实需要的基础上，保证非常规油气资源重点项目的稳产上产，技术上坚持完善复杂地质油气资源、煤炭及煤层气资源综合勘探技术，形成页岩气等非常规天然气勘探开发核心技术体系及配套装备，加强提高储量采用率、采收率和单井产量的关键技术攻关和应用，开展非常规油气资源技术开发。

（二）开发投入

2014 年中石油资本性支出预计达到人民币 2965 亿元，其中用于油气开发部分的支出约为人民币 2257 亿元；中石化预计资本性支出人民币 1616 亿元，其中用于勘探开发部分支出人民币 850 亿元；中海油资本性支出预计共 1050 亿~1200 亿元，其中用于勘探开发部分支出人民币 112.8 亿元。

为了实现油气上产增储、油气稳产，预计 2015 年各石油公司的油气开发投入规模将进一步加大，预计中石油用于油气开发的资本性支出将达到 2257 亿元，中石化用于油气开发的资本性支出将超过 900 亿元，中国海洋石油总公司用于油气开发的资本性支出将超过 120 亿元。随着中国页岩气勘探开发进程的加快，各石油公司对页岩气开发开采的投入将继续扩大。

（三）2015 年油气产量预测

原油产量方面，2015 年中石油的国内产量预计将超过 11700 万吨，中石化将达到 5200 万吨，中国海洋石油总公司将达到 4900 吨。

天然气产量方面，2015 年中石油的国内产量预计将超过 900 亿立方米，中石化将超过 200 亿立方米，中海油将达到 120 亿立方米。

（四）政策展望

1. 调整资源税率，精简资源开发收费项目，继续提升企业油气开采积极性

2014 年 10 月 9 日，财政部、国家税务总局发布《关于调整原油、天然气资源税有关政策的通知》，要求自 2014 年 12 月 1 日起，对原油、天然气资源税有关政策进行调整，因原油、天然气矿产资源补偿费费率降为零，相应将资源税适用税率由 5%提高至 6%；对部分原油、天然气的资源税优惠政策，其中，对油田范围内运输稠油过程中用于加热的原油、天然气免征资源税；对稠油、高凝油和高含硫天然气资源税减征 40%；对三次采油资源税减征 30%；对低丰度油气田资

源税暂减征 20%；对深水油气田资源税减征 30%。2014 年 10 月 10 日，财政部、国家发改委发布《关于全面清理涉及煤炭原油天然气收费基金有关问题的通知》，规定自 2014 年 12 月 1 日起，停止征收煤炭、原油、天然气价格调节基金，并要求各地全面清理涉及煤炭、原油、天然气的收费基金，今后除法律、行政法规和国务院规定外，任何地方、部门和单位均不得设立新的涉及煤炭、原油、天然气的行政事业性收费和政府性基金项目。

基于油气资源的战略地位，并保证国内油气资源的有效供应，国家将会继续对开采难度大、开采成本高的油种和油田实行税收减免，同时进一步完善石油天然气基金制度，在最大程度上保证油田企业的收益，激励他们进行技术攻关，攻克深水等地质条件差的资源，增加油气开采量。

2. 继续加大对页岩气开发的政策扶持力度

2014 年 4 月 14 日，国家发改委发布《关于建立保障天然气稳定供应长效机制若干意见》，要求建立保障天然气稳定供应长效机制，增加天然气供应，加大对天然气尤其是页岩气等非常规油气资源勘探开发的政策扶持力度，有序推进煤制气示范项目建设。2014 年 12 月，国务院办公厅印发《能源发展战略行动计划（2014~2020 年）》，要求重点突破页岩气和煤层气开发。加强页岩气地质调查研究，加快“工厂化”“成套化”技术研发和应用，探索形成先进适用的页岩气勘探开发技术模式和商业模式，培育自主创新和装备制造能力。着力提高四川长宁-威远、重庆涪陵、云南昭通、陕西延安等国家级示范区储量和产量规模，同时争取在湘鄂、云贵和苏皖等地区实现突破。到 2020 年，页岩气产量力争超过 300 亿立方米。

国家对增加页岩气开采实施政策要求和扶持，把增加保障天然气供应提到民生的高度，要求企业 2015 年在完成常规天然气开采目标的基础上，加大页岩气开采的力度，保证完成“增加天然气供应，保障民生”的政策目标。

3. 加大煤层气开采支持力度，继续加快开采步伐

2013 年 2 月 22 日，国家能源局发布《煤层气产业政策》，进一步明确未来煤层气产业发展的政策导向，促进科学高效开发利用煤层气资源、煤层气产业快速健康持续发展。2013 年 9 月 22 日，国务院办公厅印发《关于进一步加快煤层气（煤矿瓦斯）抽采利用的意见》，加大财政支持力度，提高财政补贴标准，强化中央财政奖励资金引导扶持，加大中央财政建设投资支持力度和落实煤炭生产安全费用提取政策。2014 年 12 月，国务院办公厅印发《能源发展战略行动计划（2014~2020 年）》，要求以沁水盆地、鄂尔多斯盆地东缘为重点，加大支持力度，加快

煤层气勘探开采步伐。到 2020 年，煤层气产量力争达到 300 亿立方米。

然而，临近“十二五规划”的收尾之际，中国煤层气产量的目标频频落空，为此，2015 年地方政府将会响应国家政策号召，解决煤层气矿业权重叠问题，落实煤层气市场定价机制和财税优惠以及补贴政策，提高煤层气企业开采积极性，加快开采步伐，增加煤层气产量。

4. 加快海上油气开发

《能源发展战略行动计划(2014~2020 年)》要求加快海洋石油开发。按照以近养远、远近结合，自主开发与对外合作并举的方针，加强渤海、东海和南海等海域近海油气勘探开发，加强南海深水油气勘探开发形势跟踪分析，积极推进深海对外招标和合作，尽快突破深海采油技术和装备自主制造能力，大力提升海洋油气产量。

5. 提高特别收益金起征点

2014 年 12 月 25 日，经国务院批准，财政部发表《关于提高石油特别收益金起征点的通知》(财税〔2014〕115 号)，决定从 2015 年 1 月 1 日起，将石油特别收益金起征点提高至 65 美元/桶。起征点提高后，石油特别收益金征收仍实行 5 级超额累进从价定率计征。国内的石油企业将可能因为石油特别收益金的起征点调高而获益匪浅，税负将大为降低，届时企业油气开采的季节性将进一步提高。

中国油气工程技术服务产业分析与展望

2014年，油气工程技术服务产业的竞争异常激烈，不同板块和不同类型的企业业绩表现差异较大，与此同时企业的对内外合作、自主研发能力、经营管理水平、油气装备水平、深水和页岩油气勘探开发技术与设备都得到了一定程度的发展。但依然存在市场萎缩、市场化进程有待进一步加强、民营公司亟待整合、高端技术和创新能力相对落后、深水和页岩气的技术与国外先进水平差距较大等问题。

一、2014年中国油气工程技术服务市场分析

（一）不同板块和不同类型的企业业绩表现差异较大

2014年上半年由于石油产业E&P投资放缓，油气工程技术服务产业的竞争异常激烈，工程技术服务的工作量下滑，而下半年业绩较上半年景气有所回升，总体而言，虽然国内市场波动较大，但中国油田工程技术服务产业的利润水平基本保持在合理水平，尤其得益于中国海上油气的勘探开发的高景气状态，中海油服和海油工程都取得良好的经营业绩，而民营企业业绩则表现不一，多家公司呈下滑趋势。杰瑞股份和神开股份利润依然保持增长态势，其中杰瑞股份2014年前三季度实现营业收入36.15亿元，同比增长35.55%；净利润10.38亿元，同比增长46.18%。神开股份2014年前三季度实现收入5.02亿元，同比下滑12.27%；实现归母公司净利润5491万元，同比增长9.67%。安东石油、仁智油服、同源股份和江钻股份利润都呈现明显下滑，其中安东石油2014年上半年营业收入达11.12亿元，较2013年同期增加6.16%；但净利润为3210万元，较2013年同期下降81.1%。仁智油服前三季度实现营业收入3.02亿元，同比下降20.19%；净利润亏损1878万元，同比下降173.97%。通源股份前三季度实现营业收入2.47亿元，同比下降10.56%；净利润425.81万元，同比下降88.07%。江钻股份公司前三季度营业总收入11.32亿元，同比下降11.3%；归属于上市公司股东的净利润为313.58万元，同比下降48.1%。这些公司利润下滑的主要原因：一是2014年由于受到国内油气投资收缩的影响，中国石油装备市场整体出

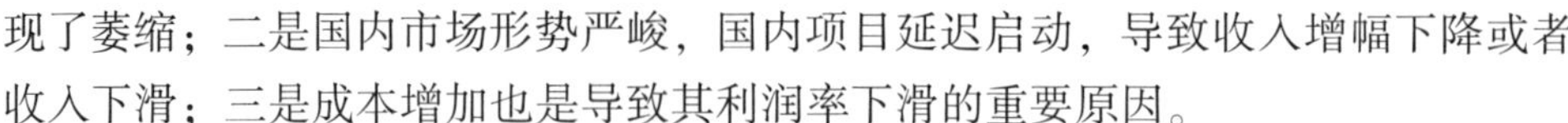

现了萎缩；二是国内市场形势严峻，国内项目延迟启动，导致收入增幅下降或者收入下滑；三是成本增加也是导致其利润率下滑的重要原因。

（二）民营企业市场份额稳中有升

中国三大石油集团由于其特殊的政治、经济地位以及强大的资金支持，占到油气工程技术服务产业 80%~85%的市场份额。其中，中石油市场份额最大，约占这其中的55%，中石化以 30%的市场份额紧随其后，中海油的市场份额大约是15%，而民营石油工程技术服务公司约占 10%，剩下的则由外资石油工程技术服务公司占据。就目前油气工程技术服务市场可得的数据来看，前三季度中海油服和海油工程收入为 401.22 亿元人民币，而神开股份、杰瑞股份、安东油服、通源石油、仁智油服、江钻股份收入为 54.23 亿元人民币。随着国家鼓励民营企业进入石油等垄断领域，民营企业会获得更多与国有企业合作的机会，传统石油工程技术服务公司垄断上游资源的格局正被逐渐打破，页岩气、页岩油等非常规油气勘探开发的准入范围拓展了民营工程技术服务公司的发展空间，杰瑞、科瑞、华油能源、安东石油以及百勤等大批民营企业看到了商机，纷纷瞄准页岩气，开始布局国内市场。

（三）企业对内外合作水平明显提高

2014 年石油工程技术服务公司多维度的合作模式日益增强，在与高校和国内企业进行合作的同时，还积极采用不同方式开拓与国外企业合作，成果显著。

2014 年工程技术服务公司积极加强国内合作，中石化华北工程与中海油合作开展了钻前、钻井、固井、录井、试油等多专业施工合作项目。与此同时，各石油工程技术服务公司通过收购、增持股权等方式，拓展了海南、新疆等地物探、测井、石油机械方面的市场，其合作方式日益多元化。在物探方面，东方物探公司的“福山油田地下管网数字管理系统”所依托的福山油田管线铺设完成；在测井仪器方面，神开股份为进入测井仪器制造领域，收购了杭州丰禾石油科技有限公司 60%的股权；在石油机械方面，杰瑞公司继续增持德州联合石油机械有限公司股权，同时还取得新疆南部地区三台修井机的市场准入资质。

国内石油工程技术服务公司在保证国内市场份额的同时，还集中优势寻求海外合作，加快开发中东、俄罗斯，还有哈萨克斯坦和北美等海外市场。2014 年多家企业获得了海外大型项目，比如在物探方面，中石油东方物探和阿曼项目部都在三维勘探领域取得一定成果，仁智油服为拓展物探市场进入美国油气勘探和开发领域；在钻井方面，中石化石油工程公司获得科威特国家石油公司钻修井项目，中东成为其海外规模最大的钻修井市场，中石化国勘与俄罗斯合作的 UDM 项目采用侧钻水平井、两层合采、多分支井技术、大剂量酸化工艺等有效提高了储量动用程度和单井产量；在油田建设方面，海油工程国际化进程提速，不仅成功打入了 LNG 核心模块建造市场，还进入缅甸市场，EPC 总包能力获得国际上的认可，并与壳牌战略合作 Nyhamna 项目。杰瑞公司则成功完成阿布扎比陆地石油公司的酸化增注作业任务，这是中国企业首次为海湾阿拉伯国家提供连续油管服务。同时，中海油服利用“南海六号”钻井平台与 Santos 进行第三次合作，还与墨西哥国家石油公司正式签署长期作业合同。神开公司从保守稳健型走向开放进取型，把“走出去”作为长期快速发展的主要战略。安东石油在重视伊拉克市场的同时重点发展南美市场。除此之外，通源石油设立龙源恒通石油技术服务有限公司，用以进行海外油田的工程技术服务及设备供应，还与斯伦贝谢公司合作进行分段压裂技术服务。

（四）自主研发能力不断提升

技术创新能力是油气工程服务企业生存的根本动力。国内石油工程技术服务市场竞争日趋激烈，各石油工程技术服务公司纷纷将技术创新放在企业发展的重中之重。2014 年，各石油工程技术服务公司在不断提升其自主研发能力的同时，加强与其他公司或高校合作以提升其服务水平，并在钻井、压裂等相关技术创新方面再创佳绩。

在钻井方面，中石油长城钻探工程院的大直径扩孔技术，创大直径扩孔工具下井最深、扩孔段最长记录；中海油服自主研发的半潜式钻井平台和随钻测井仪器均成功通过探井试作业。在压裂方面，水平井多级分段压裂排采技术、页岩气田“井工厂”同步交叉压裂技术、低渗压裂技术、大德广源某井 12 段加砂压裂施工、爆燃滑套分段压裂技术、新疆油田某井 23 段分段压裂技术等多项技术成果刷新纪录，为非常规油气的开采提供了强大的技术支持。此外，ELIS 系统深水海域作业技术、防腐水泥浆体系、随钻测井仪器海上探井试作业、平台组块最浅水浮托、抛石作业、珠海深水船舶建设、横向滑移装船、海洋防爆连续油管、油罐清洗设备、浮托作业、油田拆除、最重的 DP 吊装、首个深水水下基盘吊装和安装等均取得重大突破。

（五）企业经营管理水平明显提高

2014 年工程技术服务企业经营水平和管理水平明显提高，在经营方式上中石化进行重组，中海油采用了经营租赁和融资租赁等方式；在管理体制上安东、杰瑞、通源和江钻等民营企业人力资源管理水平也得到了明显的提升，吸引了大量人才。

2014年中石化工程技术服务公司进行了重组，实现了跨单位资源优化、跨区域资源流动、跨行业资源共享，资源利用效率明显提高，其旗下2家石油工程技术公司也入选全球最大250家国际工程承包商，资源的优化为其实力的提升奠定了基础。截至2014年8月，通过重组投资总额减少11.5亿元、动用钻机减少20台、队伍缩减了157支，但其钻机月速度、营业收入和利润同比均有所增加。同时，中海油打破传统经营管理体制的制约，尝试寻求新的经营模式。2014年中海油服与工银金融租赁有限公司签署以经营性租赁方式租赁“凯旋一号”和全新300英尺自升式钻井平台 Gulf Driller I 的合同，使中海油服完成经营方式的转变。海油工程也进行经营管理方式的革新，首次通过融资租赁方式引进深水多功能安装船“海洋石油289”并投入使用。

另外，石油工程技术服务公司还加强了团队建设，人力资源管理水平明显提升。安东石油注重团队建设，荣获“中国最佳人力资源典范企业”和“后员工最佳管理方案”。杰瑞股份通过与高校合作，就高端人才培养领域展开战略性合作，积极引进优秀的领军人才，优化人才结构，提高工程技术服务的综合能力。通源石油引进国际化的专业高端技术人才完成团队组建，并进入多个国家油田市场开展商务活动。江钻集团建立规范的培训管理制度，荣获2014年“全国职工教育培训优秀示范点”等荣誉称号，为公司安全稳定运行提供了强有力的人才保障。

(六) 油气装备水平不断提高

2014年，随着中国自主创新的步伐不断加快，石油天然气装备制造水平不断提高，少量大型设备与关键产品已达国际水平，出口量也逐渐增加。

在钻井和测井方面，2014年中海油“南海九号”承钻的首个深水井顺利完钻；中国测井装备技术不断成熟，中石油研发出国内首个随钻方位电磁波电阻率测井仪，达到了国际先进水平；中海油服自主研发的随钻测井仪器成功进行了首次海上探井试作业；江钻公司承德江钻井口装置在在焦石坝工区成功使用。在船舶板块方面，中国完成了首个模块装船项目、最大横向滑移装船项目、最重的 DP 吊装、首个深水水下基盘吊装和安装以及海上安装效率新纪录的创新，而且多家石油工程技术服务公司引进融资租赁的经营方式，标志着中国船舶行业的快速发展。中国向海外出口设备的数量也逐步增多，2014年中石化技术服务公司向科威特提供钻机32部，成为科威特第一大服务商。2014年6月杰瑞集团为委内瑞拉国家石油公司提供970台套辆价值11.19亿元的固井、酸化、连续油管、液氮等油田装备另外，杰瑞公司在海工装备领域与油田环保领域均获得一定成就。总体来看，2014 年是中国的技术装备水平明显提升的一年。

（七）深水油气勘探开发技术与设备成就显著

目前各石油公司都有意加大对深水领域的开发力度，其中中海油尤其突出，在深水油气勘探、深水工程及重大装备等技术领域都取得了突破性进展。在钻井平台方面，中海油服完成了中国第二口千米水深井——“南海九号”；在测井方面，中海油服自主研发了 ELIS 系统，并于 2014 年上半年的深水海域作业中取得成功；在深水铺管作业方面，海油工程完成了国内首个水下基盘项目；在深水安装船方面，海油工程以融资租赁方式引进了首艘深水多功能安装船“海洋 289”，并加快珠海深水船舶建设进程。

（八）页岩气勘探开发技术取得重大突破

2014 年各石油工程技术服务公司页岩气的勘探开发技术取得重大突破。2014 年中石油学习借鉴国外先进经验，通过技术研发、国际合作和扩大市场等方式在页岩气领域取得突破了多项技术，可以完成 3500 米以浅水平井钻井及分段压裂，同时研制成功并投入使用了 3000 型压裂车等装备。中石化学习借鉴国外页岩气开发经验，动态跟踪钻井进程，逐步形成了以钻探页岩寻找连续型油气聚集为主的勘探理念，并通过分析野外作业实践经验、以及检查老井的开采情况，进行页岩气测井模型建立及解释、地震资料综合解释、页岩气富集研究，了解了泥页岩的形成和分布规律；中石化在提高勘探水平的同时，开发水平也得到了明显提升，2014 年中石化涪陵页岩气田最大规模的“井工厂”同步交叉压裂施工圆满成功，压裂技术逐渐成熟，为高效开发页岩气提供了强有力的技术支撑。中石油和中石化在一体化工程设计、弹塑性水泥浆、滑溜水压裂液、压裂工具、网络压裂及产能评价等方面是实现了页岩气配套技术的重大突破。仁智油服开始使用国产页岩气井钻井液处理剂，形成了高性能水基、油基钻井液技术，不仅如此，仁智油服还注重油基钻井液岩屑处理和回收再利用技术等页岩气环保治理的发展。

二、2014 年中国主要油气工程技术服务企业经营现状

2014 年中国油气工程技术服务公司发展迅速，技术水平明显提高，国内外市场都得到了一定程度的发展，下面主要介绍中石油、中石化、中海油工程技术服务板块及在 A 股上市且主营业务为工程技术服务的神开股份、杰瑞股份、安东油服、仁智油服、通源石油和江钻股份 2014 年的经营情况。

（一）三大石油集团工程技术服务板块

1. 中石油工程技术服务板块

中石油在保证国内市场稳固发展的同时不断拓展海外市场，从单一的技术服

务向一体化工程技术服务发展，从低端市场逐步走向中高端市场。

在市场开拓方面，中石油继续发挥技术装备优势，巩固国内市场的同时不断开拓海外市场，高端化趋势日益明显。截至 2014 年 9 月，东方物探公司的“福山油田地下管网数字管理系统”所依托的福山油田 300 余公里管线铺设完成，据此可精确定位管线的坐标、拐点、埋深等详细数据，清晰认识所有管线的分布情况。与此同时，东方物探依靠自主研发，将市场延伸至亚非拉三大洲，2014 年新增合同额近 1 亿美元。2014 年 10 月 20 日，东方物探中标科威特湾大型过渡带三维勘探项目，是进入科威特石油勘探市场的第一个也是近 10 年在海外获得的最大过渡带三维项目，有利于稳定中东地区过渡带、拓展周边国家市场。另外，阿曼项目部历时两年半完成阿曼石油公司最大的三维勘探区块。同时，中石油国际工程公司委内瑞拉项目 SBC-182 井坐挂尾管一次成功，下完油层管柱顺利交井，成为渤海钻探在委内瑞拉市场的最深定向井。

在技术装备方面，中石油在钻井、测井和试井等方面打破多项记录，进步突飞猛进，实现了高效增产。2014 年 3 月 26 日，长城钻探工程院将大直径扩孔技术应用于西气东输储气库工程楚资 1 井，属进入西气东输钻井服务后大直径扩孔工具下井最深、扩孔段最长项目。2014 年 5 月 23 日，国内首创“随钻方位电磁波电阻率测井仪”通过集团鉴定，达到国际先进水平。2014 年川庆钻探将地质导向特色技术运用于苏 5-15-17AH 井钻探中，穿越“高孔隙储层”水平段长度 3056 米，属国内最长水平井段，油气显示发现率、油气解释符合率和储层钻遇率均达 100%。2014 年 10 月 5 日，西部钻探国际钻井公司将玉门油田酒东区块长 307 井钻至 4450 米井深，安全钻穿最大难关红层段，实现“井底位移向北不超过 50 米”的设计目标。

2. 中石化工程技术服务板块

中石化工程技术服务有限公司是中石化的全资子公司，也是集团公司唯一对外开展油气工程技术服务业务的公司，其业务范围覆盖物化探、钻完井、测录井、井下特种作业等，是中国目前规模最大、产业链最完整的一体化油气工程技术服务公司。

在国内外合作方面，2014 年中石化华北工程与中海油在钻前、钻井、固井、录井、试油等多专业合作非常规油气项目，非常规神府南部区块 SM-06 井、SM-07井陆续开钻，501 大修队迁至 SM-02 井正在试气作业。中石化石油工程公司根据市场需求来调配流转装备，在科威特中标的 17 个钻修井项目中，工程技术服务公司根据特殊要求将 4 台 70D 型号钻机调拨给具有施工经验的河南和西南石油工程公司使用，发挥公司整体优势，提高了设备的使用效率，为海外市场的开拓奠定了基础。同时，中石化工程技术服务公司在其海外规模最大的钻修井市场——中东市场的钻修井机数量超过 100 台。2014 年 9 月 24 日，中石化石油工程公司还与科威特国家石油公司签署 9 份钻机合同，金额 10 亿美元。至此，石油工程公司提供给科威特的钻机达 32 部，成为其第一大服务商。

在技术研发方面，中石化胜利油田将水平井多级分段压裂排采技术累计应用于胜利油田盐 227、夏 945、桩 23 等区块 320 井次，平均返排率提高 10%，平均用时节约 5 天，返排累计增油 24699.7 吨。同时，涪陵页岩气田最大规模的“井工厂”同步交叉压裂施工取得成功，技术逐渐成熟，属国内页岩气开发首创。

3. 中海油工程技术服务板块

（1）中海油服

中海油服是中国近海规模最大的综合性油气工程技术服务企业，主要从事海洋油气工程及生产服务，其业务分为物探、钻井、油田技术服务及船舶四部分。2014 年，中海油服的装备产能进一步扩充，运营效率提升，经营效益继续上升：2014 年前三季度营业收入达到人民币 248.15 亿元，净利润为人民币 65.69 亿元，分别同比增长 22.2%和 22.3%。

从业务板块结构来看，中海油服 2014 年物探与勘察服务板块二维采集业务量与数据处理业务量同比有所减少，但是三维采集业务量保持稳定，并且由于渤海业务量的增加，前三季度三维数据处理业务同比增长了 21.2%。在钻井板块方面，中海油服 2014 年前三季度钻井平台作业 10297 天，同比增加 952 天，其中自升式钻井平台增加了 409 天，半潜式钻井平台增加了 543 天。中海油服半潜式钻井平台“南海九号”完成了设计水深为 1524 米的千米水深井，成为继“海洋石油 981”后第二个完成千米水深钻探的钻井平台。在船舶板块方面，2014 年由于部分老旧船只停止运营，同时船只修理天数增加，前三季度日历天使用率同比下降 1.1%到 93.4%，中海油服自有油田工作船队共作业 17766 天，同比减少 283 天，外租船舶共作业 12746 天，同比增加 2256 天。

在市场开拓方面，中海油服加大了对海外市场的拓展，国际业务重点区域（如亚太、中东地区等）的勘探开发投资增速显著高于全球市场平均增速。2014 年 5 月上旬，位于印度尼西亚某区块的酸化增产项目正式启动，中海油服酸化技术拓展到国际市场。2014 年 5 月底，中海油服与墨西哥国家石油公司签署了 COSL3 模块钻机新一轮作业合同，合同期约 32 个月，合同日费较上一轮有一定增长。2014 年 10 月，“南海六号”与 Santos 进行了第三次合作，整个作业共持续

107 天。在经营方式方面，中海油服采用经营性租赁的方式租赁了自升式钻井平台“凯旋一号”与 Gulf Driller I，在经营方式上有了新的发展。

在技术研发方面，2014 上半年，中海油服自主研发的 ELIS 系统首次进入深水海域作业并获得成功；同时其自主研发的防腐水泥浆体系也在渤海首次成功应用。2014 年 10 月份，中海油服对其自主研发的随钻测井仪器进行海上探井试作业并取得了成功，中海油服在随钻测井仪器上获得了一定成果。

在增产措施方面，中海油服在提高采收方面取得了一些新进展。2014 年，中澳煤层气公司首次应用中海油服低渗压裂技术，该技术能够使开采非常规油气方面更加经济、有效。二氧化碳调驱技术正在广泛应用，至 2014 年，该技术在渤海海上油田的应用井次已达 34 口，累积增油 15 万立方米，见效油井平均含水下降 5%，该技术在帮助老油田控水稳油收到了很好的效果。氮气泡沫堵水工艺在海上的首次应用成功，也为海上油田高含水井的综合治理提供了新的解决方法。

（2）海油工程

海油工程是目前中国唯一从事海洋油气开发工程建设的承包公司，业务范围主要是海洋油气开发及陆地终端建设、海上油气田平台建设等。2014 年，海油工程公司坚持技术革新，发挥技术对生产的促进作用，大力开拓国内外市场，前三季度实现国内外市场承揽额 283.94 亿元，较 2013 年同期增长 139%，其中获得国内订单 115.16 亿元，海外订单 123.78 亿元，签署了海油工程首个海外 EPCI 总包合同——缅甸 Zawtika 项目，金额为 3.67 亿美元。2014 年前三季度累计实现销售收入 153.07 亿元，实现归属于上市公司股东的净利润 25.93 亿元，实现市场承揽额 238.94 亿元，分别较 2013 年同期增长 18%、95%和 139%。

在市场开拓方面，海油工程国际化进程提速，不仅成功了打入了 LNG 核心模块建造市场，还进入缅甸市场，通过进入缅甸市场，EPC 总包能力获得国际上的认可。2014 年 5 月，海油工程下属全资子公司—国际公司顺利交付尼日利亚 BongaFPSO 项目技术标书，海油工程国际业务正式拓展到尼日利亚。2014 年 7 月，海油工程在建的最大国际项目 ICHTHYS 主体结构在青岛场地顺利完工。2014 年 8 月，Nyhamna 项目在海油工程青岛公司正式开工，至此，青岛公司同时在建的国际化项目达到 3 个。

在技术研发方面，海油工程在浮托作业、油田拆除、抛石作业、船舶作业和深水作业方面有着一定的成果。在浮托作业方面，2014 年海油工程在渤海辽东湾完成了中国海油平台组块最浅水浮托，同时最大组块秦皇岛 32-6 项目 CEPI 组块浮托也获得成功。在油田拆除方面，2014 年 5 月，海油工程完成了曹妃甸油田单点上部组块海上拆除工作，成为世界首例单点上部组块在服役状态下的海上拆除；2014 年 9 月，海油工程完成了全国首例海洋油田整装拆除项目海上施工任务。在抛石作业方面，海油工程完成了国内首次抛石作业，开拓了永久进行大范围悬跨处理的新方法，对以后类似项目的施工具有宝贵的借鉴意义。在船舶作业方面，2014 年海油工程完成了最大横向滑移装船项目、首个模块装船项目、最重的 DP 吊装、首个深水水下基盘吊装和安装、海上安装效率新纪录的创新，以及融资租赁方式的引进。2014 年 5 月，惠州 25-8DPP(油田钻井生产平台)组块在“海洋石油 278 油船”安全登录，海油工程完成了亚洲最大横向滑移装船项目；2014 年 11 月，Ichthys 首个模块成功装船，这在中国单件一次滚装装船中吨位最重；与此同时，“海洋石油 201 船”完成了中国迄今为止最重的 2400 吨导管架 DP 吊装作业，丰富了海油工程的吊装方式。总体来说，海上安装作业逐渐显示出新的特点：装船重量不断增加，最初的几百吨、几千吨逐步被如今的几万吨取代；装船地点南北分布，多处场地同时作业逐渐流行，并且装船密度也在不断增加；装船方式多种多样，有着吊装装船、滚装装船和纵向牵引装船等方式。在深水作业方面，深水战略正加快推进，深水能力逐步增强。2014 年 3 月海油工程完成了中国自主安装的首个水下基盘吊装和安装工作，安装深度达到 338 米。“蓝鲸”船队在恩平 24-2 平台大型结构物海上安装作业中实现 6 天 5 吊，刷新海油工程同类作业施工效率新纪录，而恩平 24-2DPP 导管架 14 天海上安装工期，创造了同行业海上安装效率新纪录。2014 年 3 月，海油工程通过融资租赁方式引进的首艘深水多功能安装船“海洋石油 289 船“正式投入使用，海油工程在融资租赁方式的采用上有着一定进展。

（二）其他主要油气工程技术服务企业

1. 神开公司

神开公司是中国炼化装备制造业的骨干企业之一，是中石油、中石化公司的网络采购供应商，并提供综合录井等工程服务。2014 年神开公司发生了巨大变革，加大了对年轻化管理层的培养，不断完善新的激励机制，发展方向从稳健保守走向开放进取，外延与国际化成为其长期快速发展的主要战略。2014 年前三季度神开实现收入 5.02 亿，同比下滑了 12.2%，实现归母净利润 5491 万元，同比增长了 9.67%。

在市场开拓方面，2014 年由于受到国内油气投资收缩的影响，中国石油装备市场整体出现了萎缩。面对严峻的市场形势，神开公司一方面加大对业务的拓展，另一方面加大对海外市场的扩张。2014 年神开股份拟将“研发测试中心项目”中的投资金额 6000 万元变更为收购杭州丰禾石油科技有限公司 60%股权的预付款项，收购完成后，神开公司将涉足测井仪器制造领域。同时，神开股份设立了俄罗斯分公司，加快了海外布局，希望能够复制美国子公司带动母公司的例子，在海外销售的扩张中获得一定成果。

在技术装备方面，神开公司成果显著，保持了对技术创新和产品开发的投入强度。2014 年神开公司承担的国家重大科学仪器项目按计划正常推进，成功研制的 LWD 随钻测量仪，打破了国内高端油气勘探技术被国外垄断的局面，同时大型分流器、新型闸板防喷器、连续油管防喷器控制系统等一批新产品的研发，使公司的核心竞争力得到进一步增强；神开公司研发的水下采油树，使其产品由陆地扩展到海洋，有着一定的技术创新能力；而 F54 系列防喷器组大口径高压力防喷器组，在防喷器的气密封功能上有了一定突破。

在企业管理方面，神开公司调整梳理了组织结构，继续全面推进内控制度及各项管理制度的实施，在规范运作的同时推出了全新的激励机制，并根据业务实际情况调整管理架构和业务条线，持续提升公司的创造力、执行力和精细化管理水平。

2. 杰瑞股份

杰瑞股份主营业务是油气田钻采设备、油井服务设备、完井设备等研发制造及开展油田工程技术服务、油气工程设计总包的综合性企业。2014 年杰瑞股份加大对领军人才的引进，推进贴近油田贴身客户的服务理念，调整经营组织，提高技术服务的综合能力。2014 年前三季度杰瑞公司营业收入 36. 15 亿元，净利润 10. 38 亿元，分别较 2013 年同期增长了 35. 55%与 46. 18%。其中油田专用设备制造收入增长较快，天然气压缩机和连续油管设备增长迅速。服务类产品收入开始增长快速，但并未达成年初的计划预期，主要原因是目前国内市场开口合同推放工作量比较缓慢，杰瑞公司还需要优化人才结构，进一步提高综合服务能力、营销能力。

在市场开拓方面，2014 年国内市场严峻，杰瑞公司受影响较大的是国内压裂车订单降低，还有油田工程技术服务的开口合同推放工作量缓慢；面对这些压力，杰瑞一方面加大对国内市场的扩张，一方面大力开拓国际市场，快速变革产业链组织，积极延展新产业，寻求外延并购发展。2014 年上半年杰瑞增持德州联合石油机械有限公司股权，成为德州联合石油机械有限公司的第一大股东，达到实质控制地位。2014 年杰瑞公司成功完成了阿布扎比陆地石油公司的酸化增注作业任务，这是中国第一次为海湾阿拉伯国家合作委员会国家(GCC)提供连续油管服务，杰瑞油田工程技术服务正式进入了中东地区高端服务市场。

在技术装备方面，杰瑞公司在海工装备领域与油田环保领域都获得了一定成就，其中2014年杰瑞技术中心主导的“海洋平台专用系列防爆连续油管作业成套设备项目”被列入《2014年度国家火炬核计划》，由杰瑞能源服务有限公司主导的“JTC180型油罐清洗设备项目”被列入《2014年度国家重点新产品计划》，与此同时，杰瑞的涡轮压裂设备也是国内首创，体现杰瑞具备了一定的技术研发能力。

在团队建设、人才吸引方面，杰瑞集团已建成了在美国休斯敦、加拿大卡尔加里等地的六处技术研发中心，每年投入大量资金进行研发，占销售总收入的5.5%以上。2014年，杰瑞集团跟与西南石油大学签署了全面战略合作协议，双方将加强非常规油气开发技术和页岩气开发压裂完井技术的研发，培养高科技人才，促进科技成果转化，并利用美国休斯敦、加拿大卡尔加里等地技术研发中心，共同进行跟踪与研发国际油气产业的最新技术。

3. 安东石油

安东石油是中国最大的民营一体化油田技术服务公司，也是全国领先的独立油田技术服务提供商，国内业务覆盖中国陆上所有主要油气产区，市场网络遍布全球，业务总量超过20%来自海外市场。2014年安东石油受中石油转型的影响投资支出结构改变，导致部分项目被推迟，国内业务受到较大冲击，收入结构发生改变，服务面临降价压力。2014年上半年总收入达人民币11.12亿元，较2013年同期的10.57亿元上升了0.65亿元，增幅为6.16%。主要原因是安东石油在严峻的国内形势下虽有下降，海外业务却保持增长，互相抵消之后，2014年安东石油的经营利润为人民币1.69亿元，较2013年同期的2.34亿元下降0.65亿元，降幅为27.78%，净利润为人民币0.32亿元，较2013年同期下降1.38亿元，降幅为81.1%。2014年利润下降的主要原因是上半年市场形势严峻，国内项目启动推后，导致收入大幅下降。此外，安东石油为了长期发展而提前储备的人才及固定资产设备等也会使成本增加，进而导致利润的下滑。尽管如此，转型从长期看也将会使产业更加公开透明，形成正面的影响。因此虽然目前的产业转型造成暂时的挑战，但是也在孕育着未来的机会。

在市场开拓方面，面对国内严峻的市场形势，公司以完整的产品线和全面覆盖的市场优势，在国内外推广其产品和服务，阻止了整体业绩的下滑趋势。安东石油于2014年10月31日获得新疆南部地区三台修井机市场准入资质。在拓展国内市场的同时，安东还通过提供有针对性服务，使海外业务得到明显提升。2014年7月，安东在伊拉克的新增中央处理设施(CPF)项目正式启动，中东市场进一步拓展，中东市场作为安东的第一大海外市场发展潜力巨大；同时美洲地区收入增长也有重大突破，增长潜力可观。

4. 仁智油服

仁智油服是国内服务能力较强、市场占有率较高的民营钻井液技术服务供应商。2014年前三季度实现营业收入3.02亿元，同比减少20.19%；前三季度净亏损1878.97万元，同比下滑173.97%。由于加大收款力度，2014年前三季度经营活动产生的现金流量净额为1318.36万元，同比增长了123.59%。主营业务方面，8大产品中有5个营业收入较2013年处于下降趋势，其中试油技术服务降幅最大，为41.99%，其次为防腐工程技术服务的33.55%。仁智油服的主要服务区域——西南地区是国内最重要的天然气产区之一，其地质结构也是国内最复杂，施工难度最大的。西南地区2014年营业收入继续下降7.65%，而占营业收入比重最大的钻井液技术服务的毛利率却持续上升。另外，由于中石化投资规模变化，大力推行节能减排、降本增效，西南地区重复使用钻井液和压井液，公司相关业务项目合同价款下降，总体工作量减少，营业收入减少。

在市场开拓方面，仁智全资子公司上海衡都投资有限责任公司在美国设立子公司拟对美国油田公司股权进行收购，其主要的目的是进入美国油气勘探开发领域以及油气销售市场，在产业链上获得延伸和升级，从而实现从综合性油服企业向服务型与资源型相结合企业的转型。

在技术研发方面，仁智油服积极关注市场情况，增加技术研发、人力资源等力量储备，同时加紧突破页岩气技术瓶颈，与国际知名企业合作。将进口页岩气井钻井液处理剂以国产代替，形成了高性能水基、油基钻井液技术；在页岩气井环保治理方面，形成了油基钻井液岩屑处理和回收再利用技术。

5. 通源石油

通源石油是一家油田增产服务企业，专注于油田增产技术的集研发、服务和产品推广。2014年，公司把握行业发展大趋势，坚定立足于油田勘探开发领域，优化业务布局，提升公司综合油田技术服务能力。2014年前三季度营业收入2.47亿元，同比下降10.56%；前三季度净利润425.81万元，同比下降88.7%。其利润下降的主要原因是，2014年供需矛盾的日益突出，国内石油行业的总体投资放缓，油田客户上半年开工较往年推迟，整体工作量和收入完成受到较大影响，尤其对钻井业务、射孔技术服务及泵送射孔业务影响较为突出。特别是子公

司西安通源正合石油工程有限公司钻井业务设备开工率同比上半年大幅下滑，形成较大亏损，成为公司上半年业绩同比下降的主要原因；与此同时，射孔产品销售同比下降，导致公司射孔业务业绩出现一定程度下降。

在市场开拓方面，2014 年通源公司设立龙源恒通石油技术服务有限公司、通源石油科技股份有限公司，进行海外油田的工程技术服务及设备供应。龙源恒通已经通过引进国际化高端技术人才完成了团队组建，开始进入多个国家油田市场开展商务活动，比如在哈萨克斯坦原有射孔业务的基础上引入侧钻井、压裂、连续油管等业务并取得了突破性的进展。

在技术装备方面，大德广源在平井固井可开关滑套分段压裂技术、某井 12 段加砂压裂、爆燃滑套分段压裂技术、压裂一体化服务等方面均取得重大突破。2014 年 9 月份，通源石油与斯伦贝谢公司合作的某井 23 段分段压裂技术服务，属国内泵送射孔段数最长项目。

6. 江钻公司

江汉石油钻头股份有限公司作为国家重点高新技术企业，已成为世界先进、亚洲最大的石油钻头制造商。2014 年上半年，由于受国内经济增速持续放缓的影响，消费需求进一步降低，成品油消费增速低于预期，国内石油行业的总体投资放缓，整个油服行业的工作量降低，致使油服行业的市场竞争异常激烈。2014 年前三季度公司实现营业总收入 11.323 亿元，同比减少 11.3%，利润总额为 317.02 万元，同比减少 53.23%。总体来看，国内外宏观经济形势趋紧，经营挑战严峻，使得钻井进尺有所下降，相关成本上升，净资产收益率、毛利率有所降低。

在市场开拓方面，江钻公司的 2 台 M-4.8/6-250 型压缩天然气(CNG)压缩机在中海油油田建设工程公司组织的葫芦岛精细化工压缩天然气项目招标中中标，使得 CNG 压缩机产品首次进入中海油市场。

在技术装备方面，金刚石钻头、钢体 PDC 钻头、等壁厚螺杆组合技术等为公司带来很大竞争力；压缩机产品前景较好；机械厂洗井车需求增多；承德江钻井口装置在在焦石坝工区成功使用。江钻公司紧紧抓住涪陵页岩气开发机遇，探索出研产销一体化项目组模式；成功实施钻头钻具产品组合的全井承包服务，成国际领先水平；天然气代替丙烷渗碳实验的成功，可大大缩减人力物力成本，达到国内安全环保节能一流水平。

人才管理方面，江钻公司建立规范的培训管理制度，荣获 2014 年“全国职工教育培训优秀示范点”等荣誉称号，为公司安全稳定运行提供了强有力的人才保障。

三、2014 年中国油气工程技术服务产业面临的问题

中国的油气工程技术服务企业虽然在各方面都得到了一定程度的发展，但随着石油公司转型，市场形势依然严峻，其市场化进程有待进一步推进，民营公司亟待整合，而高端技术和创新能力有待进一步提高，深水和页岩气的技术与国外先进水平依然存在着较大的差距，有待进一步提高。

（一）石油公司转型，市场形势严峻

随着客户的转型，中石油、中石化在投资规模上较 2013 年同期做出较大幅度调整，继续大力推行节能减排、降本增效等措施，石油公司的资本支出结构发生了变化，整体工作量逐渐减少，竞争愈发激烈，致使油田业务的中标价格明显下降。同时部分原材料价格持续上涨，造成公司作业材料成本上涨，并且部分新市场、新业务仍处于开拓期，并未达到预期的经营效果，这就导致多家民营石油公司利润下降。在市场转型方面，2014 年安东石油受中石油转型的影响投资支出结构改变，导致部分项目被推迟，国内业务受到较大冲击，收入结构发生改变，服务面临降价压力，行业转型使安东石油面临极大的挑战；仁智石油工程技术市场的主体业务规模缩小，工作量出现大幅度下降，以及仁智石油工程技术主体业务市场——西南市场业主方优化工程设计，重复利用钻井液和压修井液，导致仁智石油工程技术钻井液技术服务项目的合同价款出现较大程度下降，核心业务的盈利能力下降。

（二）市场化进程有待进一步推进，民营公司亟待整合

目前，中国的石油技术服务市场主要由三大石油公司及其下属石油工程技术服务公司占据，制约了民营石油工程技术服务公司的发展。随着中国油气改革的进一步深入，未来将有更多的民营和国际石油工程技术服务公司进入中国市场。目前中国石油工程技术服务产业的市场化步伐加快，三大石油公司采用公开招标的方式处理业务，民营石油工程技术服务公司将有可能获得更多的发展机遇。如在 2014 年 2 月，中石油下属的长庆油田就井筒工程进行集中招标，公开向全社会竞选施工队伍。

与此同时，民营石油工程技术服务公司起步晚，规模小，在市场中缺乏竞争优势，亟待整合。民营工程技术服务公司虽在近几年的业务中积累了一定的经验，但研发投入不够、自主创新能力薄弱，技术和装备与国外先进水平相比还较大差距，高端部分一直是开拓海外市场的瓶颈。因此，民营企业只有加强与国内外企业的合作，才能使其竞争力得到进一步的增强。

（三）高端技术相对落后，创新能力有待提高

长期以来，中国的石油工程技术研发一直处于跟随状态，不断学习和追赶国外先进技术，努力实现先进技术的国产化。目前油气勘探开发面临资源品质劣质化和安全环保严格化等严峻挑战。面对如此严峻的形势，中国核心关键硬件依赖进口，制约着服务保障能力和核心竞争力的提升，特别是在深层、海洋和非常规等领域，严重影响石油工程技术服务的质量，工程技术服务高端技术领域的扶持培育力度有待提高。

中国企业大都引进国外的成熟技术，自主创新能力也远远落后于国际大型综合技术服务公司。例如，当前中石油工程技术服务公司的物探仪器、测录井仪器、现代化钻机以及计算机等高端装备主要依赖国外进口，国产化程度低。核心技术的匮乏和装备的缺失，致使中国工程技术服务公司利润下降。此外，斯伦贝谢等国际大型公司已经建立了遍布全球的研发网络，每年都有新技术推向市场。而多家国内工程技术服务公司在很多领域尚未形成全面有效的新技术开发科研网络。

（四）深水油气行业技术水平与国外先进水平差距相对较大

深水油气勘探开发所用的工程装备技术复杂、配套设备多、造价高，中国企业在这类装备的制作能力上有所欠缺，加上国外公司对中国石油企业戒备性强、技术封锁严、要价高，中国在深水工程装备上有所不足，制约了深水油气的发展，深水油气行业态势不容乐观。

中国深水油气勘探开发技术水平与国际上的差距主要有以下几个方面：一是在深水工程装备方面，中国深水作业船队的工作能力尚未成熟，还处于探索阶段，虽已建成部分深水工程重大装备，不过还不能满足南海深水开发的实际需求；二是在深水勘探开发工程技术方面，中国起步较晚，深水工程技术能力不足，而国外起步早，技术先进，国外企业对于中国石油公司就有着先进的技术垄断优势；三是在海上应急处理技术及装备方面，由于近些年海上石油泄漏频发，石油泄漏造成的坏境污染严重，因此中国需要加强有利于解决石油泄漏问题的技术，如轻质油膜回收技术和装备研制等，这都制约着中国深水油气勘探领域的发展。

（五）石油工程技术服务的不完善严重制约页岩气的发展步伐

中国页岩气资源丰富，但由于地形和地质条件复杂，对页岩气藏的研究还很欠缺，页岩气资源基础设施、技术开发和环境保护等方面还存在重重困难。首先，页岩气资源的最终输出需要依靠天然气管网的建设。中国道路和管网系统等

基础设施的建设不够完善，管道建设与国际上相比还有明显差距，这制约了页岩气资源的开发和利用。其次，中国页岩气的技术研究与国际先进水平相比，仍处于起步阶段，水平井、压裂增产等页岩气核心技术尚未形成完整的体系，况且中国页岩气的地质条件复杂且多处于山区，埋藏较深，页岩气开采难度更大，开采成本更高，经济效益更难于把握。

四、2015 年中国油气工程技术服务产业展望

虽然中国油气工程技术服务企业面临很多现实的问题，但随着国家产业政策扶持力度加大，企业未来的合作范围将得到进一步加强，国际巨头整合将带来新机遇，深水油气勘探综合技术服务未来将实现跨越式发展。

（一）国家加大政策扶持，企业将显著受益

随着经济的发展，能源战略的进一步推进，中国将进一步扩展油气资源勘探开发范围，加大在中亚、美洲、非洲、中东等地区能源的合作力度，继续加强油气管线和油气储备等基础设施建设，加大对油气资源勘探开发技术的投入，加强顶尖技术的引进和研发，不断完善能源统计制度和能源应急体系，推进天然气管道资产的所有制改革，进一步加速油气行业的市场化改革，提升油气勘探开发和油田服务等领域的市场化程度。随着国家政策、法律和法规、制度、基础设施和对外合作的逐步完善和加强，石油工程技术服务企业的市场空间逐步扩大，研发能力将得到明显的提升，石油工程技术服务公司的竞争力会得到明显的提升。

（二）未来仍需积极拓展合作范围，加强国际合作

国际大石油公司对市场要求高，首先会选择具有高质量、高水准服务的国际石油工程技术服务公司，中国公司难以凭借单独的力量进入，因此开展与国际石油工程技术服务公司的合作，是中国公司间接进入跨国油气公司市场的必经之路；通过对市场的参与，快速提升石油工程技术服务公司适应高端市场的能力，是国内企业制定未来战略的重点。2014 年多家公司积极开展与多层次和多方面的合作，合作的范围不仅包括油公司，还包括石油工程技术服务公司、高校和银行；合作的领域不仅包括页岩气、深海还包括常规的油气勘探开发；合作的方式不仅包括收购、兼并和控股等、还包括经营租赁和融资租赁。通过多维度和全方位的合作使得中国石油工程技术服务公司的业务结构逐渐完善，一体化能力和综合技术服务能力冥想提高，未来这些公司国际合作将得到进一步发展，竞争力将得到全面提升。

（三）国际巨头整合带来新机遇

国际油价的持续下跌引发一系列连锁反应，新一轮的石油工程技术服务公司

整合大潮已经开始。2014 年，美国石油工程技术服务业巨头哈里伯顿公司同意以现金加股票的形式合并收购竞争对手贝克休斯公司，这次交易将使得现有的国际石油工程技术服务市场竞争格局产生巨大变化，对未来整个石油工程技术服务市场的整合起到了极大的推动作用。国内的石油工程技术服务公司可以借助此次战略机遇，把握行业整合机会，成为具有竞争力的国际石油工程技术服务，为国家的能源安全和经济发展提供更加坚实的基础。

（四）深水油气勘探综合技术服务将实现跨越式发展

随着中国经济的快速发展，对石油资源的需求也日益旺盛，2015 年中国石油对外依存度预计将达到 60%。为了满足对石油资源的需求以及保障国家经济安全，国家相关部门出台了一系列政策来加大海洋油气资源的开发力度，并提高油田的开采效率，由此带动了海上油田服务行业发展。在海洋油田的开发中，物探、钻井、铺管等各类深水作业工作量不断增加，欧洲、中东、南太平洋和墨西哥湾在研究、在建的海底油气管道共计 9012 公里，经过预测，2013～2017 年全球海底管道资本支出将较上一个 5 年增加 59.8%。从业务情况看，根据 IHS 报告，2014 年全球海上油气勘探和生产的资本开支为 2120 亿美元，同比增长约 6.5%，油田服务市场整体活跃，预计到 2025 年全球深水油气产量占全球海上油气产量将增长到 30%以上。中国深水油气市场空间巨大，而且在国家政策的支持下，中国深水油气服务产业也将获得快速发展。

中国炼化产业分析与展望

中国炼化产业历经2011年平稳增长，2012年增速放缓，以及2013年逐步回升、平稳运行后，2014年炼化产业整体发展呈下行态势，增长速度放缓，经营业绩下滑。随着2014年国家相关政策的出台，炼化装备的升级改造、油品质量升级、节能减排以及积极实施“走出去”战略等方面的进一步发展，未来炼化产业将向着规模化和科技化方向发展。

一、2014年中国炼化产业发展状况

受全球经济增速放缓的影响，中国经济下行压力较大，在原油价格和成品油价格持续暴跌以及行业需求低迷、行业成本居高不下的综合作用下，炼化产业经济效益增速放缓。据2014年国家统计局数据显示，中国国内石油表观消费量51785.3亿吨，同比增长5.8%，对外依存度31.7%；天然气表观消费量1805.9亿立方米，同比增长8.9%，对外依存度31.7%；成品油表观消费量约为3.02亿吨，同比增长5.6%。其中汽油表观消费量1.05亿吨，同比增长12.6%；柴油表观消费量1.73亿吨，同比增加1.9%；合成树脂表观消费量9651.4万吨，同比增长7.2%；乙烯表观消费量1854.1万吨，同比增长5.7%；烧碱表观消费量2980.1万吨，同比增长8.7%。

2014年中国炼油产业原油加工量50277.4亿吨，同比增长5.3%。其中生产汽油1.1亿吨，生产柴油1.76亿吨，生产煤油0.3亿吨，成品油生产总量合计达到3.17亿吨，比2013年增长7.1%。2014年化工产业增加值同比增长10.4%，增幅同比减缓1.8个百分点。主要产品中，乙烯产量1704.4万吨，同比增长7.6%；合成橡胶产量532.4万吨，同比增长10%；合成纤维产量4043.9万吨，同比增长3.5%；烧碱产量3180.2万吨，同比增长7.9%；纯碱产量2514.7万吨，同比增长3.5%；化肥产量6933.7万吨，同比下降0.7%，其中，氮肥产量下降3.4%；钾肥产量增长13.5%；磷肥产量增长2.6%；农药产量374.4万吨，同比增长1.4%。

(一) 炼化产业盈利能力增速放缓

根据国家统计局数据显示，2014年中国炼化产业主营业务收入为12.31万亿

元，与2013年相比增长5.34%；炼化产业的总营业成本占收入比重84.41%，同比上升了0.52%，并呈加快之势。2014年炼化产业利润总额减少，出现两年来的首次下降，全行业累计实现利润总额4244.1亿元，同比下降10.29%；其中，炼油业利润总额97.3亿元，降幅79.2%；化工行业利润总额4146.8亿元，增长1.7%。炼油业主营业务收入的利润率仅为0.24%，化学工业主营业务收入的利润率也只有5.01%，均较2013年有所下滑，分别比全国规模工业平均主营业务收入利润率低5.67%和0.9%，差距比较明显。

炼化产业整体经济增速放缓以及油价持续下跌也对三大石油公司的经营业绩起到了不同程度的影响。其中，前三季度中石油净利润960.47亿元，同比增长0.8%；炼油与化工板块经营亏损人民币87.55亿元，比2013年同期经营亏损人民币200.04亿元减亏人民币112.49亿元；炼油业务扭亏为盈，实现经营利润25.67亿元，化工业务经营亏损113.22亿元。中石化2014年前三季度实现净利润约511.69亿元，同比下降约0.84%；其中，炼油板块实现经营收益人民币111.02亿元，同比增长66.8%；化工板块经营亏损达人民币35.16亿元。中海油油气销售收入约为535.7亿元，同比下降4.6%。

（二）产业布局逐渐优化，园区化建设积极推进，技术创新步伐加快

目前中国炼化产业布局分散、局部地区重复建设严重。如炼油和乙烯生产分布在20多个省区市，生产规模不能匹配，污染物不能统一处理，公用工程和辅助设施重复建设严重。针对这一局面，国家和各省相继出台相关的产业政策进行产业布局的调整和优化。2014年6月4日，国务院常务会议出台了石化产业科学布局和安全环保集约发展政策，并要求以现有炼化产业基地和大型优势企业改造为重点，优化石化产业布局。与此同时国务院办公厅还印发《推进长江危险化学品运输安全保障体系建设工作方案》，该方案提出了优化沿江石油化工产业布局和提高化工园区风险防控能力等要求。此外，福建省政府出台的《关于全省石化等七类产业布局的指导意见》提出要集中布局建设湄洲湾和古雷石化基地和积极发展江阴化工新材料专区。

为优化和调整产业布局，加快推进产业转型升级，石化园区项目建设正在积极推进。2014年甘肃省兰州新石化园区总投资约172亿元，共15个石化项目，其中包括年产15万吨的内酰胺项目、年产5万吨的PBT项目和年产30万吨的乙二醇项目。

在产业布局调整和园区化推进的同时，企业也在加快技术创新步伐，中石油锦州石化一直致力于稀土顺丁橡胶的开发，尤其是在窄分布稀土顺丁橡胶研

究方面不仅弥补了国内的空白，而且在加工性能、滚动阻力、耐磨性能、抗湿滑性能等方面也取得了重大突破，与世界先进水平相当。中石化 2013 年 1 月动工建设的茂名石化聚丙烯生产基地，已于 2014 年 8 月份投产，茂名石化三套聚丙烯装置产品主要针对高端石化产品市场，广泛运用于家电、建材、汽车等领域。中石油和中石化等企业的技术创新为中国炼化企业的进一步发展奠定了基础。

（三）炼化装备制造业进入深度调整期，增速放缓

2014 年，中国炼化装备行业整体发展缓慢，增速呈下行态势。2014 年上榜的百强企业从销售总额、入围门槛等指标看，均出现了两位数的下降。2013 年百强企业销售总额为 1257 亿元，比 2012 年降低了 15.5%；入围门槛由去年的 1.8 亿元降低到 1.5 亿元，下降 16.7%；年销售额超过 50 亿元的企业有 6 家，比去年减少了 2 家。2014 年 1~8 月，石化专用设备制造业主营业务收入 2637.9 亿元，同比增长 9.4%，较 1~7 月份减缓 1.2 个百分点。

尽管炼化装备行业发展缓慢，但炼化装备产业建设仍在持续推进，主要体现在油品质量升级、自主创新和战略转型等方面。首先，炼化装备企业为促进油品升级，促进节能减排工作的进展，脱硫装置和加氢装置持续发展。2014 年中石油广西石化 400 万吨/年渣油加氢脱硫装置、大庆石化 130 万吨/年柴油加氢脱硫装置、大连石化公司 140 万吨/年重油催化裂化增上烟气脱硫装置开车成功。中石化石家庄炼化 MTBE 装置脱硫改造系统和济南炼化 160 万吨/年柴油加氢装置深度脱硫技术改造项目开车成功。中石油和中石化等下属炼化企业根据产品质量升级以及节能技术改造项目的要求，不断进行脱硫装置和加氢装置的建设及改造，基本实现油品的全面升级，有利于缓解原油重质化、劣质化增加的趋势，带动炼化清洁工作的进展。其次，部分炼化装备企业加强自主创新步伐。2014 年，化工装备行业排名第一的中国一重集团继续秉承自主创新，自主研发了立式喷淬热处理设备，使锻件热处理质量大幅提高；沈鼓集团完成国产首台 10 万等级空分压缩机组的设计工作，实现中国重大装备国产化的又一个零的突破。中国一重集团、沈鼓集团等化工设备百强企业把自主创新作为企业的核心竞争力，不断掌握高端技术、实现自主研发，为下游企业提供高端关键设备，从而可以在激烈的市场竞争中获得良性发展。再次，炼化装备制造企业将战略从制造向制造和服务并重转变。2014 年，杭氧石化工程公司继续保持良好的发展势头，经营模式从提供单一设备向提供成套服务方向发展；西安陕鼓动力股份有限公司实现了从单一产品供应商向能量转换领域系统解决方案商和系统服务商的转变，企业设立了

工程服务技术支持中心，为用户提供设备全生命周期健康管理服务、远程在线监测及故障诊断服务等专业化系统化服务支持。炼化设备制造企业通过提供研发、设计、制造、安装、检修到售后服务等一系列服务，与下游企业建立长期战略合作关系，促进炼化设备行业进一步发展。

（四）积极推进油品质量升级

2014年持续大范围的雾霾天气进一步加重，油品质量升级的步伐已经刻不容缓。国家相继出台了相关政策和标准持续推进油品质量升级，升级后的新标准油品比以往更清洁，有利于减少环境污染。2014年10月16日，国家发改委运行局组织中石油、中石化和中海油等有关单位，召开三季度油气行业运行分析会，会议要求积极推进油品质量升级，强化资源产运销衔接等工作。2014年10月30日，为尽快改善空气环境质量，国家发改委下发机动车污染综合防治方案，方案的主要目标包括大力推广新能源汽车，加快油品质量升级，以及加快淘汰黄标车和老旧车等。2014年11月1日起按照国家要求油品标准全面升级，此次汽油从国Ⅳ升级到国Ⅴ，原本93号（国四）汽油升级完成后选择加注92号（国五），原97号汽油升级完成后则可选择95号，柴油也从国三升级到国四。此次油品标准升级后，新油品的环保指标将大大提高。

石油公司在国家政策和新标准的推动下，努力加速油品质量升级的步伐。中石油和中石化均自主研发出符合国Ⅴ排放标准的清洁汽油生产技术，实现了最大限度的脱硫。2014年1月1日起，随着国Ⅳ汽油标准的推行，中石油各加油站销售汽油标准从国Ⅲ全部升级为国Ⅳ，硫含量低于50毫克/千克；与此同时，中石油也积极推动升级催化汽油选择性加氢脱硫技术（DSO）和汽油加氢精制技术（GDS）等核心技术的研发，在满足国Ⅳ生产要求的基础上，加快向国Ⅴ的跨越进程。为了将研发成果转化为产品，中石油加大科研投入，新建了12套运用自主创新技术的汽油加氢装置，为清洁油品的生产搭建了良好的平台。此外，为配合国内炼厂大规模MIP装置生产符合国Ⅴ要求的清洁汽油，石油化工科学研究院还开发了蜡油加氢预处理——多产异构烷烃催化裂化组合工艺，可将蜡油原料处理直接生产满足国Ⅴ排放要求的汽油产品。中石化也在加快油品质量升级步伐，开发出了符合国Ⅴ排放标准的清洁汽油生产技术，实现最大限度的脱硫和最小的辛烷值损失。与此同时，中石化还在上海、江苏沿江8地市及广东6地市置换相当于欧五标准的汽油，其余省区（市）置换国Ⅳ汽油，此次油品置换完成后，中石化在国内供应的汽油质量标准将全面达到国Ⅳ标准，与美国汽油质量标准基本相当，升级后油品硫含量从国三标准的小于150ppm降低至小于50ppm，降低67%。

（五）节能减排进入攻坚阶段

炼化产业是中国国民经济的基础产业和支柱产业，同时也是高能耗和高污染的重点行业。因此中国炼化产业应该降低能耗，减少污染，发展循环经济，让更多的新工艺、新技术、新设备、新材料为石油和化工行业传统装置的技术改造、工程建设提供技术支撑，不断提高节能减排技术水平。

2014 年，国家为规范炼化企业的节能减排工作，出台了新《环境保护法》。新《环境保护法》被称为史上最严法规，主要包括加强环保公益宣传，提高民众节能减排意识；明确所谓生态保护的红线；对雾霾、臭氧空洞等大气污染问题的治理办法与应对措施；确立环境监察有关机构的法律地位；完善中国现行体制下的行政强制措施；积极鼓励和组织有关环境质量对公众健康影响的相关研究；排污费与环境保护税之间的衔接；完善区域限批制度与排污许可管理制度；对相关举报人人身安全与正常生活等方面的保护；扩大环境公益诉讼的主体；加大环境违法责任惩治力度等十一个方面内容。

在新《环境保护法》的推动下，各炼化企业也正积极采取措施，推进节能减排工作的进程。湖北三宁化工股份有限公司投资建设了每年 20 万吨的脲基复合肥项目以及每年 68 万吨的磷复肥改造工程，显著提高低能耗高附加值产品在公司产品中的份额，成功打造循环型产业链；上海石化也积极落实节能减排工作，熄灭 1 号乙烯裂解炉，这一措施减排化学耗氧量 2000 余吨，减排氨氮 40 余吨，减排二氧化硫约 230 吨；辽宁省辽阳石化集团实施的裂解压缩机段间冷却水回用和热电厂化学水系统改造等措施，全年可降低蒸汽消耗 20 万吨和用水量 12 万吨。

除此之外，各地还召开了炼化节能减排相关会议，以确保国家“十二五”发展规划顺利完成。2014 年 3 月 28 日，中国石油和化工勘察设计协会通知召开石油和化工勘察设计行业节能减排技术和经验交流会，对推进节能减排、发展循环经济的成功案例和经验进行交流。2014 年 8 月 19 日，哈尔滨召开第六届全国石油和化工行业节能节水减排技术交流会，对政府、炼化产业节能减排相关政策等方面进行了交流。

（六）中国炼化企业积极推进国际合作，合作范围进一步加深

中国炼化企业进一步实施“走出去”战略，积极探寻国际合作之路。中国炼化企业与多国签署合作谅解备忘录，与此同时还积极召开博览会和签订相关合同，合作领域不断扩大、合作项目不断增多。2014 年 6 月 3 日，中石化与科威特石油公司签署合作谅解备忘录，在原油贸易及储蓄、炼化项目、石油与炼化工程

服务等领域进一步合作。2014 年 7 月，首届中国—俄罗斯博览会召开，奠定了进一步延伸跨境炼化产业链条，推进阿穆尔—黑河边境油品储运与炼化综合体项目建设的基础，该项目计划于 2017 年建成投产，每年通过跨境管道进口 500 万吨俄罗斯成品油。2014 年 11 月 13 日，惠生工程(中国)有限公司与委内瑞拉国家石油公司就“委内瑞拉拉克鲁斯港炼油厂深度转化项目”核心装置、公用工程及辅助设施之采购、施工、预试车及开车协助订立合同，项目总金额预计约 48.37 亿美元，惠生工程将承担项目项下总工程约 10.34%，金额约 5 亿美元，该项工程进一步拓展了中国炼化产业在海外的合作范围。

二、2014 年中国炼化产业面临问题

(一) 多重因素导致了炼化产业经济效益的下滑

2014 年受全球经济增速放缓的影响，中国经济下行压力较大，需求疲弱与产能过剩矛盾突出，原油和成品油价格持续下跌，多重因素导致了炼化产业经济效益持续的下滑。

首先，中国经济下行压力加大、整个产业需求疲软。根据国家统计局数据显示，2014 年 CPI 延续下行态势，同比涨幅仅 2%；PPI 已经 33 个月持续下跌。而石油和天然气、成品油、化学原料和制品三行业价格降幅占 PPI 总降幅的 80%，行业需求极其疲软。

其次，中国炼化产业的整体发展极不均衡，产能严重过剩，成本居高不下。2014 年中国国有炼化企业的平均开工率基本与 2013 年基本持平，地方炼厂开工率为 36.24%，较 2013 年下跌 2.66%。中石油、中石化等国有炼化企业开工率没有下滑的主要原因是国有企业即便经济效益不佳，也要肩负着保证国内成品油供应的使命。而地方炼厂大都由于利润下降，整体开工率较低。除此之外，2014 年前期地方炼厂开工率低下也与原料供应短缺有关。此外，全国只有三家炼油企业的炼油能力超过 2000 万吨/年，大多数炼油企业的产能相对落后，存在装置构成复杂、技术水平参差不齐、能耗较高等诸多问题，这些问题导致了中国炼油产业盈利能力低下。

再次，原油价格持续下跌。仅仅半年时间，纽约原油期货价格已经从 2014 年 6 月的高点跌至一半，这也是 2008 年以来国际原油价格的最快跌速。截至 2014 年 12 月 29 日收盘，纽约商品交易所 2015 年 2 月轻质低硫原油期货价格为每桶 53.61 美元，这是 2009 年 5 月 1 日以来的最低结算价格。同日，伦敦 2015 年 2 月交割的布伦特原油期货价格收于每桶 57.88 美元，为 2006 年 5 月 26 日以

来的最低点。原油价格下跌对中国炼化产业产生了巨大影响。从积极方面来看，原油价格下跌导致炼化产业原油成本降低，炼化产业原料充足。国家统计局数据显示，2014 年中国进口原油 3.1 亿吨，同比增长 9.5%，炼化产业原油进口量创新高。据彭博统计估算，假如国际油价保持目前水平，通过海路增加进口原油每年就会为中国节省将近 200 亿美元。从消极方面来看，受严重失衡的供需关系影响，原油价格下跌使部分炼化相关产品失去成本支撑，整体来看利空大于利好。

最后，随着国际原油市场持续低迷走势，成品油市场也迎来年内“十一连跌”。2014 年 12 月 26 日，国家发改委宣布将汽、柴油价格分别降低 520 元/吨和 500 元/吨，测算到 90 号汽油和 0 号柴油(全国平均)零售价分别降低 0.39 元/升和 0.43 元/升。成品油价格“十一连跌”后，2014 年汽油累计下调幅度为 2205 元/吨，柴油累计下调 2355 元/吨。90 号汽油和 0 号柴油零售价累计跌幅都超过 1 元/升，国内汽、柴油零售价基本回落至“6 元时代”。成品油作为炼油产业的支柱，占原油收率的 76%，因此成品油价格对炼油产业影响深重，中国炼油企业的盈利状况主要取决于成品油市场状况。成品油价格大幅下跌是炼油产业利润下降的主要原因，而国内成品油价格的调整相对国际原油价格的变动存在滞后性，当价格波动较大时不能及时反映炼油企业的生产成本，降低了其盈利能力，但由于中国成品油定价机制日趋完善，这种负面影响正在逐步降低。

综上所述，2014 年，炼化产业供需失衡、产能严重过剩，产业成本居高不下导致效益增长放缓，国际原油和成品油价格一路暴跌也在一定程度上影响了炼化产业的效益，产业盈利能力不容乐观。

(二) 产业结构不合理，亟待调整转型

中国炼化产业经过几十年的快速发展，在全球已占有非常重要的地位。虽然炼化产品生产能力已位居世界前列，但是在未来中国炼化产业面临着产业结构不合理，亟待调整转型。中国炼化产品处于产业价值链的中低端，技术含量低、附加值偏低。大部分中低档炼化产品产能已经超过国内市场需求，产能过剩矛盾突出。然而，高技术含量、高附加值的炼化产品发展滞后，仍需要大量进口，而高端炼化制造业和战略性新型炼化产业发展几乎还在起步阶段。如 2014 年下半年，中国每月甲醇进口量高达 40 万吨左右，聚乙烯、乙二醇和苯乙烯等大量进口，乙烯当量自给率也仅有 50%左右。

(三) 科技创新能力薄弱，炼化装备高端产品有待改进

虽然中国炼化设备制造业企业数量位居世界前列，部分化工设备已达到国际领先水平，但是由于缺乏科技创新能力，中国化工技术装备的研发能力、制造水

平以及设备质量与发达国家都存在一定差距，特别是化工装备制造业高科技技术所占的比重很难突破。目前中国已有建成或将建的甲醇装置不少在年产百万吨以上，但建成的年产 60 万吨的甲醇装置全部为国外引进技术；中国已经实现了聚乙烯聚丙烯塑料挤压造粒机组 20 万吨/年和 25 万吨/年机组的国产化，但是 30 万~40 万吨/年机组作为现在市场上需求最旺盛的，仍然需要全部从国外引进。

（四）安全环保压力持续增大，产业形象急需改进

2014 年 8 月国家出台的新《安全生产法》和《环境保护法》对整个炼化产业带来了极其重大的影响，企业安全环保压力持续增加，产业形象急需改进。

单从企业角度来看，新修订的《安全生产法》最突出的变化是全面强化了生产经营单位作为安全生产主体的责任，并加大了对安全生产违法行为需负责任的追究力度，主要体现在以下三个方面：一是罚款处罚力度明显加大。新《安全生产法》按照两个责任主体、四个事故等级的分配理念，设立了对生产经营单位及其主要负责人所需承担的八项罚款处罚规定。在对事故责任单位的罚款方面，原本的底线 10 万元提高至了 20 万元，最高限额也从原来的 500 万元提高至 2000 万元，位列中国所有法律有关的直接规定罚款数额之首。二是对生产经营单位有关主要负责人的处罚更加严厉，一旦各单位主要负责人因未履行职责导致事故发生，除了被降级、撤职等处罚外，还要缴纳前一年年收入 30%至 100%的罚款，如果情节严重到构成犯罪的还将被追究相关的刑事责任，新《安全生产法》中还明确规定，生产经营单位主要负责人如果曾经对重大和特别重大生产安全事故负有责任，将“终身不得担任本行业生产经营单位的主要负责人”。三是新《安全生产法》实行“黑名单”制度，监管部门将建立安全生产违法行为信息库，全面记录各单位安全生产违法行为信息，对违法行为情节严重的，有权利向社会媒体公示，并通报相关行业主管部门以及投资、国土、证券监管等部门和有关的金融机构等。

与此同时，本年度环保法修订案的通过也对缓解炼化企业日益突出的环保问题起到了积极作用。新《环境保护法》明确规定了对环境污染设备的处理要求，企业只有退出行业和改进生产加工技术、提高排放标准两条途径，而改进技术和提高排放标准在一定程度上势必会增加企业的生产成本。同时，如果环保法严格落实，氯碱、塑料、电石等行业也将受到环保因素的影响，市场需求将会减少。在目前全球经济态势下滑，行业发展放缓的宏观环境下，生产成本的提高和市场需求的减少很有可能会导致更多炼化企业亏损加剧，因此，未来炼化产业只能是

专注于某些未能满足需求的细分市场以及提高相关产品的附加价值，以便获得更大的利润空间。短期来看，中小型炼化企业受此影响明显，就长期发展方向来看，这样的举措有利于炼化产业的整体发展。

三、2015 年中国炼化产业的展望

随着中国宏观经济的新常态运行，低迷的油价将持续影响中国炼化产业的经济效益，但随着国家政策和相关法律、法规的出台，炼化产业布局将得到进一步优化、炼化装备制造业将进一步向高端化和园区化方向发展、节能减排和安全环保工作将得到进一步推进。

（一）油价对炼化产业经济效益影响将持续

未来国际原油价格将持续疲软，炼化产品价格跌势或将继续维持，炼化产业经济效益收油价影响较大。IEA 对 2015 年的油价走势并不乐观。2014 年 12 月初，IEA 在其月度石油市场报告中再次下调了 2015 年全球石油日需求增量，并认为欧佩克国家的石油库存到 2015 年中可能达到创纪录水平，而欧佩克以外国家的原油产量将增加 130 万桶/日，至 5780 万桶/日。2014 年欧佩克发布报告显示，2015 年全球原油需求将降低，比 2014 年需求减少约 100 万桶/日。因此从供需基本面来看，世界主要石油消费国的经济复苏情况并不乐观，供大于求局面短期内难以扭转。与此同时，俄罗斯等原油输出大国对石油输出只增不降，这种趋势将使国际石油产能过剩，炼化产业整体经济效益将受到很大冲击。同时，未来全球经济增长放缓，炼化产能过剩，政府从节能环保、税务监督及油品升级等方面对炼化产业进行整顿的综合作用，会使中国炼化产业盈利能力受到冲击，且这种冲击很可能在 2015 年延续加大。

（二）炼化产业布局将得到进一步优化

目前，全国“十三五”规划编制工作正式启动。根据国务院 2014 年 6 月召开的常务会议部署的石化产业科学布局和安全环保集约发展方案，中国炼化产业布局将会得到进一步优化。部署方案有三，一是规划布局重点建设大连长兴岛（西中岛）、河北曹妃甸、江苏连云港、上海漕泾、浙江宁波、广东惠州、福建古雷七大石化产业基地，这七大产业基地的炼油、乙烯、芳烃产能分别占全国比重的 40%、50%和 60%。二是加快建设陆上能源通道炼化工程。其中，依托中俄原油管道，优化辽阳石化等企业原油资源配置，建设中俄合资天津炼化一体化工程；依托中缅原油管道，打造中国—东盟自由贸易区升级版，优化西南石化产业格局；依托中哈原油管道，提升新疆石化产业发展水平。通过中俄原油管道、中缅

原油管道和中哈原油管道全面打造面向东北亚、南亚、中亚的产业平台。三是推动在建炼化工程建设，比如中科炼化千万吨级炼油和百万吨级乙烯、海南炼化百万吨级乙烯及炼油扩建、云南千万吨炼油项目、惠州炼油千万吨级炼油和百万吨乙烯项目等工程。因此，通过科学布局石化产业基地、陆上能源通道和在建炼化工程的建设，中国石化产业布局将向集约化、规模化、一体化发展。

（三）炼化装备产业向高端化和园区化发展

《高端装备制造业“十二五”发展规划》指出，2015 年中国高端装备制造业销售收入超过 6 亿元，占装备制造业比重提高到 15%，工业增加值率达到 28%。2014 年 10 月 14 日建成投产的兰石集团兰州新区高端装备产业园，年营业收入将会达到 360 亿元，实现利税 30 亿元，整个园区生产能力、装备水平、创新能力以及信息化程度会达到“国内领先，国际一流”，该产业园将会成为国内最具竞争力的高端装备研发、设计和制造基地，炼化设备产业结构调整以及转型升级的完成为“十二五”高端装备制造业发展规划的达成奠定了基础。未来炼化装备制造产业首要的是要提高自主创新能力，积极研发资源综合运用、环保、高效、低耗的炼化设备，努力提高设备的稳定性、可靠性、精细化程度、内在质量和成套服务能力。

（四）安全环保约束日趋强化，绿色低碳成为产业发展的新方向

2014 年 8 月国家线出台的《安全生产法》和《环境保护法》对整个炼化产业带来了极其重大的影响，2015 年企业安全环保压力将持续增加，绿色低碳成为产业发展的新方向。炼化企业将持续改善油品质量，进一步推进节能减排工作，努力提高产品技术含量和附加值，尽量避免同类企业之间在中低端领域的恶性竞争，推进产业的结构调整和转型升级，从而实现炼化产业的可持续发展。而安全生产也是未来炼化产业需要关注的重点问题。为夯实炼化企业的安全基础，实现炼化产业的安全发展，各企业应积极贯彻落实国家相关法规政策，落实安全生产责任制；各部门应通力协作，加强作业现场安全管理，全面统筹安全管理工作，实现安全管理工作的多样化、多元化，共同创造安全可靠的生产环境。

总之，中国的炼化产业与国外企业仍然存在较大的差距，但随着国家政策的出台和企业的持续努力，未来将有很大程度的提升，但依然任重而道远。

中国油气管道产业发展分析与展望

2014年中国油气管道建设稳步发展，重点突出。截至2014年底，中国已建成油气管道总里程10.34万公里，其中天然气管道6.3万公里，原油管道2.03万公里，成品油管道2.01万公里。中国油气管道建成了“西北、东北、西南、海上”四大油气战略通道、三纵四横管道走廊及全国骨干管网。西油东送、北油南运、西气东输、北气南下、海上登陆、就近供应、覆盖全国的油气管道供应格局逐步形成，中国稳步迈入油气管道一体化网络时代。

一、2014年中国油气管道产业发展分析

(一) 原油、成品油管道建设稳步推进

1. 原油管道

津华原油管道试验段开工。津华原油管道起点为天津港汇鑫油库首站，终点为河北省任丘市任丘合建站，全长187公里，管道直径508毫米，设计年输量700万吨，设计压力6.3兆帕，采用保温密闭顺序输送工艺，将于2015年9月建成投产。津华原油管道建成后，将对华北石化年1000万吨油品升级改扩建项目发挥作用，也将成为华北石化日常生产的原料保障线。

独乌原油管道安全设施通过竣工验收。独乌原油管道由中石油管道局承建，全长231公里，起于独山子阿独管道末站，止于乌鲁木齐王家沟末站。该管道是中哈原油管道与西部原油管道的连接纽带，是哈油东运的重要组成部分，优化了西北原油输送管网，对完善中国西北能源走廊、保障能源安全具有重要意义。

日东线实现进口稠油掺混输送。日东原油管道是中石油与山东东明石化集团有限公司合资共建的第一条输油管道，全长446.23公里，年设计输量1000万吨。改造后，日东线实现中东原油和委内瑞拉稠油在线掺混输送，随着输送工艺日益成熟，还可掺混输送燃料油和中东原油。

中俄原油管道漠大线安全设施通过国家验收。中俄原油管道漠大线是中国第一条通过永冻土区的管道，是中国石油资源供应多元化战略的重要举措之一，对促进地区经济发展具有十分重要的现实意义和战略意义。漠大线输油管道起于漠

河首站，止于大庆末站，全长 926.5 公里，管道直径 813 毫米，设计压力 8 兆帕，年设计输量 1500 万吨。中俄原油管道漠大线 2011 年投产后就达到满输量，为保障中国能源安全发挥了积极作用。

2. 成品油管道

锦郑成品油管道建设有序推进。该管道起于辽宁省锦州市，止于河南省郑州市，由北向南途经辽宁、河北、天津、北京及河南 3 省 2 市，涉及 15 个地市 63 个县区，总长度约 1635.9 公里，包括 1 条干线、2 条输入支线和 7 条分输支线，设计年输量 1300 万吨。作为贯彻落实国家能源战略的重要举措，锦郑成品油管道是实施“北油南调”的一项战略工程。管道建成投产后，可缓解东北入关铁路运输压力，有利于成品油运输的节能减排，提高输油安全性和可靠性，对于东北炼化企业加快发展、助推老工业基地振兴具有十分重要的意义。

吉长成品油管道一次投产成功。吉长成品油管道起自吉林省吉林市吉林首站，止于吉林省长春市长春末站，是吉林石化公司千万吨级大炼油扩建改造项目的配套工程，设计年输量 245 万吨。顺利投产实现了吉林省资源与市场最优配置，满足成品油市场日益增长的需求，尤其是满足长春市周边地区的用油需求，拉动管道沿线经济发展。

呼包鄂成品油管道一次投产成功。该管道起点为呼和浩特市赛罕区的呼和浩特首站，途经呼和浩特市、包头市和鄂尔多斯市，至鄂尔多斯市东胜区的鄂尔多斯末站。呼包鄂管道由一条干线和一条支线组成，全长 306.5 公里，设计年输量 300 万吨，是连接呼和浩特与鄂尔多斯的第一条成品油管道。呼包鄂管道投产，结束了鄂尔多斯成品油供应依靠火车和汽车拉运的历史，为内蒙古呼包鄂“金三角”经济区的建设创造了重要条件，对构建和完善内蒙古地区能源走廊、优化沿线产业布局具有重要意义。

甬台温成品油管道北仑段开工建设。甬台温成品油管道工程，途径宁波、台州、温州等三市的 11 个县(市、区)，止于温州瑞安市滨海油库，管道全长 430 公里，设计年输油量 460 万吨。甬台温成品油管道工程预计于 2015 年底基本建成，2016 年投产运营。该工程投运后，将加强宁波、台州、温州等地的成品油保障能力，进一步完善浙江成品油管网布局，改变沿海一带成品油主要靠水陆运输的格局，缓解浙江沿海一带的成品油保供压力，对管道沿线乃至浙江省的经济发展起到推动作用。

3. 管道改造

西气东输安改工程通过竣工验收。2014 年 10 月 13 日，西气东输管道增输工程、安全改造工程通过竣工验收。西气东输增输工程的建成投产，不仅有效缓解了长三角地区能源紧张的局面，而且通过已建成的天然气管网系统实现向北京及华北地区、两湖地区及西宁、兰州、银川等地的天然气增输调配。安全改造工程的建成投用，不仅满足了全线 170 亿立方米商品气量输送要求，而且有效减少了由于机组失效、维检修对上下游的影响，保障了系统供气稳定性，降低了运行调配难度，提高了整个管网的可靠性，有效保证了天然气输送的安全平稳。

漠大原油管道完成增输扩容改造工程。漠大线增输扩容改造工程包括将漠河首站 1 台倒罐泵改造成给油泵、加格达奇泵站扩建两台输油主泵机组、塔河与讷河清管站场扩建为泵站。在扩建配套工程基本完成的情况下，新旧管线连头成为关键工序。

（二）天然气管道建设快速发展

1. 西气东输三线工程

西气东输三线工程西段全线贯通。西三线作为中国首个引入社会资本和民营资本参与建设的国家重点工程，首次大规模应用国产电驱、燃驱压缩机组和大口径高压球阀。通过开展 0.8 强度设计系数管线建设，使中国管道设计系数达到国际一流水平。干线全长 5220 公里，西起新疆霍尔果斯，终于福建福州，途经新疆、甘肃、宁夏、陕西、河南、湖北、湖南、江西、福建和广东等 10 个省区，其中西段全长 2445 公里，对进一步构建中国西北油气战略通道和中国天然气骨干管网、保障供气安全具有重要意义。建成投产后，中亚天然气和新疆煤制天然气将通过中卫站向长三角、珠三角、环渤海和川渝地区输送，管道沿线数以亿计的民众将从中受益。

2. 中缅油气管道线路工程

中缅油气管道是继中亚油气管道、中俄原油管道、海上通道之后的第四大能源进口通道。它包括原油管道和天然气管道，可以使原油运输不经过马六甲海峡，从西南地区输送到中国。中缅天然气管道起自缅甸西海岸皎漂，从云南瑞丽进入中国，终点为广西贵港，全长 1726.8 公里，是全球公认的运行管理难度和安全风险最大的输气管道。截至 2014 年底，中缅天然气管道累计向国内输送天然气超过 30 亿立方米。

2014 年，中缅天然气管道开始向云南曲靖市供气。向云南曲靖市供气结束了当地使用 LNG 的历史，对优化能源结构、改善城市空气质量、促进工业发展具有重要意义，标志着中缅天然气管道曲靖分输支线一次性投产成功。

2014 年 5 月，中缅天然气管道都匀支线投产成功。都匀支线首站起自中缅天然气管道干线贵州贵阳输气站，管道沿线途经黔南布依族苗族自治州的凯口镇、平浪镇、河阳乡，末站都匀站设在离自治州首府都匀市城区 6 公里的小围寨王家司，支线全长 33.9 公里。

3. 中国–中亚天然气管道 D 线

中国–中亚天然气管道 D 线全长 1000 公里，其中境外段 840 公里，设计年输量 300 亿立方米，气源地为土库曼斯坦复兴气田，是继 A、B、C 线之后又一条引进中亚天然气的大动脉。这条管道在线路上首次途经塔吉克斯坦和吉尔吉斯斯坦两个国家，与已建成的连接土库曼斯坦、乌兹别克斯坦、哈萨克斯坦的 A、B、C 线一道，将形成中国–中亚天然气管道网，进一步加深中国与中亚国家的能源合作，促进经贸往来，增进传统友谊，互利共赢。

4. 陕京四线

2014 年 10 月，陕京四线输气管道工程项目开工建设，计划于 2016 年 10 月投产试运行。陕京四线干线西起陕西省榆林市靖边县靖边首站，东至北京市境内高丽营末站，线路总长度 1272.5 公里，设计年输气能力 300 亿立方米。陕京四线是继陕京一线、二线、三线之后的又一条经由长庆地区向环渤海地区及途经地区输送天然气的能源通道，在中国天然气管网布局中具有战略意义。

5. 非常规天然气管道

中国国内首条页岩气外输干线主体完工。西南油气田蜀南气矿长宁地区页岩气试采干线工程作为中国首条页岩气外输干线完工投产后，宜宾将成为中国首个享用页岩气的城市。长宁地区页岩气试采工程全长 93.7 公里，管径 457 毫米，设计日输量 450 万立方米。首站位于四川宜宾珙县上罗镇，末站位于宜宾高县双河乡，与纳安线对接，进入环四川盆地天然气管网。

四川威远区块页岩气外输干线开焊。该地区页岩气外输干线起于四川省威远县龙会镇，止于威远县新店镇，连接徐泸线，是西南油气田公司 2014 年重点工程。管道输送气量设计规模每日 300 万立方米，线路全长 16.4 公里，设计压力 6.3 兆帕。建成投产后将成为四川威远页岩气的第一条外输通道，为威远页岩气示范区 2015 年建成 10 亿立方米产能提供先决条件，同时将促进页岩气开发利用，推动内江市乃至四川省经济发展。

（三）油气管网改革取得突破

1. 加快了天然气管网公平开放的步伐

为促进油气管网设施公平开放，提高油气管网设施利用效率，保障油气安全稳定供应，规范油气管网设施开放相关市场行为，2014 年 2 月国家能源局出台了

《油气管网设施公平开放监管办法（试行）》。办法规定在有剩余能力的情况下，天然气管网设施运营企业应向第三方市场主体平等开放管网设施，按签订合同的先后次序向新增用户公平、无歧视地提供输送、储存、气化、液化和压缩等服务。这项政策的出台标志着中游天然气管网进入了第三方准入时代。

2. 积极鼓励各类资本参与投资管网建设

2014 年 4 月 1 日，国家发改委审议通过的《天然气基础设施建设与运营管理办法》开始施行，鼓励、支持各类资本参与投资建设纳入统一规划的天然气基础设施。《天然气基础设施建设与运营管理办法》的推出，能拓展大量社会和民间资本的发展空间，引导其积极进入实业领域，又能为国家调结构、稳增长发挥重要作用。

（四）油气管道技术进步显著

1. 漏磁检测技术取得新进展

2014 年 9 月 18 日，西气东输二线甘肃灵台压气站成功应用三轴漏磁检测技术，标志着中国管道漏磁检测技术步入三轴时代。其原理是在管道内放入漏磁检测器，管壁被检测器自身携带的磁铁磁化，通过检测磁力线的变化，发现运行管道存在的缺陷，该方法因检测结果可靠、人为因素影响小，未来有望得到广泛应用。

2. 首座深水天然气陆上处理终端投产

中石油管道局天津设计院设计完成国内首座深水天然气陆上处理终端——珠海高栏终端，并于 2014 年 5 月 30 日全面投产。这个项目 8 项指标创国内第一，同时其丙烷回收率、单位综合能耗两项指标达到国际领先水平。这对中国海洋油气开发具有里程碑意义，对实现储运建设一体化、陆上海洋一体化进程起到积极促进作用。

3. 输气管道设计系数达到世界先进水平

提高管道强度设计系数是在相同材质和管径，在保证输气压力即输气量不变的前提下，可以减小壁厚，节省管材。同时，在管道壁厚保持不变的情况下，充分利用管材潜力，提高输气压力从而增加输气量。输气管道提高强度设计系数这一工业性应用研究成果总体达到国际先进水平，标志着中国又一项管道建设技术实现历史性跨越。

4. 深水海管屈曲分析技术获突破

中海油在番禺 35-1/2 工程项目中成功应用 ABAQUS 通用有限元软件模拟分析深水海管总体屈曲，接近国际上此领域的最高设计水平。中海油在原有技术基础上，研究学习合作方 Technip 更为成熟的经验，结合海床三维条件下的分析技术，最终成功模拟了海管在深水海域安装、水压试验、周期性荷载等复杂工况下的屈曲现象触发及后屈曲。

5. 海底管道腐蚀研究获权威认可

由中海油研究总院承担的《海底管道 CO_2-H_2S 腐蚀规律与预测研究》课题获得中国腐蚀与防护学会 2013 年度科技进步一等奖。该奖项由国家科技部批准设立，是国内腐蚀与防护业界权威奖项。该课题预测模型适用石油和天然气开采产业、高校及科研院所，已初步应用于含 CO_2-H_2S 的海底管道腐蚀速率预测，为海底管道的防腐选材提供了依据。

二、2015 年中国油气管道产业发展展望

2015 年中国将进入油气管道建设的高速发展时期，各重点管道建设工程主干管网将得到深入完善，形成气源区、主产区、消费区和储备区有效连接的覆盖全国的管道网络。同时，积极推动油气输送技术体系、工程建设技术体系、运行维护技术体系、材料装备国产化技术体系的深入研究，加强科技创新，努力在流动保障技术，油气储运关键设备国产化等方面，缩小与世界管网建设运营水平的差距，不断增强管道建设运行的自主研发能力与核心竞争力，为更好地保障国家的能源安全和经济安全奠定基础。

（一）天然气管道建设将加速发展

世界经济社会的发展趋势要求天然气在国家能源消费结构中占有更大的比重，中国天然气需求每年以较高的速度增长，2030 年预计需求量达到 5000 亿立方米。但与发达国家相比，中国天然气管网建设仍处在初期发展阶段，未来配套的天然气输送管道建设必将迅猛发展。2015 年中国将进入天然气干线管道集中建设期，多条长输干线集中开工建设。

中俄天然气管线在未来 4 年内将使中国每年天然气干线管道长度在原本每年新增里程的基础上额外增加 1000 公里左右。中俄东线前期准备稳步推进，管线起自黑龙江黑河市，途经黑龙江、吉林、内蒙古、辽宁、河北、天津、山东、江苏、上海 9 个省区市，止于上海市。预计 2015 年上半年开始中国境内段建设，争取 2018 年竣工投产，为日后中俄天然气管道的全面建设打下良好基础，对强化中国能源陆上战略布局、促进能源进口多元化具有积极意义。另外，随着以涪陵页岩气为代表的非常规油气资源开发取得重大突破，相配套的页岩气管输网络也将迎来高速建设期。

（二）海底管道技术将实现重点突破

中国是海洋大国，海洋油气资源基础雄厚，积极开发海洋油气资源是国家能源发展战略的重中之重，相适应的海底管输线路也将迎来建设高峰。海底管道作为海上油气田开发的重要组成部分，是油、气外输的主要手段。然而中国海底长距离管道建设仍然面临诸多问题和技术难关，因此，要深入研究海底管道工程的设计及施工技术，加快推进海底管道技术发展，推动中国海洋油气工程建设。

针对海底管道工程隐蔽性强，投资大，质量要求高，环境多变，技术复杂等特点，未来会在以下几个方面大力发展海底管道技术：优化海底管道铺设作业技术，针对不同的情况，在设计上提高海底管道的稳定性，防止管道出现长距离悬空；开发海底抗腐蚀变形管道材料，提高海底管道的安全使用年限；提高海底管道的检测防护效率，通过研发电子检控系统实现远距离海底管道的检测效率。

（三）管道设施市场开放和监管力度将继续加大

长期以来，作为油气领域的重要环节，中国油气管网设施建设、运营主要集中于少数国有石油公司，主干油气管网处于高度垄断经营状态，部分省份也出现了天然气管网由地方企业垄断经营的现象。2014 年国家出台了相关政策逐步放开管道设施建设市场，这种趋势还会不断扩大并日趋完善。要为非常规油气发展，以及新兴油气企业创造更加宽松的准入条件，加快形成企业自主经营、公平竞争，消费者自由选择、自主消费，商品和要素自由流动、平等交换的管道建设市场体系，打破垄断，提高资源配置效率和公平性，重点打破其他企业进入的技术壁垒，重点强调准入而不是拆分，需要探寻适应管道产业发展的混合所有制管理模式，最大程度上激发产业活力。

需要进一步完善产业监管。有效的产业监管是构建统一开发管道基础建设市场的急迫需要，可以参考能源产业原有的监管部门，比如电监会，在监管方面的机构和人员配置，借鉴其丰富的监管经验，运用到油气产业，推动油气产业链良性竞争格局的形成。在监管范围上，未来将不仅局限于国有大型石油公司，地方官网设施的建设也应被有效监管。加大处罚条款的执行力，可采取进驻企业进行检查与问询，要求做出有关说明等方式，落实监管。

（四）关键设备国产化将全面推广

随着中国管道建设的快速发展，实现油气管道关键设备国产化的要求日益迫切。油气管道关键设备国产化既是国家的要求，也是输油气企业降低建设和运营成本的需要。2015 年，中国将迎来修建油气管线的高峰。深入推进油气管道建设关键设备国产化，打破相关产品依赖进口的局面对保证国家能源供应、振兴民族装备制造十分重要。

按照安全、经济、绿色环保的要求，以重大管道建设工程建设项目为出发点，通过不断创新，增强自主研发能力。进一步提高国产管道关键设备的技术和装备水平，重点方向包括国产设备制造水平标准与国际接轨，全面提高国产管材使用率与生产水平，打破大变形管道的国外垄断，实现自主研发生产。

（五）管道网络将深度优化

分散独立的的管道一旦形成国家级–省级–地市级的多级复杂管网结构以后，建设和运行难度会大幅度提高，规划、建设和运行的规范要求将更高。当前中国油气需求迅速增长，应加快形成资源多元化、高度市场化、调运灵活、规范运行、互连互通、储存设施完备的管道网络。

预计未来会通过以下几个方面优化管道网络发展：

(1) 从国家层面进行协调，统筹规划，政策扶持，加强油气管道建设。在"十三五"规划中，出台支持政策，对纳入规划的国家跨省管道及时研究，并提出有关具体政策法规作为保障措施。

(2) 制定统一的压力等级建设规范，统筹管网建设。目前中国管网尚未形成统一规范的压力等级系列，应借鉴国外成熟的管网管理经验，超前研究，合理确定管网中新建管道的压力等级。管网压力等级不宜过多，要形成适合中国国情的国家标准。

(3) 协调配套储库、枢纽站和分输站建设。重视配套地下储气库或管道油库建设，增强管网调节、调峰能力，确保管网安全平稳运行，消除管网输送瓶颈问题。加强管网重要节点站场的枢纽站建设规划，必要时增加设施和能力预留。分输站方面，加强管道与用户及时有效衔接，尤其是大量市场用户要提前申报用气项目和规模量，通过合同条款约定，确保管网安全平稳运行、油气供应畅通。

合作篇

截至2014年为止，中国油气国际合作成果显著，中国油气企业从坚定“走出去”到努力“走进去”“走上去”，海外业务形成五大油气合作区、四大油气战略通道、三大油气运营中心的战略布局，在全球34个国家运营着89个项目。中国已成为世界多国重要的能源合作伙伴，同时也推动着国际能源秩序的多极化。比如，从1991年中石油提出把跨国经营作为三大战略之一，到1993年海外勘探开发正式起步，再到2011年成功建成海外大庆，中石油在国际化发展道路上脚步铿锵，与中国改革发展同频共振。从南美、北非、中亚及亚太等传统资源国迈向北美及澳洲等能源高端市场，从投资常规油气项目扩展到油砂、超重油、煤层气、页岩气、深水等非常规油气项目，从立足上游延伸至下游的炼油、贸易仓储等油气全产业链，中石油海外业务从零起步、从无到有、从小到大、从弱到强，目前形成的五大油气合作区、四大油气通道、三大油气运营中心的战略布局，为中国实现资源进口多元化、增强能源供应保障能力起到重要的促进作用。

与此同时，中国油气企业“走出去”，油气投资业务有力地带动服务保障业务的协同发展，国际业务也为国内企业改革发展积累了经验，形成国内支持国外、国外反哺国内、国内外业务良性互动、带动产业整体发展的格局。此外，中国越来越深入地参与国际能源治理，与世界主要能源生产国、消费国以及国际能源组织都建立了交流合作关系。中国油气企业“走出去”会直接提高国家能源安全度，但其意义远不止此，二十多年来的国际油气合作已使中国成为全球能源安全与可持续发展进程中最主要的贡献国之一。

中国油气国际合作分析与展望

2014 年中国企业海外油气权益产量保持稳定增长，突破了 1.3 亿吨。其中，中石油油气权益产量达到约 6000 万吨；中石化在 2012 年和 2013 年先后收购了尼日利亚、北海和埃及等在产油气田项目，油气产量将超过 4000 万吨；中海油油气权益产量达到 2200 万吨；其他石油公司预计产量约 1000 万吨。

一、2014 年中国油气产业国际合作概况

2014 年，中国油气企业继续在国家大力支持石油企业“走出去”的发展背景下，扩展合作领域，发掘合作对象，进一步扩大到全球油气资源富集的国家和地区，提高海外油气产量，保证能源供应“多元化”和“多样化”，切实保障中国的油气供应。中国与俄罗斯签署 30 年天然气供销合同，能源合作取得重大进展；中国与美国、加拿大以及拉美国家的油气合作进一步深化；中国与科威特、马来西亚等国油气合作取得长足进展。

（一）中石油国际油气合作成果

1. 与壳牌签署全球长期合作协议

2014 年 4 月 16 日，中石油和壳牌公司签署了全球长期合作文件。根据文件，中石油和壳牌公司将在非常规资源、深水、液化天然气以及上游和下游业务中加强长期全球合作。合作双方将软实力作为合作领域的一个组成部分并把战略合作伙伴关系提升至更高水平。

2. 从阿布扎比获得生产和出口石油权

2014 年 5 月 5 日，中石油从阿布扎比获得了生产和出口石油的权利。根据协议，中石油将帮助开发阿布扎比国内几个陆上和海上油田并按股份比例获得所产任何石油。在新组建的合资企业中，中石油作为唯一的合作伙伴拥有 40%的股份，而阿布扎比国家石油公司将拥有 60%的控制股份。

3. 与俄签署 30 年天然气供销合同，能源合作取得重大进展

2014 年 5 月 21 日，中俄在上海签署两国政府东线天然气合作项目备忘录、中俄东线供气购销合同两份能源领域重要合作文件。

根据合同，从2018年起，俄罗斯开始通过中俄天然气管道东线向中国供气，输气量逐年增长，最终达到每年380亿立方米，累计合同期30年。合同约定，主供气源地为俄罗斯东西伯利亚的伊尔库茨克州科维克金气田和萨哈共和国恰扬金气田，俄罗斯天然气工业股份公司负责气田开发、天然气处理厂和俄罗斯境内管道的建设。中石油负责中国境内输气管道和储气库等配套设施建设。

2014年11月9日，中石油分别与俄罗斯天然气工业股份公司和俄罗斯国家石油公司签署《关于沿西线管道从俄罗斯向中国供应天然气的框架协议》和《关于万科油田项目合作的框架协议》。

中俄东线天然气合作，是中俄加强全面能源合作伙伴关系、深化全面战略协作伙伴关系的又一重要成果，充分体现了互信互利原则。俄罗斯出口天然气目标市场主要是中国东北、京津冀和长三角地区，满足中国国内能源消费增长、改善大气环境、优化能源利用结构、促进能源进口多元化等需求，并带动沿线地区相关产业发展。

4. 加大在南美投资，完成收购巴西油气公司

2014年11月14日，中石油与巴西国家石油公司完成股权交割，以26亿美元的作价收购巴西能源秘鲁公司全部股份。

此次收购的目标公司在秘鲁拥有三个油气区块，持有其中两个区块的100%权益，以及另一区块46.16%的权益。而根据持有的权益计算，三个油气区块合计可采储量十分可观，其年产量约为80万桶油当量。此次收购完成后，中石油在秘鲁的原油产量将达到该国原油总产量的54%，预计到2020年，中石油秘鲁公司的产量将超过1000万吨油当量。中国与南美国家除在区块开发、合资炼厂、工程设备等领域扩大合作范围外，在石油运输领域也正建立新的利益捆绑关系。

(二) 中石化国际油气合作成果

1. 与俄天然气加工巨头签署合作协议

2014年5月20日，中石化与俄罗斯西布尔公司签署战略合作协议。同日，中石化还与西布尔公司签署了在上海建立合资公司的协议，合资公司将包括在上海以南50公里的上海化工园区建设一个年产量5万吨的丁腈橡胶工厂，中石化将拥有合资公司74.9%的股份，西布尔公司拥有25.1%的股份。双方同时签署了一项在新工厂使用西布尔丁腈橡胶生产技术的技术许可协议，西布尔的专家将参与新工厂的建设、生产及商业运行。西布尔是俄罗斯一家天然气加工及石化公司。以相关石油气加工量计算，西布尔拥有并运营俄罗斯最大的天然气加工业务。截至2014年3月31日，西布尔在俄罗斯境内各地拥有27处生产设施，在

全球70多个国家拥有逾1400位能源、化工、快速消费品、汽车、建筑及其他行业的大型客户。

2. 与美公司携手进军高端油服市场

2014年6月9日，中石化与美国威德福国际有限公司、胜利高原公司签署合资协议，将在北京成立合资公司，其业务范围主要包括油气井技术服务、工具仪器加工制造研发等高端油服市场。合资公司将打造在钻完井、油气井建设方面的高端产品，为国内外油气公司提供先进的设备和技术服务。

3. 中标13亿美元马来西亚炼油项目

2014年8月12日，中石化成功中标马来西亚国家石油公司炼油项目，合同总额达13.29亿美元。该项目包括1500万吨/年常压蒸馏、880万吨/年渣油加氢等核心工艺装置，合同内容为设计、采购、施工和试车工程总承包。该项目位于马来西亚柔佛州边迦兰地区，是马来西亚近20年来兴建的投资规模最大的工程项目。

4. 与科威特签署新的石油大单，供应量倍增

2014年8月18日，中石化与科威特石油公司达成为期10年的石油供应合同，供应量相比前一份合同增加了近一倍。这是双方第一份更具竞争力的、以成本加运费C&F为基准来定价的合同。依据合同，科威特石油公司将使用自己的油轮，每日向中石化供应30万桶石油，占科威特石油出口量的15%，合同额达1200亿美元。

（三）中海油国际油气合作成果

1. 与道达尔签署LNG合作协议

2014年3月26日，中海油与法国道达尔公司签署了《液化天然气（LNG）合作协议》，将在中国天然气市场增加每年100万吨长期LNG资源供应。根据协议，在已有的LNG资源购销协议基础上，双方将在中国天然气市场再增加每年100万吨长期LNG资源供应，以及加强在LNG产业链的全面合作。自2008年中海油与道达尔签署每年100万吨长期LNG资源购销协议以来，双方签署并执行了一系列中短期和现货LNG协议。截至2014年底，道达尔已向中海油交付了总量超过500万吨的LNG资源。

2. 与BP签署LNG供应协议

自2001年起，中海油和BP公司就在LNG全产业链上建立了良好的合作关系。2014年6月17日，中海油与英国石油公司（BP）签署了一份LNG长期供应框架协议。根据双方签署的框架协议，自2019年起，BP公司将从其全球LNG

资源组合向中海油每年供应多达150万吨的LNG资源，供应期限20年。2013年中海油LNG进口总量超过1300万吨，占中国LNG进口总量的72%。中海油已在广东、福建、上海、浙江、珠海和天津建成投产6个LNG接收站，LNG总接卸能力达2480万吨/年；正在建设中的海南、深圳、粤东等LNG接收站将于2015年底之前相继投产。

3. 签下俄项目大宗订单

2014年7月11日，中海油所属海洋石油工程股份有限公司（以下简称“海油工程”）成功签下俄罗斯北极YAMAL项目的大宗订单，合同额约101亿元人民币。这是海油工程有史以来中标金额最大、技术等级最高、投标时间最长的一笔订单，也是中国首次承揽LNG核心工艺模块建造项目。YAMAL项目为全球最大的液化天然气液化和出口基地建设项目之一，项目目标是将俄罗斯北极地区埋藏的天然气通过液化，运输供应给欧亚两洲，总液化规模为每年1600万吨。海油工程承担的项目主要是LNG工厂的天然气液化核心工艺处理生产线，包括36个模块，总重约19万吨。与以往在国际项目中承揽管道建造等辅助性工作不同，海油工程在该项目承揽的是LNG建造项目中最核心的工艺模块，填补了国内此类业务的空白。近年来，海油工程广泛参与模块建造国际项目投标，先后签下澳大利亚镍矿、Gorgon等海外订单，分别与壳牌公司签署了全球和欧洲区10年战略合作协议，成功进入埃克森美孚、雪佛龙等公司开列的合格承包商名单，形成了有计划、有步骤的国际化战略布局和拓展模式。

4. 与壳牌公司加强合作

2014年6月17日，中海油与壳牌公司签署全球战略合作协议。根据协议，双方将共同推进在中国和全球的战略合作关系，探寻上游、中游和下游更广泛的合作机会。近年来，壳牌公司和中海油保持了良好的合作关系，双方在上游、下游都有成功合作的项目。双方还在液化天然气和上游深水勘探方面开展合作，其中包括在加蓬和巴西的两个深水勘探项目。

2014年8月21日，中海油与壳牌在海南省澄迈县老城开发区签订中海油海南码头基地租用合作协议。这是壳牌与中海油继共同勘探莺歌海油气后，又一次在海南省落成的南海油气业务合作协议。该基地将作为两大石油巨头合作的南海西部油田勘探、开发、生产的后勤基地，对实现建设“海上大庆”服务国家经济发展具有重要战略意义。位于老城开发区马村港的中海油码头基地开建于2010年，是落实国家建设海洋强国、开发南海油气资源、保障国家能源安全和海南建设国际旅游岛“五大发展战略”的重要举措，也是中海油推进“二次跨越”、加快深水战略、大力推进南海开发的一项战略投资项目。2014 年底，该码头已经正式开始启用，可为南海西部海域油气田生产提供服务，为船舶提供物资补给和货物装卸服务，为海上其他工程作业提供码头和物资堆放场地，为油田生产设备提供检测、保养、维修服务，为海上作业提供应急支持，为平台和船舶停靠、维修等提供支持与服务。两家公司分别在 2011 年、2012 年签订了 3 个莺歌海油气勘探合作协议，此次壳牌公司租用中海油海南码头基地，是落实两家公司签订战略协议的具体体现。通过两家公司在南海油气业务的合作，未来可进一步带动石油化工、管道燃气、天然气发电、燃料油生产等中下游产业及相关服务业的发展。

5. 与俄、墨签署合作谅解备忘录

2014 年 11 月 9 日，中海油与俄罗斯天然气工业股份公司签署了合作谅解备忘录。2014 年 11 月 13 日，中海油与墨西哥国家石油公司签署了合作谅解备忘录。墨西哥国家石油公司是墨西哥政府将控制在美、英等国的 17 家石油公司收归国有后，所建立的一体化国家控股公司，也是墨西哥最大的石油和化工公司。该公司是全球第三大原油生产企业、第八大石油和天然气公司。

（四）其他油气合作成果

1. 延长石油完成收购加拿大 Novus

2014 年 1 月 21 日，在港上市的延长石油完成收购加拿大能源企业 Novus Energy Inc.（以下简称“Novus”）的交易手续。此次收购作价约 2.3 亿加元（约 17.2 亿港元），延长石油全数以现金支付。该公司已于日前完成发行可换股债券，共集资 16 亿港元，余下款项以内部资源支付。收购事项完成后，Novus 成为延长石油间接全资附属公司，其业绩将于 2014 财政年度开始并入延长石油。Novus 在加拿大的萨斯喀彻温省及艾伯塔省拥有原油及天然气项目，业务涵盖收购、勘探、发展及生产。

2. 中油燃气逾 13 亿购加拿大油气公司

2014 年 6 月 20 日，中油燃气收购加拿大 Baccalieu Energy Inc. 100%股本权益，代价 2.355 亿加元（约合人民币 13.49 亿元），以现金支付。Baccalieu Energy 业务集中于经济性良好的 Cardium 地层轻质石油资源业务，占有土地 181 个区块（约 469 平方公里），包括 139 个 Cardium 地层权益的区块（约 360 平方公里），业务主要集中在加拿大阿尔伯塔省中西部。此外，该公司还拥有及营运约 200 公里石油及天然气收集系统的基建设施，包括 13 个处理量共达每天 1500 立方米的石油收集处理区及 9 个处理能力共达每天 50 万立方米的溶解气压缩机组。该等设备继而连接到 28 个处理能力超过每天 8500 万立方米的第三方天然气加工厂。

二、2014 年中国油气产业国际合作分析

1. 中国油气产业国际合作出现的机遇

2014 年，中国油气产业国际合作取得新成果，“走出去”更加趋于多元化和多样化。除国内三大石油集团公司海外油气合作表现突出、继续发挥主体作用外，其他油气企业对外合作也取得新的进展，如中油燃气和延长石油等。中国油气产业国际合作出现了新的发展机遇，主要有：全球油气供应更为充裕、需求不旺，买方力量增强；十八届三中全会内容逐渐落实，推动中国开展更广泛的国际油气合作；油气合作领域延伸，围绕深水、LNG、非常规资源三大领域的合作进一步加深，在北美、南美等地区的能源合作前景广阔，合作政策条件趋好。

(1) 全球油气供应更为充裕、需求不旺，买方力量增强。

2014 年，在石油消费需求端，主要世界原油消费大国需求增长明显放缓，包括中国在内的新兴经济体告别了经济高速增长期，进入中速增长的“新常态”。新兴经济体普遍面临需求不旺、外资撤离、通胀高企三重挑战，经济增长动力不足。新兴经济体是世界石油需求增长的主要引擎，一旦经济增长放缓，将给世界石油需求带来巨大影响。根据国际能源署数据，2014 年全球原油日需求增量预估下调了 20 万桶至 70 万桶，未来还可能进一步削减。

全球油气消费增速较低，全球能源市场不断调整，能源供应来源日趋多元化，欧佩克的原油产量不断增加，美国页岩油的规模和持续性表现突出，令原油市场供给过剩，整个油气市场呈买方力量增强的趋势。美国能源信息署(EIA)公布数据显示，2008 年以来，美国页岩油的日产量从不足 50 万桶增至接近 400 万桶。页岩油产量的迅猛增长，使得美国产油量在夏季已经增至每日 850 万桶，较 5 年前猛增 75%。油气需求大国，掌握着油气市场的主动权，有利于与竞争激烈的卖方市场开展合作，提高合作中地位和话语权。因此，全球油气市场供需格局的变化对中国推进油气资源国际合作有积极的意义。

(2) 落实十八届三中全会内容，推动更广泛的国际油气合作。

2013 年 11 月召开的十八届三中全会研究了全面深化改革的若干重大问题，明确了全面深化改革的重大意义。《决定》指出要完善主要由市场决定价格的机制，凡是能由市场形成价格的都交给市场，政府不进行不当干预。推进水、石油、天然气、电力、交通、电信等领域价格改革，放开竞争性环节价格。政府定价范围主要限定在重要公用事业、公益性服务、网络型自然垄断环节，提高透明度，接受社会监督，完善农产品价格形成机制，注重发挥市场形成价格作用。十八届三中全会提

出的“市场为主”，对放开对中国油气资源价格的管制具有积极意义。

2014 年是落实十八届三中全会的第一年，也是实现《能源发展“十二五”规划》的关键年，油气产业的市场化改革必将对中国开展更广泛的国际油气合作产生巨大的推动作用。

(3) 三大领域合作加深，北美和南美合作前景广阔。

由于世界经济形势不确定、消费需求的疲软，油气主要生产国都纷纷出台有关政策，放宽对外合作条件，鼓励外资进入本国油气市场，整个世界范围内合作政策条件趋好。2014 年，北美和拉美能源合作都出现各种利好条件，合作前景广阔，合作领域已涉及石油、天然气、水电、风能、太阳能和生物能源等，合作形式则涵盖技术服务、能源融资、基础设施建设和勘探开发等，正朝着更加深入的方向发展。墨西哥政府表示能够希望成为中国主要的油气供应国，并且欢迎中国企业到墨西哥合作建厂；委内瑞拉、秘鲁等国也在加大向亚洲石油企业“推销”能源资源的力度；在 2014 年开展的国事访问中，签署了一系列有关油气合作的合同，这为中国提供极为有利的合作机会，拓宽中国油气合作市场范围。中国油气国际合作呈现全方位、多形式、多领域发展。中国 2014 年的对外合作不再局限于同中东、中亚、拉美能源资源生产国之间的合作，与主要能源消费国之间也开展密切合作，包括与美国、加拿大、英国和法国等开展油气合作。

深水油气开发、LNG、非常规资源是全球油气合作的三大重要领域，推进这三个领域的合作是中国开展油气合作的新机遇。如 2014 年 4 月，中石油和壳牌公司签署的全球长期合作文件，双方将在非常规资源、深水、液化天然气以及上游和下游业务中加强长期全球合作；2014 年 6 月，中海油与英国石油公司(BP)签署 LNG 长期供应框架协议，自 2019 年起，BP 公司将从其全球 LNG 资源组合向中海油每年供应多达 150 万吨的 LNG 资源，供应期限 20 年；2014 年 3 月，中海油与法国道达尔公司签署《液化天然气(LNG)合作协议》，在已有的 LNG 资源购销协议基础上，双方将在中国天然气市场再增加每年 100 万吨长期 LNG 资源供应，以及加强在 LNG 产业链的全面合作。

2. 中国油气产业国际合作面临的挑战

全球油气产业不断调整和变革，在世界范围的油气合作中也存在着各种难题，不利于中国企业“走出去”，中国在国际油气产业合作道路上任重而道远，面临的挑战主要包括：

(1) 成本剧增及地缘政治风险加剧导致海外项目风险加大。

全球油气项目的规模不断扩大，项目的操作更加复杂，特别是成本超支、项目延期和融资约束等问题，导致大型海外油气项目的成本和风险大幅增加。过去10年全球石油勘探与生产成本名义上增长了4倍，而石油产量只增加11%。投资成本大于10亿美元的大项目成本超支最为严重，各大石油公司的关注重点从提高产量转向了控制成本。

同时，世界地缘政治更加错综复杂，能源的政治、外交、金融属性日益凸显，围绕国际能源市场主导权的博弈日趋激烈，恐怖主义等非传统安全问题突出，加剧了中国开发利用境外能源资源和保证能源安全的难度。世界每一个油气资源丰富与集中的地区，无论是中东、非洲、拉丁美洲，还是欧洲和亚太地区，长久以来都是大国之间加紧拼争的战略目标。与政府部门合作障碍以及海外合作区地缘政治风险也为石油公司海外项目建设带来诸多风险，仍然主要体现在：①中东地区：领土争端、民族冲突、宗教问题以及政权更换问题；②亚太地区：各国与政治同盟之间相互利用和牵制、各国之间相互竞争、大国压缩小国油气发展空间；③非洲地区：部族、种族矛盾严峻、非洲国家内部冲突、军队政治干预、政府腐败；④拉美地区：产油国与消费国之间的权益竞争矛盾突出。其中，中东北非局势动荡仍是影响全球石油供应和价格的重要变量。地缘政治因素不可控，增加了开展国际油气合作的难度，成为油气外海发展严峻的挑战。

(2) 非常规油气开采技术和深海作业技术落后。

在油气产业中，包括油气勘探开发在内的各个环节都需要强大的技术作为支撑。如今，深水油气开发、LNG和非常规资源是全球油气合作的三大重要领域，推进这三个领域的合作给中国带来了新的机遇。南海油气地质资源量占中国油气总资源量近三分之一，但因恶劣复杂的自然环境、高难度的开发技术、高昂的开发成本和复杂多变的周边局势，使南海深水油气资源未得到有效开发。海上领域的合作潜力巨大，但海上技术非常有限，面临棘手的技术难题。未来要想加快走出去步伐，需要突破海上技术的制约，积极开展海上资源的合作。非常规油气开采方面也是同样。中国油气企业虽然逐渐加大了技术方面的投入，但相比于国际大型油气企业，如壳牌和埃克森美孚等，对技术研发的重视程度仍然不够，对科技的投入不足，技术创新能力较弱。以企业为主体、市场为导向、产学研相结合的产业技术创新体系尚未完全建立，创新资源高效配置和综合集成能力较弱。油气领域核心技术的掌握成为制约中国油气企业"走出去"的重要因素，也是最值得重视的关键问题。

3. 推进中国国际油气产业合作的对策与建议

从1993年党中央、国务院发出"走出去"的号召，到2014年海外油气合作亮点频闪，这 20 多年间，中国已形成以非洲、俄罗斯、中亚、南美以及亚太为主的五大油气合作区、四大油气战略通道、三大油气运营中心的战略布局，在全球 34 个国家拥有国际油气合作项目。从发展眼光看，中石油“走出去”，培养历练了一支熟悉国际规则、国际惯例的高素质管理队伍。中石油海外油气业务中方员工约 5000 人，其中有海外工作经验人员超过 90%，拥有十年以上海外项目工作年限的员工比例为 11.8%。但与此同时，中国在油气国际合作中面临着更高的要求，存在着关键问题上的瓶颈。

（1）增强油气进口地域及合作战略的多元化。

首先，中国石油进口的主要来源地是中东地区，但是中东的石油资源已基本被美国等大国掌控，风险较大不易分散，因此必须实现油气进口来源多元化，有效分散供应风险。从油气合作战略区域重点的选择上，在贸易型合作方面，继续把中东和俄罗斯作为合作的重点，这两个地区油气资源非常丰富，合作前景较为乐观。在投资性合作方面，鉴于中亚对于中国的地缘优势，从降低合作成本的角度，继续把和中亚的合作作为重点。对非洲和南美地区的合作，要在进行原油贸易的同时加大勘探开发力度，完善合作模式，获得份额油。在中俄合作中，在以跨国管道建设推动未来大规模油气贸易的同时，带动上游油气资源开发，这应成为中俄油气合作更长期的战略重点。

其次，实施国际油气合作战略结构多元化。多元化石油战略是实现进口国石油安全和国家经济安全的重要举措，对中国而言最重要的就是增加和石油生产国的直接合作，增加份额油的比重，有效规避贸易方式取得油源所带来的价格风险，以及深化与国际著名油气公司在深海作业、非常规油气开发技术等方面的合作交流。

（2）加强与国际能源组织的合作。

相比于单个国家而言，国际组织更具有稳定性，合作风险较低。加强与国际组织的油气合作，可以使中国获得一个更好的与世界主要能源出口国和进口国进行沟通和协调的平台，国际组织通过制定相关制度也可对各参与国行为进行一定程度上的规范，在产生冲突的时候，国际组织也可以起到良好的调节作用、化解矛盾，维护国际能源市场的稳定。

中国与国际组织间的合作发展良好，几乎与全球和区域的国际组织间都有合作关系，中国是世界能源理事会、独立石油输出国集团等全球层面国际能源组织成员，是能源宪章、欧盟、东盟等区域性国际组织中的观察员或重要成员。但是中国与这些国际组织的油气合作水平并不高，主要还是一般性和对话性合作，实质性合作很少，并且相比全球性国际组织而言，中国与区域性国际组织的合作程度要更高，实质性合作超过一般性和对话性合作。因此，中国虽与国际组织合作范围较广，但合作程度较低，在国际组织中话语权也不够充分，还是要从自身发展着眼，在现有机制下谋求更好地发展，逐步提高国际组织中的参与程度。

(3) 支持引导各类油企参与国际油气合作。

由于油气产业的特殊性，除中石油、中石化和中海油外，其他油气企业参与国际油气合作更需要国家政府部门的支持和引导。对此提出以下建议：一是建议国家有关部门尽快出台一套完整的国内企业跨国投资合作的指导性政策，对海外资源开发的整体方向、重点区域、业务结构、企业资格技术标准、国家和地方政府的调控范围与方式等内容进行规范和指导；二是进一步实施放宽外汇管制政策，提供低息贷款，合理实行减免退税，对境外油气开发项目给予一定的出口信贷额度，赋予海外企业必要的经营自主权，组织研究开办海外石油项目政治风险保险业务以规避风险；三是建立油气企业海外并购基金，石油资源勘探开采项目投资大风险高、见效慢，如无专项资金支持和补偿，单靠企业自身的能力很难成功。建立企业海外风险勘探基金，可以有效地为国内油气企业“走出去”提供保障。

油气企业“走出去”，一般有五个发展阶段：走出国门、进入市场、了解市场、理解市场和融入市场。虽然在不同地区、不同业务进程有别，总体上讲，中国国际油气合作已进入理解市场的阶段。面对日益复杂的世界地缘政治形势，中国油气企业在开展国际油气合作的过程中，要在变化中寻求发展机遇，但同时也要居安思危，注重战略管理、风险管理和危机管理，提高管控能力、加强风险防范。国际市场充满挑战，要保持清醒头脑，加强形势预判，提高突发事件应对能力。

三、2015 年中国油气产业国际合作展望

2014 年中国在油气国际合作领域中依然稳中有升，高度依靠石油进口成为中国能源消费不能改变的现实。受油气资源需求攀升以及地缘政治风险、能源通道安全和价格因素等影响，中国未来能源国际合作形势将面临更多的挑战。“十二五”开局以来，国内外经济环境发生了一些重大变化，给中国的油气国际合作带来一系列新的机会和挑战，主要表现在：

(一) “一带一路”区域对外开放战略将使国际能源合作发生质的飞跃

“一带一路”即为“丝绸之路经济带”和“21 世纪海上丝绸之路”，作为中长期

最为重要的发展战略，其要解决中国过剩产能的市场资源的获取、战略纵深的开拓和国家安全的强化这三个重要的战略问题。“一带一路”规划实质性举措出台后，国家的相关政策将给中国西北省份的基建、能源、消费、旅游等多个产业带来新的发展契机，对区域经济形成实质性利好，也为西部建设带来巨大的发展。2012 年，中国已经成为全球最大的能源消费国，原油进口量达 2.7 亿吨，对外依存度突破 60%。作为世界上最大的能源消费国，中国需要多元化的能源进口战略来解决国内的能源紧张局面以维持经济的可持续发展。因此，能源合作毫无悬念将置于“丝绸之路经济带”建设体系中“重中之重”的位置。

“丝绸之路经济带”覆盖 30 多个国家，地域辽阔，资源丰富，被称为“21 世纪的战略能源和资源基地”，集中了俄罗斯、哈萨克斯坦、乌兹别克斯坦、土库曼斯坦、阿塞拜疆、伊朗等重要能源生产国，涵盖了中国能源的主要陆上通道。丝绸之路经济带上的中亚，是中国重要的能源供给区之一。中亚地区连接着世界上两大制造业中心，中亚地区以东，是经济仍在飞速增长的亚太经济圈，以西则是发达的欧洲经济圈，中亚经济发展水平与其连接的两大经济圈相比存在差距，而其自然资源、土地资源之丰富可谓世界独一无二，矿产品几乎可以覆盖所有制造业国家的需求，且开发潜力巨大。中亚许多国家都希望依靠油气资源，走上富国之路，寻求发展油气产业所需的资金、技术和多元化的出口市场，成为这些国家的战略需要。它们一直主张与最稳定的能源需求国——中国展开能源合作。而作为中亚近邻的中国，则把中亚管道油气作为多元化能源进口的重要来源。结合“一带一路”资本输出大战略，中国的国有大型石油企业纷纷采取行动，将在现有合作项目的基础上，进一步加强顶层设计、统筹规划，与中亚各国的合作将不仅仅是过去简单的勘探生产和油气贸易，而是更加关注资源国的诉求，在推进大型基础设施建设、下游炼化加工和装备制造等方面的全面合作，实现共赢发展。国际国内的海洋石油工程前景也非常广阔，特别是亚太地区由于石油供求矛盾突出，海上石油开发的投资迅速增加，已计划的海上油田工程开发量占世界首位，因此，中国在此战略的主导下油气国际合作将会出现突飞猛进的质的飞跃。“丝绸之路经济带”的能源合作，对于减轻中国海上能源进口压力、保障中国经济可持续发展意义非比寻常。

（二）中俄“能源先行、多领域合作”将进一步深化

能源合作一直在中俄战略协作伙伴关系上处于领先地位，2014 年中国与俄罗斯的油气合作取得了实质性的进展，在中石油与俄油签署的《关于进一步深化战略合作的协议》中，双方约定将在上游油气勘探开发、下游炼厂建设、油气贸

易领域开展一体化合作，同时还有意将合作方向拓展至工程技术服务、装备制造和科技研发等领域，这个协议的签署标志着中俄油气合作步入新阶段。

在西方制裁威胁下，俄罗斯经济发展受限、能源基础设施建设融资困难，其“西伯利亚力量”开发面临严峻的在资金和技术匮乏问题的情况下，俄罗斯要加速东西伯利亚油气资源开发加速，必然要求扩大上游产业对外开放程度。俄已经有意愿对中方开放更多的远东油气田，为中国企业进入俄罗斯油气产业上游提供了机会。此外，中俄东线天然气供销合同签署后，西亚北非、澳大利亚、莫桑比克等液化天然气出口国对中国市场的关注更超以往，中国石油企业“一带一路”框架下争取沿线产区新增液化天然气产能上游项目的回旋余地增大。

俄罗斯能源战略调整为“一带一路”框架下中俄能源合作带来新机遇，“能源加金融”的合作模式呼之欲出。长期以来，俄罗斯能源领域融资、结算等金融业务高度依赖美元。乌克兰危机爆发后，西方对俄罗斯能源金融产业制裁压力空前，使其面对促使俄谋求加强国际能源金融合作以摆脱困境应对危机。在政治高度互信的前提下，中俄油气贸易大幅度转用人民币结算的前景可以期待。此外，俄罗斯在国际能源定价方面深受西方制约，迫切希望扩大定价话语权。在调整油气资源出口方向的同时，俄将更加重视与中国开展金融和价格合作，推动建立远东地区天然气市场和定价机制，进而在未来的国际统一天然气定价权博弈中谋求强势地位。在当前形势下，除了能源合作外，中俄在包括财经、基建等领域的合作也将会取得重大的突破，中国作为能源消费大国，与全球最大的能源出口国俄罗斯之间交易额如果由美元结算变成人民币结算，不仅能解决俄罗斯的现实问题，也在客观上有利于中国人民币的国际化和更密切的中俄经济关系。在能源先导、多领域开拓的合作情况下，中俄两国加强金融合作的必要性和可行性已经存在，金融合作紧跟能源合作，二者相辅相成，将构建起中俄合作的基本框架和坚实基础。

（三）国际油价下跌有益于中国石油企业“走出去”战略和国际能源合作

2014 年 10 月 31 日，国家发改委再发通知下调汽、柴油价格。自 6 月以来，国内成品油价已历经七连跌。其背景在于，国际原油价格连续下降已经持续超过 4 个月，降幅超过 25%。对石油对外依存度接近 60%的中国来说，成本降低是最直观的好处。更深远的机遇在于，如果油价在低位运行的态势能够在一段时间内持续，将大大降低油价成本对中国能源价格改革的制约，为推进能源市场化改革、理顺相关价格体系提供相对宽松的环境。

此次油价下跌，除了其对中国带来的短期影响外，还需要从长远着眼，从国际国内的影响综合分析，加速破解当前存在的机制障碍，为未来的能源生产和消费创造良好的环境。从国际合作角度看，国际油价下跌有益于石油企业“走出去”战略和国际能源合作，这关系着更长久的能源供应。从以往的经验来分析，在低油价时期“走出去”会更加容易，除了价格比较低，谈判也会比较容易，因此可以间接的增加国际能源合作力度。以俄罗斯为例，中俄能源合作虽然有很强的政治动力，也有较强的经济动力，但一直没有突破性进展。而油价下跌对俄罗斯的经济影响较大，此时与俄罗斯的能源合作，很快便有了实质性的飞跃。因此，在2015年针对油价下跌产生能源供给影响的国家，中国可以抓住更好的机会实施“走出去”的对外合作战略，保障国家的能源安全。

（四）新型安全观和价值取向将主导油气的国际合作方式和进程

当今世界已经形成地球村，没有一个国家（包括中国在内）能够独立解决本国的能源安全问题。因此，保障中国的能源安全问题最重要的核心是要改变能源安全观和国家价值取向问题，那些认为能源一定要自己掌握资源才安全的错误观点，从长远的战略角度考虑已经是不合时宜的。

在全球化时代，保障一个国家的能源安全需要通过国际合作开发和国际贸易。最重要的出路有两个：一个是技术创新；另一个则是实现能源就近供给。对于发展中的中国可以实践第二个条件，能源就近供应通道西有中亚和中东地区，北有俄罗斯，南有中国南海，能源地距离中国并不是太远。而随着能源消费重心转移，中东正在成为亚洲的中东。据统计，中国的石油供应超过50%从中东地区进口，日韩达到90%，印度达到75%。虽然亚洲是能源消费最大、增长最快的地区，但是由于历史原因，中国对主要石油生产区——中东并没有太多的影响力，也没有像美国、欧洲那样的相互交往平台，这是中国能源外交的一个严重缺陷。俄罗斯方面，即使在近十年的油气进口快速增长期间，来自俄罗斯方向的油气对中国的作用也是微乎其微的。中国能源进口组成中，56%的原油进口来自中东，而从俄罗斯进口的石油大概只有6%，因此在可预见的未来中国一定要重视区域的联合和协调。

从战略角度考虑，在全球化的格局下，中国的能源安全将会在新型的安全观主导下进行油气能源的国际合作，在考虑保证全球能源安全的基础上，来保证自身的能源安全。

（五）非常规油气国际合作领域将逐步扩大

油气资源短缺和维护中国油气安全是中国不得不面对和解决的重大问题。在当前国际石油市场变幻莫测、国际油价高位震荡的局势下，维护油气安全的一个重要途径就是必须放眼全球，积极寻求油气资源合作开发。综合分析来看，推动非常规油气国际合作的主要因素有：

(1) 资源国非常规油气资源丰富。世界各国加强资源开发，一些国家的非常规油气资源的发现储量极为丰富，为非常规油气开发的国际合作提供了资源基础。

(2) 资源国具有良好的合作环境。对于国际合作而言，最重要的环境就是政治环境、经济环境和文化环境。中国开展对外油气合作，制定油气合作战略就必须考虑合作对象的政治环境。

(3) 具有双边利益。中国在亚欧大陆桥的建设中处于关键的位置，其是中亚与世界联系的纽带，是建立亚欧大陆桥的关键位置之一。因此在进行亚欧大陆桥的建设过程中一些非常规油气的资源国可能积极寻求与中国合作的机会，在油气开采等方面表现主动。当然这种油气开采上的合作对合作国来说也是十分有利的，可以以此为契机打开中国市场，跟中国建立起长期的合作关系，通过能源的交易获取经济上的利益，这种互利互惠的方式符合现代国际社会倡导的双赢思想，有利于不同国家的共同发展。

由此可见，非常规油气开发国际合作是解决中国油气资源紧缺的有效手段之一，其对中国今后的发展有着重要的影响作用。为了可以有效地进行非常规油气开发的国际合作，中国政府应积极的对各项阻碍因素进行研究与分析，制定油气合作战略，考虑多方面因素，全面分析动因与阻力，权衡利弊。通过加强国际间沟通，提高本国实力等方式减少国外阻碍势力对中国非常规油气开发国际合作的影响。

(六) 将积极开展与南亚国家的油气合作业务

由于美国转变了全球战略，加快在亚太地区的战略布局，使得地缘政治格局愈加复杂，对中国石油公司的海外业务发展带来一定挑战。一方面，美国“重返亚太”助推缅甸政治格局多元化，西南油气战略通道建设风险攀升。美国强势回归并多管齐下，大力推动“跨太平洋战略经济伙伴关系协定”(TPP)和“再平衡”战略，积极拓展同中国近邻之间的“新盟友”关系，美缅关系迅速升温，并力促缅甸实施全方位改革。缅甸方面表现出“亲西方”转向，预计将会奉行更为开放、多元化的政治、外交与经济政策，使中缅油气合作及西南油气战略通道面临更多不确定性。另一方面，南亚油气合作战略意义凸显，但政治与安全风险较高。

现阶段，积极开展与阿富汗、印度、巴基斯坦、孟加拉国等南亚国家油气合作业务的战略意义大于实际经济收益。在国家层面，将有助于冲破美国的战略围堵，拓展中国的战略空间并保障西南油气通道及印度洋海上通道安全；在公司层面，将南亚合作同既有的中东、中亚业务有机结合，将开创“泛南亚一体化”的新格局。然而，南亚国家在边境主权、民族问题上纠纷不断，将对油气业务产生一定干扰；宗教问题复杂多变，极端势力较为活跃，安全防恐压力较大；澳大利亚推行新税种，环保要求趋严，推升对外合作项目运营成本，所以未来一段时期内中国的油气“走出去”战略还将面临严峻的考验。

回首 2014 年，在互利合作、多元发展、协同保障的新能源安全观的指导下，中国打开了能源对外合作的新局面，能源多元化格局成效显著。展望 2015 年，面对后金融危机时代国际能源关系复杂多变的情况，中国仍须强化能源多元化战略体系，尽可能地减少能源贸易争端，建立全方位、多领域、多层级的协作关系和利益纽带，切实保障中国能源安全，进而促进经济社会可持续发展。中国油气的国际合作在可预见的未来应把关注点建立在新的国际合作理念上，因为无论是全球政治环境、经济格局还是能源格局都处在不断的非预期变化和调整过程中，随着中国的成长和崛起，无疑将成为国际经济合作中的重要角色，如何发挥自己的作用对于日趋强大的中国来说显得尤为重要。只有在新的国际合作理念中，建立利益分享的合作模式，坚持找油、买油、炼油、储运油相结合的理念，才能使得合作更加稳固。除此之外，在重视石油的国际合作的同时，中国还应该从战略高度重视和认识未来天然气的作用和地位。当前的中国面临着巨大的环境污染压力，雾霾日趋严重，所以天然气不可避免的将成为主要的清洁能源，如何利用全球的天然气资源和中国的潜在的资源，需要通过一系列的政策激励。从全球的角度来看，中亚和南下的俄罗斯管道气、西渡太平洋的加拿大 LNG、从南面北上的澳大利亚气，东非的气等以及中国自有天然气储量，为中国实现经济发展模式转型、实现能源结构的转型提供了可能。中国应该抓住一切可利用的现实机会，实现石油和天然气国际合作进程质的飞跃。

中国对外油气贸易分析与展望

2014年中国全年进口原油30835.7万吨，出口原油60万吨，原油净进口30775.7万吨，对外依存度为59.4%；全年进口成品油467.5万吨，出口成品油1952.1万吨；进口天然气4290.4万吨，其中管道气2302.3万吨，LNG1988.1万吨，对外依存度为31.7%。受经济形势影响，国内石油需求增速减缓；同时，环保压力和和对清洁燃料的需求将促使中国天然气贸易扩展迅速。

一、2014年中国原油贸易分析及2015年展望

(一)总体运行情况概述

2014年，中国国内原油产量约2.1亿吨，连续4年保持2亿吨以上。据海关总署最新统计数据显示，2014年，中国累计进口原油达到3.08亿吨，同比增长9.3%;累计原油进口额为2281.3亿美元，同比增加3.9%；原油进口平均价格为724.7美元/吨，比2013年降低2.6%(表8)。

表8　2012~2014年中国原油进口情况

时　间	进口量/万吨	同比增长/%	进口额/亿美元	同比增长/%	平均进口单价/(美元/吨)	同比增减/%
2012-1季度	7061	11.35	582.30	33.28	824.67	19.70
2012-2季度	6946	10.61	601.50	16.91	865.97	5.69
2012-3季度	6031	-2.96	454.10	-8.60	752.94	-5.80
2012-4季度	7064	7.98	568.8	9.7	805.21	1.59
合计	27102	6.79	2206.7	12.2	814.22	5.1
2013-1季度	6897	-2.32	555.2	-4.65	804.99	-2.39
2013-2季度	6920	-0.37	523.58	-12.95	756.62	-12.63
2013-3季度	8022	33.01	559.52	23.22	697.48	-7.37
2013-4季度	7075	0.16	558.1	-1.88	788.83	-2.03
合计	28914	6.69	2196.4	-0.005	759.63	-6.70

续表

时　间	进口量/万吨	同比增长/%	进口额/亿美元	同比增长/%	平均进口单价/(美元/吨)	同比增减/%
2014-1 季度	7472.3	8.34	589.10	6.11	788.38	-2.06
2014-2 季度	7723.6	11.61	597.70	14.16	773.86	2.28
2014-3 季度	7652.5	-4.61	587.20	4.95	767.33	10.01
2014-4 季度	7987.3	12.89	507.30	-9.10	635.13	-19.48
合计	30835.7	6.65	2281.30	3.87	739.82	-2.61

数据来源：中国海关总署

2012~2014 年中国原油月度产量如图 12 所示。从图中可以看出，2014 年，中国原油总产量为 21009.6 万吨，同比增长 0.6%，与 2013 年产能基本持平。2014 年，中国原油产量总体呈现增长态势，能保障国内的市场供应。

随着中国原油对外依存度不断攀高，2014 年中国原油对外依存度逼近 59.4%。2012 年，中国原油进口总量为 2.711 亿吨，同比增长 6.79%，涨幅较 2011 年有所上升，月度平均进口量约为 2258.5 万吨，月度产量平均仅为 1718 万吨；2013 年，中国原油进口量在经过连续 12 年的上升后，原油进口量增长至创纪录的 2.821 亿吨，但 4.1%的升幅是 2005 年以来最小的。2014 年，中国原油进口量为 3.08 亿吨，中国石油产需缺口逐渐扩大，意味着中国的原油进口需求将不断提高。2012~2014 年中国原油进口量如图 13 所示。

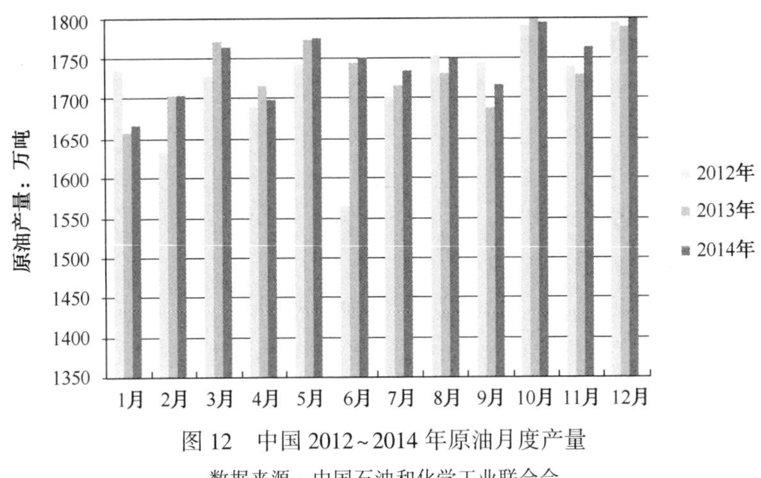

图 12　中国 2012~2014 年原油月度产量

数据来源：中国石油和化学工业联合会

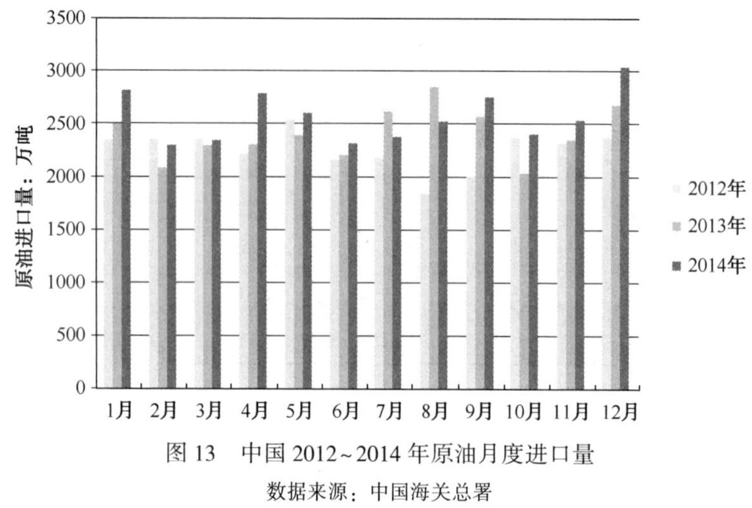

图 13　中国 2012～2014 年原油月度进口量

数据来源：中国海关总署

（二）2014 年中国原油贸易的主要特点

1. 原油进口价格创新低

一方面是石油需求下降，另一方面全球石油供应充足，供求失衡更加明显，这使得石油价格持续受压。2014 年 12 月，作为国际原油标杆的布伦特原油价格跌破每桶 60 美元，创造了 2012 年以来的新低。美元持续走强和沙特限产信号不明朗直接推动了最近的油价下跌，但根本原因还在于买方需求不足、卖方竞争加剧、原油市场供给趋于过剩等因素，因此油价走低还将持续相当一段时间。国际油价大跌后，相对于美国、俄罗斯、沙特等这些石油大国，中国总体上是受益比较大的。因为中国每年进口将近 3 亿吨原油，如果油价降低会减少外汇支出。另外，低油价有利于国内经济平稳发展，相对来说，中国经济增速有一定下滑趋势。低油价能降低整个经济运行成本，有利于中国整体的经济发展，所以对中国来说是非常有利的。中国原油进口价格也在随着国际油价的变动而变动，其中在 12 月达到最低点为 568.3 美元/吨，总体稳定在 740 美元/吨的价位上，2012～2014 年中国原油进口价格如图 14 所示。

2. 原油进口来源地向南美和周边资源国扩展

从历年的原油进口来源分析，中东和非洲国家始终是中国原油进口的主要资源国。进入 21 世纪以来，随着原油消费需求和对外依存度的持续增长，能源供应安全更加受到重视，为减少对海上运输通道的过度依赖，提高能源供应安全，中国的能源通道建设开始从海上为主的单一供油局面向海陆相济、多方保障的局面转变，原油进口来源进一步扩展。2014 年，中国原油进口来源遍布中东、非

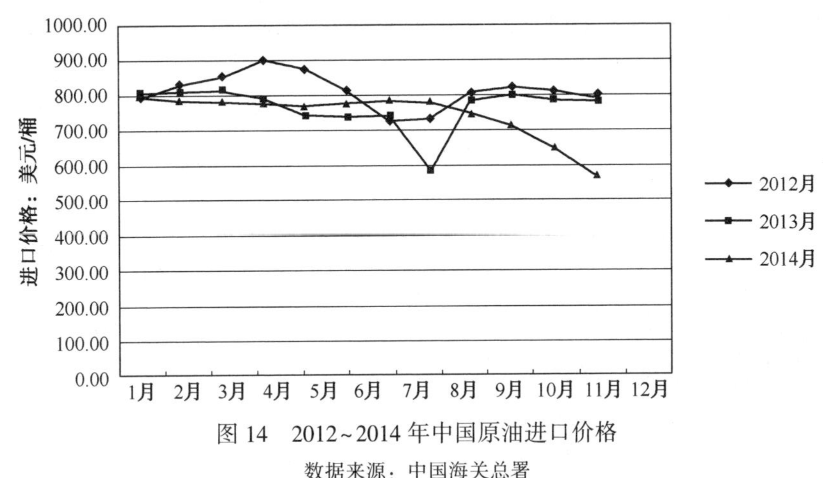

图 14　2012~2014 年中国原油进口价格

数据来源：中国海关总署

洲、南美及周边地区的三十多个国家，其中包括中东 8 个国家，非洲 11 个国家，前苏联 2 个国家，南美 7 个国家，其余来自亚洲、澳洲和北美地区等国家。

3. 中国与中亚原油贸易合作进一步加强

2014 年部分主要产油国政治局势仍存在不稳定因素，为了分散风险，实行多元化进口战略和途径，中国从中亚地区的原油进口量在近年逐步增长。未来 25 年，俄罗斯和中亚石油资源国的原油出口量将继续稳步增长，尤其是俄罗斯，出口流向将进一步转向东部。俄罗斯向亚洲地区的原油出口量正以 9%左右的年均增速快速提高，将为中国原油陆路进口提供更多资源选择。为进一步建立和完善中国能源战略通道，减少对海上通道的依赖，提升能源供应安全，应更加重视与俄罗斯和中亚国家等周边资源国的战略合作，发挥中国石油市场的吸引力，建立更多的合资互惠项目，换取长期稳定的资源保障。通过建立多边合作关系，争取更为优惠的进口价格。从地缘政治的角度分析，中国进入中亚为中亚国家提供了多元化的选择，对俄罗斯和以美国为首的西方国家的亚太战略构成了冲击，对欧亚大陆和全世界产生了重要的影响。中国寻求巩固与中亚国家的关系，这将把中国的利益扩大到它在亚太传统地区以外的地方，也有利于满足中国随经济发展日益庞大的能源需求。

4. 原油对外依存度不断攀升

进入 20 世纪 90 年代以来，随着经济建设的快速发展，中国原油消费量保持年均 8%以上的较高增长水平，而国内原油产量增速只有 2%左右，致使中国从原油自给自足、少量出口转变为原油净进口国，且对外依存度不断攀升。中国 1996 年原油进口量 2262 万吨，净进口量 221 万吨，首度成为原油净进口国；2004 年原油进口量突破 1 亿吨，对外依存度接近 58%，2009~2013 年均增速超过 15%，中国成为仅次于美国的世界第二大原油进口国。

综合考虑石油资源储量及开发技术进步等影响因素，世界石油产量将在未来 20 年持续下降，但下滑速度逐步放慢，表现为年均增速曲线下降趋势稳中略有减缓；中国石油产量 2020 年之前将以 0.6%左右的年均增速略有增长，2020 年之后开始下降，下降速度将由 2020~2025 年的-0.5%左右逐渐增加至 2030~2035 年的-3.7%左右。中国石油产需缺口逐渐扩大，意味着中国的原油进口需求将不断提高。预计 2020 年中国原油进口量将增加至 4.2 亿吨左右，2030 年超过 5 亿吨，2035 年将达到 6 亿吨左右。

（三）2015 年中国原油贸易展望

1. 国际油价走低创造购买契机

尽管国际上石油开采的成本一直在上升，但国际油价从来就不是成本定价的，而是金融定价，其价格波幅相当巨大。比如 2008 年美国金融危机爆发，油价当时从每桶 145 美元狂跌至 36 美元，随后几年，油价却一直维持在 100 美元/桶以上的水平。当油价暴跌到 36 美元/桶时，并没有石油企业因此而破产，但当油价维持在 100 美元/桶之上的水平时，一些产油国家则成了暴发户。国际油价之所以会长期维持在一个较高的水平，与产油企业成本及市场供求关系不是太大，而更多的是国际石油输出国垄断定价的结果，再加上有石油期货左右，让这种石油的垄断性定价有所加强。在这种情况下，石油输出国可大获其利，如俄罗斯、沙特阿拉伯、伊朗、委内瑞拉等国，而中国、美国、欧洲及日本石油需求国的利益则受到较大损害。买同样多的油，付出成本更高，这不仅对这些国家的消费者不利，也会严重损害这些国家及全球的经济增长。

2014 年，产油量占全球总量 40%的欧佩克将不因全球疲软需求且供应盈余而减产，这触发石油价格频频出现暴跌。石油价格处在四年低位，因此降低了燃料及其他大宗商品的成本。随着油价及大宗商品价格的下跌，为全球节约的成本规模将升至 1.1 万亿美元，给消费者和企业以额外的资金来消费并提振经济增长。近年来，随着中国经济的快速增长，居民生活水平的提升，中国对石油的需求量越来越大。除美国之外，中国已经成为世界最大的石油消费大国之一，对外依存度也在 58%以上。所以，国际油价暴跌，中国应该是最大的受益者。它不仅可能全面降低企业成本，也直接降低了居民的生活成本，这些对促进中国经济增长相当有利。

2. 产油国博弈加剧重构世界原油供应格局

2014~2015 年，世界经济仍处于低迷和调整阶段，油气地缘政治博弈不断。

一是发达国家主权债务风险仍不容忽视；二是全球部分资产价格出现泡沫化迹象；三是新兴经济体仍面临增长放缓和通胀高企双重压力；四是全球货币政策分化协调难度加大；五是地缘政治冲突不断，近期巴以冲突加剧导致中东地区形势急剧恶化，而马航坠机事件更导致俄罗斯与西方国家关系再度趋紧。

在这样的情况下，“能源革命”加速“能源独立”，重塑全球能源版图。美国油气产量在过去5年大幅增长，对国际能源市场产生巨大冲击，2014年美国可能取代沙特成为全球最大的能源生产国，并有望在2037年实现“能源独立”。欧洲国家由传统化石能源迈向可再生能源的战略转型也取得显著进展。在乌克兰局势持续恶化的情况下，欧洲能源独立进程将进一步提速。日本近期也推出了新的《能源基本计划》，明确表示要重启核电站。随着“能源革命”的推进，发达经济体将逐步降低来自主要能源输出国的制约。受此影响，未来石油出口国的经济实力和政治影响力或将逐步被削弱，全球能源和政治版图将发生深刻变化。

此外，国际油价的不断下跌，虽然让众多产油国压力倍增，激烈争夺国际原油市场份额。欧佩克和俄罗斯作为主要石油出口方，无疑受油价低迷的打击最大。有资料显示，国际油价从100美元/桶跌至80美元/桶，使得俄罗斯的GDP减少了约2%。欧佩克各成员国也同俄罗斯一样，受到了油价持续下跌的冲击。为了在低迷的油价中屹立不倒，各产油国也可谓绞尽脑汁。欧佩克内部就出现了不同声音，沙特、科威特等国选择用增产降价的方法，来确保市场份额。而同是欧佩克成员国的委内瑞拉则不愿与上述国家保持一致，选择了减产应对油价下跌。油价下跌还会影响作为消费国的中国等国家发展替代能源和提高能效的积极性，高成本的清洁能源可能将再度面临生存危机，油价进一步下跌还会危及能源企业对深水、北极和页岩油气的投资。因此，可以展望2015年的世界原油供应格局会在复杂的经济和政治环境下出现更多调整。

3. 民营企业原油进口资质逐步放开

国家高度重视保障能源安全问题。在中央财经领导小组第六次会议上，习近平主席就推动能源生产和消费提出要求：推动能源消费革命，控制能源消费总量，抑制不合理能源消费；推动能源供给革命，建立多元供应体系，着力发展非煤能源，形成煤、油、气、核、新能源、可再生能源多轮驱动的能源供应体系；推动能源技术革命，带动产业升级；推动能源体制革命，构建有效竞争的市场结构和市场体系；全方位加强国际合作，实现开放条件下能源安全。

商务部发布《关于支持外贸稳定增长的若干意见》，赋予符合条件的原油加工企业原油进口和使用资质，扩大原油进口渠道。发改委发布《油气管网设施公平开放监管办法(试行)》《关于首批基础设施等领域鼓励社会投资项目的通知》，要求油气管网设施运营企业在有剩余能力的情况下将向第三方市场主体平等开放管网设施。未来，油气产业将在可以引入竞争的领域和环节引入新的市场主体，逐步形成有效竞争的市场结构和多元化的供应格局，为公司提高竞争力提出更高要求。

2014 年 8 月底，广汇能源控股子公司新疆广汇石油有限公司获得原油非国营贸易进口资质，安排广汇石油 2014 年原油非国营贸易进口允许量为 20 万吨，广汇石油可根据市场情况将原油销售给符合产业政策的炼油企业。作为中国第一家获得原油进口资质的民企，广汇能源可直接将其拥有的海外油气资源运回国内，形成从上游勘探到下游销售的全产业链。而国内炼油产业链也或随着原油进口权限的破冰而重新洗牌。随着原油进口权限的破冰，国内的原油缺口会逐步缩小。

4. 中国加强国际油气进口多元化建设

2014 年 11 月，APEC 会议上中俄能源界互动频繁。根据中俄能源合作协议，中石油获得俄罗斯石油公司万科尔油田 10%股权，标志着公司正式进入俄罗斯油气上游勘探领域。万科尔油田隶属于俄罗斯石油公司的子公司 Vankorneft。万科尔油田既是俄罗斯石油公司旗下最大的油田，也是过去 25 年中俄罗斯发现并投入生产的最大油田，该油气田可采储量估计为 5.24 亿吨石油和凝析气，以及 1060 亿立方米天然气。来自俄罗斯石油公司官网的数据显示，自 2009 年投产至 2013 年年末，万科尔油田的油气产量均保持了匀速增长。按照俄方计划，2014 年该油田产量将占俄罗斯石油公司年产量的 1/3 左右。两家企业在北京还讨论了在天津合资建设炼油厂的事项。

国家主席习近平 2014 年 11 月 9 日会见俄罗斯总统普京时，双方指出，加强能源合作对维护两国能源安全意义重大。双方要如期推进东线天然气管道建设，尽快启动西线天然气项目，积极商谈油田大项目合作，探讨核电、水电合作新项目。

二、2014 年中国成品油贸易分析及 2015 年展望

(一) 总体运行情况

2014 年以来，中国继续实施稳健的货币政策，中国政府及时出台支援外贸稳定增长和加强进口的政策措施，推动了进出口增速逐步平稳回升，奠定了经济整体走势的政策基调。而在成品油定价方面，受国际油价、成品油需求预期和其他经济数据的影响，中国成品油价格波动频繁，并且实现了国内成品油的首次“11 连跌”。2014 年 10 月中国成品油净出口 86 万吨，单月净出口量为历史最高

值。与2013年相比，2014年累计进口量下降24.2%，因此综合来看，成品油需求30181.6万吨。2014年，中国成品油（指所有石油成品，下同）进口总量为3000万吨，同比下降24.2%；出口量总量为2967万吨，同比上升4.1%；净进口总量为-33万吨，其中主要品种为汽油、煤油、柴油、石脑油、燃料油、润滑油。进口来源地主要包括韩国、俄罗斯、新加坡、委内瑞拉、马来西亚、日本等（图15～图16）。

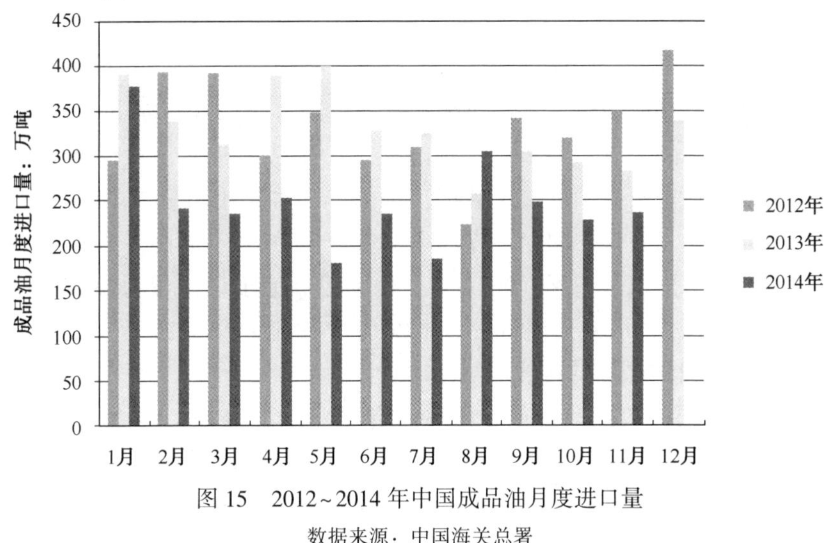

图15　2012～2014年中国成品油月度进口量

数据来源：中国海关总署

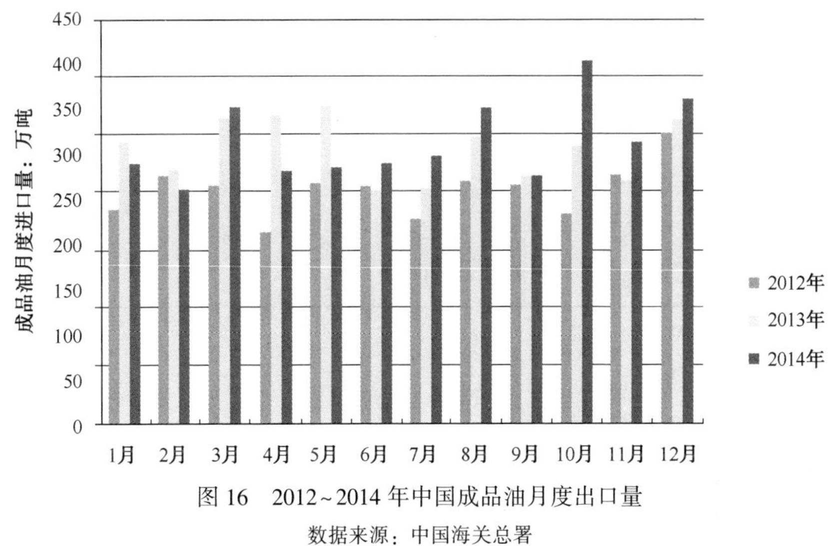

图16　2012～2014年中国成品油月度出口量

数据来源：中国海关总署

(二) 2014 年中国成品油贸易的主要特点

1. 成品油进口量同比大幅下降

2014 年，中国成品油进口量总体比 2013 年有较大幅度下降，2014 年成品油总进口量为 3000 万吨，而 2013 年全年累计进口成品油 3959 万吨。2014 年中国成品油进口量最大的 1 月，进口量逼近 400 万吨，处于较高水平；5 月达到成品油月度进口量最低点 181 万吨。2014 年中国成品油进口金额达 234.3 亿美元，同比减少 26.8%(表 9)。

2. 成品油出口量同比略有上升

中国成品油市场资源供过于求、炼油产能过剩等问题日益突出，成品油出口成为调节国内供需的一项重要工程。2014 年，中国成品油净出口规模明显扩大，柴油成为主要增长点。据中国海关数据，2014 年汽油净出口量为 498.4 万吨，柴油净出口量为 399.8 万吨。同期，煤油净出口量为 1053.9 万吨。汽油自 2013 年起就实现了全面净出口的情况。2014 年，中国成品油出口总量为 2967 万吨，出口金额为245 亿美元，成品油出口量与比 2013 年同比上升 5.2%。

3. 2014 进出口成品油的构成

2014 年，中国进口成品油的主要油种包括汽油、煤油、柴油、石脑油、燃料油、润滑油。具体进口量、进口金额、出口量、出口金额见表 9。

表 9　2014 年中国成品油进口种类及金额

2014 年	进口量/万吨	进口金额/万美元	出口量/万吨	出口金额/万美元
汽油	3.4	3414	498.4	494731
煤油	416.7	398894	1053.9	1031053
柴油	47.4	39505	399.8	389700
石脑油	369.8	329956	13.1	12664
燃料油	1782.6	1082231	940.2	575746
润滑油	305.0	393325	14.9	29406

数据来源：中国石油和化学工业联合会

(三) 2015 年成品油贸易展望

1. 成品油进口权将继续放开

根据商务部发布的《2015 年成品油(燃料油)非国营贸易进口允许量、申领条件、分配原则和相关程序》有关成品油进口权进一步放开的政策文件，规定 2015 年燃料油非国营贸易进口允许量为 1620 万吨。同时明确提出对燃料油非国营贸易进口资质条件。只要符合要求，进口允许量先来先领，在起始申领数量内企业可以分次申领燃料油自动进口许可证。放开成品油进口，规范非国营贸易进口机制，不仅可以打破国内石油市场垄断格局，而且还可以促进国内石油市场公平竞争局面形成，进而对国内经济与市场油价产生积极影响。

国内市场成品油进出口的开放，使民营企业在中国成品油市场中会获得迅速发展的机会，并有利于打破国内石油市场垄断局面，成为中国石油石化业一支活跃的力量，他们的崛起有利于中国油品市场的发展和繁荣；而且随着成品油进口权规范机制的加强，国内石油市场的公平竞争也必定会形成，竞争越充分，对消费者越有利。更加完善的制度规范有助于对国内石油产业进行生产成本控制，有助于成品油价格的形成和管理机制水平的上升，不但有利于民企发展，也有利于保障国内能源安全，同时还有利于国内成品油市场经营体制的改革，特别是市场竞争的形成，成品油的价格可以交给市场，更加灵敏地反应国际油价的变化。

2. 成品油价格下跌将使贸易商优胜劣汰

现行成品油定价机制实施一年多以来，因需要对原油走势以精准把握以及库存不能及时消化，贸易商一直采取低库存操作。而 2014 年以来，因国内经济增速放缓抑制成品油终端需求；再者，2014 下半年成品油市场持续的八连跌走势，导致国内成品油批发价格一直处于下滑态势；最后，增值税、消费税相关法规的不断完善，净化了成品油的流通环节。

在诸多利空消息下，中间商遭受重创。当前部分资金实力雄厚的中间商继续停留在成品油市场，且采取低库存操作；而因资金链断裂或批发价格持续走低导致其亏损严重，部分贸易商将退出成品油市场。

3. 三大国有石油公司将大力拓展成品油出口贸易业务

中石油和中石化在过去几年一直注重海外成品油贸易。2014 年，中海油成为继中石化和中石油之后，可以开展成品油出口贸易业务的第三家国有企业。2014 年 9 月 5 日，装载约 1.2 万吨航空煤油的油轮驶离东联码头，这标志着中海油的成品油首批来料加工贸易业务交付成功。由此，经过多年的精心准备与努力经营，中海油的成品油出口贸易业务终于打开了境外市场大门，实现了历史性突破。中海油首批航空煤油的成功交付具有重大的现实意义和深远的战略影响。一是商业模式的创新大大拓展了中海油销售贸易产业的市场领域，为 2015 年做大做强销售贸易产业打开了全新的通道；二是市场渠道的开拓为最大程度发挥现有生产装置的设计产能创造了条件，使航空煤油的实际产量得到进一步提升，经济效益大为增加。

三、2014 年中国天然气贸易分析及 2015 年展望

（一）总体运行情况

中国天然气总体资源储量较为丰富，据全国油气资源评估报告显示，常规天然气资源量超过 35 万亿立方米，非常规天然气中煤层气资源量超过 36 万亿立方米，页岩气资源量在 30 万～40 万亿立方米。天然气作为石油和煤炭的优质替代品，更加具有不可替代性，而且与居民生活息息相关，据预测，2015 年中国天然气需求量为 2300 亿立方米，2015 年到 2030 年间中国天然气需求平均增长 8%，超越伊朗成为全球第三大天然气消费国。随着 2014 年颁布的《油气管网设施公平开发监督办法(试行)》《关于健全居民用气阶梯价格制度的知道意见》等 7 项分别涉及的管网开放、购销合同、基础和价格机制等政策法规的出台，中国天然气发展进程中存在的定价机制、供需矛盾、利用效率低等方面的问题有望得到进一步缓解，但天然气供需仍处于紧平衡状态。

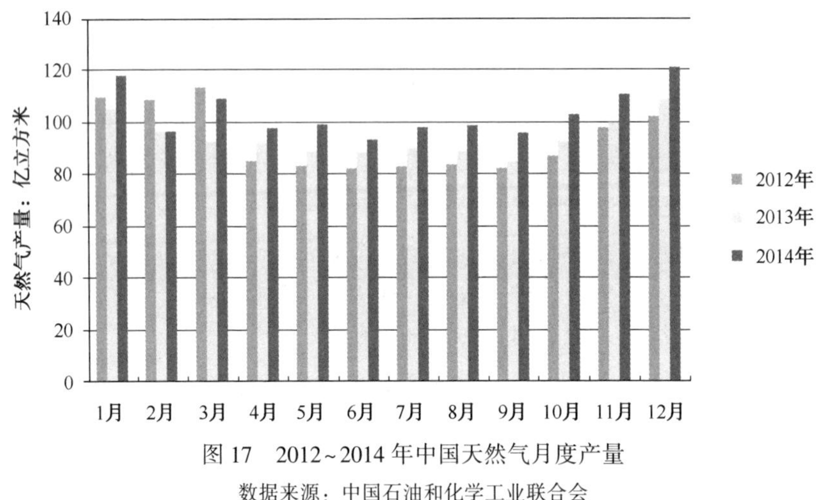

图 17　2012～2014 年中国天然气月度产量

数据来源：中国石油和化学工业联合会

中国进口天然气主要是依靠两个渠道，即通过水路运输的 LNG 和通过管道运输的气体天然气。2014 年，正在运营的天然气进口渠道包括：霍尔果斯口岸接收的中亚管道天然气和江苏福建等沿海码头接收的亚太 LNG。中国天然气进口对外依存度达到 31.7%。净进口天然气总量约为 4101 万吨，其中 LNG 进口量为 1988.1 万吨，同比增长 10.3%，占到天然气进口总量的 46.3%；管道天然气进口量为 2302.3 万吨，同比增长 15.3%，占到天然气进口总量的 53.7%。（图 18～图 19）

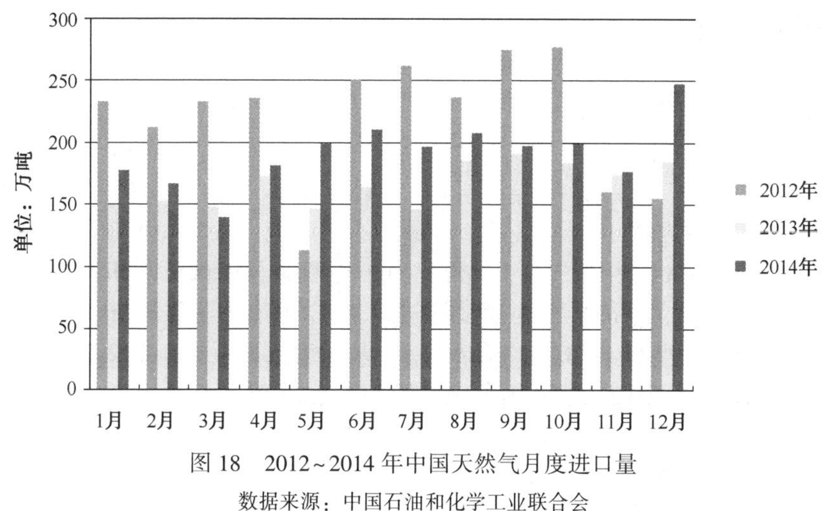

图 18　2012~2014 年中国天然气月度进口量

数据来源：中国石油和化学工业联合会

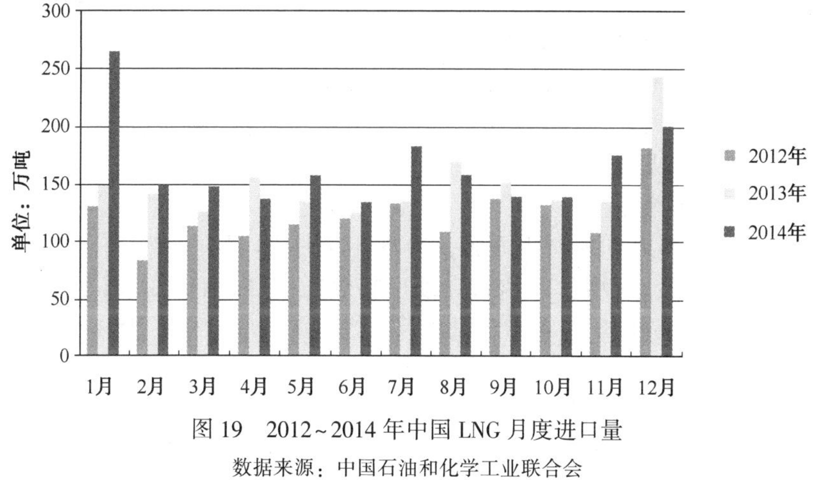

图 19　2012~2014 年中国 LNG 月度进口量

数据来源：中国石油和化学工业联合会

（二）2014 年中国天然气贸易的主要特点

1. 天然气进口持续升温

进入 21 世纪以来，中国天然气市场一直保持供需两旺的强劲势头，并且需求增长快于产量的增长，供需缺口逐渐扩大，这也是天然气进口量保持高速增长的原因。2014 年 5 月 21 日，国家发改委、国家能源局与俄罗斯联邦能矿部签署《中俄东线供气购销合同》，自此，中国进口天然气格局趋于完善。中国天然气贸易迅速发展，天然气各月进口量相对平稳，每月在 28 亿~43 亿立方米区间波动。但中国天然气市场仍然有待完善，天然气的定价机制还存在定价管理模式缺乏弹性，天然气价格的调节不能较好地反映供需变化等问题，为缓解国内天然气供需缺口较大的问题，中国政府正加大力度促进天然气进口贸易，并改推动国内煤层气、页岩气产业勘探开发技术及补贴政策的出台。

2. LNG 进口来源地扩大

2014 年中国液化天然气进口来源地已扩充至 14 个国家，2014 年上半年中国从卡塔尔进口天然气 394.9 万吨，增长 17.4%，进口量占同期中国 LNG 进口总量的 39.9%，为中国液化天然气进口量最大的来源地；从澳大利亚进口 174.7 万吨，同比下降 3.8%，占 17.7%；此外，由于近两年马来西亚和印度尼西亚液化天然气产量的增长，中国从东南亚地区进口 LNG 也出现明显上涨，从马来西亚进口 154.1 万吨，增长 19.1%，占 15.6%，从印度尼西亚进口 122.6 万吨，增长 6.5%，占 12.4%；中国从非洲国家进口的 LNG 也呈现出快速增长的态势。不仅 LNG 如此，整个天然气产业逐步形成多气源供气市场。川渝气田、陕京线气源、西气东输工程、东海平湖气田开发项目以及三大石化产业巨头纷纷参股的天然气建设项目都在不断地发展，与此同时，供气主体发生变化，中石油进口液化天然气的国家主要为俄罗斯和缅甸，中海油主要在主要的沿海地区实施进口液化管道气。根据中俄双方商定，2018 年起，俄罗斯开始通过中俄天然气管道东线向中国供气，供气量逐年增长，最终达到每年 380 亿立方米，累计 30 年。中俄签订东线天然气购销合同将有力保障中国的快速增长的天然气需求，中国的多气源供气良好局面基本形成。

3. LNG 价格萎靡不振

2014 年与 2013 年价格背道而驰，2013 年 7 月 10 日，天然气门站价格上调，LNG 工厂气源价格或按增量气执行导致市场恐慌，并且将气源成本传至下游市场，LNG 市场价格飙涨。冬季需求量增长加之气源供应紧张。2014 年 9 月，LNG 价格再度拉开涨势，市场平均成交价格在 4800 元/吨左右。2014 年，尤其是进入 9 月之后，受液厂库存偏高以及下游需求疲软的影响，LNG 市场价格持续下行。从世界天然气供应局势来看，现在主要的 LNG 出口国有三个——澳大利亚、卡塔尔和马来西亚。而因为有了页岩气，新的一些国家也将成为 LNG 出口国。在 LNG 产业链中，最大的成本并不是来自天然气的价格，而是运输的价格，因此 LNG 价格不会大降。

4. 天然气合作加速扩大进口规模

2014 年，中俄耗时 20 年，至少历经 15 次失败，总额 4000 亿美元的天然气大单签署，俄罗斯天然气管道东线开通，来自俄罗斯东西伯利亚的伊尔库茨克州科维克金气田和和萨哈共和国恰扬金气田的天然气将跨越 5000 公里来到中国，对于中国意义重大。它标志着中国进口天然气格局趋于完善。这条天然气管道将从中国东北地区入境，可直接通往北京，最终向东北、华北和长三角地区供气，并将通过管道联网，平衡国内供气格局。2014 年 11 月 9 日，中俄两国签订了第二轮天然气供应框架协议，这是继5月签署价值高达4000亿美元天然气大单后，两国在能源合作方面的又一大动作，这条天然气管道连接西伯利亚西部以及中国，长达2600公里，花费140亿美元。俄罗斯将通过阿尔泰输气管道向中国每年供应300亿立方米西西伯利亚天然气，为期30年，有利于中国能源进口的多元化，缓解中国能源供给的不足。

（三）2015年中国天然气贸易展望

1. “一带一路”战略保障中国天然气供给

面对日益增长的经济发展，中国正面临着日益严峻的环境挑战，采取的一个重大策略就是减少依赖煤炭，改用替代能源——天然气。因此，2014年在土库曼斯坦首都阿什哈巴德举行的能源会议上，中国推出了万众瞩目的天然气进口计划。按照最新计划，中国政府计划在2020年提高来自土库曼斯坦的天然气进口量，逐步增加来自土库曼斯坦的天然气，计划达到650亿立方米/年的进口量；同时在2016年修建第四条“中国—中亚”天然气管网，预计将能有效的把天然气输送量提高至每年850亿立方米。

中国将此次提高天然气进口需求列入了“新丝绸之路”计划，计划采取现金和贷款的模式，从土库曼斯坦进口天然气。而土库曼斯坦作为世界第四大天然气储量国，是中国解决能源安全问题、能源基础设施建设瓶颈的关键环节。

2. 地缘政治影响天然气进口安全

2014年，中国天然气进口安全的影响依然是一个热点话题，供给方面的基础是决定天然气资源安全的重要方面，资源供给分为国内开发和国外进口两个途径，国内开发难度加大，制约了国内资源保障的程度，国外资源获取是今后保障资源供给安全的重要途径，而天然气储气滞后，储运安全仍面临严峻挑战。

在运输方面，中印海陆能源运输通道安全均面临较大风险，印度洋航线区域国际政治形势复杂、海盗活动频繁。过去30年，包括中印在内的亚洲各国得益于美国主导的国际秩序，获得了相对稳定的进口市场和比较安全的海上通道。美国全球战略向亚太倾斜，推行“亚太再平衡”战略，在安全事务中制衡中国影响。随着美国能源进口减少和中东政策调整，开始要求新兴国家分担相关安全责任，全球能源投资与海上通道安全面临新挑战。

3. 利好政策促进天然气进口积极性

国家相关部门于2014年2月至4月间出台一系列关于天然气的法规政策，涉及天然气领域的管网开放、供销合同、基础设施和价格机制等各个方面，对实现中国油气产业发展具有重要意义。2014年6月，习近平主持召开中央财经领导小组会议，会议指出天然气作为中国能源战略转型的重要组成部分，备受人们关注。2014 年 6 月 5 日，财政部、海关总署和国家税务局联合发布通知，调整享受税收优惠政策的天然气进口项目和相应企业的名单。具体为：新增加天津浮式液化天然气项目享受优惠政策，该项目进口规模为 220 万吨/年，进口企业为中海石油气电集团有限责任公司和中海油天津液化天然气有限责任公司，享受政策起始时间为 2013 年 10 月 1 日。新增加唐山液化天然气项目享受优惠政策，该项目进口规模为 350 万吨/年，进口企业为中国石油国际事业有限公司，享受政策起始时间为 2013 年 10 月 1 日。新增加海南液化天然气项目享受优惠政策，该项目进口规模为 300 万吨/年，进口企业为中海石油气电集团有限责任公司和中海石油海南天然气有限公司，享受政策起始时间为 2014 年 7 月 1 日。

专题篇

中国天然气产业改革挑战与思路

深化天然气产业改革，推动天然气产业发展，提高天然气在一次能源消费中的比重，对中国调整能源结构、提高人民生活水平、促进节能减排、应对气候变化具有重要的战略意义。近年来，中国加快了天然气产业改革步伐，但仍面临着许多问题和挑战。结合这些挑战并提出天然气产业改革思路意义重大。

一、天然气产业改革意义

中国天然气资源非常丰富。随着国家能源战略的逐渐重视以及开采技术的进步，中国的天然气工业逐渐发展起来，天然气的产量也不断增加。2013 年，中国天然气产量位居世界第 7 位。与之相应，中国天然气消费量也增长非常迅速。2013 年，天然气消费量达到 1616 亿立方米，天然气占一次能源消费总量的比例也由 2000 年的 2.3%增加到 2013 年的 5.1%，但仍远低于 2013 年世界平均水平 23.7%。

进一步深化天然气产业改革，推动天然气产业发展符合世界能源发展趋势。21 世纪，天然气将成为全球能源由高碳向低碳转变的重要桥梁。2025 年左右天然气将取代煤炭成为世界第二大能源；21 世纪后半叶天然气消费量将超过石油，成为世界第一大能源。

深化天然气产业改革是能源供给革命的重要内容。习近平主席提出要加快常规天然气增储上产，尽快突破页岩气、煤层气和致密气等非常规天然气发展瓶颈，促进天然气储量产量快速增长。这些都要求打破制约天然气发展的体制障碍，推动天然气产业结构、监管等方面的变革。

深化天然气产业改革对于促进节能减排、应对气候变化具有重要的战略意义。天然气是一种优质、高效、清洁的低碳能源，具备利用广泛、使用方便、排放清洁等特点。加快天然气产业改革，促进天然气产业发展，可显著减少二氧化碳等温室气体和细颗粒物等污染物排放，改善环境，提高人民生活质量。

二、天然气产业改革历程

天然气管理体制改革、结构改革、价格改革以及税费制度改革是中国天然气产业改革四个重要组成部分，接下来将从这几个方面分析中国天然气产业改革历程。

（一）天然气管理体制改革

新中国成立以来，中国天然气产业管理体制经历了3次调整与变革，逐步实现了从高度集中的计划管理向市场化管理的转变。1949~1981年为高度集权的计划管理阶段；1982~1997年为管理体制改革和政企分开的初步阶段；1998年以后为深化改革阶段。1998~2001年，中石油、中石化和中海油三大公司重组改制，并相继在海外资本市场成功上市，从此不再承担政府职能。相应的天然气产业管理职能由国家经贸委承担。2003年国家经贸委撤销后，天然气产业的政府管理职能主要由国家发改委行使，三大石油天然气公司由国有资产监督管理委员会等部门监管。2008年新成立的国家能源局承担了天然气产业的主要管理工作，但是还有部分管理职能分散在其他国家机关。

（二）天然气结构改革

1. 天然气上游产业改革

1982年以前，中国天然气产业管理体制处于高度集权的计划管理阶段。在这个时期，国家相关部委集中承担了天然气资源的勘探和开发工作。1982年以后，随着《中华人民共和国矿产资源法》《矿产资源勘查区块登记管理办法》和《矿产资源开采登记管理办法》等相关法律法规的出台，中国天然气矿业权管理制度得以基本建立。根据这些法律法规，中国天然气探矿权和采矿权实行许可证授予制度。国务院批准中石油、中石化、中海油和陕西延长石油（集团）有限责任公司（陕西延长）分别享有陆上和海上天然气资源勘查、开采的专营权。21世纪以来，中国政府先后出台《关于鼓励支持和引导个体私营等非公有制经济发展的若干意见》和《关于鼓励和引导民间投资健康发展的若干意见》，鼓励民间资本进入天然气上游产业。但实际上，国有天然气公司垄断天然气上游市场的格局基本没有改变。

近年来，常规天然气上游产业改革没有进展，但非常规天然气市场化改革取得了较大的突破。中国政府放松了非常规天然气上游市场准入，引入了多元投资主体。民营资本纷纷进入煤层气、煤制气、页岩气等领域，成为了非常规天然气重要的生产商。

2. 天然气中游产业改革

中国天然气管道最开始由原来的石油工业部等政府部门建设与运营。随着中海油、中石化、中石油相继成立，天然气管网基本上由这三大国有石油公司垄断经营，且互不开放。2013 年以来，中国推出了一系列的天然气管网设施改革措施。首先，国家能源局出台了《油气管网设施公平开放监管办法(试行)》，加快了天然气管网公平开放的步伐。其次，大型天然气管道建设对民间资本开放取得了实质性进展。

3. 天然气下游产业改革

1978 年以来，中国城市燃气产业的市场化改革大致经历了两个发展阶段。1978~2002 年，是以政企合一和垄断专营为主的发展阶段。2002 年至今，城市燃气进入以放松准入和许可权经营为主要特征的市场化改革阶段。随着城市燃气市场的逐步开放，越来越多的非国有投资主体进入燃气产业，以中央国企、地方国企、港资企业、民营企业为主体的多元化市场竞争格局基本形成。

(三) 天然气价格机制改革

为理顺天然气价格，保证国内天然气市场供应，从 20 世纪 50 年代以来，中国在不断地改革和完善天然气定价机制。总的来看，中国天然气定价机制改革经历了三个阶段：单一的政府定价阶段(1956~1993)；政府定价、政府计划指导价并存阶段(1993~2005)；政府指导价阶段(2006~至今)。目前，中国已经开始采用“市场净回值”定价模式，天然气定价机制的市场化程度在不断的提升。

(四) 天然气税费制度改革

随着国家政治经济形势的发展变化，中国天然气税费制度经历了不同的改革历程，基本上可以分为三个阶段：税负从轻时期(1949~1982)；从量定额时期(1982~2010)；从价定率计征时期(2010 至今)。为了完善天然气税费制度，2010 年 6 月 1 日财政部、国家税务总局制定了《新疆原油、天然气资源税改革若干问题的规定》，在新疆率先进行资源税改革试点。该规定将新疆的天然气资源税由从量计征改为从价计征(应纳资源税额=销售额×税率)，税率为 5%。2011 年 11 月，国务院修改了《中华人民共和国资源税暂行条例》并开始全面施行。新条例规定对天然气从价定率计征资源税，这标志着资源税改革在全国范围内推开。

三、深化天然气产业改革的挑战

近年来，中国天然气产业领域改革步伐加快、力度加大，取得了一系列实质性进展，逐步破除了制约天然气产业发展的体制障碍。但在不断推进天然气产业改革的进程中，还面临着一些突出问题和挑战。

(一) 缺乏顶层设计和整体谋划

过去 30 年中国天然气产业的改革基本上都是“摸着石头过河”。随着天然气改革进入攻坚期和深水期，以往局部性的改革模式日益显现出弊端和不足。习近平主席多次提出，全面深化改革需要加强顶层设计。显然，中国天然气产业尚缺乏整体的改革思路和总体规划。首先，中国天然气产业缺少基础性法律。在进行天然气产业改革时，美国和欧盟都制定了天然气相关法律，为市场投资者和参与者提供可靠的基础。然而，中国仅出台了《矿产资源法》《石油天然气管道保护法》和少数行政法规。这些法规对天然气资源的勘探和开采的规定较多，对天然气产业市场化、反垄断方面的规定缺乏，无法为天然气体制改革提供相应的制度保障。其次，中国天然气产业管理职能分散在不同的政府部门，没有一个统一的管理机构，不利于天然气改革的推进。最后，中国政府仅出台了少数天然气产业政策，并没有明确提出天然气产业改革的发展目标、总体方案、路线图与时间表。

（二）利益相关者的博弈

中国正逐步进入了一个利益博弈的时代。由于利益主体发育的不均衡，就可能造成一些利益主体对政府的改革决策有较大影响，而另一些主体的要求则无法或不能充分地在决策中得到体现，其结果就是政策导致利益格局的失衡。当前，国有石油公司既是天然气市场的参与者，又是规则制定的主要力量，这使得三大集团公司能轻易影响政府改革决策，不利于公平竞争市场的形成和吸引社会资金进入。

（三）缺乏有效和透明的监管制度

健全的天然气监管框架是规范企业行为、矫正市场失灵、提升天然气市场运行效率的必要保障。当天然气工业发展到一定阶段时，大部分国际能源署成员国通过立法构建了以独立性、专业性、透明性、问责性、一致性为监管标准的监管机构。这其中以美、英两国为代表。尽管美英天然气市场基础不同，但他们成立的监管机构都以天然气法律体系为基础，独立于政府，且拥有稳定的经费来源（向被监管公司收取费用）和各领域专业知识的监管人员，从而能够有效地对市场进行监管。反观中国，完善的天然气监管框架远未建立。首先，中国缺乏一个统一的能源或者天然气监管机构，各监管职能分散在不同的政府部门且缺乏协调。监管部门虽多，但懂监管技术和熟知监管细节的专业性人才却很少，容易导致监管失灵。其次，中国各天然气监管机构都隶属于中国政府，经费也来源于政府拨款，缺乏独立性，容易产生“政府监管俘获”和“垄断石油公司监管俘获”。最后，中国天然气监管缺乏完整的法律基础，无法确保监管的公平性、一致性与透明性。

四、天然气产业改革思路

（一）以管网改革作为天然气产业改革的突破口

在天然气市场不断开放的进程中，英国、美国等发达国家，土耳其、巴西等发展中国家都以管网独立与第三方准入作为改革的最关键环节，但改革的效果却截然不同，美国天然气产业改革效果最好，英国次之，巴西和土耳其改革成效甚微。一个很重要的原因是美国天然气管道商众多，更易监管与实行第三方准入，而英国、巴西、土耳其管道基本独家经营，公平准入执行难度大。而中国的天然气产业情况显然跟后三者一样。建议中国的天然气产业改革也应以管网改革作为突破口，具体采取的措施如下：第一，实施强制性第三方准入，出台与《油气管网设施公平开放监管办法(试行)》配套的管网准入和运行具体规则；第二，鼓励管道主体多元化经营，允许各类投资主体以独立法人资格参与管网和 LNG 接收站、储气库等相关设施的投资经营，逐步在全国形成多个管网公司并存、互联互通的格局。这一点最为关键，市场监管并不能保证公平的第三方准入，多家经营的管道商才是成功实施第三方准入的基础；第三，对全国天然气骨干管网的建设进行统筹规划，并强制区域性管网互联互通，包括城市燃气公司的配气管网；第四，加强对管道开放的监管。强化天然气监管职能，科学核定管道运输成本和固定收益率，对管网和相关设施公平地向第三方开放，防止管网公司滥用垄断地位。

（二）推动上下游市场开放

根据相关法律法规，中国天然气探矿权和采矿权实行许可证授予制度。国务院批准中石油、中石化、中海油和陕西延长分别享有陆上和海上天然气资源勘查、开采权。建议改革石油、天然气勘查、开采两个登记管理办法，制定新的上游准入门槛，不再区分企业，引入新的市场主体，让其他有实力的企业拥有天然气勘探开发权，形成与不同资源品种、类型相适应，在不同层面市场主体有适度竞争性的格局。

彻底放开天然气下游的城市输配分销领域，取消各种限制，允许有实力的企业进入，推动多元化的市场竞争格局的形成。

（三）加强政府监管

构建完善的监管体系是天然气产业改革的重要组成部分。在短期内，能源局应在管道监管方面扩大监管范围，加大监管力度，确保管道独立与第三方准入准则的实现。与此同时，建立起专业的监管队伍，加强对监管人员专业素质的培训。从中长期来看，应积极借鉴世界发达国家天然气监管立法的先进经验，适时制定《油气法》，保证中国油气产业规范、高效、清洁生产。同时，实行政监分离，成立独立的能源或者天然气监管机构，正确理顺天然气政策主管部门和监管机构之间的关系。

（四）加快推进天然气价格市场化改革

中国天然气价格整体偏低，终端气价与进口气价倒挂，液化天然气进口价和终端消费价的价差最为明显，打击了企业的进口积极性。偏低的价格难以体现天然气资源的稀缺性，也不能反应其真实价值、真实成本，因此抑制了天然气供给方的生产积极性。为此，应加快推进天然气价格市场化改革，在短期内，应全面推行居民阶梯气价，后实现价格并轨。在中长期，中国应积极开展与亚洲其他主要天然气消费国之间的合作，共同维护亚洲各国在天然气市场方面的利益，推动区域天然气市场体系的建立，摆脱不公平的天然气溢价，为整个亚洲国家在国际天然气市场上争取公平合理的价格区间。

发展是第一要务——再议天然气管道“独立”

管网改革是中国天然气产业改革的重要内容。一直以来，关于天然气管网改革和中石油管道拆分的议论纷纷。议论中大抵存在两种观点。一种认为将中石油的管道资产剥离出来，成立第三方管道公司，彰显政府打破行业垄断与推进改革的决心。另一种观点则认为“管道独立”的时机并不成熟，缺乏有利的条件。政府是否需要借用拆分中石油管道资产来彰显改革决心，抑或天然气管道重组须根据天然气产业本身产业链优化的理论与实务酌情推进？

答案显然是后者。为保障中国能源安全，改善能源消费结构与民生提供相对清洁的能源品种，天然气产业还需要大力、快速发展。政府彰显改革的决心可以在很多其他领域寻找到试验田。摆在理性改革论者面前的问题应该是，如何判断当前时机对天然气管道重组是否有利，以及如何创造更好的条件为实现这一改革铺路。

一、“拆分”还是“独立”：概念厘清

不宜将“拆分”与“独立”混为一谈。“拆分”是从所有权的角度将资产从原所有者手中剥离出来给其他所有者；“独立”是从产权与经营权的角度强调管道公司拥有自主的经营权。所有权与经营权是两个截然不同的概念，因此“拆分”与“独立”也没有必然的联系。中共十四届三中全会通过的《关于建立社会主义市场经济体制若干问题的决定》已明确提出要实现“出资者所有权与企业法人财产权的分离”。企业法人相关的法律制度已能明确界定出资者和企业法人双方的权利和责任，使企业经营权与出资者所有权分离。因此，从法理上来讲，经营权的独立并不必然要求所有权分离。

管道资产具有明显的自然垄断属性，一旦管道资产所有者垄断管道公司的经营权，不利于天然气上游开采企业或下游销售企业公平地获得天然气输送服务，从而限制整个天然气产业的繁荣发展。因此，天然气管道公司需要的是独立经营。

将管道资产从天然气开采企业中剥离出来，成立第三方管道公司，是一个彻底实现天然气管道“独立”的办法。但是，这也会限制天然气开采企业修建天然气管道的激励，进而限制天然气产量的增加。实现天然气管道公司“独立”的另

一个办法是政府管制，即政府依法对天然气管输服务进行准入管制、收费管制、质量管制等，从而促使天然气管道公司对所有天然气管输服务需求方一视同仁。这种办法不能杜绝天然气管道公司对与其属于同一所有者的天然气开采企业或销售企业提供特殊优惠，但兼顾了市场公平与市场效率。这也是当前其他国家通用的做法，尤其是在天然气市场最为发达的美国，法律上并未禁止天然气开采企业拥有天然气管道资产，而是要求政府对所有管道公司实行严格的管制。为了鼓励天然气公司投资兴建天然气管道，早期美国的《天然气法案》授权联邦动力委员会(FPC)向天然气公司颁发在某一地区从事管输服务的专营许可证；管道公司将其购买的和自产的天然气运输到城市门站，按照FPC确定的价格将天然气出售给地方配气公司。另外，欧盟第三次能源改革最终也是采取“独立输送运营商”与“独立配送运营商”相结合的模式，且对管道运营商独立性的要求比欧盟第二次能源改革方案还要宽松。

二、中国天然气管道现状与前景

(一) 现状

天然气管道是指天然气集输站到城市门站之间的天然气管道，从产业链的角度来看属于天然气工业中游。截至2012年，中国天然气管道总里程达到55×10^3千米，几乎全部由中石油、中石化、中海油三大集团所有。三个集团的管道资产都由它们的子公司管理与经营，但经营上基本要完全服从集团(总)公司的安排，缺乏自主经营权。政府仅对各管道公司的管输价格进行定价，其他方面没有明确的管制条款。

在政府管制比较宽松、天然气需求急剧增长的情况下，天然气业务成为油气企业新的利润增长点，近年来三大集团加快了天然气管道布局与建设的步伐，局部的区域性管网逐渐形成。但是它们基本都属于为现有气源“定制”的管道，在输气能力上并没有为潜在的其他气源留有空余，因此中国天然气管道几乎常年处于满负荷运载状态，管道基础设施仍是制约中国天然气工业发展的瓶颈。

(二) 前景

天然气是优质清洁能源，大力发展天然气对改善中国能源消费结构具有重要意义；加速发展天然气产业应是中国能源结构调整的核心任务之一。根据相关研究，1立方米天然气替代相应当量的煤炭可减排二氧化碳65.1%，二氧化硫99.6%，氮氧化物88.0%；若替代燃料油，可减排二氧化碳24%，一氧化碳97%，二氧化硫90%，碳氢化合物72%，氮氧化物39%，粉尘100%。另外，据清华大学环境科学与工程系提供的数据，相比柴油公交车，同等路程天然气公交车可大幅减少 PM2.5 的排放。天然气在世界一次能源消费结构中的比例已达到 23.9%，而在中国一次能源消费结构中的比例只有 4.6%；从天然气的储采比来看，中国也居中游，远高于美国、加拿大等国家。根据《全国油气资源动态评价(2010 年)》，中国常规天然气地质资源量为 52×10^{11} 立方米，最终可采资源量约 32×10^{11} 立方米；总体上，中国天然气资源丰富，发展潜力大。

大力发展国内天然气产业有利于于降低中国对进口天然气的依赖，保障中国能源安全。近年来，随着天然气消费量迅速增长，中国天然气进口量也出现快速增长。中国从 2006 年开始进口天然气，当年进口 9×10^{7} 立方米，2010 年进口量达到 17×10^{9} 立方米，对外依存度升至 15.8%。2012 年，中国天然气消费总量达到 1445×10^{8} 立方米，其中 28.2%依靠进口。中国对进口石油的高度依赖已使中国能源安全捉襟见肘，如果天然气也严重依赖进口，中国能源安全形势将更加严峻。

按照中国天然气需求和产量增长的趋势来计算，中国天然气管输气能力存在很大缺口，大力发展天然气管道成为迫切需要。按照《天然气发展“十二五”规划》，中国天然气产量在 2015 年计划达到 176×10^{9} 立方米，需新增天然气管道 44×10^{3} 千米。预计 2020 年中国天然气年产量将达到 2×10^{11} 立方米，2030 年前后中国天然气年产量可达到 $25\times10^{10}\sim3\times10^{11}$ 立方米，天然气消费总量达 45×10^{10} 立方米，所需天然气管输能力大约是当前水平的四倍。天然气管道投资具有数额大、回收期长的特点，仅西气东输二线就投资 1420 亿元。因此，政府需要调动各方积极性来修建天然气管道，尤其是天然气开采企业的积极性。

三、管道“独立”必须具备的条件

首先，只有里程与输气能力都足够的前提条件下，天然气管道才能“独立”。如果没有足够的输气能力，天然气管道“独立”之后也只能为几大石油集团的现有气源提供输气服务，否则现有气源的天然气产量必然下降，将从源头上减少中国天然气总产量，与大力发展中国天然气的目标背道而驰。以“西气东输一线”和“川气东送线”为例，前者主要将中石油塔里木油气田所产天然气向东输送，后者主要将中石化普光气田所产天然气向东输送，如果前者改输中石化塔河油田所产天然气或者后者改输中石油四川油气田所产天然气，结果新建一部分天然气产能而停掉一部分已投产的产能，天然气总产量不增而总的生产成本却大幅增加。这种资源配置方案显然很不合理。进口天然气的管道在选择气源上更加缺乏灵活性，因为天然气进口“照付不议”合同基本限制了特定管道的气源与输气量。

其次，天然气管道“独立”需要完善的法律制度与监管措施。天然气管道的是连接天然气生产者与消费者的必经环节，“独立”后的天然气管道企业为追求自身利润最大化，希望尽可能提高天然气管输价格。如此，天然气生产者剩余与消费者剩余都将被天然气管道企业给剥削。天然气管道“独立”之后，管道企业主管们私下进行寻租交易的风险基本保持不变，期望收益却更大，寻租腐败发生的可能性增加。因此，必须要对“独立”后的天然气管道企业加以严格管制，确保天然气管输服务以公正、合理的价格提供，管道公司的所有交易都应该纳入政府的严格监管之下。

最后，管道“独立”问题上各个企业应该受到公平对待。根据《行政程序法》第九条(平等原则)，行政机关或其他行政主体实施行政行为，应平等对待行政相对人。如果仅要求某一公司的天然气管道“独立”，显然有悖这一原则，因为中国拥有天然气管道资产的不止中石油，中石化、中海油也有大量管道资产；中石油、中石化、中海油等都是平等的行政相对人。如果不具备将这些管道都“独立”出来的条件，那从法理上来讲政府也不能特殊地对待某一公司而先将其管道强行“独立”出来。

四、政府要为天然气管道“独立”创造条件

根据前述内容可以判断，中国天然气管道“独立”的条件还远不够成熟；为了实现天然气管道“独立”，还需要政府发挥主观能动性，积极创造条件。努力的方向包括以下几个方面。

其一，政府须加强对天然气管道建设的规划。市场中的企业个体因掌握信息不足和处于规避风险的目的而容易短视，企业与企业之间的行动因交易成本也难以协调。如果缺乏长远的、全局的眼光，天然气管道的扩展容易导致重复性建设、规模效应发挥不出等弊端，从而导致严重的资源浪费。因此，政府应该利用其信息优势与协调能力，对天然气管道建设进行系统的、动态的科学规划。规划的目标应该是促进天然气管道最终形成互联互通、具有较充足输气能力的全国性管网。

其二，政府逐步完善对天然气管道公司的规制与监管。首先，政府应推动类似美国《天然气法案》、欧盟“天然气指令”等法律的立法工作，从制度层面规范天然气管道公司的权利与义务，赋予政府对天然气管道公司进行规制与监管的权力。为了减弱大型企业对天然气立法的阻碍，政府应充分借用与发挥全国人大的立法功能。其次，政府在相关法律框架下，结合企业经营与天然气产业发展实际情况，不断完善相关条例与规定，并建立专门的监管委员会对这些条例与规定逐

步落实。对天然气管道公司进行监管的内容主要包括：确保管输服务向天然气上、下游不同的企业公平开放；制定管输服务质量标准；限定合理的管输价格；禁止内幕交易等。

其三，放开天然气管道项目的准入限制，鼓励成立新的独立管道公司。“要致富，先修路”；要发展天然气，得先修建管道。政府为中国高速公路做出全局规划，并在高速公路修建中成功吸收了各种社会资本，调动了各方的积极性。发展天然气管道，高速公路的经验可资借鉴。

其四，放开天然气勘探开发业务的准入限制。如果没有多元化的气源，天然气管道“独立”缺乏实质意义。放开天然气勘探开发业务的准入限制，在天然气上游产业引入充分竞争，一方面可让管道公司有更多经营选择，另一方面也可带动新的管道兴建。

五、结论

天然气是比煤炭、石油更为清洁的能源，中国天然气资源比较丰富，但对其开采利用的程度还很低。无论从改善能源消费结构、建设生态文明的角度来看，还是从发展潜力的角度来看，中国天然气产业都需要大力、快速发展。虽然天然气管道具有很强的自然垄断属性，管道经营需要独立，但管道“独立”有其利也有其弊，需要用发展的眼光对二者加以权衡。一方面，如果天然气管道经营完全被天然气上游企业掌控，那么天然气上游就很难形成竞争，天然气总产量难以大幅提高；另一方面，如果天然气管道彻底“独立”，企业修建天然气管道的激励大大降低，全靠财政拨款来兴建天然气管道的办法难以维系，而且独立后的天然气管道需要更加严厉的监管。中国天然气管道现有里程与输气能力远不足够，全国性的天然气管网远未形成，天然气发展的法律基础与监管措施尚不完善，天然气管道现状是制约中国天然气进一步发展的关键因素，如何尽快突破这一限制是发展天然气的第一要务。推动天然气管道“独立”的根本目标是推动天然气产业发展，为实现这一目标，政府需要加强对天然气管道兴建的规划，完善对天然气管道运营的规制与监管，调动各方兴建天然气管道的积极性，并放开天然气勘探开发业务的准入限制，以“上游”带动“中游”。

至于天然气管道“独立”最终以何种形式实现，超出了论述的范围。但是，仍要强调一点，即“拆分”是所有权拆分，虽然这是实现“独立”最为彻底的方式，但“独立”才是本来目的，且“独立”是指经营权的独立，理论上与所有权拆分并无必然联系。

成品油价格市场化改革大趋势

十八届三中全会提出全面深化经济体制改革，充分发挥市场在资源配置中起决定性作用，加快完善现代市场体系与开放型经济体系，进一步明确了“完善主要由市场决定价格的机制”的改革方向，强调了“凡是能由市场形成价格的都交给市场，政府不进行不当干预，推进水、石油、天然气、电力、交通、电信等领域价格改革，放开竞争性环节价格”。作为重要的战略资源和公共物品，石油资源关系到国家安全和经济发展，进一步深化成品油价格市场化，建立反映市场供求状况和资源稀缺程度的价格形成机制，不仅有利于合理调节市场供需，建立现代化开放型石油市场体系，确保石油市场健康稳定有序的发展，还有助于进一步发挥价格杠杆作用，推动石油资源科学高效地利用，促进节能减排、环境保护和产业结构升级，缓解当前经济、能源、环境三者失衡的矛盾。

一、成品油定价机制的改革进程

从1998年《原油成品油价格改革方案》颁布以来，中国成品油价格机制经过几次改革，逐步向市场化迈进，与石油流通体制的改革一起，共同推动着石油行业市场经济体系的建立与完善。

成品油定价机制的改革大致经历了三个阶段：第一阶段是由政府完全定价过渡到与国际成品油价格联动的政府指导中准价格。1998年之前，中国成品油的生产及流通处于国家计划分配阶段，其从出厂价、批发价和零售价基本由政府确定。1998年，伴随着两大石油公司的改革和重组，成品油价格开始与国际成品油市场价格接轨，起初参照新加坡成品油价格，后期调整为参照新加坡、纽约和伦敦三地市场价格，以进口成品油到岸完税成本加上国内合理流通费用为基础，来制定政府指导的中准价格，两大石油公司再依据政府制定的中准价格在一定幅度限制内调整具体的零售价格。

第二阶段是由政府指导的中准价格过渡到与国际原油价格间接联动的政府指导的最高限价。2006年，中国开始实行成品油价格与国际原油市场价格间接联动机制。2008年，中国开始以迪拜、布伦特和米塔斯三地的原油价格为基础，加上炼厂成本、合理利润及相关费用，确定政府指导最高限价，企业在最高限价以下自行确定成品油销售价格。2009 年中国出台《石油价格管理办法(试行)》，规定在满足国际原油移动均价连续 22 个工作日变化幅度超过 4%的条件下，对国内成品油最高限价进行调整。

第三阶段在现有《石油价格管理办法》的基础上，对定价机制的调价周期、调价标准和挂靠油种进行修订和完善。2013 年，国家发展与改革委员会对现有的成品油定价机制进行了进一步完善，由原先的 22 个工作日调价周期缩短为 10 个工作日定期调整，取消了原先移动均价变化超过 4%才进行调价的限制，并对原先的挂靠油种进行了适当调整。此次，成品油定价机制的改革，使得成品油价格调整趋于常态化，更加符合市场运行规律。未来随着中国石油市场流通体制和市场体系的不断完善，最终将实现成品油价格的完全市场化，由市场上买卖双方根据供需现状和经营现状自行商定交易价格。

二、成品油定价机制的改革成效

中国成品油价格机制改革走的是一条逐步市场化的发展道路，在激发企业动力、促进市场竞争、转变经济方式及规范石油市场等方面取得了积极成效。

(一) 激发了炼油企业的生产动力，基本解决了“油荒”频发的问题

随着国民经济持续快速发展，中国石油需求迅速增长，石油进口规模连年增大，炼油企业也逐步增多，趋于多元化。无论是国有炼厂、民营炼厂及外资炼厂，都以追求企业利润为基本目标，如果成品油价格机制不改革，便会出现批零倒挂现象，导致企业亏损，生产动力不足。炼油企业便会通过少产或者停产等方式，减少国内市场供给或者增加出口，尽量减少炼油损失，最终导致“油荒”的频发。近年来的成品油价格改革，基本上解决了批零倒挂现象的发生，有效地防止了“油荒”的发生。

(二) 解决了两大石油集团炼油企业财政补贴问题，进一步体现了社会公平原则

如果定价机制不进行改革，面对炼油企业的长期亏损，国家为了保证国内油品的供应，必将采取一定的财政补贴措施，提高企业的生产动力。但是，补贴措施难以平衡各方的利益关系，并引起各方的普遍质疑。一是如果补贴单独面向国有炼厂及部分重点扶植企业，那么必将导致其他炼厂对补贴的公平性提出质疑；二是补贴的数额有限，难以完全弥补企业的损失，提高企业生产的积极性的效果并不明显，尽管可以强调大型国有炼厂承担社会责任，但是对其他民营和外资炼

厂没有约束力；三是补贴在短期内能发挥作用，但从长远来看政府难以维持巨大的财政开支，也不符合市场经济的运行规律；四是依靠补贴，必然导致更大范围的经济分配不公平。从国内外来看，前些年境外交通工具(车辆、飞机和轮船)到中国境内加油，补贴的一部分利益向外转移；从区域经济来看，大部分石油资源从中西部流向东部地区，政府补贴维持低油价等于是变向补贴了东部；从企业的类型来看，财政补贴实际上更多地流向了大量消耗石油资源的高能耗企业，不利于能源结构的调整和环境的可持续发展；从消费者的层面来看，补贴实际上更多地向消耗更多石油资源的富人倾斜，不利于国家财政的公平分配。

(三) 适应了经济全球化的趋势，促进石油市场竞争格局，市场主体多元化局面初步形成

随着对外开放程度的不断提高，国内石油市场与国际石油市场逐步接轨，这不仅是建立市场经济体系的要求，也是顺应经济全球化趋势的必然选择。随着近年来成品油价格改革进程加快，中国石油工业市场化趋势十分明显，市场主体多元化趋势明显。炼油领域的企业主体除了四大国有企业外，还有其他国有、外资和民营企业，逐渐出现相对分散的格局；在成品油零售领域，两大石油集团占据了市场份额的一半左右，其他国有企业、民营及外资企业数量众多。在成品油批发领域，市场相对集中，两大石油公司占据了市场份额的三分之二左右，其他国有、民营和外资企业的数量也在不断增长；在成品油仓储领域，民营、外资企业快速发展，与国有大型企业一起形成了多元化竞争性的市场结构。在石油对外贸易领域，除包括五家国营贸易企业，其他非国营贸易企业也在迅速增加。

(四) 充分发挥价格杠杆作用，有利于经济发展方式转变和实现科学发展道路

通过成品油价格改革，充分发挥价格的杠杆调节作用，使得成品油价格能够真实反映油品消耗对环境所造成的损失，促使企业和消费者改变传统意识，转变粗放型的生产和消费方式，大力发展节能减排和循环经济，提高石油利用效率，抑制高能耗企业的发展，从而实现全面协调可持续的发展道路。

(五) 有利于抑制市场投机行为，推动石油市场规范健康的发展

成品油调价周期明显缩短，调价频率加快，有助于规范市场主体行为，有效地抑制长期以来存在的囤积油品、投机套利的行为，确保了成品油市场的平稳供应。其次，调价机制的透明度增加，定期进行油价调整，有力地避免了社会上存在的误解和质疑，减少了长期以来形成的跌慢涨快或跌少涨多的误区。现有的成品油价格机制，基本可以做到根据市场供需现状定期调整，使得调价趋于常态化，更加符合油品市场的运行规律，为下一步成品油价格的完全市场化奠定了基础。

三、成品油定价机制存在的主要问题

现阶段中国成品油价格机制已经实现了与国际市场价格的接轨，调价方式更加灵活，并给予了企业一定的自主定价权，价格基本实现了初步的市场化，有力地推动了石油行业市场经济的建立与发展。但是，随着近年来国际石油市场油价剧烈波动，现行的价格机制问题开始逐渐显现。首先，虽然修订的石油管理办法缩短了调价时期，加快了调价频率，但仍不能达到根据市场供需现状实时调整价格，国内外成品油的价格水平仍存在一定的“时间差”，仍会导致一些企业存在套利行为，影响成品油市场的规范健康运行。其次，虽然中国成品油价格机制已与国际市场价格接轨，但是由于国内外成品油流通市场并没有完全接轨，大部分企业不能自由进出口成品油，存在贸易壁垒，必将导致国内外两个市场的割裂，出现国内消费结构与市场供需关系不相匹配的现象。再次，政府调整成品油价格的决策程序尚不透明，计算公式和挂靠油种尚未公开，仍会引起社会的广泛质疑和诸多怨言。最后，成品油的市场化改革是一个的系统工程，其价格的市场化需要与成品油市场的流通体制的改革相互配合，共同推进。然而，目前中国流通体制的改革进展缓慢，导致成品油市场化改革难以快速推进。

四、成品油价格市场化改革方向及建议

成品油价格改革是要建立反映市场供求状况和资源稀缺程度的价格形成机制，使国内成品油价格的形成既能反映国际市场价格变化，又能反映国内市场、生产成本情况和社会承受能力，同时避免将国际市场价格不正常波动因素完全传导到国内。因此，从近中期来看，中国应该逐步降低成品油市场的准入门槛，多元化市场主体，鼓励市场竞争，构建竞争性的市场结构，同时建立健全的国内石油市场估报价体系。从长远来看，要加快国内成品流通体制的改革，消除贸易壁垒，畅通国内外油品的自由流通，在此基础上，完全放开市场价格，由市场主体通过竞争的方式确定交易价格。因此，未来成品油价格改革应与成品油市场的流通体制的改革相结合，为建立完全开放的成品油市场价格创造条件。为此，提出了如下政策建议：

（1）加快石油市场流通体制改革，努力形成竞争性市场结构。一方面要努力降低石油市场的准入门槛，让更多的民营石油企业和外资石油企业参与市场竞争，培育多元化市场主体，改变当前集中度较高的市场结构，创造公平竞争的市场环境，努力形成竞争性的市场结构。另一方面，要加快石油市场流通体制的改

革，规范流通市场秩序，在原油和成品油的进口批发以及零售各个环节公平对待各类投资主体，逐步消除流通限制，推动国内外油品市场的自由贸易。

（2）培育具有市场影响力的报价机构，建立国内石油市场价格播报体系。石油价格的播报机构对于形成市场化的成品油价格起到了至关重要的作用。独立的石油市场播报机构根据市场交易状况播报市场交易价格和交易量，成为成品油贸易商签订贸易合同重要的定价依据。因此，要加大石油报价机构的培育力度，不断增强其播报价格的影响力和公信力，同时建立健全系统完备的石油市场播报体系，推动石油市场主体之间的自由贸易以及市场化价格的形成。

（3）在全国范围内统一成品油零售上限价格，继续扩大成品油零售企业在市场运行中的自主性，在贸易过程中存在的价格差距由零售企业根据市场供需现状自行调整。同时，继续缩短或者放开对调价周期的限制，逐步达到企业可以根据市场状况实时调整交易价格。

（4）政府应积极转变政府职能，由原先成品油价格的制定者，转变为成品油价格的公布者和监督者，进一步公开成品油价格的决策程序、计算公式及与国际成品油价格“挂钩与联动的方式，消除公众的诸多质疑；同时，要积极发挥公众的监督力量，加强对成品油价格及其市场的监管力度。

国际油价暴跌原因、影响及对策

2014年6月以来，国际油价开始持续下跌。12月西德克萨斯中质原油(WTI)价格更是下滑到每桶60美元左右。布伦特原油价格、迪拜原油价格也呈现与WTI价格基本相同的走势。国际油价暴跌背后有着复杂的政治经济原因，对全球原油市场、能源市场乃至全球经济都产生了深厚影响。分析其原因及影响，并提出中国应对国际油价下跌的对策将具有较大的理论和实际意义。

一、国际油价暴跌原因分析

(一) 全球石油消费需求增长放缓

在石油消费需求端，世界主要原油消费大国需求增长明显放缓。其中，据石油输出国组织(欧佩克)2014年11月底发布的月度石油市场报告，欧盟和日本面临许多持续性的财政和政治问题，经济增长疲软。新兴市场和发展中国家经济增长4.4%，跟2013年相比下滑了0.3%，极大地抑制了石油消费需求的增长。据国际能源署(EIA)估计，2013至2024年中国和东南亚新兴经济体的石油需求增速将只有2.8%。

从1999年起，过去15年里，国际原油市场一直处于供给不足的状态。中国等新兴市场的经济高速增长支撑了石油需求的持续增加。但结合目前实际情况，以往的看涨预期因素，即需求高速增长因素目前来看已经放缓，市场预期出现反转。

(二) 全球石油供应能力大幅提升

在石油供应端，长期以来“石油峰值论”强调资源稀缺，加之需求不断增加，支撑了国际油价不断上行。但随着技术革命的推进，欧佩克石油产量增长稳定，美国、加拿大、巴西等非欧佩克国家油气产量增长迅速，使得石油供应端的供给增加，供应能力大幅提升。2014年上半年，世界石油供应平均达到9230万桶/日，同比增长120万桶/日，远高于2013年同期10万桶/日的增幅；下半年产量也一直维持在9200万~9300万桶/日，增幅接近200万桶/日。

以美国为代表，页岩技术的突破和页岩油产量的迅速增长使得美国原油产量持续增长。2014 年 12 月 9 日 EIA 公布的能源市场短期前景月度报告显示，2013 年美国原油产量为 744 万桶/日，2014 年原油产量预计增至 860 万桶/日，2015 年将达到 932 万桶/日。2014 年 10 月中旬，美国国内原油日均产量已经达到 893 万桶，为 1986 年 3 月以来的最高值。由此可以看出，近期全球石油供给能力大幅提升，以往供给不足的局面得以改变，成为当前国际油价暴跌的重要原因之一。

(三) 金融因素推波助澜

从美元指数来看，长期以来，价格波动与美元指数呈现跷跷板现象，即美元指数与原油价格呈现反向关系。2014 年，美国经济跟 2013 年相比有明显的好转。国际货币基金组织数据显示，2014 年美国经济增长率将达到 2.2%。美国经济的回暖助推美元指数上升，从而影响了原油价格的走势，一定程度助推原油价格下行。

从石油期货市场来看，近期的石油期货市场投机资金也加剧了原油价格下行的趋势。美国商品期货管理委员会最新统计，截至 2014 年 11 月 4 日当周，纽约商品交易所原油期货中持仓量 1498736 手，增加 22447 手。大型投机商在纽约商品交易所原油期货中持有净多头 268532 手，比前一周增加 1228 手。其中多头增加 7563 手；空头增加 6335 手。法国兴业银行分析，市场中有非常大量的行权价为 90 美元的卖出期权，合约规模接近 5000 万桶，头寸非常大。随着油价跌破这些价位，投资者们被迫对冲这些头寸，进而加剧了油价跌势。

(四) 市场竞争加剧推动油价下跌

沙特原油产出占欧佩克总产量的 32%左右，2014 年 9 月份石油供应量为 936 万桶，11 月产量增长至 961 万桶。此外，由于卷入乌克兰战局，世界第一大产油国俄罗斯不得不增产石油以试图获取更多收入。俄罗斯 9 月份原油产量达到了每天 1061 万桶，目前正逼近 1987 年创造的每日 1148 万桶的最高纪录。伊拉克、利比亚和伊朗等国也被迫增加产量以应对当前形势、弥补收入下降。由此可以看出，主要石油供应大国增加产量，维持石油市场份额的愿望比较强烈，“增产—价跌”螺旋已经形成，油价进一步下行。

(五) 中国因素发挥推动作用

从中国的资源来看，中国具有丰富的页岩气资源。随着页岩气资源的不断开采，将一定程度减少中国对石油进口的需求。国土资源部 2011 年组织的页岩气资源潜力调查评价及有利区优选工作显示，中国陆域页岩气地质资源量达到 134.42 万亿立方米，技术可采资源量为 25.08 万亿立方米(不含青藏区)。中国出台了大量的页岩气产业政策和规划，推动页岩气勘探开发。2014 年，中国在四川、重庆等地实现页岩气商业化生产，页岩气勘探开发关键技术实现国产化，勘探开发成本正在逐渐降低。国土资源部发布的最新数据显示，截至 2014 年 7 月，中国已经生产出了 6.8 亿立方米天然气。由此可以看出，包括页岩气在内的天然气产量将会不断上升，一定程度减少了中国对石油的需求和依赖性，将弱化中国对石油需求和进口量不断增加的预期，对油气资源国乃至油气市场价格波动产生重要影响。

二、国际原油价格暴跌产生的影响分析

(一) 国际油价暴跌对世界其他主要国家的影响

国际油价暴跌对世界其他主要国家的影响有利有弊，但总体上有助于世界经济的发展。首先，对俄罗斯、伊朗、委内瑞拉等将石油出口收入纳入年度财政预算的国家将造成负面影响。国际油价的正常底线水平由资源国财政预算价格水平决定，如果低于财政预算价格水平，资源国将被迫调整能源政策。在油价大跌的现实情况下，大多数欧佩克国家在油价 80 美元/桶左右无法保持财政平衡，受到冲击较大。其中伊朗财政收支平衡油价介于 130~140 美元/桶，委内瑞拉收支平衡价格在 120 美元/桶左右，目前的国际油价与之相差较大，造成财政收入减少、能源政策调整压力较大。截至 2014 年 9 月，沙特仍拥有 7449 亿美元的外汇储备。因此尽管沙特财政收支平衡价格高达 93 美元/桶，其承受低油价的能力仍然较强。俄罗斯收支平衡价格为 104 美元/桶，国际油价持续下跌也将会导致俄罗斯财政收入大幅度减少，造成股票市场混乱，引发资本外逃。但 4285.9 亿美元的外汇储备能让俄罗斯更加有效地应对油价下跌。

国际油价下跌对美国政治和经济整体上利大于弊。其正面影响主要体现在：低油价有助于降低美国原油消费成本，促进其他商品方面的消费和经济增长；美国是原油净进口国，油价下跌能够降低进口支出与财政赤字；低油价会推动美国汽油价格同步下降，从而在一定程度上抑制通货膨胀；有利于打压俄罗斯的发展，维持美国全球领导地位。油价下跌对美国同样也产生了负面效应，主要体现在对页岩油气产业的影响上。当国际油价低于 80~85 美元/桶时，美国部分页岩油生产将受到影响，如果油价继续下跌并在低位维持，部分中小型页岩气公司将无法持续经营以致破产，页岩油产量也将下降，该产业发展将受到影响。

(二) 国际油价暴跌对中国的影响分析

中国作为世界第二大原油消费国和进口国，国际原油价格波动对中国原油市

场具有巨大的影响。2014 年 6 月份以来，国际油价暴跌给中国带来较大的积极效益。首先，中国每年进口将近 3 亿吨原油，油价较低有利于石油进口，减少国家外汇支出，对经济增长产生正面效应。其次，国际油价下跌，促使国内油品价格下降，有利于减轻通胀压力，降低交通运输业、农业和化工产业的成本，对相关产业经济复苏有一定推动作用，进而有利于国民经济发展。最后，油价下滑根本上反映出全球原油市场逐渐由卖方转向买方，这无疑提高了中国作为世界第二大原油进口国在全球能源市场上的地位，有利于中国油气进口安全。

油价下跌对中国也并非全无损害，其负面影响主要体现在三个方面。首先，从目前经济形势看，国内经济增长趋缓，通货紧缩趋势明显，油价下跌在一定程度上加剧了输入性通货紧缩，对国家宏观调控政策尤其是利率政策产生压力。其次，油价下跌导致石油与替代能源之间的竞争性增强，抑制清洁能源产业发展，影响包括天然气（尤其是页岩气、煤层气等非常规天然气）、核能和可再生能源的增长动力，不利于国家能源清洁化发展、能源结构调整和环境生态治理。再次，油价下跌导致石油产业盈利空间减少，石油企业投资将受到制约，影响石油企业向非常规资源领域投资动力，从长远来看不利于石油稳产增产。

三、国际油价变化趋势分析

基于如下基本考虑：如果油价长期维持在 80 美元/桶，部分高成本项目的经济运行将无法维持；如果油价长期维持在 80 美元/桶以下，将严重影响到主要产油国财政收入；欧美放任油价以及 OPEC 适当恢复限产保价政策，但效果不理想。国际油价变化趋势如下：

（1）全球经济在 2015 年将会保持稳定增长，原油需求会得到相应支持。随着需求持续增长，非欧佩克产油国产量有望出现强劲增长并被市场吸收，同时不会导致油价进一步下跌。

（2）2015 年原油需求增长速度缓慢攀升，欧佩克产油国不采取任何减少产量措施，或及时采取适当措施但执行力较差，那么油价回弹可能性较小，甚至产生更大下行压力。不排除欧佩克成员产油国减产的可能性，但只有可能对抑制油价下挫有作用，而对反弹影响力很小。

（3）美国页岩油的边际生产成本是油价下探底线的最核心指标，页岩油开采项目能相对灵活地调整和转移。受美国页岩油产量影响，布伦特原油价格下降并维持在每桶 80 美元以下的可能性不大。

（4）若 WTI 报 70 美元（布伦特报约 80 美元），2015 年美国页岩油板块将损失 150 亿美元，相当于每日产量至少降低 150000 桶。假如原油价格跌破底线且 2015 年维持在这个水平，那么页岩油约每日 60 万桶供应增长速度将受到极大威胁。

(5) 原油产量增速减缓有助于市场重返平衡，有助于油价稳定。此外，低油价对原油供应产生影响将接踵而至，远期原油供应增速将会因油价下跌而不断萎缩，这种影响会持续多年时间，对长期供求关系产生影响。

预计国际油价将在低位徘徊一段时间，80 美元/桶将有较强支撑，虽然短期内油价跌破 80 美元/桶，但国际油价不可能长期低于 80 美元/桶。总体判断，2015 年国际油价总体维持低迷，预计 WTI 价格在 75~95 美元/桶之间震荡，布伦特价格在 80~100 美元/桶之间震荡。

四、中国应对国际油价低迷的对策建议

通过分析可知，国际原油价格在未来一段时间内总体将维持低迷，这对中国油气产业来说将是一个难得的机遇。为此，提出了如下的对策建议：

(一) 增加石油战略储备

截至 2013 年底，中国已经形成 4.32 亿桶战略石油储备能力，建成 6 个国家石油战略储备基地，但距离 90 天的储备目标仍有一定距离。国际油价连续下跌能大幅减少购进石油储备的成本，为增加中国石油战略储备带来了机遇。但当前中国已建成的石油战略储备基地皆已投入运行，并无剩余储备能力。为此，建议国家以租用或者其他形式充分动用民营公司石油储备能力，加快从国际市场上购进石油战略储备。

(二) 国有石油公司加大进口，适当减产

当前，国有石油公司生产原油的成本并没有相应下降。而随着国际油价的下跌，进口原油一方面能降低石油公司成本，另一方面能减缓国内原油储采比的递减速度，这显然更符合石油公司的利益。为此，建议国有石油公司加大原油进口，同时适当减产。对于原油减产过程中造成的财力、物力和人力损失，国家可以给予适当的财政补贴。

(三) 进一步推进成品油价格机制改革

经过三个阶段的改革，中国成品油价格形成机制得到了逐步完善，成品油调价周期缩短至 10 个工作日。在国际油价较低时，推动成品油价格机制改革有利于减轻改革的障碍与压力。建议中国政府充分利用这一有利时机，取消 10 个工作日的调价周期限制，完全放开成品油市场价格。同时应积极转变职能，由原先

成品油价格的制定者转变为成品油价格的公布者和监督者。

(四) 适时推出浮动燃油税制

大力发展页岩气、煤制天然气以及新能源是中国能源供给革命的重要内容,也是中国能源发展的必然选择。但这些资源的开发都面临着生产成本过高的问题。当前国际油价较低,将会极大地影响页岩气、煤制天然气等资源的经济性,制约他们的发展。为此,建议政府适时推出浮动燃油税制,通过燃油税来引导消费者消费行为,从而促进页岩气等资源的发展。

(五) 积极实施"走出去"战略,加快海外并购步伐

2014 年,中国政府出台了《境外投资项目核准和备案管理办法》《境外投资管理办法》以及《能源发展战略行动计划(2014~2020 年)》,积极鼓励企业境外投资,除少数有特殊规定项目以外,境外投资项目全部取消核准,改为备案管理。而国际油价持续低迷使得海外石油资产项目价格大幅下跌,各种并购、资产剥离、出售的机会日趋增多。国内的石油公司和工程技术服务公司应在海外市场积极寻求石油资产交易的可能性,加快并购步伐。

2014 年国际油价下跌历程、趋势分析

近年来全球经济复苏疲软是不争的事实，油价这一反应世界经济基本面的指标在 2014 年走低也符合人们预期。据统计，油价自 2014 年 6 月的峰值价格已经下跌近 50%。尤其是进入 11 月以来，WTI 出人意料的跌破 80 美元/每桶的“非常规成本价”，到 2014 年底还没有出现任何止跌回稳的信号。国际油价暴跌事件后续的恶化及产生的连锁反应也是始料未及。

一、油价暴跌的主要历程

本轮国际油价暴跌从孕育、发酵到最终出现，经历了如下三个阶段：

（一）孕育：世界经济复苏乏力，石油基本面供增需减

进入 2014 年以来，布伦特和 WTI 油价均经历了高位震荡，在 2014 年 6 月 19 日达到峰值后，开始进入了下跌通道。本轮油价的下降通道是石油需求疲弱、供应剧增的双重作用开启的。自 2009 年全球经济受金融危机影响跌入增长率仅为 0.013%的局面以来，“复苏”始终是全球经济发展的主题。但 2010 年超跌后的假繁荣(5.43%)为后期的预期不断调低埋下了伏笔。2014 年 10 月，(国际货币基金组织)IMF 对 2014 年全球经济增长的预估计仅为 3.31%，既低于 1980~2013 年 3.51%的平均水平，也大幅弱于 2010~2013 年 4.05%的前期复苏水平。IMF 等国际组织已经明确承认之前对经济复苏的持续乐观并首次下调经济发展预期，对 2014 年和 2015 年全球经济增长的预估值分别较 7 月下调 0.1 和 0.2 个百分点。目前的经济增长能力不足的主要原因是：发达国家的危机后遗症，新兴市场国家的增长模式老化和全球范围内的结构改革缺失。特别是 2014 年年中经济数据披露后，欧元区的 GDP 增速与中国制造业的采购经理指数低于预期，世界经济复苏势头总体不佳。与之对应的是全球石油需求增长的低预期，据高盛统计，2014 年 5 月至 8 月期间，欧洲、日本等传统消费国石油需求出现负增长，中国增速低于预期。全球同期石油需求增速仅为 14 万桶/日。与此同时，北美、巴西等非欧佩克国家供应能力大幅增强。5 月至 8 月，美国供应增加 113 万桶/日，巴西增加 23 万桶/日，全球累计增加供应 150 万桶/日。较之 2008 年由于金融危机引起的

油价大跌，此次下跌的基础和诱因是“供增需减”的非均衡基本面。这也预示着，失去了需求基本面的支撑，此次油价也不可能经历2009年的快速反弹。

(二) 发酵：美联储系列政策间接拖累油价下行

2014年9月18日，美联储在其例会上，用温和的语调作出了“加息来临，幅度未知”的决定。之所以说“温和”，是因为美联储表示，虽然政策进入加息通道，但超低的利率环境仍将维持相当长时间。此次会议对国际原油市场造成了较大影响，油价下跌的势头进一步发酵。首先，此前市场对美联储加息的预期引发美元指数走强，2014年7月以来美元指数创下连续12周上扬的涨势。石油以美元计价，美元的走强必然意味着油价下跌。美联储会议确认“加息来临”，更加强化了“美元走强，油价走弱”的趋势。2014年6月开始，WTI原油期货市场的投机者连续5个月大幅抛仓，普遍跟随油价下跌减仓，投机净多持仓下降44%，也构成了油价始终下跌的局面。另一方面，美联储之所以温和的表示仍将维持半年左右低利率，是因为有2010年超跌反弹的“假复苏”之鉴，对目前阶段的复苏持谨慎态度。过早过猛加息带来的通胀负面效应也会对美国当前脆弱复苏的经济有所打击。在这种情况下，作为目前引领全球经济复苏领头羊的美国，货币政策当局对复苏形势不够确定，更加强化了石油需求增加疲软的局面。加剧了市场对于中短期石油需求增加不足的认定。三个月后，在2014年12月17日最后一次例会上，美联储确认了加息通道可能提前开启的信号。这一方面是由于国内经济形势较好、就业率提高的进一步确认，另一方面，2014年下半年的油价暴跌，美国国内油价已经降到很低的水平，无论对工业成本还是低收入阶层都有利。为美国之前出于通胀担忧而暂缓加息扫清了障碍，此后油价虽然做出了相应的反弹，但并未改变下跌的走势。美国目前最重要的事情，是国内经济的温和复苏，美联储“一退一进”的货币政策，通过改变市场预期来营造国内经济温和复苏的外部环境，效果明显。但可以肯定的是，当前的基本面和市场预期，无论美联储加息早晚，对油价均构成了下行的推力。

(三) 加速：石油输出国组织失和降价增产，油价骤降深不见底

如果说石油供求基本面的不均衡和美联储货币政策的助推确认了油价下行的趋势。那么传统石油市场中的重要角色石油输出国组织(欧佩克)的举动，则决定着油价下滑的程度。2014年第三季度，利比亚在复产后，每天增加供应50万桶。领头羊沙特阿拉伯、伊拉克出于竞争市场份额的目的，并没有释放任何减产信号。尤其是沙特阿美公司单方面在2014年10月1日开始对所有出口产品降价。对亚洲出口价格降至2008年以来最低水平。面对2014年第三季度披露的巨

大供求缺口，欧佩克一改历史习惯做法，并没有按照市场预期调低成员国相应的市场配额。反而在 2014 年 11 月底的欧佩克会议上，作出了保持 3000 万桶/日“不减产”的决定。随后，WTI 和布伦特油价相继跌破 70 美元/桶。这看似出人意料的决定背后有必然的原因。主要归因为三个方面：

首先，以欧佩克为主的石油出口国均陷入“囚徒困境”，担心单方面减产蒙受损失。1975 年至 1985 年，主要石油出产国英国的原油产量从 1 万桶/日暴增至 270 万桶/日。而沙特为了维持原油价格不断减产，到 1985 年其产量减少 70%，虽然油价得以维持高位，但沙特市场份额不断下滑，成为高油价最大的牺牲者。此次沙特的行动也给了所有石油生产商警示。从此以后，沙特石油战略的核心始终是保持稳定的市场份额。此次油价下跌，欧佩克成员国，甚至包括非欧佩克国家和美国页岩油生产商在内的供应者均陷入了“囚徒困境”。在这种情况下，大家很难做出对整体和自身都有利的选择，于是，确保自己利益不受损失成了各石油生产国的理性选择，就是看着油价下滑但坚决不会单方面减产。

其次，欧佩克核心国家现阶段的战略选择是，通过降低石油市场对高油价的预期，压制石油投资行为。2000~2008 年期间，受中国为首的新兴经济体飞速发展带动，能源需求剧增，油价也从 20 美元/桶一路高涨至 140 美元/桶，这段期间欧佩克增产的同时也享受了不断上涨的油价。金融危机后，全球油气投资在高油价背景下节节攀升，2013 年更是冲至 7200 亿美元的新高。而目前世界经济前景的不乐观和供应的剧增，使得沙特等欧佩克核心国家清醒的认识到“价量双高”的情况不会重现，欧佩克必须做出二选一的抉择。作为拥有陆上石油开采最低成本的区域，欧佩克现阶段的选择说明，他们不只会“限产保价”，而是出于担忧石油市场出现结构性产能过剩，选择通过降低市场预期来打击石油投资热情，从而使油价自动达到低均衡。从这个角度可以理解，沙特带头不减产甚至“油价跌倒 20 美元/桶也不减产”的做法并非出人意料而是符合它们战略的必然选择。未来一段时间，欧佩克成员中财政不宽裕的国家必要时可能通过增产来增加财政收入。而未来油价的再平衡，也不会是通过欧佩克的妥协来最终实现(图 20)。

最后，如果说有“阴谋论”，那么此次放任油价下跌而无动于衷的欧佩克主要打击的目标是新能源，而非伊朗、俄罗斯和美国。近年来新能源的蓬勃发展，特别是纯电动汽车使用的充电电池技术层出不穷，对传统的石油消费构成了替代威胁，这才是欧佩克不愿意面对的局面。因此，低均衡油价对新能源的发展是致命的打击，将彻底掐断新能源产业的生存空间。作为曾经石油市场上最重要的力量，欧佩克对成员国的产量约束和对石油价格的控制力度虽然在不断减弱的。但因为它们拥有最廉价的石油资源，虽然再无法决定石油市场，但作用依然举足轻重。

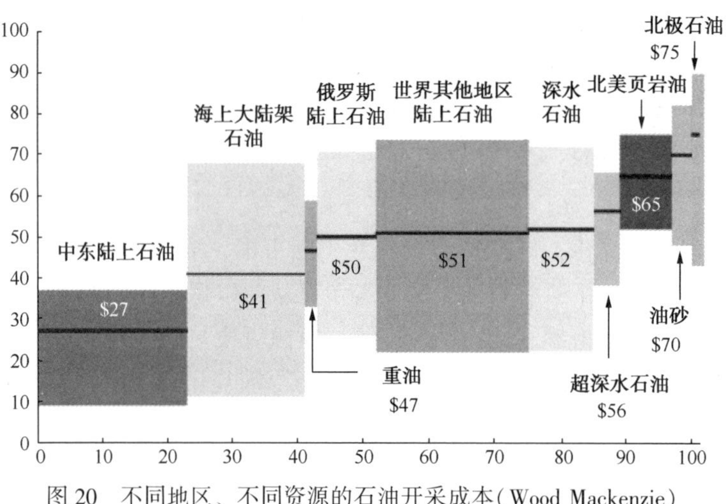

图 20　不同地区、不同资源的石油开采成本(Wood Mackenzie)

二、未来可能出现的情况

(一) 油价低均衡将伴随供求新平衡出现

经历了一个油价暴跌的 2014 年末，所有人都希望国际石油市场能够在 2015 年重新回归正常的轨道。2015 年的全球 GDP 增长预期为 2.7%，这将会导致疲软的能源需求增长，加剧市场的不均衡，这种情况已在 2014 年下半年出现。而且将促使油价在 2015 年的最初几个月中面临同样的压力。

2015 年，市场将会试图寻找约束供应增长的价格下限，价格下限的支撑是“页岩油的成本”“欧佩克国家财政赤字”。最初的几个月，致密油供应增长与低油价之间的关系将首先决定 2015 年石油市场的供求能够重构平衡。据 Wood Mackenzie 测算，美国主要页岩油气产区有半数以上在布伦特油价 80 美元以下还能盈利。单井全周期资本支出 600 万美元，产量 600 桶/日的情况下，Eagle Ford 和 Bakken 的盈亏平衡点 40 美元左右。但如果 WTI 油价到 2015 年底一直保持在 65~70 美元期间，则 60 万桶/日的页岩油供应将消失。因此，未来均衡的出现，首要看美国页岩油生产商的供应对低油价的反应。

如果平衡不能重构，市场关注的焦点将转移到中东。欧佩克的下次会议将在 2015 年 6 月举行，市场期望看到是否沙特依然保持既有战略，让油价继续震荡，输赢自然呈现。沙特不会重新考虑 2014 年 11 月做出的不减产决定，但欧佩克内部的态度可能会有分化。据 IMF 预测，如果 2015 年布伦特油价低于 100 美元/桶，那么中东北非产油国中只有科威特、卡塔尔和阿联酋能满足收支平衡。如果 2015 年初油价跌到非常低的水平，欧佩克部分国家的财政赤字也将导致他们面临进退两难的困境。利比亚目前处于“双政府”状态，日益增加的财政赤字可能导致双方政策分析，并可能爆发新的冲突而导致国内产量下降。但基于前述分析，目前全球的石油供应方都面临“囚徒困境”，除非有迫不得已的原因被迫减产，大家都不会做出率先减产的决定。但是，如果油价持续低迷，必将会有难以为继的供应方率先减产，低油价最终的支撑点是看“页岩油成本”和“欧佩克国家赤字”哪一个提前出现。

此外，平衡的重构还需要需求的复苏。低油价会对需求增加有一定的刺激作用。目前大部分国家的汽油价格连续下降，用车成本及工业用油成本较之以往有了降低，这将进一步刺激大排量汽车的消费需求。当然，这部分需求的增加相对于世界经济稳定复苏的需求仍然杯水车薪，但是可以肯定，石油市场将在 2015 年试图寻求新的平衡，这个平衡是相对以往高油价的一个低均衡，但这个过程的出现会伴随油价的波动或阶段性的不确定。

（二）纯粹的石油买方市场将出现

按照历史经验，当油价跌至低谷，石油市场将随之掀起一轮并购潮。油价在 20 世纪 80 年代初和 90 年代末大幅下跌，引发了一大批并购交易，改变了行业版图。目前，是石油公司权衡、调整以适应低油价的阶段。2015~2016 年，三分之二的国际石油公司需要高于 90 美元/桶的油价来保持盈亏平衡。在 70 美元/桶油价下，石油公司会在财务压力下权衡未来的选择：减少资本支出、减少派息和回购、或卖出资产。目前，已经有石油公司作出削减 2015 年年度资本投资的计划，未来随着油价继续走低并维持一段时间，很多公司没法仅仅通过缩减开支达到平衡债务的目的，可能会通过出售资产来维持经营的现金流。大规模的公司重组也可能发生。在 2014 年表现不佳的非常规生产商和负债过高的上游勘探开发公司均有可能被合并。石油巨头将会权衡并策划大的并购，潜在的收购目标将是偿债困难，且通过资本市场融资困难，而双方存在战略互补性或有助于收购方巩固核心区域的对象，比如美国页岩油、深水或 LNG。西班牙 Repsol 公司并购英国 Talisman 已经拉开了序幕，目前处于避险考虑，很多跨国石油公司选择剥离俄罗斯的资产，但亚洲的国家石油公司开始增加在俄的投资，如 ONGC 公司正在讨论入股 Rosneft's Vankorneft 子公司 10%的股份，并考虑整体收购英国 Tullow 石油。此前中石油也考虑购买 Rosneft 子公司 10%的股份，同时考虑参股该公司东西伯利亚 Yurubcheno-Tokhomskoye 油田49%的权益。但崩溃的油价让原本风起云涌的资产交易暂时陷入观望状态，市场普遍认为公司的股价还没有跌至足够低的水平。因此，贯穿整个2015年，随着油价和各公司股价进一步探底，大量出售资产和公司的情况将会加速买方市场的出现。

可以肯定的是，有经济实力并且成功利用这次油价危机的公司将在下个油价上涨的周期获得绝佳的竞争优势。从历史规律来看，部分战略上始终热衷于逆周期操作的公司，如壳牌一定会抓住此次油价触底的机会买入优质资产，来拉低公司平均的储量成本。

三、国外石油公司在低油价下的生存经验

(一) 油气业务向海外资源富集且低成本区域转移

油价下跌使石油公司的投资变得更加谨慎，多采取将上游业务的投资重心向低成本区转移的作法。例如低油价时期欧美地区多数大型石油公司在本国资源条件变差以及勘探开发难度逐渐加大的情况下纷纷把眼光投向亚洲、非洲和拉美等地区，加快在全球范围内寻求优质石油资源的步伐。

(二) 更加倾向于成熟老区精细挖潜

保持成本与油价同步变化是国际石油公司的普遍做法。油价下跌时，国际石油公司的投资呈现出向成熟区域相对倾斜的特点。成熟区资源条件虽然经过长期开采呈变差趋势，但相对于新区而言，生产形势相对稳定，勘探开发风险较小。通常的作法是不进行大规模的基础建设，通过精细管理提高投资效益。当然，向成熟区域转移并不意味着不重视新区，只是采取相对保守的策略。

(三) 注重经营管理体制变革

由于投资的锁紧和管理的精细化，国际石油公司通常采用新型经营管理体制和运行机制来应对油价下跌。对组织机构进行大规模调整以降低管理成本是石油公司的普遍做法。例如埃克森美孚就撤销或合并了许多分公司，向贴近市场的扁平化方向发展。英国石油公司公司(BP)也通过组织管理变革，减少管理层次为公司成本开拓空间。

(四) 把握并购和重组机遇，优化公司资产并追求协同效应

低油价时期单纯的上游勘探开发公司相对一体化公司容易出现现金流不足而面临经营困境的状况。特别是油价跌入底谷是现金流相对充裕的公司抄底并购、优化公司资产结构的最佳时机。同为一体化的石油巨头之间也可能通过兼并、重组大幅度降低成本，显著提高经济效率，扩大规模，提高竞争力。1998年BP兼

并阿莫科，两家公司合并后，通过减少雇员、降低供应商产品劳务价格以及油气勘探费用等措施，税前成本至少下降 20 亿美元。随后 BP-阿莫科又收购了阿科公司，改善了公司在阿拉斯加上游业务的经济性，产生了约 10 亿美元的协同效应。1998 年 12 月埃克森公司和美孚公司也实现了全面合并，合并后每年产生协同效益至少 38 亿美元。运营效率提高使公司操作成本也相应减少了 12 亿美元。

(五) 采取联盟运作方式，降低经营成本

联盟指两个或多个公司之间发展起来的一种长期稳定的合作关系，双方在互信的基础上，共担风险、共同参与项目的计划与设计，从而降低项目总成本提高收益。北海油田在 20 世纪 90 年代国际油价走低时，通过采取联盟运作方式使得布里坦尼亚(Britannia)油田节约项目开支达 5000 万~6000 万美元。

(六) 注重科技创新，加强人力资源管理

油价下跌的背景下，石油公司普遍告别高油价时期粗放的增长模式，转而依靠自主研发新技术从而降低勘探开发作业成本。油气方面技术进步使发达国家大石油公司原油平均勘探开发成本下降 60%，而探明储量却增加了 60%。在人力资源管理方面，通过精简队伍，降低人员成本及管理费用。低油价时期国外石油公司纷纷通过业务和机构的调整、精简队伍，从而缩小规模、精干主业、提高效益、减少开支，达到减少成本的目的。

关于中国居民用气阶梯价格制度的思考

2014 年 3 月 20 日，国家发改委发布了《关于建立健全居民生活用气阶梯价格制度的指导意见》。指导意见明确将居民用气划分为三档，第一档用气量，按覆盖区域内 80%居民家庭用户的月均用气量确定，保障居民基本生活用气需求；第二档用气量，按覆盖区域内 95%居民家庭用户的月均用气量确定。第一、二、三档气价原则上按 1∶1.2∶1.5 左右的比价安排。指导意见要求，2015 年底前所有已通气城市均应建立起居民生活用气阶梯价格制度。

一、中国居民用气发展概况

中国天然气的利用领域主要包括城市燃气、发电、工业和化工用气等，居民用气是城市燃气的重要组成部分。城市燃气的发展可以追溯到 1865 年，上海是全国最早使用燃气的城市。20 世纪 50 年代初期以炼焦余气为主发展城市燃气，之后，部分地区开始供应液化石油气，进入 70 年代后，城市燃气的发展以建设人工煤气制气厂为主。20 世纪 90 年代，国内开始大规模发展天然气。1997 年，以陕京管线通气拉开大力发展天然气的序幕，自此开始，天然气开始逐渐扩展到民用、工商业等应用领域。

目前，天然气已成为居民尤其是城镇居民生活的一种主要燃料，主要用于供热、供冷和烹饪。国家住建部发布的《全国城镇燃气发展“十二五”规划》提出，到“十二五”期末，中国城市燃气普及率要达到 94%以上，县城及小城镇的燃气普及率超过 65%。其中，居民用气人口在 6.25 亿以上，用气家庭数达到 2 亿户，居民用气量达到 330 亿立方米。

二、推行居民生活用气阶梯价格制度的意义

阶梯气价制度，即将居民用气量分为 3 档，各档气量价格实行超额累进加价。这一指导意见的出台，将有利于引导居民合理用气，保障居民用气供应的合理增长，维护价格管理的公平性，促进完善中国天然气定价机制。

（一）有利于合理引导居民用气

随着国内经济快速发展和居民生活水平的提高，中国天然气供需矛盾日益突出，尤其是在冬夏用气峰谷差大、储气调峰设施不完善的地区，冬季用气高峰时调峰保供压力巨大。据统计，中国约20%的居民消费了居民天然气用量的40%左右，并且用量最多的5%的居民消费了居民天然气用量的20%左右。显然，这部分居民的用气量已经远远超出了满足其基本生活需要的数量。天然气价格的相对低廉，客观上助推了天然气消费浪费。阶梯价格制度较大幅度提高了超出生活必需用量的天然气价格，可以在一定程度上抑制超出生活必需的天然气用量，发挥价格的杠杆作用，将会有效引导居民节约用气，缓解冬季用气紧张的局面。

（二）保障居民用气供应合理增长

居民用气设施的建设、安装和后期维护成本较高，较低的气价使燃气企业居民用气业务普遍亏损，导致城市燃气管网建设投资不足，用气设施严重老化，燃气企业对开发居民用户业务缺乏积极性。长期来看，如果居民气价低于燃气企业的生产成本或供应成本，居民用气业务将难以为继。居民阶梯气价制度的实施，是对天然气资源配置的一种补充，促进燃气企业逐步实现收入与成本的匹配，推动燃气企业加大投资力度，加快燃气基础设施建设，保障居民用气供应合理增长。

（三）有利于减少交叉补贴现象

中国多数城市居民用气价格平均为2.5元/立方米左右，工商业用气价格平均为3.5元/立方米左右。长期以来，中国对工业用户和天然气发电采取了较高的气价政策，对居民用气实行低价政策，从而形成了交叉补贴的现象。同时，存在消费天然气数量较多的用户，享受更多补贴的不公平现象。对居民用气实行阶梯式递增气价，在一定范围内和一定程度上减少交叉补贴，通过对过量消费天然气收取相对较高费用，使得私人成本和私人利益与相应的社会成本和社会利益趋于相等。多消费资源的人群将需要支付与其供气成本对应的价格，有利于保障效率与公平的一致性。

三、中国居民用气阶梯价格制度实施现状

自2011年以来，福建、河南、广东、江苏、湖南等多个省份相继探索实施了阶梯气价制度。截至2014年底，上海、浙江、山东、江苏、陕西和河北等10余省份也均在制定相关方案。部分城市居民用气阶梯价格政策见表10。

表 10　部分城市居民用气阶梯价格政策

城　市	实施时间	各档气量	气价/（元/立方米）
深圳	2008.12.01	≤35 立方米/户·月（5~10 月）/45 立方米/户·月（11 月至次年 4 月）	3.50
		>35 立方米/户·月（5~10 月）/45 立方米/户·月（11 月至次年 5 月）	4.00
郑州	2009.02.01	≤50 立方米/户·月	2.25
		>50 立方米/户·月	2.93
都江堰	2012.03.01	45（含）立方米/户·月以内	2.03
		45~70（含）立方米/户·月	3.16
		70~100（含）立方米/户·月	3.70
		100 以上立方米/户·月	4.22
长沙	2012.12.01	≤600 立方米/户·年	2.45
		>600 立方米/户·年	3.00
南京	2013.01.01	≤15 立方米/户·月	2.20
		15~50 立方米/户·月	2.60
		50 立方米/户·月	3.00
		≤5 立方米/人·月	2.20
		5~17 立方米/人·月	2.60
		>17 立方米/人·月	3.00

数据来源：各地发改委和物价局网站

从已经实施阶梯气价制度的地区来看，阶梯气价制度在引导居民节约用气、缓解供气压力等方面发挥了很好的作用。以四川省都江堰市为例：自 2012 年 3 月实施阶梯气价后，超量用气用户冬季用气量在居民总用气量中所占比例由实施阶梯气价前的 54.95%下降到 39.05%；这部分用户冬季月均超出 45 立方米的用气量在居民总用气量中所占比例也由实施阶梯气价前的 25.38%下降到 18.93%。

四、全面推行居民用气阶梯价格制度存在的问题

推行阶梯气价制度作为居民用气价格改革的一个突破口，是一个相对可行的改革方案，但在目前的市场条件下，全面推行阶梯价格制度仍存在以下问题：

（一）各地实施阶梯价格制度的条件不均衡

不同地区经济发展水平、人均收入、生活习惯差异较大，对气价的敏感度和

承受能力也有所不同。由于中国长期实行天然气低价政策，人们对理顺天然气价格水平缺乏思想准备，对天然气涨价的心理承受能力往往低于其实际的经济承受能力。而且，天然气阶梯价格处于理论探讨和争论阶段，累进加价幅度的合理性缺乏可供参考数据支撑。全面推行阶梯价格制度可能因无法兼顾各方利益而引起新的社会矛盾。

（二）燃气经营企业存在技术和管理障碍

实施阶梯气价后，居民用气由现在的一档气计价变为三档气计价，结算周期将分为月度、季度或年度，具体用气量在周期内不累计、不结转。阶梯气价对燃气表的要求会越来越高，原来以气量为基础进行计价的机械表和 IC 卡预付表，将很难适应阶梯气价这一新的计量方式。同时，中国大部分城镇家庭燃气表安装在居民家中，出于各种原因，每月入户抄表率很难达到100%，且不能保证每户每月抄表周期完全一致。燃气经营企业对阶梯气价相关技术和管理手段尚处在探索阶段，短时间内推广阶梯气价制度存在一定技术和管理障碍。

（三）对于抑制天然气消费量贡献有限

实行阶梯气价的目的之一是为了按照“多用多负担、少用少负担”的原则进行结构性的调整和控制，引导居民节约用气，抑制超量用气，以保证广大用户基本生活用气的需求。但影响居民用气的因素有很多，如消费偏好、生活习惯、家庭能源结构等。和居民用水用电需求相比，居民用气需求具有较明显的刚性特征，居民生活用天然气需求弹性小，对阶梯价格敏感度低。因此，欲以阶梯气价制度抑制天然气消费量，可能无法取得意想中的效果。

五、推广居民用气阶梯价格制度的措施建议

要在全国范围内有序推行居民用气阶梯价格制度，需要政府、企业、居民共同努力。

（一）政府：合理制定阶梯价格方案，确保制度切实落地

1. 合理制定阶梯价格方案

实施阶梯气价制度要注重区分基本需求和非基本需求，保障居民基本用气价格相对稳定。各地区需要综合考虑本地气候条件、采暖用气、居民生活习惯、家庭能源结构等实际情况，制定合理的阶梯价格制度。同时，在三档气价之外，考虑设置“降价档”，将低收入家庭涵盖进去（如用气量最小的10%的家庭），体现对困难家庭的扶持。

2. 引导居民正确理解阶梯价格制度

地方政府要加大对阶梯价格制度的宣传，引导居民正确理解实施阶梯价格制

度的内容，实施意义以及阶梯价格制度实施对居民生活、支出等方面的影响。在制定居民生活用气阶梯价格制度实施方案的过程中，要充分听取居民的意见，及时回应各方质疑，确保制度切实落地实施。

3. 建立价格动态调整机制

中国天然气市场处于高速发展期，天然气市场的供求关系、与替代能源比价关系处于动态变化中，各地可根据上中游气价变化、当地经济社会发展、居民生活水平、家庭能源结构变化等实际情况建立天然气定价的动态调整机制，适时调整各档气量和气价，以适应天然气市场的发展水平。

（二）企业：保障天然气供应能力，促进管理水平的提高

管道企业要分析预测下游居民和工业用户用气量，多渠道争取气源，全力保障冬季居民生活及工业企业生产充足供气。天然气供应企业要增加储气量，提高高峰时段应对能力。燃气企业要加快天然气计量方式的改革，提升居民用气业务的管理水平。“一户一表”是实行阶梯气价制度的重要基础条件，燃气企业要加快户表改造进度，必须将现行基于气量计价的燃气表改为基于金额计价的燃气表，最好使用既具有实时计费功能又具有远程数据传输功能的燃气表，以实现实时计价和同步调整满足阶梯气价的计量要求。同时，改变燃气公司员工上门抄表的管理模式，提高抄表收费系统的管理水平，实现对居民用气情况的远程监控。

（三）居民：积极配合政策实施，提高节能环保意识

按照居民阶梯气价方案，由于第一档气量覆盖区域内80%居民家庭用户的月均用气量确定，这就意味着80%的居民家庭不会因阶梯气价政策的实施受到影响，不会增加生活支出。其余居民家庭年增支有限。所以，居民应该理性对待阶梯气价制度，积极配合阶梯气价制度的实施。同时，提升自身节能环保意识，合理利用天然气资源。

上海建立亚太地区天然气基准价格的思考

天然气作为低碳高效的化石能源，在满足全球能源需求、保护环境等方面起着重要作用。目前，中国存在三种来源的天然气：国内自产的天然气、进口(液化天然气)LNG以及进口管道天然气，三种不同的气源采用不同的定价方式。随着国内首个天然气现货交易平台——上海石油交易所天然气交易平台的推出，加之上海自由贸易区的成立，为构建天然气有序互动的定价体系，为建立亚太地区天然气基准价格带来了新的机遇。

一、上海建立亚太天然气交易基准价格的意义

上海建立亚太天然气交易基准价格对推动天然气市场化改革、保障国家能源安全和繁荣区域经济发展都具有重要的意义。

(一) 上海建立亚太天然气交易基准价格是推动天然气市场化改革的需要

目前，中国天然气市场化程度较低，定价机制以成本加成法为主，处于政府的管控的阶段，导致气价偏低，严重影响了生产者的积极性及产业的持续发展；同时，市场结构高度集中，上游市场以三大石油公司为主，中游管道以石油公司主干管道与省级天然气管网为主，下游市场主要以地方燃气公司为主，市场竞争主体尚未形成多元化，竞争不够充分。因此，建立上海天然气交易中心，推出市场化基准价格，使之成为贸易商签订贸易合同重要的定价依据，从而能够更好地推动天然气竞争性市场交易，对于统一国内天然气市场价格，多元化市场主体，优化天然气市场结构，具有重要意义。

(二) 上海建立亚太天然气交易基准价格是保障国家能源和经济安全的需要

随着中国天然气管网和LNG配套设施的逐步完善，中国天然气进口量迅速增加，据海关总署统计，2013年中国天然进口量达到了593亿立方米，同比增长29.9%，对外依存度达到了30.8%的新高，进口安全形势严峻。同时，亚太地区仍没有形成具体代表性的基准价格，导致溢价明显，使得中国LNG进口价格偏高，损失严重，也不助于国内天然气气价的统一。因此，上海建立定价中心，争夺亚太天然气定价权，有助于保证天然气进口安全，避免进口经济损失，稳定国内市场经济运行。

（三）上海建立亚太天然气交易基准价格是推动区域经济繁荣与发展的需要

首先，上海建立天然气定价中心及基准价格能够推动长江三角洲地区拉动LNG运输港口、LNG造船业、LNG气化液化工厂等天然气相关产业的快速发展；其次，天然气现货市场的建立，将拉动LNG船舶运输、汽车运输、铁路运输及管道运输等运输相关产业的发展；最后，天然气期货交易市场的建立，将进一步繁荣上海能源金融行业的发展。由此可见，建立天然气交易中心及基准价格对长江三角洲的经济发展与繁荣起到了积极的推动作用。

二、天然气交易基准价格形成的必要条件

世界上主要天然气交易基准价格都是经过市场长期培育及诸多客观因素共同影响形成的，既包括优质的区位资源条件，也包括市场环境、金融推手、政策环境、基础设施等因素。

（一）优越的区位条件

世界上主要的天然气定价中心及基准价格大都是在资源储量较为丰富和交通运输便利的区域中发展起来。例如，北美市场最重要的天然气交易中心及基准价格亨利枢纽价，起始于路易斯安娜州亨利港，该港口连接了美国16个州内和州际的天然气管道系统，管道输送系统横穿美国东海岸、墨西哥湾以及中西部地区，直至加拿大边境。欧洲的天然气交易中心及基准价格大多都是建立在管道网络的交汇点、LNG的运输港口以及管道过境节点等交通便利的区域，主要代表为英国的NBP交易中心和虚拟平衡点（NBP）天然气交易价格。

（二）完善的基础设施

天然气交易市场及基准价格的形成一般都以完善的天然气储运设施为前提条件，需要具备遍布全国的运输管网、地下储气库、液化和压缩天然气工厂以及港口液化天然气接收终端，保证天然气的接收、储存、转化和运输高效运行，为天然气现货交易创造良好的客观条件。北美的天然气管线长度已经超过了53万千米，形成了四通八达、纵横交错的天然气供输网络。欧洲的天然气管网密度最大，已经建成15.6万千米的天然气干线管道和长度超过119.5万千米的配气管道。

（三）宽松的市场环境

一个地区的天然气交易市场及基准价格能够形成，往往具有宽松的市场环境，主要包括具有强劲的市场需求和充足的供应能力，大规模的交易量和良好的市场流动性，以及开放的市场环境和多元化市场主体的参与。天然气交易市场的

开放程度越高，市场参与主体会越多元化，才能形成交易中心，并通过自由竞争形成市场化基准价格。

（四）发达的金融市场

一个区域的天然气交易基准价格体系的产生和发展背后都拥有成熟的期货交易市场、现货交易市场以及场外交易市场，而市场背后的交易所和报价机构便是推动天然气基准价格发展的决定性力量。1990 年，纽约商品交易所推出了北美的亨利枢纽价的天然气期货交易，1997 年英国伦敦国际石油交易所成立了 NBP 交易中心，推出了天然气现货和期货贸易合约，经过了数十间的培育，这两大天然气价格已经成为具有区域影响力的天然气基准价格。此外，东京 LNG 交易中心及基准价格——JCC 价格也与东京交易所有着紧密的联系。

（五）良好的政策环境

首先，从外部环境来讲，一个地区的政治稳定是天然气交易中心形成的基本条件。中东和地中海地区的紧张局势，导致其难以形成天然气交易中心，推出天然气基准价格的概率很低。其次，不同国家和地区对天然气市场的管制程度对基准价格形成有重要影响。例如，中国的管道天然气价格处于政府管制定价，天然气交易仅限于跨国交易和一体化石油公司内部交易，市场的开放程度和活跃程度较低，因此管道气价格成为区域性有影响力的基准价格的可能性不高。

三、国际主要天然气市场现状分析

受运输手段和运输成本高的限制，天然气在消费上具有比较明显的区域特征，并没有形成全球统一的市场和价格。全球天然气工业在长期的发展过程中形成了三个比较大的区域市场：北美市场、欧洲市场和亚太市场。三大市场天然气的生产、运输以及消费结构有所不同，市场形态及定价机制各有特点。

北美天然气市场拥有全球最为成熟的综合管输网络，天然气贸易主要以管道气为主。北美市场主要采用的是天然气期货合约定价，又称金融定价法。天然气的市场价格主要由市场供需现状决定，其中管道气与 LNG 的竞争是天然气价格形成的主要因素之一。目前北美市场天然气最重要的交易中心为路易斯安娜州亨利枢纽，美国 LNG 进口价格采用美洲管道天然气长期合同与亨利枢纽短期天然气价格挂钩的方式。因此，亨利枢纽价也就是北美天然气基准价格。

欧洲天然气市场主要采用长期协议价格与市场竞争价格并存的定价机制。目前，欧洲约有 50% 天然气交易采用与国际油价油品挂钩联动，主要集中在东欧和地中海地区。另外，50%的天然气交易采用现货市场定价，主要集中在以北海产区为中心的西北欧地区，主要包括英国、荷兰和比利时。当前欧洲的现货交易市场已经超10个，其中NBP的交易规模量和流动性最大，发挥着欧洲天然气现货贸易价格基准的作用。

亚太地区是全球最主要的LNG贸易市场，其LNG贸易主要采用与原油挂钩的长期协议定价机制，以日本东京的“日本清关原油价格”（JCC）为代表。此外，普氏推出了反映运往日本、韩国LNG现货价格的JKM价格指数以及安讯思推出了反映东亚地区LNG现货价格指数。亚太地区陆上管道气贸易主要采用双边垄断的定价模式，以中俄、中亚天然气管道贸易为主。至今，亚太地区尚没有形成具有代表性的天然气基准价格。

四、上海推出亚太地区天然气基准价格的现状分析

（一）上海推出亚太地区天然气基准价格的有利条件

上海作为中国的金融、航运和贸易中心，不仅具有发达的金融市场和繁荣的工商业经济，还具备便利的区位优势和完善的航运设施。同时，上海又是中国西气东输的终端和LNG的接收港口，是天然气消费最为集中和增长最快的地区，为推出天然气交易中心及基准价格创造了良好的条件。

拥有良好的区位优势和硬件设施。上海处于东南亚、中亚和东北亚的地理中心，航运可辐射到中东、东南亚、中亚、东北亚以及未来的北美六大天然气交易市场。同时，上海拥有较为成熟的天然气城市管网，连通着西气东输、川气东送等主干管线，并且拥有较为成熟的LNG接收站和气化液化装置。

具有充足的市场供应和广阔的市场需求。国内自产天然气规模大，产量增长速度快，具有持久强劲的供应能力。2013年中国自产气规模突破千亿立方米，达到了1129.4亿立方米。同时，中国天然气消费市场前景广阔，增长动力十足，2013年中国天然气消费量为1631.4亿立方米，同比增长15.4%，随着中国城市管网和LNG基础设施的不断完善，这一增长趋势还将不断上升。

气源供应多元化格局逐步形成。上海目前通过城市管网与西气东输、川气东送、进口LNG等气源实现互联互通，已经成为汇集多种气源的交易枢纽。第一种气源是国内自产气，上海通过西气东输一线和川气东送管线连通中国西部地区和川渝地区的气田；第二种气源是来自中亚管道的天然气，通过西气东输管线输送到长江三角洲地区，连通中亚和俄罗斯的天然气市场；第三种气源是中缅管道气，通过川气东送管线输送到上海，将会连通中东和南亚的天然气市场；第四种

气源是来自东南亚马来西亚、印尼、澳大利亚等国的进口LNG，连通东南亚天然气市场；同时，未来随着美国天然气出口的放开，上海将会成为进口美国LNG的重要港口，成为第五种气源，将会连通北美的天然气市场。以上海作为天然气交易的中心枢纽，不同价格气源将会现货交易，形成有效的“气—气”竞争市场。

较成熟的金融市场和活跃的市场经济。目前，上海石油交易所已经推出了天然气现货交易平台，上海期货交易所也正在全力推进国际原油期货平台的筹建工作。同时，国内LNG市场开放程度较高，价格波动较大，基本建立起了竞争性市场价格，期货合约也逐步标准化。此外，上海云集了大量的国内外石油企业，以及管道运输商、LNG进出口商、LNG液化气化工厂、城市燃气等企业，交易市场主体的多元化趋势明显，有利于形成有效的市场竞争。

宽松的政府管制和配套的政策支持。上海自由贸易区的建立，致力于减少政府的行政干预，进一步放松管制，并通过相关配套优惠政策的出台，扫除在引进国外投资者、民企进入门槛、外汇政策、海关政策等方面的政策性障碍，良好的政策条件将大力推动天然气市场主体的多元化，积极构建公平透明的天然气自由流通体制。

（二）上海推出亚太地区天然气交易中心及基准价格存在的问题

国内天然气定价机制亟待调整。目前，天然气定价机制的不统一，导致中国不同气源的天然气存在较大价差，以价格为基准分割国内消费市场，将严重阻碍国内形成统一的天然气市场。同时，管道天然气的定价机制仍处于政府的管制阶段，上下游价格机制不畅通，不能反映真实的供需现状，降低了基准价格的公信度和影响力。此外，国内的天然气企业集中度较高，阻碍着多元化交易主体的形成。

天然气运输管网等基础设施有待完善。目前，中国天然气管网等上下游配套的基础设施建设以及物流服务体系尚未形成，导致交易场所配套建设滞后，严重阻碍着中国形成天然气现货交易市场在短时间内形成。

天然气期现货交易平台及报价体系尚未成熟。中国天然气期现货交易平台仍处于建设的初期阶段，市场交易主体较少，交易机制也有待进一步优化和规范。同时，中国尚未形成科学完善的价格播报体系和报价机构，导致贸易商签订贸易合同缺乏价格参考依据，阻碍着中国天然气贸易的有序进行。

五、上海推出亚太地区天然气基准价格的框架构想

为实现亚太地区天然气基准价格的建立，需要积极构建以市场调节为中心资

源配置体系，实现能源体制和交易机制顶层设计，坚持天然气现货市场带动期货市场的发展路径。

(一) 价格培育“四步走”

建立亚太地区天然气基准价格，全面推进价格机制和管理体制改革，实现交易价格的市场化，应该坚持循序渐进、有序推进的原则，我们认为需要分以下四步：

第一步：逐步放开对天然气产业各个环节的价格管制，加快存量气与增量气的价格并轨，针对不同的省市实施阶梯气价，建立上游生产市场与下游消费市场的价格联动机制，实现天然气价格初步的市场化。

第二步：在净回值定价法逐步实现的基础上，积极培育天然气现货交易市场。市场交割点应集中选择天然气的生产地、省际管道运输交汇点、管道运输终端、LNG 运输港口等，逐步通过贸易商签订双边交易合同，实现天然气出厂价、LNG 到岸价、城市燃气门站价和终端用户价格等不同节点价格的市场化。

第三步：在国内天然气现货市场以及多个天然气交易中心成立后，大力推动天然气交易平台建设及交易合约标准化，提高天然气现货贸易交易履约率和交易量。同时要积极筹备天然气期货交易中心，设计标准化天然气期货合约，适时推出天然气期货价格。

第四步：积极扩大天然气价格的亚太市场影响力。一方面要加大交易市场的开放程度，推进交易市场的主体结构的多元化，扩大期货交易规模，增强交易市场的流动性；另一方面，加强与国际主要天然气交易市场以及期货交易所的沟通与合作，建立良好的互动协作机制，提高基准价格在国际市场的知名度和影响力。

(二) 注重完善天然气行业基础设施的建设，打造现代物流服务体系

加强天然气上下游产业基础设施的完整性和配套性，要努力确保每个环节的输送和接受能力相匹配。注重基础设施之间的合理布局，重点建设天然气产地、贸易港口、运输终端等交易场所，积极打造集天然气运输、转运、仓储于一体的现代物流运输体系。

(三) 加快天然气市场交易平台的建设

努力打造覆盖国内外天然气市场的交易服务体系，加快天然气现货期货贸易的电子交易和实货交易平台建设，以及天然气现货和期货产品及合约的设计。同时，建立资金结算平台，强化资金风险控制，加强与国内外主要银行的合作，确保天然气贸易资金划汇便捷、顺畅、安全。

（四）培育具有市场影响力的报价机构，构建系统科学的报价体系和价格指数

建立天然气市场数据搜集的信息系统，确保电子交易平台中交易主体的询盘、报盘、交易量、交易价格等信息能够及时得到反映；同时，科学编制价格指数，优化交易机制，并加大与知名媒体的合作，做好天然气基准价格的宣传工作。

“一带一路”战略背景下中国油气企业发展的战略选择

2014年12月10日闭幕的中央经济工作会议提出要重点实施“一带一路”战略，即“丝绸之路经济带”与“21世纪海上丝绸之路”。“一带一路”是新时期中国深化对外合作的新的战略构想，旨在通过进一步加强与沿途各国的深入合作和互联互通，着力打造中新经济走廊、新亚欧大陆桥经济走廊、中伊土经济走廊等，最终实现区域发展、共同繁荣的目标。其中，特别是对于油气合作，是新丝路的“重中之重”。“一带一路”战略将推动中国与沿线国家发展能源合作，为中国提供安全可靠的油气进口来源，并以此为契机带动沿线相关产业的发展，为沿线国家优势互补、开放发展开启了新的机遇之窗。

一、“一带一路”战略的背景

2013年9月，习近平在访问哈萨克斯坦提出构建“丝绸之路经济带”；同年10月，习近平在出席亚太经济合作组织(APEC)领导人非正式会议期间，在印尼国会发表演讲时提出中国愿同东盟国家加强海上合作，共同建设“21世纪海上丝绸之路”的倡议。

以“丝绸之路经济带”和“21世纪海上丝绸之路”为轴心的“一带一路”是世界上跨度最长的经济大走廊，发端于中国，贯通中亚、东南亚、南亚、西亚乃至欧洲部分区域，东牵亚太经济圈，西系欧洲经济圈。中国对“丝绸之路经济带”和“21世纪海上丝绸之路”的构想，反映了中国发展和外交战略新思路：从出口市场的直接竞争到着眼于外需市场的间接创造；从内政外交的分离到内政外交的一体化；从单一国家合作到区域经济全面合作。“一带一路”战略的构建与实施，有利于密切中国与中亚、西亚、南亚、北非以及欧洲等国家的关系，提升中国对外开放水平。

目前欧美日经济复苏维持弱势，且贸易保护主义不断升温，外需不振的局面短期内难以改变。中国的产能扩张本来就与全球经济发展相联系，国内产能过剩局面的化解，一方面需要通过扩大内需，另一方面可以主动创造外需拉动出口和经济发展。"一带一路"沿线许多国家亟须工业化和资金支持，这为中国产能过剩的化解和工业能力的持续发展提供出路；中国与沿线国家经贸合作的加强，是既有现实意义、又有战略远见的选择，必将提升新兴经济体和发展中国家在中国对外开放格局中的地位，促进中国中西部地区和沿边地区对外开放，推动东部沿海地区开放型经济率先转型升级，进而形成海陆统筹、东西互济、面向全球的开放新格局。

二、"一带一路"对油气产业带来的新机遇

油气合作是"一带一路"战略的重要内容。作为世界最大的能源消费国，中国每年要从世界各地进口大量能源资源特别是油气资源，目前，中国原油对外依存度接近60%，天然气对外依存度也已经达到30%，油气安全问题令人担忧。此外，中国还面临着海外油气资源获取难度增大、原油定价话语权薄弱等问题，与中国能源大国的地位极不相称。实施"一带一路"战略，加强与沿途国家的能源合作，将为这些问题的解决提供新思路。同时，这也意味着中国能源对外合作将从被动应对向主动作为转变，从一对一的单点合作向一对多的整体协同转变，从而为中国油气行业的发展带来了新机遇。

1. 油气进口将进一步得到保障

2014年，中国约80%的原油进口和几乎所有的天然气进口来自"一带一路"国家，四大油气进口通道都有来自"一带一路"国家的油气资源。这些国家是中国油气进口最主要的来源，也是影响中国油气安全最重要的因素。通过"一带一路"能源合作，可以确保这部分油气进口稳定而持续，从而保障国家的油气安全。另外，在世界油气需求疲软、国际油价持续低迷、原油市场价格战不止的格局下，中东、俄罗斯等产油国低价换市场的意愿更加强烈。中国可以通过"一带一路"合作机制，进一步拓展与这些国家之间的合作互利空间，争取这部分相对廉价的油气资源为我所用，从而降低经济社会发展的能源成本，也为中国正在大规模进行的原油战略储备提供充足的物质来源。

2. 海外油气投资将更加便利

油气产业上游投资是"一带一路"能源合作的重要内容，随着欧亚能源格局的变化，中国参与油气生产国上游区块开发的机会正在增多。近年来，中国石油企业"走出去"的进程不断加快，但受制于资源国的苛刻条件，石油企业海外投资虽多、金额虽大，但对项目的实际控制能力不足，也很难获取优质资源，资产效益普遍较低。

目前，在西方制裁威胁下，俄罗斯经济发展受限、能源基础设施建设融资困难，其“西伯利亚力量”开发面临严峻的在资金和技术匮乏问题的情况下，俄罗斯要加速东西伯利亚油气资源开发加速，必然要求扩大上游产业对外开放程度。目前，俄罗斯已经有意愿对中方开放更多的远东油气田，为中国企业进入俄罗斯油气产业上游提供了机会。此外，中俄东线天然气供销合同签署后，西亚北非、澳大利亚、莫桑比克等液化天然气出口国对中国市场的更为重视，中国石油企业“一带一路”框架下争取沿线产区新增液化天然气产能上游项目的回旋余地增大。

在“一带一路”合作框架下，通过国家层面的顶层设计和政府间更加富有成效的沟通协调，可以为中国石油企业更加便捷地打开合作方油气勘探开发市场创造良机，也可以为中国石油企业获取较为优质的海外油气资源创造便利，从而推动中国海外油气投资的健康发展，并带动油气装备的出口。另外，油价持续下跌极有可能意味着国际油气市场另一次并购浪潮即将到来。中国石油企业应当利用“一带一路”这一有利的合作机制，紧盯区域内油气市场变化，为并购相关国家优质的油气资产做好充足的准备。

3. 全球油气市场地位将得以提升

在世界原油定价体系中，中国基本没有话语权，只能被动地接受国际油价，议价能力很弱，非常不利于原油进口。因此，中国一直以来都有提升在世界原油定价体系中地位的意愿。而作为产油国，石油输出国组织、俄罗斯等近年来受到美国非常规油气的冲击，定价地位也受到严重威胁。基于此，中国可以通过“一带一路”合作，与这些产油国探讨建立起互惠共赢的新的原油定价体系和结算机制，共同维护原油市场以及油价稳定。此外，作为世界最重要的天然气生产和消费区，“一带一路”国家还可以在合作框架下探讨建立区域内新的天然气定价机制，促进区域内天然气贸易的繁荣，并以此影响世界其他区域的天然气定价机制，在推动全球形成统一天然气定价体系的过程中发挥决定性作用。目前，上海正在加快建设国际金融中心、航运中心，加快发展现代服务业和先进制造业。建设“一带一路”天然气交易中心，对把上海建设为国际和亚太地区天然气议价平台、参与国际能源金融服务的通道、服务亚太天然气运输的中转基地都具有重要价值。

4. 区域能源合作机制将进一步推动

“一带一路”能源合作机制建设前景看好，这也将成为完善现有全球能源合作机制的重要途径。在既有的国际经济金融秩序中，亚太能源消费市场国家在全球能源治理中的话语地位薄弱，难以通过国际规则的制定有力保护国家能源安全。目前，全球能源供需初现板块化趋势，涵盖中东、中亚产区与东亚、南亚消费区的亚洲供需板块开始形成。中国可借势推动建立亚洲油气进口国协调机制，进而联合生产国共同建立亚洲地区性油气现、期货市场和议价机制。通过这种方式共同维护互利共赢的油气贸易格局和价格稳定，不仅符合俄罗斯及中亚油气生产国与东亚消费国的共同利益，也有利于各方能源安全的维护。中国可联合相关国家共同推动“亚洲主要石油供应国与消费国部长级圆桌会议”机制化，联合中亚、西亚主要油气生产国共同建立亚洲能源合作机制从更宽广的视角来看，亚洲能源合作完全可能先于安全合作机制出现，成为亚洲合作的重要抓手。中国作为拥有重要地缘战略影响的大国，不仅可在亚洲能源合作中扮演重要角色，更可以此为起点与相关国家共同参与全球能源治理，增强话语权力。

三、“一带一路”战略推动下中国油气企业的战略选择

随着“一带一路”战略建设走向深入，未来中国与沿线国家贸易投资还将有快速大幅的增加，蕴藏着巨大的商机。中国将面临新一轮对外开放，进一步加强与中亚、东亚及中东在能源领域的合作，为中国石油企业开拓经营海外市场提供了更大动力和机会。因此，在新的历史机遇下，中国石油企业应坚持“能源输入”和“能源输出”并存的思路，继续扩大对沿线油气企业并购和投资力度，采用多元化油气贸易方式，扩大油气贸易规模和贸易频度，加快区域性的油气贸易网络和贸易中心的建立，成立新的油气贸易定价中心，最终形成新的油气贸易新格局。

1. “能源输入”与“能源输出”并存

在大力推动“一带一路”能源合作的过程中，要强调中国不但将为资源丰富的国家提供稳定的能源输出市场，大量进口油气资源，满足国内市场需求，而且中国应该成为广义上的“能源输出大国”，带动沿边国家能源行业的发展。中国石油企业在“上载”“一带一路”沿线国家的石油天然气资源的同时，也应该同时“下载”相关的能源产品以满足沿线国家对能源的需求。中亚的部分国家，由于投资不足和技术的限制，导致能源行业发展较为缓慢，相关设施建设滞后，冬季供暖和电力短缺现象较为普遍。因此，中国石油企业在与“一带一路”沿线国家油气合作的同时，也应加强技术输出和资本输出，在沿线国家建立相应的炼油厂、发电厂，延伸油气产业的下游产业链，截留部分油气资源，直接转换为能源消费产品，就地造福当地居民，推动当地经济发展。这样做不仅可以缓解相关国家的能源紧张局面，也降低了输向中国的能源通道的政治风险，客观上有利于各方长远的能源安全。

2. 继续加大油气资源的投资与并购

在石油价格持续暴跌，中亚、中东地区经济发展疲软的情况下，大部分石油企业处于亏损状态，油气田区块的市场价值也在极度缩水，沿线的部分石油生产国家和企业正在寻找出路，低价出售油气田区块及公司的资产，各种并购、资产剥离、出售的机会日趋增多，对中国石油企业低成本并购带来的新的契机。中国石油企业应抓住机遇，在全面评估油气资源储量和地缘政治风险分析的基础上，加大对沿线国家上游油气资源的投资和并购力度，购买竞标一批新的油气区块，进行油气资源战略储备，为中国的能源安全提供有力保障。

3. 构建区域贸易网络和贸易中心

“一带一路”战略辐射的区域贯通中亚、东南亚、南亚、西亚乃至欧洲部分区域，东牵亚太经济圈，西系欧洲经济圈，区域辐射范围广，并试图拓展新的贸易通道，编织新的贸易网络。目前，中国积极同“一带一路”沿线国家和地区商建自由贸易区，商务部正在研究确定“一带一路”沿线65个国家的自贸区战略布局。历经多年建设，围绕在中国周边的自由贸易协定（FTA）已渐成网状。中国与周边地区已经签订的FTA包括中国与东盟、新加坡、巴基斯坦的FTA协议，内地与香港、澳门的更紧密经贸关系安排以及大陆和台湾的海峡两岸经济合作框架协议。在此机遇的背景下，中国石油企业应继续扩大油气贸易的规模和频次，多元化油气贸易通道，市场化贸易定价，并逐步分别在上海和新疆霍尔果斯建立亚太地区的海上和陆上油气贸易中心。

4. 建立新的油气定价中心

在“一带一路”的战略推动下，中国多元化油气进口通道和贸易网络正在逐步建立，在此基础上形成的油气贸易中心也将得到快速发展，为亚太地区的油气定价中心的形成创造了有利条件和良好环境。因此，中国石油企业应注重油气金融衍生品的设计与发展，加快油气现货、期货贸易的电子交易和实货交易平台建设，以及天然气现货和期货产品及合约的设计，为中国建立亚太地区油气市场定价中心，推出具有影响力的油气基准价格打牢基础。

目前，中国与“一带一路”国家已经在油气领域开展了广泛的能源合作。今后，在“一带一路”的战略框架下，中国将继续深化与这些国家在油气领域的合作，同时利用当前全球油气市场格局剧烈变换的时代机遇，与“一带一路”国家在构建新的油气市场格局中发挥更大的作用，从而为中国经济社会发展提供更加持续稳定的油气供应，同时也为整个亚太地区的经济发展创造更好的市场环境，发挥并增强中国在区域治理及全球治理中的重要作用，展现负责任大国的应有形象。

中国页岩气产业发展的现状、问题和政策建议

中国早在20世纪60年代就开始关注页岩气勘探开发，但真正重视发展页岩气产业还是在21世纪初美国爆发“页岩气革命”之后。美国“页岩气革命”颠覆了“非常规油气资源只是常规化石能源补充”的传统认识，为能源供应和能源替代提供了新的视角，使美国一次能源自给率从2000年的70%左右提高到2013年的83%，帮助美国实现了“能源独立”，令世界瞩目。美国的“页岩气革命”已经动摇了世界液化天然气市场格局，并且这一影响还将愈发显著，进而改变世界能源格局。

尽管中国页岩气资源量和分布情况还未完全弄清，但无论是从美国国务院牵头发布的“全球页岩气初评”，还是从国土资源部公布的数据来看，中国拥有丰富的页岩气资源是毫无疑问的事实。长期以来，经济快速发展对能源资源需求的日益增长以及对能源安全的担忧，使中国迫切希望能够通过大规模发现并开发新的能源资源，缓解能源“饥渴”的同时保障能源安全。美国“页岩气革命”为中国提供了绝好借鉴，点燃了中国开采页岩气资源的热情，而丰富的页岩气资源更令人们对国内页岩气产业的发展前景充满憧憬和期待。

一、页岩气企业勘探开发现状

为了使页岩气成为中国油气供应的重要方面，必须加快页岩气资源的勘探开发。对此，国家已经陆续推出二轮页岩气区块进行招标，并通过“页岩气产业政策”“页岩气开发利用补贴政策”进行政策支持。区块招标使三大石油公司、部分央企、地方国企和一些民营企业纷纷加入到中国页岩气勘探开发中来，但除了三大石油公司，其他企业受制于资金和技术，在各自区块上的作业进展非常缓慢。国土资源部页岩气勘查开发成果资料显示，截至2014年7月底，全国共设置页岩气探矿权54个，面积17万平方公里；累计投资200亿元，钻井400口，其中水平井130口；累计完成二维地震2万千米，三维地震1500平方千米。

（一）三大石油公司页岩气勘探开发情况

三大石油公司中，中石化的进展最快。截至2014年10月底，涪陵页岩气田

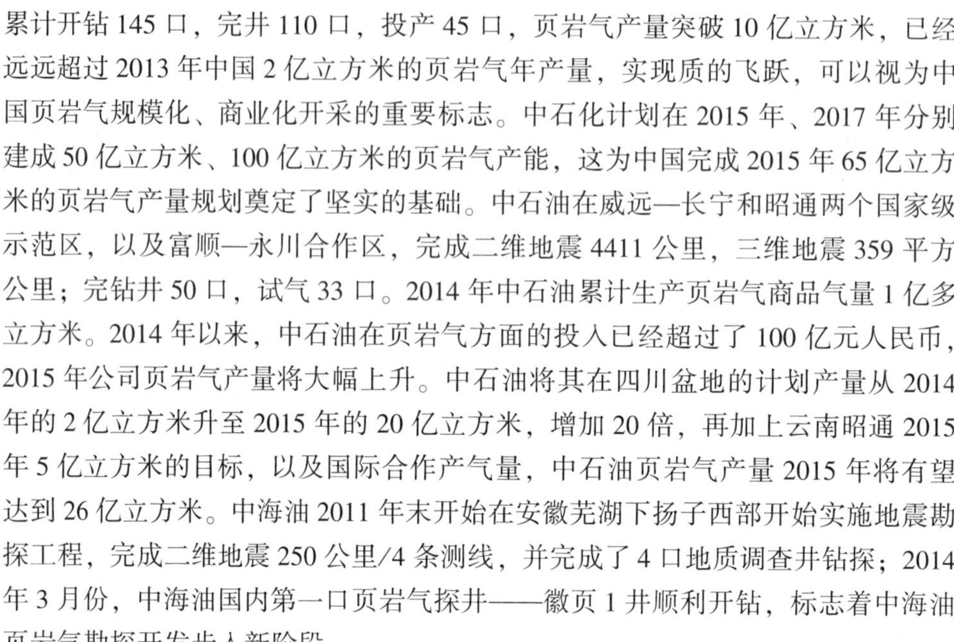

累计开钻 145 口，完井 110 口，投产 45 口，页岩气产量突破 10 亿立方米，已经远远超过 2013 年中国 2 亿立方米的页岩气年产量，实现质的飞跃，可以视为中国页岩气规模化、商业化开采的重要标志。中石化计划在 2015 年、2017 年分别建成 50 亿立方米、100 亿立方米的页岩气产能，这为中国完成 2015 年 65 亿立方米的页岩气产量规划奠定了坚实的基础。中石油在威远—长宁和昭通两个国家级示范区，以及富顺—永川合作区，完成二维地震 4411 公里，三维地震 359 平方公里；完钻井 50 口，试气 33 口。2014 年中石油累计生产页岩气商品气量 1 亿多立方米。2014 年以来，中石油在页岩气方面的投入已经超过了 100 亿元人民币，2015 年公司页岩气产量将大幅上升。中石油将其在四川盆地的计划产量从 2014 年的 2 亿立方米升至 2015 年的 20 亿立方米，增加 20 倍，再加上云南昭通 2015 年 5 亿立方米的目标，以及国际合作产气量，中石油页岩气产量 2015 年将有望达到 26 亿立方米。中海油 2011 年末开始在安徽芜湖下扬子西部开始实施地震勘探工程，完成二维地震 250 公里/4 条测线，并完成了 4 口地质调查井钻探；2014 年 3 月份，中海油国内第一口页岩气探井——徽页 1 井顺利开钻，标志着中海油页岩气勘探开发步入新阶段。

（二）中标企业页岩气勘探开发情况

2011 年以来，国土资源部组织两轮页岩气探矿权招标，共出让 21 个区块，面积 23741.64 平方公里，除中石化外，还有十几家企业中标。截至 2013 年 12 月，页岩气中标企业共完成大地电磁 299.4 公里，航遥测量 1002.09 平方公里，二维地震 6167.58 公里，地质调查井 10 口，探井 3 口。所有中标区块中进展最快的是贵州铜仁市能源投资有限公司中标的贵州岑巩页岩气区块，已于 2013 年 12 月开钻了第一口探井——天星一井。天星一井设计井深 1800 米，井埋藏深度 1400~1500 米，厚度约 50 米，有望建成年产天然气 10 亿立方米的生产区。总体来说，中标企业大多还处于观望状态，圈而未探，中标企业页岩气勘探开发整体进展不快。

二、中国页岩气产业发展面临的问题

作为一种新兴的非常规能源，页岩气资源的开发需要大量技术、资金和技术人员作支撑，而中国页岩气资源的勘探刚起步，技术不成熟，经验匮乏。推动中国页岩气产业发展不能仅仅依靠三大石油公司，而需要所有中标企业都积极行动起来。中国页岩气资源勘探开发还面临着一系列问题，整个产业达到商业化开采还有很长的路要走。

（一）技术流通程度低

页岩气发展初期具有投入大、规模小、成本高等特点。中国的民营企业在管理水平、资金实力，研发能力、技术水平等方面总体上尚显不足，无法从生产中得到页岩气开发所需的专业化技术服务。而大型国有石油公司具有常规油气开发区研究开发的经验，掌握着中国油气勘探开发的关键技术，有可利用的庞大的人才队伍，也有雄厚的资金实力。经过数年的研究和技术准备，加上多年开发致密砂岩气、煤层气的技术积累，三大石油公司在页岩气的勘探开发中已经初步掌握了一些技术。各个页岩气勘探开发企业技术水平不一，各项技术在企业之间缺乏流通，不利于中国页岩气产业整体发展。

（二）政策落实力度不够

中国页岩气勘探开发尚处于初级阶段，勘探开发阶段均面临着大量的技术难题，成本高，风险大，迫切地需要政府出台切实可行的页岩气勘探开发扶持政策。目前已经出台的页岩气政策很多落实不到位，而且部分政策可行性不高。页岩气产量补贴政策对页岩气的定义过于严格，而且其限定的技术条件过高，只补贴销售页岩气的企业，短期内很多页岩气企业无法获得产量，企业仍面临着前期投资巨大而长期无产风险；现行的财税政策，过于强调对开发阶段进入管道的页岩气进行补贴，实际受益企业不多。目前已招标页岩气勘探开发区块的企业，大多处于观望状态，实际进行勘探开发的很少，对于这些企业，缺乏相应的处罚措施。

（三）天然气定价机制不合理

国内天然气价格，主要是采用政府指导价格，实质上就是政府定价，天然气价格没有反映市场实际供需关系，形成机制不合理。与进口天然气价格和替代能源产品价格相比，目前国内天然气价格明显偏低。较低的价格，导致了天然气利用率低下，不利于中国建设资源节约型和环境友好型社会。众所周知，页岩气勘探开发早期，成本普遍较高，过低的天然气价格，导致盈利空间不大，甚至是亏损，这会极大挫伤开发商投资的积极性，不利于非常规天然气开发利用。如果气价上不去，无利可图，页岩气乃至整个天然气产业都将难以长足发展。

（四）矿权重叠问题严重

根据中国地质调查局油气资源调查中心公布的数据可知，中国普查的页岩气有利区面积将近 80%处于中石油、中石化拥有的常规天然气分布区块中，矿权重叠问题严重。而前两轮页岩气区块探矿权招标，仅仅针对的是剩余的 20%空白区块。从已有的勘探资料来看，存在矿权重叠情况的川渝地区，页岩气资源丰富，水资源充足，可满足页岩气井压裂施工需要；而且川渝地区气藏深度和开采难度与国内其他地区相比也比较低，更具开发潜力与投资价值。矿权重叠问题如果得不到妥善处理，民营企业的投资热情就会受到很大影响，不利于中国页岩气产业的发展。

(五) 存在潜在的环境风险

从美国的经验可知，页岩气在勘探开发过程中会产生严重的环境问题，主要包括水污染、空气污染、地表生态破坏、地质灾害、噪声及其他环境污染等。与美国相比，中国页岩气赋存条件普遍较差，生态环境更加脆弱，环保技术落后。因此，页岩气开发可能对中国生态环境产生更大的不利影响。此外，页岩气钻井、压裂阶段需要消耗大量的水资源，而中国水资源比较匮乏且分布不均。根据联合国粮农组织统计资料，拥有中国 43.5%的页岩气地质资源量的西南地区五个省份(四川、重庆、贵州、云南和广西)近年来连续遭受干旱灾害。水利部统计数据显示，2012 年这五个省有 920 万人难以获得饮用水，占全国饮水困难人数的 56%。华北、东北以及西北地区拥有 35%的页岩气资源量，但这些地区水资源更为匮乏。未来几年，如果页岩气钻井数量剧增，将大量抢占农业用水和居民生活用水，危及中国脆弱的生态环境。

更为严重的是，当前中国的环保部门对页岩气勘探开发潜在的环境风险和环境影响认识不足，尚未制定具有针对性的环境监管标准、规范和政策。如果只根据现有的《环境保护法》《水污染防治法》《大气污染防治法》《环境影响评价法》等法律法规对页岩气进行环境监管，监管效力将大打折扣，从而制约页岩气勘探开发的健康发展。

三、推进中国页岩气产业发展的措施建议

中国页岩气勘探开发还刚处于起步阶段，需要中国倍加关注，切实抓住关键环节，努力解决关键问题，确保整个行业健康持续发展。针对这些问题，提出了以下五点措施建议。

(一) 鼓励技术流通与创新

中石化已经初步掌握了页岩气勘探开发的核心技术，应当通过合理手段推动这些技术实现受保护的流通，避免重复科研攻关，加速页岩气开发总体进程。另外，基于中国地质条件复杂多变，还需持续的技术创新，确保这些技术在其他地质环境下的适用性。

(二) 推进政策落实

对于一些企业对中标区块圈而不探、矿权炒作等问题，应当加强监督管理，

执行严格的退出机制，吸引合适的投资主体参与页岩气勘探开发。另外，应当把页岩气气价补贴、探矿权使用费、采矿权使用费和矿产资源补偿费减免等优惠政策切实落地，提高企业积极性。

（三）促进气价改革

当前的气价水平很难弥补高昂的页岩气勘探开发成本。一些实力较强的企业可以暂时以产量目标为主，但对实力较弱的企业来说缺乏效益意味着难以为继。国家必须加快天然气价格改革步伐，确保天然气价格合理反映其价值，也应当积极引导页岩气向气价承受能力较强的市场、产业流动。

（四）明晰重叠区矿权

中国绝大部分页岩气有利区块和资源潜力都处于现有的油气区块内。国家应当鼓励中石油、中石化优先勘查开采其区块内的页岩气，同时应当采取合理的方式，明晰矿权，在不影响常规油气勘探开发的基础上，使其他企业获得参与这些区块页岩气勘探开发的途径。

（五）加强环境监管

页岩气在勘探开发过程中可能会产生严重的环境问题，因此应重点加强环境监管。要建立起页岩气生产全过程的环境风险评估，重点加强页岩气开采对生态、水、大气、土壤环境影响的科学评估；此外，需要根据不同地质条件、不同开采方式以及页岩气开发各环节的不同特点，研究制定适合中国国情的页岩气开发环保技术规范体系；最后要建立完善的法律惩罚机制，增强企业环境违法成本，减少环境违法风险。

总之，中国页岩气产业的发展已经进入一个新阶段。如果 2020 年“300 亿立方米”的规划目标顺利实现，页岩气将成为中国油气供应的重要来源，为保障油气安全作出贡献。最后，不得不提到的是，我们并不能简单地以对外依存度衡量油气安全，以合理的价格获得稳定的油气供应才是油气安全的真正内涵。当前，世界油气供应总体宽松，世界油气地缘政治格局的变化为中国扩大海外油气资源获取创造了机遇。中国应当把握这个机遇，同时这也为合理、有序、健康地推动页岩气产业发展创造了良好环境。

中国煤制气产业发展现状与战略分析

中国作为世界最大能源消费大国，拥有丰富的煤炭资源。然而，煤炭的过度消费对中国的大气环境造成了大量的污染，产生了持续的雾霾天气，严重威胁着人们的正常生活和身体健康。为此，中国政府极力发展新型煤化工产业，推行煤炭清洁化利用。其中相对其他新兴煤化工相比，煤制天然气单位耗水量和二氧化碳排放量相对较少，成为煤炭清洁化利用的主要发展方向。但是，中国煤制天然气的发展仍存在许多风险，例如水资源缺乏、二氧化碳捕集、不确定的价格走势、多气源竞争及煤制气入天然气管网等问题。为此，中国发展煤制天然气产业应走一条绿色环保的可持续发展道路，采取合理规划发展、完善并网机制、加大科技研发、提高转换效率、控制用水量和加大环保监管等措施，推动煤制天然气产业的科学发展。

一、中国发展煤制天然气的背景

近年来，随着中国经济的持续增长，各行各业对能源的消费量不断增加，到2013年能源消费总量已经达到了37.6亿吨标准煤，同比增长3.7%，超过美国成为世界第一大能源消费国。中国“富煤、少油、缺气”的能源禀赋国情，决定了在能源消费结构中，煤炭仍是主要的消费能源。2013年，煤炭消费占一次能源消费的比例为65.7%，同比下降了0.9个百分点；石油消费比重为18.9%，提高0.1%；天然气消费比重为5.5%，提高0.3%。总体来看，中国的能源结构在进一步优化，主要得益于中国政府加大能源结构调整力度，控制煤炭消费，大力发展天然气、核能、风能等清洁能源的相关政策。

2013年以来，中国大部分地区出现了持续的雾霾天气，特别是北京、天津、西安等超大城市的雾霾现象尤为严重。煤炭燃烧所产生的二氧化硫、氮氧化物及烟尘是形成雾霾天气最主要的污染物，长期大量的燃烧煤炭必然会导致严重的大气污染。为了有效地解决这一难题，中国政府采取了强有力的控制措施，大力调整能源结构，其中最重要的手段就是发展新型煤化工产业，推行煤炭清洁化利用。尤其是煤制天然气，与其他新兴煤化工相比，单位耗水量和二氧化碳排放量相对较少，成为煤炭清洁化利用的主要发展方向。2013 年 9 月，中国政府下发了《大气污染行动计划》，要求到 2017 年国内 PM2. 5 浓度普降 10%，京津冀、长三角、珠三角三个重点区域分别下降 25%、20%、15%，煤炭消费比重降到 65%以下，加快采暖煤改气、工业锅炉煤改气、热电项目煤改气的步伐。

中国丰富的煤炭资源为煤制天然气提供了良好的发展基础。根据国土资源部的数据，2013 年新增煤炭资源储量 207. 5 亿吨，居各矿种之首。此外，巨大的天然气市场需求为煤制天然气发展提供了强大的动力。天然气作为一种清洁高效的优质能源，大力发展能够有效地降低二氧化碳排放量，减少大气环境的污染，成为中国进行能源消费方式改革的重要措施之一。随着中国天然气管网建设和相关设施的不断完善，天然气消费快速增加，增长动力十足。因此，发展煤制天然气，将是液化石油天然气和常规天然气的重要替代和补充，对中国能源安全和能源结构调整具有重要意义。

二、中国煤制天然气产业的现状分析

（一）优势

1. 丰富的煤炭资源

中国是一个煤炭资源丰富的国家，资源储量居于世界第三，仅次于美国和俄罗斯。中国工程院的研究表明，中国煤炭资源远景储量达 5. 55 万亿吨，累计探明储量为 1. 42 万亿吨，探明可采储量为 1145 亿吨。随着勘探开采技术的不断进步，中国煤炭资源探明可采储量还将继续增加。同时，自 2009 年中国由煤炭净出口国转变成为净进口国，煤炭进口量一路攀升，而 2013 年进口量再次刷新中国煤炭进口量的新高。未来国内自产煤炭和进口煤炭，完全可以满足中国煤制天然气产业发展的原料需求。

2. 快速增加的产能

截至 2014 年，中国共投产、在建或拟建的煤制天然气项目共 61 个，预计年总产能达到 2693 亿立方米。其中 70. 4%的煤化工规划生产能力在中国的新疆地区，主要分布在新疆的三个煤化工生产基地伊犁、准东和昌吉州；其次为内蒙古地区，占总规划生产能力的 14. 2%，主要分布在内蒙古的鄂尔多斯和兴安盟地区的煤炭生产基地；其他地区的煤制天然气项目规划较少，主要分布在山西、甘肃、辽宁和安徽等地方。但是，“十二五”期间中国煤制气项目仍处于探索阶段，受到环保政策和配套管网的限制，预计这些项目在 2015 年前全部核准的可能性较低，个别项目将会在 2017~2018 年投产，2020 年总产能将达到 200 亿~300 亿立方米。

3. 可观的经济收益

经济指标是煤制天然气产业发展的重要衡量指标之一。随着中国煤炭价格的不断下跌，煤制天然气的价格优势逐步凸显出来。根据中国石油和化学工业规划院研究测算，当煤炭价格在300元/吨，气价为2.1元/立方米，内部收益率高达10%以上，与其他能源投资8%的收益率相比具有很大的竞争优势。表11详细描述了不同煤炭价格条件下煤制天然气的单位生产成本和销售价格。

表11 不同煤炭价格条件下煤制天然气的生产成本及销售价格

煤炭价格/(元/吨)	120	200	250	300	350	400	450	500
单位生产成本/(元/立方米)	1.09	1.28	1.39	1.5	1.62	1.73	1.85	1.96
天然气售价/(按内部收益率10%计算)元/立方米	1.6	1.81	1.94	2.1	2.2	2.34	2.46	2.59

资料来源：石油和化学规划总院测算

2014年8月煤制天然气主要生产基地新疆、山西和内蒙古的煤炭平均价格，分别为180元/吨、320元/吨和245元/吨。经测算，三个省份的煤制天然气的生产成本为1.25元/立方米、1.6元/立方米和1.73元/立方米。同期，中国管道天然气进口价格、LNG进口到岸价格、国内自产天然气价格、页岩气价格及煤层气价格分别为2.52元/立方米、2.46元/立方米、1.19元/立方米、2.78元/立方米和1.6元/立方米，详细对比见图21。

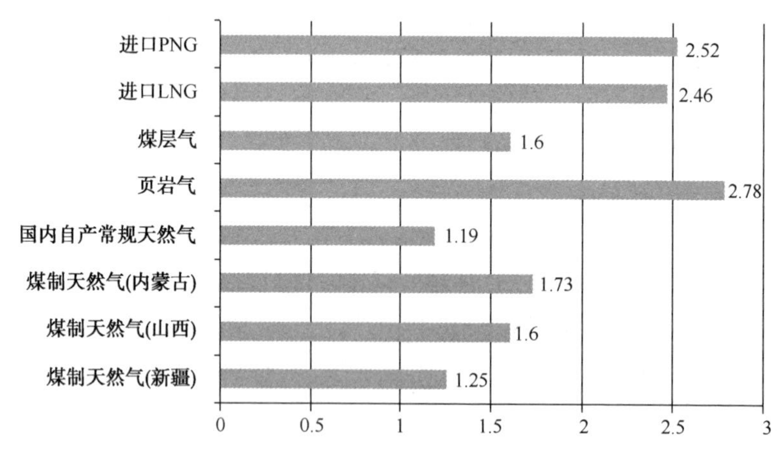

图21 煤制天然气与其他天然气价格对比

4. 较高的环境收益

中国的雾霾天气主要是由于煤炭大量由小锅炉直接燃烧，燃煤小锅炉能源转换效率极低，一般综合利用效率不足20%，造成大量的能源资源浪费。煤制天然气采用加氢气化和催化蒸汽气化“一步法”直接合成天然气的工艺，能源转换效率理论值可达79.26%和72.7%。“两步法”的转换效率相对较低，但也可达61%。如果采用分布式能源系统或者热电联产转换效率可达80%，系统效率高达48%~63%，是燃煤小锅炉的1~2倍。

5. 配套的管网建设

中国煤制气的规划项目一般都在新疆、内蒙古等地方，距离东部消费市场距离遥远。管道运输煤制天然气是最为合适的运输方式。随着煤制气项目的开工，配套的煤制气管道建设也在稳步进行。目前，国内已经建成三条煤制天然气管道：一是“新疆伊宁—霍尔果斯输气管道”天然气支干线，全长64公里，设计输气量为300亿立方米/年，已于2013年2月投产；二是克旗煤制气外输管道，设计输气量为40亿立方米/年，已于2013年底投产；三是阜新煤制气外输管道，设计输气量为40亿立方米/年，全长110公里，2013年10月建成，尚未投产。未来规划中还将在新疆、内蒙古、甘肃、大同等地建设配套的煤制天然气运输管网。

（二）劣势

1. 缺乏核心技术和设备

煤制天然气的传统生产工艺主要采用“二步法”，即气化和甲烷化。其中，甲烷化技术是“两步法”间接合成天然气过程的关键环节。中国在建的煤制天然气项目均引进英国戴维（Davy）公司甲烷化技术（CRG）、丹麦托普索（Topsoe）公司的TREMP甲烷化循环工艺及德国鲁奇（Lugri）的甲烷化技术。中国从国外引进核心技术和设备需要支付高额的专利许可费用和设备采购费用，大大提高的煤制天然气的生产成本。并且在具体的运营过程中，项目技术的集成和优化仍需要反复探索和调试，难以确保煤制天然气产量和质量的稳定性。

2. 水资源逆向分布

中国大部分煤炭资源主要蕴藏在水资源比较短缺的地区，呈现逆向分布特征，详细见表12。然而，煤制天然气属高耗水项目，生产每千立方米煤制气需要耗水约5~6吨，是煤炭直接利用的18倍。因此，水资源的供应紧张，是制约着煤制天然气产业发展的首要障碍。世界资源研究所研究称，中国已获批的75%煤制气项目都处于水资源的高度紧张地区。水资源的大量消耗，势必会导致项目周边牧业和农业用水受到限制，并加速周边生态环境的恶化，引起植被退化和土地沙化等生态问题。

表 12 中国煤炭资源与水资源呈逆向分布

	煤炭资源排名	煤炭资源量/亿吨	水资源/亿立方米	水煤比
新疆	1	21901	816	1∶22
内蒙古	2	12250	312	1∶30
山西	3	3899	87.4	1∶45
陕西	4	2031	304	1∶7
贵州	5	1897	1141	1∶2
全国		45521	27434	1∶2

3. 二氧化碳捕集和封存问题

虽然煤制天然气与煤制油、煤制甲醇等其他煤化工相比，具有较低的二氧化碳排放量，但是仍然属于高排放二氧化碳产业。以年产能 40 亿立方米的煤制天然气项目为例，每年的二氧化碳排放量约 1700×10^4 吨。根据美国杜克大学的研究，煤制气生命周期的二氧化碳排放量是普通天然气开采的 7 倍。如果煤制天然气用于发电，碳排放量比燃煤发电高出 85%；用于汽车燃料，碳排放量是普通汽油的 2 倍。

4. 二次能源利用效率不高

煤制天然气的一次能源转换效率较高，理论上可以超过 60%。然而，煤制天然气需要二次利用，考虑到煤炭生产环节和终端利用环节的能源损耗，煤制气在提高能效上不一定具备优势。用煤制天然气用于供暖，煤炭的直接利用效率可达 54%，而煤制气的综合利用效率只有 43%~48%。用煤制天然气用来发电，但如果将煤制成的天然气再用来发电，按联合循环电厂热效率 56%计，不考虑天然气输送过中的能耗，从煤炭到发电的综合利用效率仅为 30%，远低于超临界机组煤炭直接发电 40%~45%的效率水平。用煤制天然气作为汽车燃料使用，低于煤发电驱动电动车约 31%的效率水平，这主要由于燃气发动机的热效率大大低于电机所致。

（三）机遇

1. 日益增长的市场需求

近年来，中国天然气管网的逐步建成，天然气上中下游产业链逐步完善，为天然气消费量的快速增长创造了良好的条件。受经济利益的驱动影响，天然气替代煤炭、成品油等能源的速度加快，天然气将在城市燃气、工业燃料置换、天然气汽车、分布式能源、天然气发电方面得到广泛应用，市场需求量将迅速增加。中国石油规划总院预测，2015 年中国天然气消费量为 2600 亿立方米，2020 年天然气消费量增加到4000亿立方米，到2030年有望达到5500亿立方米，保持快速增长态势，年均增长速度超过了10%。天然气供需缺口将逐步由2015年的900亿立方米增加到2050年的2500亿立方米。

2. 有力的政策支持

2013年9月，国务院印发了《大气污染防治行动计划》，指出"制定煤制天然气产业发展规划，在满足最严格的环保要求和保障水资源供应的前提下，加快煤制天然气产业化和规模化步伐。"2013年中国政府核准煤制气项目数达到了12项之多，意味着中国政府通过政策手段强有力地推动煤制气产业的发展。

3. 地方政府的推动

中国煤炭资源大省——新疆、山西、内蒙古和陕西，受煤炭价格不断下降的影响，经济增长速度十分缓慢。首先，大力发展煤制天然气能够为煤炭资源省份带来新的经济增长点。例如，年产量为40亿立方的煤制天然气项目能够带来近200亿的投资，拉动相关产业的发展，为地方政府在短期内创造高额的GDP，并大量增加政府的税收；其次，加快煤炭资源的清洁化利用，能够有效改善煤炭资源地区的生态环境，减少对自然资源的无序破坏；此外，煤制天然气项目一般在经济不发达的地区，高额的投资能创造大量的就业岗位，并拉动相关产业的发展，为维护资源省份的经济社会稳定做出了巨大贡献。

4. 燃气价格上涨空间较大

中国政府正加快推进天然气价格机制改革，努力实现存量气价与增量气价并轨，加快提高天然气价格的速度。2014年8月12日，国家发展和改革委员会发布《关于调整非居民用存量天然气价格的通知》，宣布自9月1日起将非居民用存量气最高门站价格每千立方米提高400元，并逐步放开对进口液化天然气(LNG)气源价格和页岩气、煤层气、煤制气出厂价格的管制，对页岩气、煤层气、煤制气三种非常规天然气出厂价格实行市场调节，由供需双方协商确定；进入长途管道混合输送的，执行统一门站价格。未来中国政府将继续推动天然气价格机制的改革，最终实现完全的天然气市场化定价。届时，天然气价格将大幅上涨，真实反映天然气的经济价值，为推动煤制天然气产业发展创造更大的利润空间。

(四) 威胁

1. 不确定的煤炭价格

在煤制天然气成本结构中，煤炭所占比例最高，占到了整个成本费用的30%以上，煤炭每增加100元/吨，每立方米煤制气天然气成本将增加约0.3元。因此，煤炭价格是影响生产成本最敏感和关键的因素，直接影响到煤制天然气企业的经济效益。在煤炭市场低迷情况下，煤制天然气有一定的经济效益，但未来一旦煤炭价格上升，煤制天然气的经济效益将面临巨大挑战。

2. 其他气源的竞争威胁

中国已经形成了多气源的供应格局，可供应的天然气资源包括国产常规天然气、非常规页岩气与煤层气、煤制天然气，以及国外进口管道气和LNG，共六种气源。常规天然气对煤制天然气具有价格优势，随着未来勘探工作的不断进展，中国未来很有可能发现大型天然气气田，增加的常规天然气的供气量，势必会挤压对煤制天然气的市场份额。此外，受美国“页岩气革命”影响，中国也在大力发展非常规天然气页岩气和煤层气，现仍处于初步发展阶段。未来随着技术的进步和成本的下降，非常规天然气也将实现规模化生产，价格也将持续下降，也会对煤制天然气产业的发展造成一定的威胁。

3. 煤制气并网问题

中国在建的煤制天然气项目集中分布煤炭资源丰富的内蒙古、新疆地区，对天然气需求最多的东部沿海地区距离气源地较远。煤制天然气属于高能耗型产业，与常规天然气和非常规天然气相比，不具有优先入网的优势。而且，中国天然气主干管道主要集中与中石油、中石化两家大型石油公司中，所占市场份额合计超过90%，属于高垄断型行业。管道运输市场的高度垄断，势必会导致煤制天然气企业在谈判过程中处于弱势地位，可能会使得煤制天然气企业限制输气量或支付较高的输气费用，不利于企业稳定销售气体和降低运营成本。

4. 供应中断的风险

煤制气从本质上属于煤化工项目，化工项目工艺技术上的一个特点是连续稳定生产，同时受到设备等方面因素，化工设备需有检修期。当煤制天然气处于检修期间，如果没有补充气源，将会对下游用户造成巨大损失，影响企业声誉，甚至未来购气协议的签订。此外，煤制天然气项目受到水资源供应的制约，企业所在地区水资源供应在雨季和旱季的变化无常，煤制气企业也面临着随时减产和停产的风险，对企业的发展带来不确定风险。

5. 不完善的监管体系

中国煤制天然气产业的监管更多采用通知、发展规划等形式发布，而并非法律形式，不具有权威性和普遍适用性。而且，产业监管内容分布于不同的政府文件当中，没有形成独立完整的煤制气产业发展监管体系，内容更多是指导性意见，缺乏具体执行条例，使得煤制天然气产业监管缺乏系统性和实用性，监管执行工作更多地流于形式。此外，煤制天然产业的监管机构也分布于发展与改革委员会、环保部门、能源部门及工业信息化等多个部门，导致煤制天然气所受的行政干预较大，不利于增强企业的自主性和活力。

三、煤制气发展 SWOT 战略选择

基于上述中国煤制天然气产业的优势、劣势、机遇和威胁的分析，构建了中国煤制天然气产业发展的 SWOT 策略矩阵，并且每一个战略都是按照优先级顺序进行排列，具体的内容分析和详细的战略见表 13。

表 13　中国煤制天然气产业的 SWOT 战略分析矩阵

	优势(S)	劣势(W)
外部因素/内部能力	S1. 丰富的煤炭资源 S2. 快速增加的产能 S3. 可观的经济收入 S4. 较高的环境收益 S5. 配套的管网设施	W1. 缺乏核心技术和设备 W2. 水资源逆向分布，供应不足 W3. 二氧化碳捕集和封存问题 W4. 二次能源利用效率不高 W5. 产业链投资过大
机会(O)	SO 战略	WO 战略
O1. 日益增长的市场需求 O2. 有力的政策支持 O3. 地方政府的推动 O4. 天然气价格的上涨	SO1. 利用资源优势，继续推动煤制气产业的规模化运营 SO2. 充分利用煤制气产业政策优惠和地方政府支持，推动煤制气产业发展 SO3. 逐步推动煤制气定价体系的市场化改革，提高气价 SO4. 继续加速煤制气管网和相关设施的投资与建设	WO1. 利用政策支持和资金投入，加大核心技术的攻关，加速装备国产化进程 WO2. 与地方政府加强合作与协调，合理有序发展，提高水资源的综合利用效率，解决二氧化碳捕存问题 WO3. 注重提高能源的利用效率和经济效益 WO4. 通过多渠道筹措资金，吸引多元化投资主体
威胁(T)	ST 战略	WT 战略
T1. 煤炭价格的不确定性 T2. 其他气源的竞争威胁 T3. 煤制天然气的并网问题 T4. 煤制气供应中断的风险 T5. 不完善的监督管理体系	ST1. 加大煤炭资源的勘探力度和进口量，降低煤炭价格 ST2. 采用煤、电、气、化多联产新型联产生产方式，提高企业的运行效率，降低煤制气生产成本，提高企业效益 ST3. 合理规划煤制气管道建设，建立公平的并网机制 ST4. 与其他气源建立联合调峰机制，防止煤制气检修期的供应短缺	WT1. 加大研发投入，鼓励自主创新和掌握核心技术 WT2. 制定煤制气发展战略和相关规划，有序发展煤制气产业 WT3. 提高能源利用效率，发展循环经济和清洁生产，降低生产过程中对水资源的浪费以及二氧化碳排放 WT4. 各级政府出台具体的监管措施，建立系统完善的监管体系，加强对环境影响和气候风险的评估和监管

四、结语

中国是一个煤炭资源十分丰富的国家，能源消费主要以煤炭资源为主。然而，长期低效率的煤炭利用方式对大气造成了严重污染，使得中国华北地区产生了长时间的雾霾天气，严重影响着人民的正常生活和身体健康。因此，中国政府提出了“能源革命”的口号，以转变能源消费结构为主，一方面大力推行煤炭资源的清洁化利用，另一方面积极发展清洁能源天然气。其中，能够一举两得的利用方式就是大力发展煤制天然气。煤制天然气能够获得可观的经济收益和环境收益，可以作为天然气资源的重要补充。然而，中国发展煤制天然气产业仍备受争议，中国政府对煤制天然气的项目审批也十分谨慎。这主要因为中国发展煤制天然气产业仍处于起步阶段，尚未形成完整的技术和装备体系，而且生产过程中需要消耗大量的水资源，排放的二氧化碳也难以捕存，对环境的破坏程度也尚不明确。

对民营资本参与国家石油商业储备模式的思考

石油与国家政治、经济、发展战略及综合实力紧密相连，是人类生活和未来发展的主要能源。石油安全严重影响着国家安全，石油储备是石油安全的重要保证，建立石油储备体系是保障石油市场稳定、供求关系平衡的重要措施。2012年中国石油对外依存度已达到56.6%，再加上石油资源的有限性和石油供应的不稳定性，可以看出中国石油安全的风险系数越来越大，因此要尽快完善国家石油储备体系。其中石油商业储备以其灵活性、及时性等优势对稳定市场起着重要的作用。

2011年中国500强企业中，共有184家民营企业，占总数的36.8%。2012年民营上市公司占全部上市公司的50%以上。具体到石油行业中，中国共有民营成品油批发企业609家，仓储企业146家，民营加油站44005家，总储量约为2.3亿吨，但如此庞大的民营资源没有被利用起来。2010年中国有6家民营企业以国家租赁的形式获批进行国家石油储备，但至今无法真正实施石油储备。我们对民营资本如何有效参与石油商业储备体系展开研究。

一、民营资本投资领域分析

（一）民营资本及其现状

1. 民营资本界定

民营资本是指除国有企业资本、外国企业资本之外的国内中小企业资本及民间闲置资本。

截至2012年中国民营企业法人数已占全国企业法人的90%以上，民营经济占全国非农就业的85%以上，民营资本在中国经济结构中投资及税收的比例已超过60%。在石油行业中，民营资本拥有全国46%的加油站数量、约有6000万吨仓储能力、34.6%的炼油能力。

2. 民营资本的优劣势分析

民营资本在石油行业中具有三方面的明显劣势：①民营资本分散性太强。民营企业各自的规模较小。②缺乏石油行业管理经验。中国石油行业一直处于国家的垄断和保护中，并且长期以来对于民营企业都存在一定的歧视，导致民营企业在引进具有丰富管理经验的人才时存在一定的困难。③资金量相对不足。石油行业是具有高投入、高风险特性的，为追求利润最大化企业需要多方面大规模生产才能产生经济效益，由此看出民营资本的先天不足。

另一方面中国民营资本有诸多优势：其承受力较强，可以根据市场的变化及时进行调整和改革；由于管理的层次少，成本低，决策快，容易抓住市场机会；因为中小企业的抗风险能力低，所以其有技术创新、专业化程度高等特点。

3. 石油行业对民营资本的限制

民营石油企业对进入石油各领域十分感兴趣，参与也很积极，但石油行业的进入壁垒较高，对国有资本外的企业限制较多，使民营石油企业发展有诸多障碍。

国家在2010年颁布新“非公经济36条”，在条例中规定“在国家统一规划的前提下，除国家法律法规等另有规定的外，允许具备资质的非公有制企业依法平等取得矿产资源的探矿权、采矿权，鼓励非公有资本进行商业性矿产资源的勘查开发。”但石油上游开发的高额资金投入、先进技术要求和高投入风险都使进入壁垒提高，而且国家对民营企业的要求更严，同时大型石油国企已经将上游市场基本垄断，民营企业进入该领域难度较大。

国家对石油行业进口和出售限制较多，包括成品油非国营贸易配额只能用于进口燃料油，民营企业也没有原油进口的权利。中石油和中石化生产的原油、中海油国内销售的原油及中国新星石油公司和地方油田生产的原油，以及进口的原油，全部由国家统一配置，不得自行销售。国家对民营资本的诸多限制有碍于行业的健康竞争。

(二) 石油商业储备具有吸收民营资本的可行性

石油商业储备一般是指石油相关企业(通常指原油炼制商、石油进口商和批发商等主要从事石油业务的公司)根据政府有关法律法规的规定，为承担社会责任而必须保有与其生产经营规模相匹配的储备量。石油商业储备称为民间储备或企业储备，通常由两部分组成，为不可动用的储备量与可动用的储备量。不可动用的储备量，是指维持炼油厂、销售公司(包括加油站)正常运营所必需的原油和成品油的周转量，它们对于维持企业正常运转具有重要的保证作用。

石油商业储备中可动用的储备量是指在石油商业储备中减去那部分不可动用的储备量后剩下的储备量，这部分储备量大小受企业的规模和炼油能力影响。如果企业的石油商业储备中有一定的可动用储备量，那么，在国际石油供应不足或在油价飙升时，就可具有一定的抗风险能力；在国际石油供应充足或在油价下降时，就可具有一定的吸纳能力，由此提高企业的经营安全和经济效益。

在石油储备体系中，石油商业储备是重要的补充部分。石油战略储备的作用多为抵御石油供应中断的风险，可动用的机会较少。而石油商业储备则是保证能源市场的稳定，平衡供需关系，参与度更强。完善石油储备体系中的石油商业储备更有利于减少供需紧张问题。

中国民营企业的规模逐渐扩大，尤其在石油行业中民营企业的经济能力和创新能力不断进步，同时民企的石油储备能力较大、参与石油储备热情度极高。制定健全的体制将民营资源纳入到石油商业储备中，可优化结构，充分利用资源。

二、典型国家石油商业储备实施的经验与启示

石油危机使西方国家开始建设石油储备，石油需求国对石油储备的建设则更为重视。发达国家建设石油储备体系根据各国特点进行了不同的规划，其中石油商业储备的实施也有不同的途径。

（一）美国

自由市场型。石油储备的主体是政府拥有的石油战略储备，石油储备相关的法律、运行机制、计划等要求都是针对石油战略储备制定的。而对民间的石油商业储备来说，会给予一些优惠措施，包括免除其进口关税、允许将其石油存放在多余的国有储备库中等等，但政府不给予任何的资金支持，也不将其纳入管理的范围。民间石油储备可自由发挥自身能力。

（二）日本

政府导向型。日本石油储备体制的特点是以政府储备为主，政府储备与民间储备并重的形式。日本的法律、法规明确规定，炼油商、石油销售商及石油进口商认定为民间石油储备的责任人，并严格现定了他们各自的石油储备量，若违反要求需处以罚款。同时，日本政府有义务为石油公司提供所需支持，包括日本石油公司出50%资本金建设石油储备基地；为民间储备石油提供低息贷款等。

（三）德国

社会市场型。德国的官民结合联盟储备是该国石油储备的主体，它和政府储备、企业储备共同构成了德国多层次的储备体制，三者的储备比例为57：17：26。联盟储备具有鲜明的社会市场型特色，规定所有石油相关行业，如炼油厂、石油进口公司、石油销售公司与使用石油发电的电厂等，都是法定的联盟成员。在发生石油供应危机时，联盟储备与政府储备同样，都负有应急供应的义务。同

时，德国政府规定：在石油产品价格中增加专门的储备税，用于储备联盟(EBV)会员交纳会费和企业石油储备的经费来源。

(四) 经验与启示

通过对典型国家石油储备的分析可以总结出以下几点建设经验：有完善的石油储备相关法律法规；发达国家的石油储备多为官民结合的形式，以政府储备为主、民间储备为辅的市场形式；多数国家根据本国情况对民间储备给予部分优惠；多数国家有明确的石油储备体系，其中包括战略储备和商业储备。

以上四方面经验可以启示我们在中国建立石油储备体系中有所借鉴：建立石油储备应立法先行。完善的法律法规能保证石油储备的有序建立和正常运行；明确石油储备模式；中国应将石油战略储备和石油商业储备体系统一规划起来，建立明确的发展目标；将民营资本充分利用起来。中国有大量的闲置社会资源，应将其纳入到石油商业储备中，发挥作用。

三、中国石油商业储备的现状及问题分析

(一) 中国石油商业储备现状

2004 年 6 月，中国首批国家战略石油储备基地正式开始施工，地址主要集中在沿海地区，分别在：黄岛(山东省青岛市)、镇海(浙江省宁波市)、大连(辽宁省大连市)、岱山(浙江省舟山市)。到 2008 年底，国家石油储备一期项目四个基地已全部建设完成，并于 2008 年底和 2009 年初抓住低油价的有利时机，完成了国家储备石油的收储任务。中国第二期的石油储备基地也在陆续建设完成，地址包括广东湛江、惠州、甘肃兰州、江苏金坛、辽宁锦州、天津、新疆独山子和鄯善。二期八个基地全部建成注油后，中国的战略石油储备量将达到 2. 74 亿桶。现在第三期的国家储备计划也在紧张地进行中。

但在石油商业储备方面中国还没有真正得建立起来，真正的石油商业储备是指除了正常周转库存以外的剩余库存，也只有这部分库存才真正具有储备功能。

中国现在的石油商业储备主要为国有石油公司的石油库存，现有的储备天数约为 21 天。近两年中石油和中石化新建了石油储备库储备石油，主要针对于石油商业用途，但现在还没有建设完成。同时在发布“新 36 条”以后有 6 家民营企业获批进入国家石油储备，但也只是以国家租赁的形式进入，并不能把资源充分利用起来。而且石油战略储备和石油商业储备都是由国家政府和国有石油企业建设、运行，其成本太高，浪费社会闲置资源。

(二) 中国石油商业储备存在的问题分析

1. 石油商业储备的发展受制于原油、成品油价格机制

中国原油价格由中石油、中石化两大国有石油公司协商确定，而成品油价格是以布伦特、迪拜和米纳斯三地原油价格为基准平均值，再加上炼油成本和适当的利润以及国内关税、成品油流通费等。中国油品定价基本处于国家掌控中，并且定价过程不够透明清晰，定价周期没有与国际接轨。

2. 石油储备实施方面相关法律、条例不够完善

法律是对社会正常有序发展的保证，在发达国家对于建立石油储备体系立法先行已成为共识。部分发达国家都对石油储备工作进行了立法，以保证工作顺利进行。而中国还未对石油储备方面建立具体、有针对性、完善的法律。

3. 石油储备体系建设处于初级阶段，石油商业储备运行机制尚未形成

中国国家石油储备中心成立较晚，现正处于学习、摸索阶段，对于石油战略储备和石油商业储备没有系统的管理规划，石油战略储备基地也都是下放到各大型国有石油公司管理。民营企业有大量闲置资源，但因为中国进口原油标准严格，同时加工进口原油的权利主要掌握在国有石油巨头手里，同时没有统一的规划管理，不能充分利用其闲置储备资源。

4. 石油商业储备方式较集中，资源利用率低

近几年中国开始建立专门的石油商业储备基地，但全部由国有大型石油企业建设及负责，储备方式过于集中。而中国民营企业的总储量约为 2.3 亿吨，如此庞大的资源现在大部分处于空闲状态，大大制约了石油商业储备的建设。

5. 民营企业的管理模式可能导致石油商业储备建设的风险加大

中国的民营企业在实力、规模方面存有很大差距，普遍缺点为内部管理模式不够规范，缺乏一定的石油行业管理经验和专业知识。同时石油属于易燃易爆品，在石油储备阶段需要格外严格的安全操作规范，但民营企业操作过程不严格，安全意识不强。如加入到石油商业储备体系中将增加石油商业储备建设的风险。

四、中国民营资本进入国家石油商业储备的操作路径、方法及建议

中国石油行业现在属于垄断行业，由国有大型石油企业掌控，石油的购买和投放都是国家行为。同时国内主要的两家国有石油公司，中石油和中石化的许多石油库存都是以租赁的形式借用民间石油储备资源。中国应逐渐释放资源，使石油行业适度市场化。

中国现在还未将民营资源利用起来，将民营资本纳入国家石油商业储备体系中是需要国家从政府到企业全面统筹的工作。政府方面要有效地支持石油行业的市场化，并给与明确、适当的政策；民营石油企业自身要有动力有激情，各方面条件能符合要求。以下为具体的操作路径及各部门需做的工作。

（一）具体操作路径与方法

1. 操作路径

民营资本进入国家石油商业储备是一个需要石油资源循环的过程。各部门需各司其职，尽快明确政策、法律法规、管理模式等方面。

图 22 为民营资本进入国家石油商业储备的具体操作路径。由国家能源局审核允许民营企业进入石油商业储备体系，并按计划向国有石油企业或海外市场协调民营企业的购油指标，规定其油品、购入时间限制、定级许可标准。民企可自主选择购买和售出原油的时间，也可将储备石油自用，但期间石油储备时间必须大于或等于 60 天，卖出或使用石油后油罐的空闲时间必须小于或等于 10 个工作日。达不到此规定者将强制退出石油商业储备体系，也可自愿申请退出石油商业储备体系。

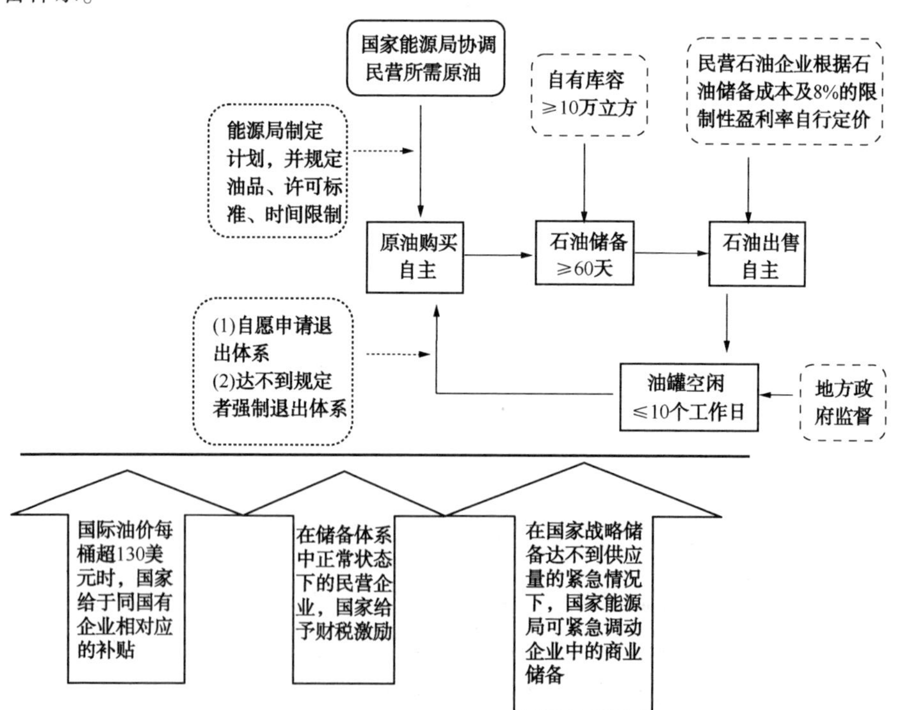

图 22　民营资本进入国家石油商业储备的操作路径

此体系的运作模式为：储备油来源由国家保障，运作过程中成本费用分摊，利益受限。对于民营资本积极性的保护主要通过有限制的市场差价利润操作、税收享受国家特定优惠、紧急调动补贴及成立石油商业储备联盟。

2. 实施方法

在石油商业储备体系内的民营企业需要保持石油商业储备体系的稳定性，实现持续性的发展。要保持民营企业的连续盈利，同时根据国家发改委网站 2006 年关于调整成品油价格的通知，限定限制性盈利率为 8%，实现石油商业储备的良性循环。通过以下公式来看如何实现盈亏平衡。

$$P_o + T + W_t + C_r + C_s + C_t + C_m + C_p = T_c$$

$$T_r = P_c * Q_o;\ P^* = T_c/Q_o$$

限制性利润：$0 \leqslant T_r - T_c \leqslant 8\% * T_c$

盈亏平衡价格点：$P^* \geqslant P_c/1.08$

式中 P^*——民营石油企业参与石油商业储备的盈亏平衡价格点，如公式成立则石油商业储备可实现良性运转。民营企业出售储备石油按国家石油零售价格出售，当 $P^* > P_c$ 时，政府应给予民营企业免税政策并实行补贴。但同时需要限定利润为：$(1+8\%) * T_C$；

P_o——民营企业购入原油的价格；

T——增值税成本；

W_t——损耗；

C_r——仓储成本；

C_s——销售成本；

C_t——运输成本；

C_m——维护成本；

C_p——管理费用成本；

T_c——民营企业储油总成本；

T_r——民营企业储油总收入；

P^*——盈亏平衡价格；

Q_o——同批石油售出次数；

P_c——国内原油零售价格。

C_r = 自由油库成本+租赁油库成本；C_s = 人工成本+加工成本+技术成本；C_t = 公路运输+铁路运输+水路运输+航空运输+货运代理相关费用+油料管道运输。

现在制约民企参与石油商业储备的因素有很多，在上述公式中包括以下三个主要因素：①油源问题：现在对于民企发展最大的障碍是无法购入储备原油，进入石油储备体系的6家民营石油企业也没有真正拿到原油配额。②储备成本：民营企业整体实力较国企在储备竞争力方面较弱，储备维护成本承担有难度。③原油价格：现行的原油管理办法和成品油定价体系制约了炼油厂用户和石油储备企业的市场定价。

（二）中国中央政府对石油商业储备建设的建议

1. 国家对石油储备进行统筹规划，制定健全的法律法规

石油安全关系到国家的政治、经济形势的稳定和国家安全，同时石油储备是抵御风险的重要屏障。法律法规则是社会有序生产的保障，因此建立健全的、针对石油储备的法律法规是重中之重。国家政府应统筹规划，并针对各部门的管理内容、岗位职责进行明确，同时对石油储备的各环节流程进行规范化要求。对于中国特殊的民营企业，需建立法律法规让每个地方政府将该省市的社会资源统一规划统一管理，将分散的社会资源协调起来。可以有针对性的建立石油储备税，通过适当的税率收取一定的费用用于石油储备的管理和石油商业储备的补贴。

2. 进步优化中国的石油储备模式，扩大石油商业储备参与面

国家方面需要对石油储备体系进一步优化，将石油商业储备的地位与石油战略储备并重，统一地纳入到石油储备体系当中，根据中国的特殊情况制定出中国特色石油储备体系。首先以政府租赁的形式对社会闲置的储油罐进行租赁，待石油储备体系发展成熟后应以政府的石油战略储备为主、国有石油企业的商业储备和地方政府统一规划的社会商业储备为辅的形式进行储备，同时规定各种形式的储备规模和储备油品类型。

3. 制定民营石油企业进行石油商业储备的产业指南

国家已对《国务院鼓励支持非公有制经济发展的若干意见》进行修改，鼓励民间资本参与石油天然气的建设。但如今的原油进出口仍由国有石油公司掌握，民营企业仍生活在夹缝中，并未对民营企业的经营现状及闲置资源进行有效地改善。国家应对民营企业实行合理化的优惠，同时进行适度限制。比如根据民企综合能力对企业分等，并根据等级规定义务储备量，对其原油进口量进行适当调整等优惠。同时应在利润率上给予适度限制。

4. 通过税收优惠鼓励石油相关企业参与石油商业储备

石油储备是国家安全及经济稳定的重要保证，石油储备的责任应适度分散，而现在中国石油储备压力都集中在国有石油公司，石油储备的集中度太高，不利

于灵活利用。应适当出台财税激励政策，提高石油相关大型企业参与石油储备的积极性，使中国石油商业储备适度市场化，使石油商业储备灵活的稳定石油供给。

（三）地方政府对石油商业储备建设的建议

1. 各地方政府对本省市民营石油企业认证分级并进行统一管理

各民营企业规模大小不一，地址较分散，各企业之间沟通交流较少。为了使民营企业竞争力增强应将力量团结起来，执行统一的规章制度，将信息公开化。同时因为南北差异和各省市的具体情况不同，民营企业应该由本省市的地方政府统一规划及管理。应根据民营企业的规模、社会责任等企业情况进行认证并定级，根据级别制定相适应的管理规定。

2. 各省市政府根据当地情况明确石油商业储备管理模式和运行机制

中国特有的民营石油企业在国内的规模十分庞大，但经营水平参差不齐，导致产生很多剩余资源。山东、黑龙江、河北等民营企业数量大省应发挥集体优势，实行统一的管理模式和运行机制，提高生产效率。地方政府应根据本省市的具体情况和各民营企业级别的不同对各环节进行规范化统一，但不必参与经营决策。

3. 地方政府对民营石油企业进行有效监督

地方政府应根据国家规定对辖区内民营企业进行有效的监督：①根据储备量要求对企业进行定期检查，如储备量不足应令其在规定时间内补齐。②企业参与石油商业储备应负有责任，应监督其利润率的控制情况。

（四）民营企业参与石油商业储备的优化建议

1. 成立官民结合石油商业储备联盟

民营企业一大缺点就是资本较分散，可以通过在政府部门指导下，成立官民结合的民营资本为主的石油商业储备联盟来扩大竞争力和影响力。民营资本单一的实力很难达到与国有大型石油企业竞争的能力，只有形成合作联盟才能有机会与之抗衡。

2. 规范企业内部的管理制度

民营企业的一大问题就是管理制度不够规范化，多为个人决策。这种方式优点为决策快、效果明显。但是缺点是有时不够合理，没有规范的规章制度，尤其是安全制度，并且执行力不够强。民营企业要做大做强必须先有规范的规章制度做约束。

3. 提高企业石油储备设备的维护、维修技术能力

石油行业属于高技术高危险行业，石油安全生产是企业的重中之重。石油储

备设备正常运行是石油储备的安全保障，所以需要高水平的设备维护和维修的技术能力。

4. 提高企业知名度，打造品牌形象

企业的发展需要良好的口碑和知名度。民营石油企业本身品牌优势不足，影响面较小，需利用各种平台打造企业形象及社会影响力。

5. 企业针对自身特点发挥技术创新优势

民营企业的抗风险能力较弱，需通过技术的不断创新提高竞争力。但民营企业的资源和规模有限，在石油行业多个领域同时达到技术顶级水平是不可能的。如果企业只针对一方面精益求精，达到该领域技术的顶级水平，就可以使企业有较强的市场竞争力，并可寻求为国有石油公司做技术支持。

中外石油战略储备模式比较研究

中国虽作为第五大石油生产国，但石油产量的增长速度很缓慢，而随着国内石油消费量的不断增加，中国原油对外依存度也不断提高，2009 年突破 50%，2012 年达到 57.1%。中国社会科学研究院也预测：中国石油进口将持续保持快速增长，且中国石油消费对进口的依存度将于 2020 年达到 65%。据美国能源信息署(EIA)测算，中国 2008 年已经成为继美国之后的世界第二大石油消费国及第三大石油净进口国。根据《BP 能源展望 2030》预测，中国作为促进世界石油消费增长的最大来源，将在 2030 年取代美国成为世界最大的石油消费国。因此中国的石油安全问题将会对国家能源安全产生重要影响，而石油战略储备作为保障国家能源安全的重要手段也将提到日程上来。国内外很多学者对中外石油战略储备进行研究，但是并没有对各国石油战略储备比较分析的基础进行构建，也没有对石油战略储备从各个方面进行详细的比较分析，因此在总结前人的基础上构建了新的理论框架，选取俄罗斯、英国、美国、法国、德国、日本和中国七国的石油战略储备进行研究。

一、中外石油战略储备模式比较分析基础构建

各国的石油储量、生产量、消费量和进口依存度不同，其石油战略储备的目的和意义也有不同，不同的储备目的与各国家石油战略储备模式存在着密不可分的联系，下面以上述七国为例进行比较分析，详情见表 14：

表 14　2012 年各国石油探明可采储量、储采比、生产、消费和进口依存度

国家	俄罗斯	英国	美国	中国	法国	德国	日本
探明可采储量(10 亿桶)	87.2	3.1	35	17.3	—	—	—
储采比	22.4	8.8	10.7	11.4	—	—	—
生产量(百万吨)	526.2	45	394.9	207.5	6.4	8.9	15.3
消费量(百万吨)	147.5	68.5	819.9	483.7	80.9	111.5	218.2
进口依存度(%)	-256.75	34.31	51.84	57.10	92.09	92.02	92.99

资料来源：《BP 世界能源统计年鉴 2013》

根据各国的生产量和消费量，我们可将以上七国分为高生产量和高消费量、高生产量和低消费量、低生产量和高消费量、低生产量和低消费量四个象限四种类型，如图 23 所示，但各国生产量与消费量的差异导致各国储采比和进口依存度也有所不同，通过比较可进一步将其分成二种类型：进口依存度比较低的英国和进口依存度高的法国、德国，各国石油储量、生产量和消费量等相关数据未来的趋势预测不会改变其大的分类，因此不再赘述。综上所述，我们将上述七国分成五类：(1)生产量极高、消费量低、储采比高的出口国，包括俄罗斯。(2)生产量高、消费量更高、储采比适中和进口依存度 50%左右的国家，包括美国和中国。(3)生产量和消费量都比较低、储采比较低，但是进口依存度也较低的国家，包括英国。(4)生产量和消费量都比较低，但是进口依存度较高的国家，包括德国和法国。(5)几乎完全靠进口的国家，包括日本。通过以上分析可以看到储量、储采比、生产量和消费量以及进口依存度是各国天然气储备模式建立的基础。

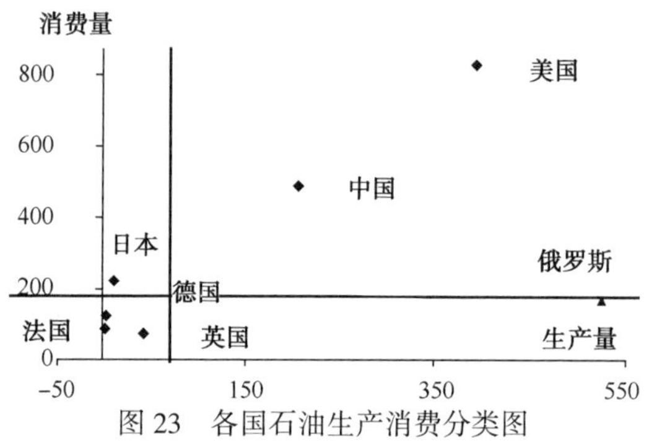

图 23　各国石油生产消费分类图

二、中外石油战略储备模式比较分析

在构建了中外石油战略储备模式比较分析理论基础后，进一步按照进口依存度由低到高对五类国家的石油战略储备管理体制、立法、储备布局、储备方式及筹资渠道进行比较分析，详情见表 15。

表 15　中外石油战略储备现状比较表

国家	俄罗斯	英国	美国	中国	法国	德国	日本	总结
管理体制	暂无	绝大部分是石油公司储备	政府战略储备和公司储备，商业化程度高	并没有专门的管理机构进行规制	机构储备与企业储备相结合，以机构储备为主导的模式	政府、储备机构以及石油公司三方共同承担，以机构储备为主	政府主导，大石油公司对政府的影响很大	综合发挥政府、机构和企业储备的优势，公平、效率兼顾

续表

国家	俄罗斯	英国	美国	中国	法国	德国	日本	总结
立法	暂无	关注HSE方面	没有相关法律规定企业储备义务，政府通过公布石油供求信息引导企业	暂无	法律规定储备主体、规模和构成	法律对石油的生产、运输、存储、交易及原油、成品油的分配问题有相关规定	法律规定政府财政援助下进行基础储备，其储备义务具有强制性	消费量相对生产量较高的国家，立法较严；反之，立法较宽松
储备分布	暂无	设得兰群岛北部的北海区域	东北部、南部	东部沿海，开始向中西部倾斜		东部、北部、西北部、西南部和南部		靠近存储地及消费低，以节省运输成本
储备方式	地下盐洞群储备	海洋大陆架	岩洞群储备方式，沿海可借鉴	石油储备基地和地下油库	成品油地上油罐	地下盐洞储备为主	地上半地上油罐储备与海上油罐储备结合	产量高消费高的国家采取底下岩洞群储备；产量低消费高的国采用有关储备
筹资渠道	政府（计划）	企业	政府设立石油储备基金预算和账户	政府	政府为主，企业、专门机构分摊	企业（德国石油储备机构）	政府拨款、贷款	政府

结合上述五种类型，对其石油战略储备特点的形成原因进行图示分析，由于俄罗斯石油战略储备体系尚未建立，因此用虚线表示其储备体系示意线，详情如图24所示：

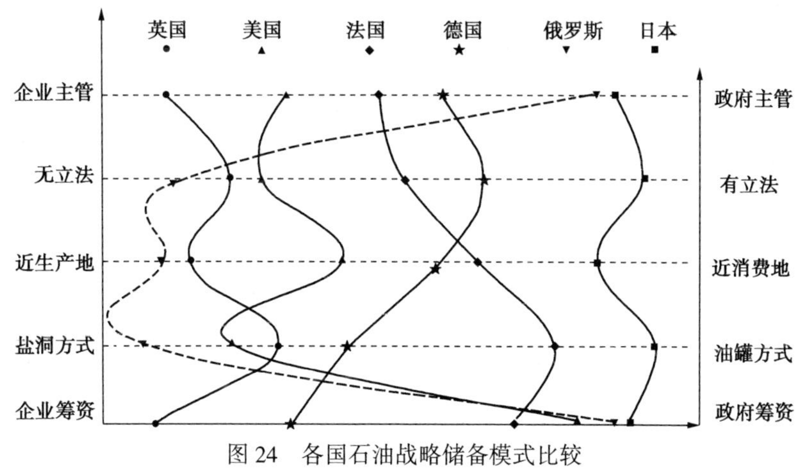

图24　各国石油战略储备模式比较

（1）在石油战略储备管理体制方面，进口依存度越高的国家，政府对石油战略储备的管理越严格。目前，俄罗斯本身石油产量很高，政府希望通过石油储备来操控油价，赚取利润，建立储备原因与其他国家不同，因此其储备管理体制主要由政府主导；英国石油储量丰富，对外依存度相对较低，政府对战略储备管理相对较松，采用企业主导的储备模式；美国采用政府与企业相结合的模式，但商业化程度较高；法国采用机构与企业相结合的模式；德国采用政府、机构、企业相结合的模式；日本也采用政府与企业相结合的模式，但它的对外依存度相当高，因此其石油战略储备的管理及运营由政府主导。总之，各国管理模式的差异，除了与本国政治经济因素有关，与本国石油生产量以及消费量、储采比和对外依存度的关系也密不可分，除俄罗斯外，英、美、法、德、日五国的石油战略储备管理中政府介入程度依次提高。

（2）在石油战略储备立法方面，各国石油储备立法与其储备管理体制密切相关，在管理上商业化程度相对较高的国家，储备立法也相对宽松。俄罗斯的石油战略储备处于起步阶段，立法还未建立；英国石油储备立法相对较宽松，主要关注 HSE 方面；美国没有联邦政府层面的统一立法，法令由各州颁布实施；与美国不同，法国设立“石油战略储备行业委员会”作为战略储备的专门管理机构，对法国石油战略储备进行规范和调整；德国制定了《石油及石油制品储备法》《能源安全法》等法律规定了石油的生产、运输、存储、交易及原油、成品油的分配等问题，石油储备立法较其他国家相比更为完善；日本石油战略储备立法较严，其《石油储备法》包括总则、石油储备、LPG 储备和其他条例四个部分，细则对公司的石油储备义务和责任进行了具体要求，明确了石油储备责任者的义务、石油储备的计划、数量、品种、动用以及惩罚等规定，日本所有从事进口石油、石油制品的商社和从事石油提炼、批发的企业必须按照规定，在政府财政援助下进行基础储备，其储备义务具有强制性，一旦出现违反现象将处以罚款。总之，俄罗斯、英、美、法、德、日各国的石油战略储备立法严格程度依次增强。

（3）在石油储备布局方面，各国的战略储备分布地普遍接近本国的石油资源丰富的地区，或石油消费量较大的地区。英国绝大部分的探明原油储量在北海的英国大陆架和设得兰群岛北部的北海区域，其石油战略储备也主要在该地区；美国石油战略储备主要分布与石油消费量较大的美国东北部和石油产出量较大的南部地区；德国石油储备联盟为了有利于油品的销售，在莱茵河、威悉河等河流及沿海地区建立了石油储运基地；日本由于产量几乎为零，其实有战略储备主要接近于消费地。总之，各国储备布局靠近消费地和生产地的储备布局，能有效减少运输成本，从而提高石油储备效率。

(4) 在石油战略储备方式上，主要有底下盐洞群储备和地上油罐储备，各国的储备方式由于地理条件不同和生产量不同，也存在一定差异。英国和美国自身产量较高，分别以地下岩洞储备和北海大陆架为主；法国的石油战略储备以成品油储备为主，所以其储备方式主要是地上油罐；德国与法国情况类似，也有大量地上油罐，但由于北部有盐洞，因此，德国采用油罐与盐洞相结合的储存方式；日本由于国土面积、地质条件等问题，其储备方式以油罐为主，主要有陆上油罐、海上油罐和地下储罐等。总之，各国的石油战略储备方式与该国的地质条件及石油生产量密切相关。

(5) 在石油战略储备筹资渠道方面，对外依存度特别高的国家和有操控油价目的的国家大多有政府介入其中。俄罗斯建立石油战略储备的目的是希望通过石油储备来操控油价，赚取利润，所以储备资金由政府支出；英国政府不直接拥有石油战略储备，政府明确规定所有规模较大的石油产品生产商和零售商都负有建立和维持石油战略储备的责任，且储备资金由石油公司各自筹集；美国由政府设立石油储备基金预算和账户；法国政府、相关机构，石油产品生产者与经营者都负有战略储备的义务，因此，法国石油战略储备筹资由政府主导，小部分由企业和相关机构按比例分摊；德国是唯一由政府、储备机构以及石油公司三方共同承担石油储备义务的国家，德国石油战略储备的筹资主要依靠于德国石油储备联盟，其石油储备联盟的费用来源于银行贷款、会员上缴的会费和超额油出售的收入等；日本石油储备由专门机构(石油公团)管理，其经费的来源主要有政府财政拨款、贷款和 METI 担保的商业银行贷款。总之，不同国家的石油战略储备的筹资渠道不同，但都与其战略目的存在着密不可分的联系，对外依存度特别高的国家和有操控油价目的的国家大多有政府介入其中，为其资金来源提供保障。

综上所述，对外依存度特别高的国家和有操控油价目的的国家大多有政府介入其中，其石油战略储备管理体制多有政府主导，立法相对较严格，其资金来源也多由政府主导，而石油战略储备的布局和储备方式多与该国的地质条件及石油生产量和消费量密切相关。

三、中国石油战略储备模式的构建

通过对各国石油战略储备模式的比较分析，为构建中国石油战略储备的模式奠定了基础，下面结合各国的经验和中国的实际情况提出中国石油战略储备管理体制、立法、战略布局、储备方式和筹资渠道等方面建议。

（1）在石油战略储备的管理体制方面，中国目前只有政府储备，石油企业并没有法定储备义务。由于中国属于生产量高，消费量极高，进口依存度比较高，因此，中国在储备管理制度上可借鉴消费量高的美国和日本，采用政府与企业相结合的模式，国企为主，民企共建的方式，战略储备的资源所有权归国家，储备设施由国家和企业共建，由企业负责日常运营管理工作，而储备动用的决策权归国家所有，建立完善的多层次分工合作的高效的石油战略储备管理体制。

（2）在石油战略储备立法方面，至今为止中国还尚未出台一部专门的法律法规来针对中国石油战略储备的规划、建设与运营等方面进行规范。因此，中国可借鉴进口依存度极高的德国和日本的立法，明确国家、储备机构、石油进口商、炼制商和销售商的权利和义务，明确石油的生产、运输、存储、交易及原油、成品油的分配等问题，明确石油储备的计划、数量、品种、动用及惩罚等规定，加快中国石油储备立法，确保石油供应安全。

（3）在石油储备布局方面，应借鉴各国的经验在生产地或消费地布局。为了保证中国能源供应的充足，确保经济发展之需，中国第一期石油战略储备工程规划的石油战略储备基地基本集中在东部沿海地区，主要是考虑其经济功能多一些，二期工程的选址开始向中西部城市倾斜。中国的原油战略储备布局一是应该考虑原有的进口渠道在东北和西北的管道末端、长江沿岸码头和东部、南部沿海布局；二是考虑输油管道规划和现状在原油和成品油输油管道首末端或沿线布局；三是同时考虑原油加工的需要，选择炼化园区布局；四是考虑交通设施和消费群体，在交通便利、政治、军事和经济重地布局；而成品油的储备应该再交通不便布局，确保成品油的供应安全。

（4）在石油战略储备方式上，中国在石油战略储备应借鉴各国的经验，根据中国的地质条件和实际情况下，初期阶段可采用陆上、半地下、地下油罐的储存方式，未来随着中国的华东等地区有大量盐矿的开采，积极引进国外先进技术，开展国际合作，增加地下岩洞储备方式。中国应该综合考虑储存成本、运输便利性、炼厂能力和产销地域均衡等因素，对储备布局和储备方式进行优化。

（5）在石油战略储备的筹资渠道方面，中国的石油战略筹资应以政府主导。与美国不同，中国石油对外依存度更高，加上中国石油生产的储采比较低，不能像美国那样推行维护低油价的政策。因此，中国应坚持征收石油消费税，并用部分税收来支持战略石油储备项目。在此我们建议政府尝试允许国内的炼油企业将石油储备费用按照一定的比例附加在石油产品的销售价格中，再通过税负形式向消费者转移部分石油战略储备成本。由于石油和天然气战略储备关乎国家的政治、经济、国防的安全，所以应采用政府拨款、政府的低息贷款等相关优惠政策相结合方式。除此之外，国家还可以采用租用企业闲置的储气设施并委托有资质的企业进行管理的方式，形成国家储备由国家出资建设，商业储备则由国家提供相应的支持条件，利用多种手段相结合来达到筹资多元化的方式。

总之，中国的石油战略储备任重而道远，必须在借鉴其他国家的经验的同时，结合自身的特点，建立政府和企业相结合的储备管理体制，进行石油战略储备立法，明确国家和企业储备的义务和权利，采用政府和企业共同出资的多元化筹资渠道，争取采用陆上、半地下、地下油罐、地下盐洞相结合储存方式，根据目前的实际情况，进行先东部沿海在中西部的储备布局，切实做好石油战略储备的管理、立法、布局、方式和资金筹措工作，在确保石油供应安全的情况下，降低石油战略储备成本。

“大数据”时代下石油企业的对策分析

在信息爆炸的今天，“大数据”时代已经悄然来临，“大数据”的巨大能量，被人们称为“21世纪的新石油”，海量数据的产生、获取、挖掘及整合，使之展现出巨大的商业价值。传统的石油行业面临新的“石油”，该如何去挖掘和利用，并使之产生更大的价值呢？

一、“大数据”的内涵

“大数据”不是什么完完全全的新生事物，百度、谷歌的搜索服务就是一个典型的“大数据”运用，根据客户的需求，搜索引擎实时从全球海量的数字资产（或数字垃圾）中快速找出最可能的答案，就是一个最典型的“大数据”服务。“大数据”的内涵一般可以用4V来表示，就是说“大数据”具有体量巨大（Volume）、种类繁多（Variety）、实时处理（Velocity）、数据真实（Veracity）的特性。只不过过去这样规模的数据量处理和有商业价值的应用太少，现在随着全球数字化、网络宽带化、互联网应用于各行各业，累积的数据量越来越大，越来越多企业、行业和国家发现，可以利用类似的技术更好地服务客户、发现新商业机会、扩大新市场以及提升效率，才逐步形成“大数据”这个概念。

“大数据”利用最多的地方是商业领域。“大数据”在分析人们的喜好与购买习惯上有巨大作用，利用这种分析，商家可以更好地进行营销。权威的市场调查机构说，“大数据”将会改变未来的商业规则，实时竞价系统（RTB）、更加智能的推荐系统以及基于“大数据”的商业智能分析（BA），使企业能够生产更加适合用户喜好的产品，能够找到向用户推销产品更好的方法，能够为用户提供更好的服务，能够利用有限的资源产生更多的效益，“大数据”的这些功能将会使经济社会更快更好地发展。

“大数据”的另一个应用领域就是社会公共领域。利用“大数据”，政府可以更好地管理社会，为社会提供更好的公共服务；教育部门可以更好地获取与传播知识，提高民众的素质；卫生部门可以预测重大流行疾病的发生，提前作出防范预警；安全部门可以监控社会状况，确保国家不受破坏。谷歌公司前几年利用

“大数据”绘制了“世界流感地图”用来帮助人们了解世界各地流感的发病情况；利用“大数据”预测禽流感在各地的爆发趋势，为民众提供预防建议，向卫生部门提供监控资料。在公共安全领域，“大数据”也有巨大的作用，如美国就建立了基于各种传感技术与“大数据”技术的网络监控系统，预测重大社会公共事件的发生，比如爆发大规模游行活动、可能遭受的恐怖袭击等。

随着科技的发展，“大数据”的应用也延伸到个人服务领域。穿戴式设备的产生标志着信息技术的发展到了以人为中心的阶段。像谷歌眼镜、苹果手表这样的穿戴式设备把技术与人体结合起来，使人类可以更加便捷得获取信息。这些穿戴式设备利用“大数据”为个人提供学习、生活、健康等方面的数据服务。“大数据”通过穿戴式设备发挥其作用，同时穿戴式设备本身也成为收集数据、构建“大数据”的来源。穿戴式设备作为一种工具，“大数据”是其服务的内容。

在“大数据”时代，数据将成为企业重要的战略资产，企业需要重新审视历史积存和正在不断产生的海量数据，甚至包括那些曾经被认为是“垃圾”的数据。在经过更加深入、细致的分析提炼后，“大数据”会发掘出超乎想象的价值，并带来新的发展机遇。

二、“大数据”对石油企业的主要价值

面对信息时代的冲击，身为工业化时代规模经济代表的传统石油公司感受着时代变局的巨大压力。一方面，随着传统化石能源面临枯竭，而且开采成本持续上扬；另一方面，随着时代对环境质量的苛刻，新能源逐渐成为未来选择，而且其成本也在中国世界工厂的参与下继续下降。这两方面的压力迫使传统石油公司必须转型成为新型的创新型公司，而这似乎已经成为所有觉醒的国际油公司的共同选择。而要成为创新型公司，需要准确清晰地认识自身和所处的时代，看清未来，及时改变和调整自身。

石油企业从事的勘探开发、炼化、销售、管道储运等业务属于数据密集型行业，历史上已经累积了海量的异构数据。同时，在长期的信息化建设过程中，不断产生着大量的管理数据，加之移动互联网络、智能终端的广泛普及，数据的范围、类型和内涵也在不断地扩展。石油企业已身处“大数据”浪潮之中。“大数据”分析可提供有价值的洞察力，可使勘探、生产、制造、全球运作更加顺畅、安全、高效。

“大数据”对石油企业的价值主要体现在以下几个方面：

（1）“大数据”能够帮助石油企业提高勘探开发决策的效率和水平，实现新的油气增产。比如在地震采集过程中得到一个更全面的数据集，通过挖掘数据潜在

价值，地质学家可以识别在使用“大数据”之前可能被忽略了的潜在的富有成效的地震数据。“大数据”分析可以帮助石油公司评估开发过程。这些分析涉及到地理空间信息、信息推送、油气信息报道等可以让集团更智能的开发油气水井、更富有竞争力的领域发挥“大数据”分析的作用。可支持油田生产规划与决策，加大油气开发力度，不断发现新的油气资源。除了基于有限的数据来进行监控和告警，“大数据”分析可以使用真正的实时钻井“大数据”来基于多个条件异常或预测钻井成功的可能性。油田公司利用“大数据”解决方案可以改进油藏特性描述，更准确地预测潜在油藏的位置，从而更好地决定在哪里钻井，使总勘探成本最小化。提高采收率是很多石油天然气生产公司的目标。“大数据”可以同时使用地震、钻井和生产数据，将储层的变化情况实时的提供给储层分析工程师，为生产人员提供举升方法改造方案。“大数据”也可以用来引导页岩气压裂。

（2）“大数据”能够帮助石油企业发现消费者的消费趋势和潜在需求，进而促进业务创新和开发潜在市场。如在加油站营销过程中，通过完善数据收集分析和监测体系，可追踪每个客户的个性化需求，进而开展定制化服务与管理，并适时推出新的产品和服务，从而吸引和留住更多的客户，以扩大市场份额。

（3）“大数据”能够帮助石油企业实现对网络舆情、社会动态以及国际形势的监控分析，从而为正确实施“走出去”战略、降低海外投资风险提供保障。如在对外油气合作开发过程中，通过对重点资源国地缘政治、经济动态的分析和把握，能够建立良性互动的竞争合作关系，从而实现从挑战向机遇的转化。

（4）用“大数据”改进人才管理。包括评估雇员敬业程度，识别人员技能缺陷，根据需要修订招聘的做法。还可以利用“大数据”提升员工能力，确定投资培训和专业发展目标。由于一个油气企业的员工有可能分散在世界各地，通过整合孤立分散数据可及时发现趋势（比如谁是最好员工？他们的业绩为什么突出？别处如何效仿？），这些有助于留住人才。

（5）油田公司利用“大数据”解决方案来改善安全，减少作业对环境的影响。预测性维护对于油气田公司来说已经不是一个新的概念了，但是它并没有得到应有的关注和预算。在上游生产过程中，如果压力、体积、温度可以被一起采集和分析，并且与以往的设备损坏历史数据进行比较，那么预测就是可以自动化的。在中游输油管道的情况也是类似的。这种方法在需要探测故障，尤其是故障会影响健康，安全和环境的时候显得尤为必要。比如水力压裂，遭到指控的 HSE 案例涉及空气污染、饮用水污染以及地震影响。通过越来越先进的地下传感器收集和分析数据，钻井承包商可以更多地知道如何减少注入地层的压裂液用量。利用

“大数据”进行 HSE 管理，不仅可以增进安全，减少对环境影响，还可以使作业更有效并节省作业开支。

三、石油企业在“大数据”时代的对策分析

作为一种新的经济资产和价值创造形式，“大数据”正在推动着一场新的社会和工业变革。真正能够利用好“大数据”，并将其价值转化为生产力的企业将具备强劲的竞争优势，从而成为行业的领导者。为有效利用“大数据”，在新的变革浪潮中占得先机，中国石油企业需在技术、管理和人才等多方面做好应对。

（一）与专业技术公司共同推进相关技术的研究和应用

大量非结构化数据带来数据量爆发式的增长，对存储容量、传输速率、计算速度等要求更高。因此，石油企业必须考虑引进和应用性价比更高的工具和技术。物联网、移动应用等技术已较为成熟，是获取数据的重要来源；云计算作为并行计算、分布式计算和网格计算等的整合和发展，其核心是增强计算与存储能力，以解决现有技术难以满足“大数据”处理需求的难题；语义搜索能够对海量数据实现由信息搜索向知识搜索乃至智慧搜索的转变，以改善数据搜索的效率和效果；行为定向能够使数据在经过分析后，指示对用户最有吸引力的信息投放时间、内容和方式。面对推陈出新、高速发展的众多技术，石油企业应积极跟踪、适时引入并试点实施，做好应对“大数据”的技术储备。

云计算作为一种商业服务交付计算模式，是实现“大数据”价值挖掘与利用的有效手段。同时，“大数据”的出现要求企业数据中心具有更高的计算和存储性能。因此，石油企业应借助云计算技术重新规划和布局数据中心，搭建云平台，实现硬件资源的在线迁移、动态分配和自动化管理，从而为数据处理和分析提供更加快捷强大的计算、存储和网络共享服务能力。

（二）尽快建立相应的数据应用和信息化管理模式

数据是企业的共同资产，不归属某个部门所有，只有实现数据充分共享，才能最大化发掘数据价值。因此，需打破传统的部门壁垒，建立涵盖企业全局的数据共享与服务合作机制，进而搭建跨地域、跨部门、跨专业的企业级“大数据”应用中心，形成更为科学的数据价值发掘和应用模式。此外，企业信息化管理的内涵和范围也将发生改变，凡是与数据应用相关的支撑内容都应纳入其中，甚至包括专业软件和自动化控制系统等。信息化管理模式的改变将引领企业不断创新。

通过加强油企内部系统间集成，以及与外部相关系统的集成，能够有效消除数据屏障，扩大“大数据”共享范围，提高数据的准确性、完整性和及时性。但

是，目前信息系统集成的数据来源和类型相对单一。“大数据”的出现要求信息系统更加开放，应考虑在更大范围、更高层次上集成更多类型的数据，从而能够为战略、管理、生产等各层面决策提供更加全面、准确、快速的支持。

（三）着力培养“大数据”专业人才

由于“大数据”应用涉及多学科、跨领域的知识，既需要精技术、懂业务的复合型人才，也需要数学、统计学和经济学等其他专业人才，更需要大量从事数据分析的数据分析员、数据科学家。但是，目前此类人才缺口较大，未来6年，仅美国就需要14万到19万名拥有数据深度分析专长的从业者。因此，中国企业应未雨绸缪，通过合作培养、对外交流等多种方式，加大数据专业人才的培养力度，做好应对“大数据”的人才储备。

（四）重视数据资产保护

当“大数据”成为能源行业的主要工具时，数据安全就成为首要需关注的问题。虽然“大数据”在油气业中对个人信息，如个人身份、财务信息、健康信息等的依赖性不太强，这些并不是私密性和安全性的主要问题。然而安全仍极其重要，因为从油田和销售渠道搜集的数据是宝贵资产，国内外的竞争者如果拿到便可从中获益。油气业的“大数据”先驱要建立严格的安全政策，阻止黑客入侵，把安全风险降到最小程度。对于物理资产(如传感器)，要像数据资产一样保证它们的安全。

四、结语

面对海量的数据，过去或许只有那些特大型集团公司甚至是国家政府才有这样庞大的数据挖掘能力，如今随着云计算等新技术的崛起，“大数据”的应用不仅变成可能，而且门槛越来越低，其身影频繁出现在普通商业机构的决策之中。借助“大数据”，这些企业获得了“商业智能”的能力，使企业的各级决策者可以迅速获得感知市场变化的洞察力，促使他们做出对企业更有利的决策，使得这些企业拥有更强大的创新力。

随着“大数据”的发展，它带来的便利已经深入人们的生活。石油行业的“大数据”应用也是必然的发展趋势。石油勘探、生产、制造、全球运作应用“大数据”会更加顺畅、安全、高效，而且，随着移动应用、社交网络等在企业逐渐普及，在提升办公效率的同时，将能拓宽获取数据的渠道和范围，对更好地搜集市场讯息、分析客户行为、监控企业舆情等提供数据支持。面对“大数据”带来的挑战和机遇，需进一步提升信息化水平，实现对数据价值的充分挖掘和有效利用。

中俄天然气合作历程、现状与前景

随着中国内部能源供需矛盾的激化、能源生产和消费结构不合理问题的凸显以及环境问题，尤其是大气污染问题更加严重，能源结构多元化和能源使用清洁化越来越受到重视，在这样的大背景下，中国天然气产业经历了快速的发展，能源战略也开始向增加天然气消费这个方面倾斜。2013 年，中国天然气表观消费量达到了 1676 亿立方米，同比增长了 13.9%，成为世界上第三大天然气消费国，其中进口量达 529 亿立方米，对外依存度达到 31.6%。鉴于中国有限的自给能力，寻求更加广泛的国际天然气合作将成为中国的必然选择。为了构建更加多元化的进口结构，确保中国的能源安全，积极推动与天然气大国和重要邻国——俄罗斯的天然气合作不失为一个理想选择。

一、中俄天然气合作历程及现状

中俄天然气合作经历了近二十年的谈判历程。自 1994 年起，中国就开始与俄罗斯进行接触寻求天然气方面的合作。1994 年，中俄签署《天然气管道修建备忘录》，拉开了中俄天然气合作的序幕；1996 年 12 月，时任中国总理李鹏访问俄罗斯。双方决定设立政府首脑定期会晤委员会。在该委员会框架内常设经贸和科技合作分委会、能源合作分委会和运输合作分委会，为两国天然气合作构建起组织框架。

2008 年中俄两国建立副总理级常规天然气谈判机制，保障中俄天然气合作谈判渠道的通畅；2009 年，中俄双方能源谈判代表先后在 4 月和 10 月进行了两次会晤，取得了包括签署《中俄石油领域合作政府间协议》《天然气合作谅解备忘录》等重要成果，标志着中俄能源合作进入长期战略合作的新阶段；2011 年 5 月，中俄能源谈判代表进行第七次会晤，双方签署《关于 2009 年 6 月 24 日〈天然气领域合作的谅解备忘录〉的议定书》，随后解决了包括天然气、电力、煤炭等多方面存在的积压问题；2013 年 3 月，中石油和俄气签署初步共识协议，随后双方针对定价公式等合同内容的谈判取得显著进展。

2014 年 5 月 21 日，中国国家主席习近平和俄罗斯总统普京在上海共同见证

《中俄东线天然气合作项目备忘录》《中俄东线供气购销合同》的签署。从2018年起，俄罗斯开始通过中俄天然气管道东线向中国供气，输气量逐年增长，最终达到每年380亿立方米，累计30年，历时近20年的中俄天然气谈判终于尘埃落定。11月9日，中俄罗斯再签合作协议，包括《关于通过中俄西线管道自俄罗斯联邦向中华人民共和国供应天然气领域合作的备忘录》《中国石油天然气集团公司与俄罗斯天然气工业公司关于经中俄西线自俄罗斯向中国供应天然气的框架协议》。俄方将从西伯利亚西部通过阿尔泰管道向中国每年供应额外300亿立方米天然气，为期30年。此后，中国将成为俄罗斯最大的天然气客户，俄罗斯将每年供给中国680亿立方米天然气，超过了其对德国每年400亿立方米的天然气供给。

二、中俄天然气合作对中国能源安全的影响

中俄天然气合作打开了中俄两国战略合作的新局面，其直接意义是使中国能源安全得到了更大的保障，这种影响是多方面的。

中俄天然气合作使中国天然气来源多元化，供应更有保障。中国天然气需求正处于高速增长期，从2000年到2013年，中国天然气消费占一次能源消费比重由2.2%跃升到了5.7%，且需求还将进一步增长，但中国自给能力有限，进口气源过于集中。以发改委提出2020年天然气供应能力达到4000亿立方米为参照，若俄方供气380亿立方米，将占近10%，所以无论是从渠道来源还是供应量方面，中国能源安全都将得到长期稳定的保障。

中俄天然气合作会一定程度削弱“亚洲溢价”，为中国赢得更大的经济发展空间。亚洲地区对于天然气存在巨大的需求，中、日、韩已包揽全世界天然气进口量的前三名，但由于区域依赖性过高以及话语权的缺失，亚洲地区存在很高的“溢价”，与美国相比，3月份美国价格不足5美元/百万英热单位，而东北亚地区已突破20美元。俄气的进入会使得世界范围内其他天然气供给方谋求与亚洲方面的合作，现有天然气供应价格会受到一定程度上的抑制。竞争将对当前价格机制产生直接冲击，有效削弱“亚洲溢价”，使天然气价格更趋市场化，这对中国的经济意义不言而喻。

中俄天然气合作将有效推进中国国内天然气价格改革。中国天然气价格形成机制受到很强的行政干预，推行“低价用气”政策。这样的价格形成机制与现在天然气市场状况是不相适应的，需求的快速增长大大增加了中国天然气的进口，而过高的“亚洲溢价”导致了天然气进口价格与国内价格“倒挂”的现象，这会给

天然气销售企业造成巨大的经济损失。中俄大单的签订将使价格倒挂所造成的亏损压力大大增加，势必会推动国内天然气价格形成机制的改革，更加市场化的价格形成机制也利于天然气行业以及中国经济的健康发展。

中俄天然气合作可有效推动中国能源结构调整，促进能源生产和消费结构合理化。一直以来，过度依赖煤炭的能源结构给中国能源安全造成了很大的困扰，同时也造成了非常严重地环境问题，增加天然气的使用成为优化中国能源结构的关键环节。中俄供气协议的签署会从“产”和“消”两方面优化中国能源结构。生产方面，俄罗斯天然气的供给将使中国获得更加充足的能源供应，中国就可获得更大的空间对能源的生产进行调整，比如减少煤炭开采，逐步降低这些能源在能源生产结构中所占的比重；消费方面，中国一次能源消费中煤炭占比仍近70%，天然气虽有所增长但仅为5.7%，这样不合理的结构很大一部分原因来自供给量的差异，与俄罗斯的合作将产生更多的天然气供给，从而有效减少煤炭的消费，届时能源消费结构也将更趋合理。

中俄天然气合作将把中俄合作推向更广泛的领域。中俄天然气合作具有划时代的意义，中俄天然气谈判可以说是中俄合作过程中最艰难的部分，现在这个方面的问题解决了，其他在能源、航天、军事等领域的合作自然值得期待。中俄可能很快就可参与到对方的油气资源开发领域、基础设施建设领域，可能在和平利用核能、空间对地观测以及载人航天领域开展突破性合作，在卢布与人民币结算、投资银行、贸易金融、资本市场交易等金融方面的合作也值得关注。总之，中俄天然气合作将很大程度上强化双方关系，从而增大中俄合作的广度。

三、中俄天然气合作存在的问题

（一）中俄市场前景预期不同

中国天然气供需缺口呈现逐年扩大之势，特别是西气东输管线建成之后，中国天然气消费呈现了井喷式增长，极大地刺激了俄进军中国市场的欲望。同时，由于2014年乌克兰危机给俄罗斯造成了巨大冲击，其能源战略明显开始向亚太地区倾斜，中国更是其选择天然气合作国中的重中之重。相比俄罗斯，中国对于天然气的开发利用相对进退自如。从能源结构的角度来看，中国的一次能源消费主要以煤炭、石油等化石燃料为主。虽然在国际社会保护环境的压力下，中国必须考虑调整能源结构，加大清洁能源的推广力度，从而提高天然气占比，但随着美国页岩气的成功开发以及LNG的大量进口，中国调整能源消费结构的选择相对较多。另外，出于对能源供应安全的考虑，中国也必将保证能源进口的多元化。因此，未来与俄罗斯的天然气合作中，中国很可能将在天然气价格以及是否能参与俄天然气上游勘探开发等方面有更多谈判的空间，能否把握住这样的机会成为一个关键的问题。

（二）中俄能源战略存在博弈的矛盾

俄罗斯在欧洲市场天然气价格较高，为了避免再次引起欧盟降价要求，俄罗斯将中国和欧洲国家定位在同一层次，希望中俄天然气合作价格与欧洲保持一致。然而中国国内的能源消费结构虽有待调整，但从现阶段看，中国并不急需从俄罗斯进口天然气。同时出于对于中亚关系的考虑，中国也不愿意让中俄天然气合作价格高于同中亚的合作，防止中亚也用中俄天然气合作价格胁迫中国，进而导致中国在天然气进口价格方面利益受损。

（三）中俄政治互信水平较低

俄罗斯天然气工业股份公司是在普京任总统期间着手组建的一个天然气工业公司，是普京建立国家所有制的能源公司的象征。而普京认为，在开采自然资源的优先权方面，国家利益应高于个人或个体企业，绝不能把对外政策推向自由市场。中俄作为两个相邻的超级大国，虽有合作共赢的强烈意愿及基础，但是双方难免也有着各种政治、经济等方面的顾虑，如在考虑自身利益的同时也格外关注彼此相对实力的增长，而不是单纯的从经济发展的层面考虑，这在一定程度上也为中俄之间的天然气合作带来了更多的风险和不确定性。

四、中俄天然气合作前景及建议

俄罗斯是油气资源大国，而中国具有巨大而稳定的消费市场，中俄两国在天然气领域的合作潜力巨大，合作前景广阔。双方充分发挥各自优势，坚持互利共赢的理念，协调彼此利益关系，积极开展天然气的联合开发、管道建设及深加工合作，既可以促进两国经济的可持续发展，又有助于维护国际市场稳定。中俄天然气合作对于中国天然气产业无疑是一个难得的发展契机，中国以互利为基础、以共赢为目标，制定中俄石油天然气合作规划，使中俄石油天然气合作健康稳定地发展。同时，在中俄长期合作的过程中难免会在一些环节出现问题，因此，对于中俄天然气合作不能只看到其美好前景，更要对可能产生的问题有所准备。可以从以下几个方面入手：

（一）减少体制障碍，保证合作渠道畅通

中俄天然气合作面临多方面挑战，双方要在金融、保险、税收、仲裁、商检、海关、运输等领域制定并完善相关的法规，共同打击各种商业欺诈和不法行为，为双方合作主体进入对方市场提供更周到的服务。双方政府要为企业间的大项目合作提供优惠政策。完善双边贸易协调机制，缔结有关贸易秩序、通关便利化、贸易权益保障等条约。双方应努力就能源进出口、后期输气管道建设、付款方式等问题达成一致，制定更加详细的合作方案并构建起通畅的沟通机制和有效的分歧解决机制，明确双方责任、义务划分，要在政府和企业两个层面不断努力，对风险有所预判，及时加以规避，维护合作的稳定性。俄罗斯已成为全球投资热点，其丰富资源和较优惠政策将对外资形成强烈的吸引力。为避免恶性竞争，中国更要进一步发挥政府的职能作用，完善工作机制，加强与俄政策沟通协调，了解信息，掌握政策法律，明确重点支持对象和重点开发领域，实现中俄天然气合作的有序推进。

（二）研究国际市场，动态规划合作战略

中国政府和企业应该积极研究包括俄罗斯在内的国际天然气市场，从而帮助参与中俄天然气合作的企业规避经营风险。俄罗斯天然气市场机遇与风险并存，潜力巨大。中国既要研究如何抓住机遇、乘势而上，又要注意规避风险、减少损失。因此，只有对俄罗斯的经济、社会、政策、法律、市场行情等进行系统的调查研究，才能正确地选择项目、寻求可靠的合作伙伴。中国天然气合作面临的主要问题不是买不到或买不起天然气，而是如何安全、价格有利地把天然气买回来。俄罗斯油气发展战略的制定与调整变化，充分体现了俄罗斯对能源安全和国家整体利益的全面考量。与俄罗斯开展天然气合作是一项长期工作，涉及问题较为复杂。只有立足长远，深入研究俄罗斯的天然气市场、俄罗斯的油气发展战略及其变化，并结合中国的能源发展战略，做好战略的动态规划，才能把中俄天然气合作成功开展下去。

（三）推进价格改革，增强定价的话语权

俄罗斯对中国出口天然气价格同石油和油品价格挂钩，实行长期合同模式。无论具体的合同条件如何调整，只要是这一定价模式，中国在进口俄罗斯天然气方面实行的就是“欧洲价格”，这凸显了中国在国际能源定价权方面的弱势。长期的能源价格管制和能源金融体系的不发达，使中国只能被迫接受现有的定价方式。尽管在天然气方面，随着美国页岩气革命和 LNG 的迅猛发展，相对独立的三大定价体系出现了相互影响的趋势，但中国在寻求天然气定价话语权方面仍有漫长的道路要走。寻求天然气定价话语权的关键之一是实现市场化的天然气交易，这也是十八届三中全会提出的“使市场在资源配置中起决定作用”的本质所在。中俄天然气谈判此前之所以长期未取得进展，暴露出的一个原因就是——中国的气价承受能力相对较低。究其原因，是由于中国的天然气长期以来并不是由市场定价，导致天然气的价格与真实价值相背离。中国实行天然气定价机制改革以来，这种情况正在得到改变：不仅缓解了进口气亏损的局面，也增强了中国在天然气谈判中的议价能力。从长期看，由于中国的天然气消费量巨大，国内天然气价格的市场化，也将对国际市场产生影响。

(四) 完善激励机制，加速配套设施建设

大力推动中国天然气产业发展和中俄天然气合作，保证规划的有效实施，必须建立和完善激励机制，加速配套设施建设。中国天然气产业发展时间还比较短，天然气管道太少、主干管网系统尚不完善，部分地区尚未覆盖管网、区域性的管网不够发达，相比欧美发达国家在管网建设、储气设施准备以及勘探、生产设备研发方面还存在明显差距。2014 年中国统计年鉴数据显示，2013 年美国天然气管线长达 198.4 万公里，中国仅为 4.85 万公里。现有水平下，若俄罗斯开始供气，输送、配置及储存方面都将面临很大的压力，当前天然气供应的快速增加与基础设施不足的矛盾已经非常突出，设施滞后形成天然气发展的瓶颈。另外，通过完善相关激励机制、加速配套设施建设，也有助于增强中国自身天然气开采、生产以及供给能力，推动中国天然气产业的健康稳定发展，进而将使中国能源安全更有保障。

中国石油企业海外并购特点和趋势

中国经济的持续平稳增长，人民生活水平的逐年提高，使得中国消费者对油气的需求也逐年增加。在这种趋势下，如何提高油气供应来满足日益增长的需求成为石油天然气企业需要解决的问题和必须担负的责任。进入“十二五”以来，作为国内三大石油公司，中石油、中石化和中海油一直参与到海外扩张的实践中，并把“走出去做强、做大”作为了战略调整的方向。

世界上第一次石油企业兼并收购浪潮发生在1887年至1904年间，第一个油价长期高点之后。第二次发生在第一次世界大战结束至20世纪30年代，油价的第二个中期高点之后。第三次始于20世纪60年代，到1969年达到高潮，这是国际原油价格大幅上涨前的石油公司主动扩张造成的重组并购。第四次发生在20世纪80年代，第三次油价的中期高点之后。第五次发生在20世纪90年代中期至21世纪初。商务部发布的报告显示，中国石油企业对外投资的80%都是通过并购方式实现的，并购已经成为世界上跨国投资的趋势和主流。国外石油天然气行业的龙头企业，如埃克森美孚、壳牌、BP等都有着上百年的经营历史，发展过程可以归纳为积极并购并且逐渐强大的过程。跨国并购之所以广泛采用是因为跨国并购具有相对便捷的优势，而且可以使企业在短期内实现跨越式发展，对现阶段中国的石油公司比较适用。

一、中国石油企业海外并购的特点

20世纪90年代以后，中国成为石油净进口国，中国石油企业已经开展了一系列海外油气并购扩张活动，取得了不少令人瞩目的成绩，总结中国石油行业并购的特点，可以归纳为以下几点：

（一）并购规模大

资产并购是中国石油企业最初的海外并购形式。而资产并购主要表现就是收购者购买目标企业全部或主要运营资产，或者收购其一定数量的股份，以实现对其控制。中国的三大石油公司是过去几年世界石油市场最活跃的购买者之一。在过去几年里，全球油气上游资产并购一个明显的趋势是，欧美跨国油气公司一直在往出“卖”，而以中国和俄罗斯的石油公司则一直在往里“买”。中国石油企业从2005年以后并购石油企业规模开始扩大，例如：中石化斥资35亿美元并购OAO Udmurtneft，和斥资72亿美元并购Addax公司，中石油斥资41亿美元并购PK公司。这些具有历史意义的并购都体现了中国石油企业在企业国际化战略中并购规模大的特点。

2013年中国石油企业经营战略在不同程度上呈现守势。在经济繁荣时期，并购的数量和金额都比较高；在经济萧条时，并购项目数量和金额呈下降趋势。当前油价下跌很大程度上就是世界经济呈疲软态势的表现，油气需求动力不足。有部分人认为在低油价时期，石油公司未必会长时间保守，石油企业有可能在低油价时期加大资产海外并购，甚至开展大规模并购，这样可以避免获取油气资源的高成本，从而为日后的发展奠定基础。经历了一系列并购之后，中国石油企业的投资决策与理念变得更加理性，不再片面强调占有资源和并购油气资产，而是在更加重视经济效益和选择具有前瞻性的并购。

（二）并购有深度和广度

中国石油企业的并购道路有20多年的发展历史，已经形成了中国石油企业并购的模式和套路，早期的主要业务是提供技术服务支持、锻炼人才队伍，后来发展到资产投资，并购的广度明显放宽。中国石油企业的海外发展战略已经由小规模的资产收购发展到大规模资产与公司收购，和以往相比，更多看重企业的实际发展潜力对企业的发展做合理的评估，改变了过去盲目并购的可能。可以看出，中国石油企业并购在深度和广度上大大的提升。

（三）并购国际竞争压力大

虽然在并购的规模和力度上不断加大加强，但中国石油企业要想轻松地进行海外并购并不容易。中国的石油企业在国外获得进入资源富集区的机会依然较少，其他几大国际石油巨头已经将原世界油气富集区瓜分，很难再获得东道国政府的支持，即使获得机会也显得比较敏感。中国石油企业在国际竞争的背景下还显得不够强，与其他竞争对手抗衡的能力相对弱一些。另外非洲、中东等产油区一直政局动荡，市场开拓有风险，所以中国在油气富集地区的并购之路一直比较崎岖。三大石油公司在石油富集区域只有屈指可数的一些项目，并购的局面没有打开，国际竞争压力大。

通过以上三点可以看出中国企业的海外并购之路是一个漫长的探索之路，是需要不断摸索和求证的。

二、中国石油企业海外并购新趋势

通过对中国石油企业近两年来对外收购交易案例的分析可以看出，中国石油公司的海外收购开始逐渐形成了新的发展趋势，可以总结为以下几点：

（一）石油公司海外并购动力不减

能源咨询机构 HIS2014 年初披露行业分析报告显示从 2010 年到 2012 年，全球上游资产并购交易总额达到 6000 亿美元，2012 年更创下十年来的最高记录 2500 亿美元，但是 2013 年却减至 1360 亿美元。当大家纷纷预测并购的热情将逐渐消退的时候，中国的石油企业却依然保持了石油市场并购大买家的角色，仅 2013 年一年，中石化、中石油及其子公司共花费约 222 亿美元用于海外并购，中石油 2013 年对外公布了四起海外收购，中石化 2013 年对外公布了三起海外收购，这体现了中国石油公司海外并购持续的动力。相关资料显示中石油有可能再出手进行海外收购，购买俄罗斯最大石油生产商 Rosneft 的子公司 Vankorneft 的 10%股份。另一方面中国石油企业的掌舵者也深知实施海外并购才能提升国际竞争力，如果没有海外并购，会减弱跟世界行业巨头抗衡的能力。所以说，石油公司海外并购的动力虽然放缓，但是并购的动力不会立刻消失，仍然坚持着资产并购与公司并购并进的方式。

（二）石油企业“买进不卖出”的局面将会有所松动

在国际并购市场上，中国的石油公司一直以来被认为是“只买不卖”的典型，特别是资源的上游资产出售极为罕见。但这两年来，“只买不卖”的局面有可能被打破。有迹象表明中国石油企业存在正在寻找权益合作伙伴的可能。例如，中石化在加拿大并购 Daylight 能源公司之后，受美国页岩气产量迅猛增长和价格低廉的影响，给其并购企业带来了重重困难，迫于市场压力，是完全有可能动摇并购后不会出售的局面，其高层管理者也已经在公开场合释放出一种正在有所松动和变化的信号。另一方面，就市场规律而言，通过勘探开发增加资源价值之后溢价卖出，只要价格合理，能够盈利，就是可以转手卖出，这本来也是石油公司盈利的有效途径之一，不一定非把不盈利的产业继续生产。将资产变现后，再投入到有能力控制的且投资回报率更高的新项目中去，未尝不是一种运营之道。所以未来中国石油企业“买进不卖出”的局面必将会有所松动。

（三）石油企业并购向深海拓展

中国石油经济技术研究院发展战略所傅强认为，资产老化、资源质量差、地区分布不合理的困扰，使得国际石油公司纷纷出手剥离成熟资产，开始了另辟蹊径的发展道路。以前国际石油公司和中国石油公司都是采取相对粗放的规模扩张，讲求规模大，范围宽。而现在在效益优先的理念下，扩张的方式逐渐趋于理性，不再过多地把追求产量增长作为主要目标，而是把现有价值和未来可能的经济效益看作重要因素。能源机构 HIS 发布的数据显示，以国际石油公司 BP 为例，它已经变卖了将近半数的上游资产，保留下来 90%的资源储量，在墨西哥湾深海等高附加值的项目上进行持续滚动开发。数据显示，2012 年新发现油气田有 146 个位于海上，占总发现数的 32%，由此可以判断出海上油气田发现数量的增加为未来石油企业并购提供了新的可能和新的热点区域。

（四）非常规油气资产并购将形成

近年来，多元化海外并购战略也逐渐明晰，以页岩气为例，从 2009 年到 2014 年，与页岩气相关的并购越来越多，2011 年与页岩资产相关的全球并购交易额达到 660 亿美元。在页岩气资源情况尚不清楚、关键技术有待突破、资源管理机制有待完善、地面建设条件较差、基础设施薄弱等诸多未解决问题下，海外资金技术和经验的借鉴能够更好推动产业发展。一方面美国页岩气开采的成功示范和中国第一口实现规模化、商业化生产的页岩气井——焦页 1HF 井迎来稳产，加速了全球对以页岩气为代表的非常规油气勘探开发和并购的信心，勘探和开采技术的突破使非常规资源可采资源量不断增长，与非常规油气资产相关的并购已成为油气行业并购的一个新热点。加之常规资源是优质资源，从 20 世纪 50 年代起被国际大公司垄断，不会轻易出售，参与交易的都是低品位的非常规资源，另外从地理区位来看，常规资源多集中在中东、非洲等市场经济不太发达、地缘政治不稳定的地区和国家，非常规资源多在美国、加拿大、澳大利亚等国家，并购风险相对较小。再者，煤层气领域的开发业也在逐渐升温，世界各国石油企业都开始了新类型资源开发和并购，中国石油企业也势必会参与到非常规油气资源资产的并购浪潮中来。

（五）工程技术服务公司并购将增长

中国的工程技术服务企业多是依托国内石油企业发展起来的，并且都跟随中国石油企业的发展步伐已走向国际市场。同国际知名工程技术服务企业相比，中国工程技术服务企业的技术服务支持能力与国外强者之间还存在着一定差距。随着全球范围内油气勘探开发难度加大以及对环境、资源相协调的可持续发展方式的追求，使得全球范围内油田服务公司正在不断拓展新业务、增加新客户和提升新技术。与工程技术服务业相关的并购交易被继续看好，并购的金额和数量都呈逐年放大的趋势。只要中国石油公司不停止对石油勘探的深层次开发，就不会停止对工程技术服务企业的重视，也势必会并购与工程技术服务相关的企业，来稳固自己在油气开采的能力和技术。

综上可以看出，中国石油企业海外并购正朝着持续稳定的方向发展，也正在开拓这新的油气开发并购种类，并购方式将更加灵活，对工程技术服务产业要求会更高。新一轮油气行业的大兼并、大收购、大重组浪潮会不会再来？新一轮的油气兼并收购机会是否会再次到来？怎么才能切实抓住机会在油气领域实现规模与效益的提升？随着中国国际地位的提高，中国作为一个大国，应该考虑在保证全球能源安全的基础上，保证自身的安全。因为，在全球化格局的今天，没有全球能源的安全，也就没有自身安全，而石油企业并购的步伐和成效，是保证中国能源安全的保证之一，石油企业的并购问题，是每一个关心中国石油企业发展的人应该长期思考和关注的问题。

纯电动汽车取代燃油汽车的可行性分析

随着特斯拉电动车在中国上市，纯电动汽车成为2014年能源领域大众关注的热点。纯电动汽车具有很大的想象空间，加之电动汽车厂商和电网的联合鼓吹和游说，纯电动汽车获得补贴、政府采购、公共充电站等扶持性政策，似乎有逐步替代燃油汽车之势。其实，电动汽车并非新鲜事物，19世纪初纯电动汽车就是主力车型，占美国28%的汽车市场份额，当时的纯电动汽车充满电后就能跑100至110公里。在汽车史上，克莱斯勒、福特、通用、丰田、日产、现代等都推出过纯电动汽车，但都是昙花一现，纯电动汽车始终没有竞争过燃油汽车。在环保旗号、广告效应和饥渴销售的推动下，特斯拉一面受到媒体的热捧，一面遭到标普评级的冷待，信用级别直接被调整为“垃圾级”，原因是特斯拉的市场定位和发展空间过于小众。这也隐射出，纯电动汽车并没有相关媒体宣传的那么好。

一、中国纯电动汽车市场发展现状

中国从“八五”开始，科技部就启动了电动汽车的相关项目。2012年6月国务院印发的《节能与新能源汽车产业发展规划(2012~2020年)》提出，到2015年纯电动汽车和插电式混合动力汽车累计产销量力争达到50万辆，到2020年累计产销量超过500万辆。2013年9月，财政部、科技部、工业和信息化部、发展改革委联合印发《关于继续开展新能源汽车推广应用工作的通知》，鼓励示范性城市的推广应用，对消费者给予高达6万元的补贴，对充电设施建设给予财政补贴。2014年9月国务院常务会议决定对电动汽车免征车辆购置税。

经过多年的摸索，中国电动汽车技术有了较大进步。就纯电动汽车技术研究和产品开发而言，中国现已基本掌握整车动力系统匹配与集成设计、整车控制技术，所研制开发样车的动力性和能耗水平与国外产品差距不大，但核心零配件仍依赖进口。

纯电动汽车销量增长较快(表16)，但在汽车总销量中的占比依然很低。纯电动汽车中，乘用车仅占约40%，又以公务用车、出租车为主，私人消费市场占比非常小。2014 年上半年中国纯电动乘用车(含进口车)上牌量共计 2378 辆，其中个人用户购买比例仅为 32.3%。只有打开私人消费市场，纯电动汽车才能谈得上真正的发展。

表 16 中国汽车销量

销量 \ 年份	2011	2012	2013
总销量/万辆	1850.51	1930.64	2198.41
乘用车销量/万辆	1447.24	1549.52	1792.89
纯电动汽车销量/辆	5579	11375	14604
乘用纯电动汽车销量/辆	约 2200	约 4500	6900
纯电动汽车在乘用车中占比/%	0.02	0.03	0.04

数据来源：中国汽车工业协会

二、纯电动汽车替代燃油汽车存在的障碍

(一) 节能优势并不明显

根据信产部等五大部委联合发出的《关于 2013 年度中国乘用车企业平均燃料消耗量核算情况的公告》，2013 年度中国境内乘用车(不含新能源)平均燃料消耗量实际值为 7.33 升/100 公里(乘用车中，柴油车仅占 1%，故全部按汽油车来计算)，每升汽油含能量 8.6 千瓦时，因此百公里实际消耗化石燃料(汽油)63 千瓦时。根据美国环保局下属能耗经济网公布的数据，特斯拉 Model S 的最优实际能耗为百公里 22 千瓦时，比亚迪 e6 的最优实际能耗为百公里 34 千瓦时。

电能的能效取决于发电所使用的能源和发电技术。根据国家统计局 2012 年的数据，中国电力来源中煤电占 78%，水电占 17.5%，核能、风能等其他能源的总发电量仅占 4.4%。因此，中国的电力主要依赖于煤电。而中国煤电平均能效为 33%，输电线路损耗为 5.7%，因此，特斯拉 Model S 百公里消耗化石燃料(煤)71 千瓦时，比亚迪 e6 百公里消耗化石燃料(煤)109 千瓦时。对比发现，中国纯电动汽车使用的电主要依靠煤电，能耗将大于汽油车。

(二) 环保效应难以实现

近几年，中国雾霾天气逐步严重，影响恶劣，环保和减排的要求越来越迫切。用纯电动汽车替代燃油汽车，减轻雾霾，是大多数地方政府推广电动车的主要动因。

2014 年 4 月 16 日，北京市环保局发布的北京 PM2.5 来源解析报告指出，区域传输贡献约占 28%~36%，最高会占到 50%；本地污染排放贡献占 64%~72%。

而在本地污染贡献中，机动车排放比例最高，达31.1%，燃煤占22.4%，工业生产占18.1%，扬尘占14.3%。机动车排放、燃煤、工业生产三项总占比达到本地污染的71.6%。英国、美国、日本等发达国家都经历过工业粗放发展带来的严重雾霾天气，后续治理也较为有效。国际上有很多大城市，汽车保有量远大于北京、上海，可吸入颗粒物却控制得很好。美国PM2.5的71.3%，PM10的87.5%来自着火、粉尘、农业，而燃料、交通、工业生产造成的粉尘污染总占比仅为PM2.5的24.6%、PM10的11%(表17)。

表17　美国2011年可吸入颗粒物来源

来源 \ 可吸入颗粒物	PM 2.5	PM 10
着火(烧秸秆、野火等)	37.0%	13.4%
扬尘	20.1%	52.5%
农业	14.2%	21.6%
燃料(电厂、工业和民用锅炉等)	12.8%	4.5%
交通(飞机、轮船、汽车等)	6.6%	2.4%
工业生产(水泥、炼钢、油化品、造纸等)	5.2%	4.1%
其他	4.2%	1.4%

数据来源：美国环保署

对比中国治理前的情况和美国治理后的情况发现，严重困扰中国的机动车、燃煤、工业生产等人为因素带来的粉尘污染大部分是可治理的，难点反而在控制着火、扬尘、农业等自然界自身产生的颗粒物。控制机动车尾气排放是中国规划和管理水平最高的，中国参照国际标准，正在分区域、分阶段地提高汽车尾气排放标准和油品质量，北京已实施国Ⅴ排放标准，接近欧Ⅵ标准。环境治理的真正难点在于控制温室气体排放量，国际上也将此作为环保的核心。温室气体排放，是化石燃料在燃烧中通过化学反应产生的，无法避免，只能靠调整能源结构来解决。

纯电动汽车使用电能，看似实现了少排放甚至零排放，但实际上，这只是排放地点的转移，排放总量并未减少。如果纯电动汽车在中国大规模推广使用，必定造成部分地区，甚至全国电力需求量的快速上升，给电力供应体系造成巨大挑战。中国核能、风能等可再生能源发电所占比例很小，成本也高，不可能在短时间内大幅提高发电量。因此，电力需求快速增长后，国家被迫只能增加煤电的总量和比重，煤的温室气体排放量远高于石油和天然气，粉尘污染也是最严重的(表18)。

表 18　化石能源每千瓦时发电量对应的温室气体排放量

排放(lbs) \ 燃料	煤电	油电	天然气电	比例
二氧化碳(CO_2)	2249	1672	1135	2：1.5：1
二氧化硫(SO_2)	13	12	0.1	130：120：1
氮氧化物(NO)	6	4	1.7	3.5：2.4：1

数据来源：美国环保署

2014 年 9 月 12 日，国家发展改革委、环境保护部、国家能源局三部委联合发布《煤电节能减排升级与改造行动计划(2014~2020 年)》，要求实现供电煤耗、污染排放、煤炭占能源消费比重“三降低”，到 2020 年，力争使煤炭占一次能源消费比重下降到 62%以内。11 月 12 日，中美双方共同发表了《中美气候变化联合声明》，中国承诺 2030 年左右二氧化碳排放达到峰值，并计划非化石能源占一次能源消费比重提高到 20%左右。如果依赖煤电，纯电动汽车在中国使用，就意味着用煤来代替石油作为燃料，不但难以实现环保和减排效应，甚至会加重环境污染，并与国家能源发展的大方向相悖(表 19)。

表 19　百公里释放温室气体量

排放(lbs) \ 车型	汽油车	特斯拉 Model S	比亚迪 e6	比例
二氧化碳(CO_2)	105436	158689	245523	1：1.5：2.3
二氧化硫(SO_2)	757	917	1419	1：1.2：1.9
氮氧化物(NO)	252	423	655	1：1.7：2.6

(三) 技术不够成熟

不可否认，纯电动汽车具有结构简单、力矩大、噪声小等优点，但纯电动汽车市场的成长受制于电池技术的发展。一方面，电池充电时间很长；另一方面，由于电池存储的能量太少，充电后的续航里程太短。特斯拉的核心技术在于电池解决方案，最大容量为 85 千瓦时，一次充电后最多可行使 500 公里，美国环保署的实际测试值为 426 公里。与纯电动汽车电池的主流趋势不同，特斯拉不使用大电池，而是通过串并联关系，将 7000 多节 18650 型锂离子电池整合到电池模块中，并拼接成一整张电池板放置于底盘上。18650 型锂离子电池同 5 号电池大小差不多，工艺比较成熟，也具有成本优势，能量密度高。但该电池也是采用电解液，稍有不慎就会造成电池内部压力升高，进而发生爆炸，因此安全性能远远不能满足作为汽车动力电池的要求。另外，18650 电池还存在循环寿命短，不耐低温等缺点。可见，特斯拉只是做了技术的整合，并未实现电池核心技术的突破。丰田和宝马等其他纯电动汽车厂商大多以研发安全性能更好的固态锂电池为主。

在缩短充电时间方面，特斯拉推出了超级充电桩，20分钟充至一半，40分钟充至80%，75分钟充满；其成本为15万美元，一半是设备成本，一半用于基建，并不包括征地费用和附属设施，而这恰恰是投资最重要的部分。美国家庭都有车库，日常充电可以在家里完成，所以特斯拉在美国的超级充电站都建在高速公路边，征地成本相对低。但在中国，纯电动汽车的潜在消费者集中住在大城市，大多住高楼，不一定具备家庭充电的条件，对城市公共充电站依赖很大，特斯拉不得不把超级充电站设在城市中心。产生的问题是，城市中心地价高昂，建设成本大幅度攀升。另外，超级充电桩使用独立的充电标准，不同于国际标准和中国标准，因此不能与国家公共的充电网络接轨，必须独立自建网络。因此，该技术在中国并不具有经济性和兼容性。给充电站安装太阳能板和储能电池是特斯拉的环保卖点，但太阳能的能量转换效率很低，即使晴天，要给一辆特斯拉超级充电桩持续供电，需要约400平米的太阳能板。阴雨天、雾霾或夜晚，几乎无法供电。储能电池虽然可以将电能储存起来，实现快速供电，但用来给使用频率很高的商用充电桩供电，总能量还是远远不够的。特斯拉在中国仅建了35个超级充电站，配有146个充电桩，连省会级城市都没有覆盖全，远远不能满足充电需求。

(四)消费者使用成本被低估

电动汽车与传统汽车相比造价成本较高，导致电动汽车车价较高，保险也较贵。为体现经济性，很多纯电动汽车厂家在销售时，向消费者鼓吹纯电动汽车汽车的百公里电费远远低于普通汽油车的百公里油费。但这种优势并不明显，且是暂时的。

成品油零售价格与国际原油价格直接挂钩，因此价格波动较大。2014年7月21日至12月12日，由于国际油价下跌，成品油价格连续下调10次，以此时间段北京市92号汽油零售价格为例：2014年8月18日前，国际油价高于100美元，北京市92号汽油零售最高限价为每升7.78元，1升汽油里缴纳的税费约为2.16元，占油价的比例约为28%，其中增值税0.93元、消费税1元、城建税和教育附加费共计0.23元；2014年12月12日，国际油价跌破60美元，北京市下调后的92号汽油零售最高限价为每升6.63元，1升汽油里缴纳的税费约为2.56元，占油价的比例约为39%，其中消费税上调为1.4元。借国际油价下跌的契机，发改委于11月27日和12月12日两次上调成品油消费税，目的就是为了遏制大气污染、促进资源节约和推动绿色发展，新增税收将统筹用于治理环境污染、应对气候变化、促进能源节约利用、鼓励新能源汽车发展等方面。在新的税收政策下，92 号汽油零售价格的税负比例为 32%~39%(表 20)。其中，增值税的税率为 17%，且购买原油和固定资产的进项税额均不能用来抵扣，即销项税额需全额征税。

表 20　汽车百公里油费及税负

国际油价/美元	北京 92 号油价/元	百公里油费/元	税前油价/元	税前百公里油费/元，油耗：7.73L	税负/%
100	8.08	59	5.47	40	32
60	6.63	49	4.02	29	39

数据来源：国家发改委和北京市发改委

纯电动汽车按照不同电价类别计算的百公里电费相差非常大。以北京市现行电价标准为例，未计算峰谷电价的情况下，纯电动汽车可能被征收的最高电价是最低电价 1.7 倍(表 21)。

表 21　纯电动车百公里电费

电价类别	电价/(元/kWh)	Tesla Model S/(元，能耗：22kWh)	比亚迪 e6/(元，能耗：34kWh)
全国居民基本电价	0.42~0.62	9~14	14~21
全国商业电价	0.58~1.06	13~23	20~36
北京居民第一档(月用电量在 240 千瓦时以下)	0.4883	11	17
北京居民第二档(月用电量在 241—400 千瓦时)	0.5383	12	18
北京居民第三档(月用电量在超过 400 千瓦时)	0.7883	17	27
北京商业	0.8545	19	29

数据来源：国家电网、南方电网

中国整体电价略高于美国，远低于欧洲国家。从成本角度分析，中国电价较低，是因为主要依赖煤电，单位发电成本较低(表 22)。随着环保要求的提升，煤电比例正在有计划的下调，单位发电成本必然会上涨，电价全面上涨是大势所趋。从税负角度分析，电价中已含的税费包括增值税和城市公共事业附加费。电厂的一般增值税税率为 17%，很多小型发电厂的增值税税率是 3%。城市公用事业附加费正在逐步推广执行，并未全面覆盖，各地自定征收比例，基本上是居民用电征收1分，商业用电征收2分，征税比例仅约2%。电价中还未开始征收消费税等税种。因此，单位电价中所含的实际税负比例是非常低的，今后肯定会进行调整。

表22　中国各类发电企业上网电价　　元/kWh

煤电	水电	核电	风电	天然气电	太阳能电	垃圾电	瓦斯电	生物质电
0.4	0.25	0.43	0.55	0.65	1.15	0.55	0.55	0.75

数据来源：国家发改委、国家电网、南方电网

中国的居民基本电价远低于国外。因输电成本高和零散销售，欧美发达国家的居民电价格往往远高于工商业电价，而中国对居民征收低电价，具有保障百姓日常生活、政府补贴的内涵。现阶段，纯电动汽车并不是普通百姓生活的必需品，且并不具有明显的节能减排作用，因此，不但不应该享受包含政府补贴的居民基本电价，而且急需参照普通汽车的标准，在电费中征收消费税，并提高增值税的实际税负。

纯电动汽车刚起步的时候，各国政府纷纷利用低电价来助推市场发展，成熟后势必会提高电价。美国纯电动汽车产业经过多年发展，征收的电价级别逐步被政府调高，已经按照最高电价来进行征收。如果不使用电网的电，而是用配有太阳能电池板的充电桩为纯电动汽车充电，按太阳能上网电价计算，特斯拉的百公里电费为25元，比亚迪的百公里电费为39元，与汽油车相比虽然具有价格和环保的优势，但鉴于太阳能的效率低，仅能进行小规模、阶段性的示范性使用。

（五）相关固定资产投资或将出现浪费

2014年年初，北京市的汽车保有量为537万辆，保守估计北京市经营性加油站数量超过1200座，加油站总量超过1800座，平均300辆车分享一个加油枪。与之形成强烈对比，根据南方电网的预计，每辆纯电动汽车需要1.8个充电桩，包括家庭充电桩和公共电网充电桩。家庭充电桩的成本约为1.5万人民币，公共电网充电站不仅包括基建和设备，还涉及到征地，成本非常高。如果因为纯电动汽车市场未培育起来、充电技术标准被淘汰、电价上涨等因素，大量公共电网充电站建成后使用率很低，将造成大量固定资产投资的浪费。中国加油站的网络建设已经比较完善，基本能够满足未来几年内燃机车量增长带来的加油需求。如果打破汽车市场格局，势必造成部分已建成加油设施利用率的下降。

三、中国纯电动汽车市场发展的建议

结合以上对纯电动汽车替代燃油汽车过程中存在的诸多障碍的详细分析，本文提出以下几点建议：

第一，将纯电动汽车的发展交给市场，政府不限制也不鼓励，由消费者自由选择。2013年召开的十八届三中全会提出了“市场为主”，指出要完善主要由市场决定价格的机制，凡是能由市场形成价格的都交给市场，政府不进行不当干预。因国家电网和南方电网具有垄断性质和部分政府职能，不应参与到公共充电站的建设中，而应该依靠私企和外资企业代表的市场力量来进行公共充电站这一基础设施的建设。

第二，在纯电动汽车的电价制定中，要综合考虑能效、环保、税费、基础设施建设、远期电价等因素，避免“先低价、后涨价”给消费者带来较为严重的负面影响。适当时机可以放开价格管制，形成发电厂与充电站运营企业之间的直接议价。纯电动汽车使用的电能与燃油汽车使用的汽油、柴油，具有竞争性和可替代性，如果都实行政府定价，应该确保价格具有可比性和联动性。

第三，示范性建设和使用配有太阳能板的充电桩，并对建设方适度给予一定的税收、补贴等优惠政策，在中国纯电动汽车市场发展中发挥环保和减排带动效应，鼓励环保产品的引入和使用。

第四，鼓励国际先进技术和标准的引进。制定全国统一的充电标准，最大程度保证和提高公共电网充电桩的充电效率和利用率。同时，应尽快建立严格的纯电动汽车标准体系，市场准入政策不可过于宽松。部分地区已经出现了一些企业购买零部件组装电动车以获得国家和地方补贴的现象，无牌照、无监管的低速纯电动汽车销量远远超过正规车企的销量。有关部门应尽快制定相关技术标准并严格执行，保证产业的可持续健康发展。

中国石油公司物流管理模式优化分析

一、物流管理及石油公司物流管理特征

（一）企业物流管理及其特点

物流管理是指在社会再生产过程中，根据物质资料实体流动的规律，应用管理的基本原理和科学方法，对物流活动进行计划、组织、指挥、协调、控制和监督，使各项物流活动实现最佳的协调与配合，以降低物流成本，提高物流效率和经济效益。

物流管理主要有四个特点，它们共同作用影响物流管理模式建立。首先，以实现客户满意为第一目标。客户既是物流管理的出发点，也是物流管理的最终受众；其次，以企业整体最优为目的。物流管理所要达到的最重要目标是企业本身利益最大化；再次，以信息为中心。信息管理是物流管理的核心工作；最后，重效率更重效果。物流管理模式的设立要考虑投入产出关系，注重最后得到的结果。

（二）石油公司物流分类及物流管理特征

根据实际的生产过程，石油企业的物流可以分成生产物流、供应物流以及销售物流三种形式；根据物流运输的方式，又可以分为海上运输物流和陆上运输物流。海上运输主要是通过大型油轮，陆上最主要的是石油管道。

石油工业是典型的过程工业，从生产储运一直到销售环节的复杂性，都决定了石油物流具有很多一般企业不具备的特点。

1. 物流对象特殊性

石油企业产品具有易燃、易爆、易挥发、易积聚静电、热膨胀、有毒等特征，因此给石油天然气企业物流运输和存储带来一定程度上的困难。从对于油气产品的包装到运输载体再到销售存储工具等方面，都需要进行单独的设计和制造。

2. 物流活动范围广

石油工业涉及的工艺流程十分复杂，并且工作范围较广，作业环境复杂，因

此石油企业的物流活动具有范围广、距离长、物流点多等特点。物流包括国际和国内范围，物流跨国、跨省和跨区域，在物流点建设上分布多而广。

3. 物流方式多样化

石油企业的物流因为其对象的特殊性，造成了其运输方式的多样化。主要包括海上运输和陆上运输。海上运输采用大型油轮等的运输方式，运费低、运量大但是时间较长。陆上运输采取管道运输。因为管道运输时效性好、可以不受白天黑夜和天气的限制，但灵活性差。

4. 物流成本比重大

石油企业在物流运输方面的成本是其产品成本的一个重要方面，在产品成本中占据很大的比例。石油企业在生产规模而言无疑是比较大的，所以物流成本在规模基数之下，其所占的比重就具有非常大的分量。同时，也意味着石油企业的物流成本具有很大的可控空间，解决这部分的成本问题可以极大提高企业的效益。

二、国外石油公司物流管理模式经验借鉴

（一）国外石油公司物流管理模式

通过长时期的发展，国外大型跨国石油公司如英国石油公司、荷兰皇家壳牌公司等，都已经形成了自己独特的物流管理模式，这为石油企业的产品生产到销售整个流程提供了重要的支持，其物流管理模式有几种典型的模式。

1. 供应链一体化协调运作模式

国外的大型石油公司当前主要采用供应链上中下游一体化综合管理协调物流管理模式。通过对上游生产、中游的储运以及下游的销售环节，从整个流程上对物流系统进行优化，同时将物流系统进行分模块化管理，形成一个统一的供应链物流管理系统。

2. 业务可视化综合型管理模式

随着信息化的发展，物流管理模式也同时随之完善和改进。如今国外各大石油公司在很大程度上都已经实现了可视化综合型管理的进步。即通过电子计算机技术，对物流的各个控制点进行可视化管理，动态地反映石油公司上下游之间的情况，从而为企业的计划调度和物流各个流程的优化提供条件。

3. 计划调度滚动资源优化模式

国外的大型石油公司物流管理模式中主要包括计划和调度两个方面，其中计划包括油气产品资源配置和运输优化计划等，随着企业规模和管理模式的不同分

为年度计划、季度计划等；调度则是计划的实际执行，主要包括油气产品的管控和优化配置，优化又可包括信息系统优化、库存管理系统优化等。

（二）国外石油公司物流管理模式经验借鉴

国外大型石油公司的物流管理模式主要是从供应链出发的一个全流程的物流管理模式，同时借助现代化信息技术动态的管理各个物流环节实时情况，最后根据企业的物流管理计划进行及时的调度和资源配置，达到企业物流系统优化的过程。

在进行中国石油公司物流管理模式设置时，必须考虑国际上石油公司成功物流管理模式的经验，即在供应链物流系统的全流程优化、可视化的现代化信息技术和数据库系统的实时监控、以及总部实施整个公司的物流管理计划和合理的资源调度三个方面来进行。具体实现则包括总部集中调度指挥系统的设立，供应链的业务单元和区域模块的优化，以及成熟信息化软件管理系统的开发等。当然，由于中国石油公司物流管理具有特殊性，因此，需要对其进行符合中国国情的石油企业物流管理模式发展的分析。

三、中国石油公司物流管理模式现状和问题分析

中国石油企业物流系统由于其自身特点和历史沿袭原因，在物流结构、物流资源利用、物流信息技术应用等方面存在不可忽视的问题，成为石油企业发展现代物流的瓶颈。由于历史原因，中国石油企业长期以来存在企业办社会的现象。物流管理机构和整体管理模式仍没有完全跳出旧的管理体制框架，作为物流的两大支柱产业，传统的运输业和仓储业仍以自营为主，利用第三方物流服务的企业很少。当前中国石油企业的现状和问题主要表现在以下几个方面：

1. 石油物流体系相对分散化

由于中国计划经济体制的长期影响，石油企业物流体系相对分散化。主要表现在采购、仓储、运输资源的分散和重复建设上，物流资源整体上的利用率十分低下，导致了中国石油企业物资管理系统资源吞吐利用率很低，资源造成严重的浪费现象。

2. 物流管理的信息化较低

在信息技术的快速发展的时代，物流管理方法很多依托于现代信息技术提高管理水平，石油企业物流管理部门的物流信息化意识逐渐提高，但是具体实施过程中缺乏统一的指导，建立的物流信息系统各成体系，具体实施运行中矛盾很多，没有完全达到设计要求。

3. 物流管理模式相对复杂

油田企业物资管理部门由于历史原因，物流结构复杂，工作分工较细，管理人员众多，业务流程审查节点繁杂，工作效率偏低，且缺乏现代物流综合性人才，物流体系整体布局有待优化，物流管理部门整体协调性与现代物流要求有差距。

4. 物流管理存在隐形成本

国内的石油企业在物流成本管理方面注重显性成本，忽视隐性成本。对企业的物流成本计算，通常只看到支付给外部运输、仓库企业的费用，而忽视企业自己内部在开采、运输、仓储环节花费的人工材料费用。其实，支付给外部的显性成本只是物流费用的很少一部分。

5. 物流软硬技术相对落后

物流技术分为硬技术和软技术。物流的硬技术包括它的基础设施设备；物流的软技术包括它的物流系统规划技术、现代物流管理技术、物流系统评价、信息化技术。国内的石油企业在硬技术方面，相比较国外多年的石油物流管理的基础，比如说大型油轮、管道技术等方面，还是存在一定差距的；软技术方面比如物流的综合可视化信息管理系统也相对落后。

6. 物流专业人才相对短缺

在国内石油企业中，既具有先进的物流理论相关专业背景，又具有油气行业的相关知识背景，且具有制定政策、研究政策及决策能力的高层管理人才非常稀缺。原因是专业教育起步较晚，人才供应难以满足物流业飞速发展的需求，物流人才短缺问题日益显现。

四、中国石油公司物流管理模式优化建议

通过对国外的大型跨国石油公司成熟物流管理模式的借鉴，以及对于中国石油企业物流管理现状及问题的分析，一方面可以看到国外大型石油类企业在物流管理方面的成熟模式，这是中国石油企业物流管理模式优化的重要参考，另一方面可以看出国内石油企业的物流由于历史原因和现实的条件所造成的诸多问题，这是进行石油企业物流模式优化的必要性基础。

物流管理的优化和新的物流管理模式建立包括物流管理目标确立、物流管理组织架构、物流流程信息化、物流技术创新、物流管理人才培养等方面的内容。主要通过以企业效益最大化为核心的目标对石油企业的整个物流管理活动进行反馈和预测、计划和调度，从而构建出一个基于供应链的物流综合管理模式(图 25)。

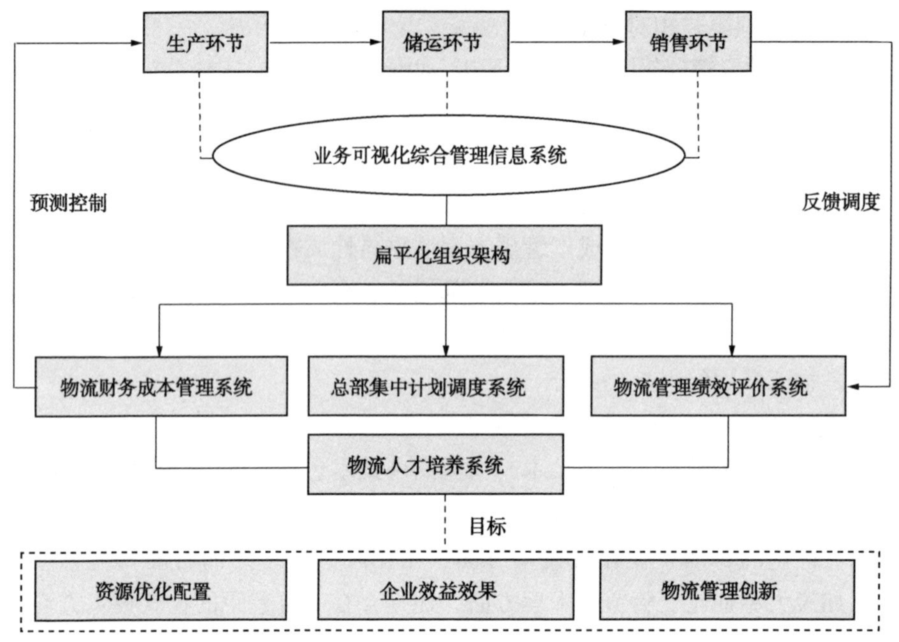

图 25　基于供应链的物流综合管理模式

1. 物流管理组织架构的扁平化

针对国内石油企业物流管理组织架构的臃肿化，扁平化的物流管理组织结构缩减了中间管理层，这样就可以在企业内部构成较短的决策指挥与信息传递链。建立总部统一调度、下属机构扁平化物流组织架构，能够将最重要的物流人才安排到合适的位置，让他们发挥足够的作用，另外一方面也能够进行物流人才的集中管理和培训。使企业的物流管理达到一个高效率、高效果的模式，这种组织架构的形成特别适用于信息化与网络化时代的企业物流管理。

2. 物流管理目标的明确化

物流管理的建立主要遵循以下几个方面的目标。一是物流资源优化配置目标。物流资源从开采到销售整条供应链要符合资源的优化配置，提高物流资源利用的效率，保证以最小的投入获得最大的产出；二是物流管理的先进性和创新性目标。物流资源管理，不仅仅在于现有资源的优化配置，此外，物流管理不是一成不变的，需要企业与时俱进，保证企业的物流管理发展。三是企业效益效果目标。物流资源的优化配置，物流管理的创新等目标都是为了企业效益效果最大化实现而奠定基础的，通过物流资源优化，物流管理的创新，企业可以降低成本来改善企业的经营效益和提高企业的经营成果。

3. 物流管理流程的信息化

借鉴国外先进物流管理信息化、可视化经验，加强信息平台和网络平台的建设，高标准要求、高水平建设基础设施，可适当投入资金对已有设施进行改造和升级，学习先进物流理念，创新物流模式和改进技术手段等措施，保证中国石油企业物流方面始终拥有适应市场的先进物流体系。同时以现有的相关数据、统计和信息为基础，进一步加大对物流中心基础设施、信息平台和网络平台的规划和建设。

4. 物流管理技术的创新性

中国石油企业物流管理在软硬技术方面都存在一定程度上的滞后，因此要实现物流现代化，必须要实现技术上的创新。一方面从硬件上来说，中国石油的油轮和管道建设技术方面距离国际先进水平还有一定差距，需要在未来的时间里不断加强这两个主要运输手段和方式的创新，提高运输的安全性和运输的效率；此外，在物流信息化管理方面，要实现物流管理的全面信息化，要加大对于物流信息数据库的建立以及物流配送控制体系的搭建。

5. 物流管理财务的效益化

中国石油企业物流管理在财务方面也存在一定程度的问题，主要存在于成本控制方面。因此新型的物流管理模式应该更加注重物流管理财务上的指标，保证物流管理的效益化，提高企业的经营效益和效果。这个方面的解决主要通过建立从开采到运输和销售供应链上的完整财务指标体系，保证每个环节上的资金用途都是符合物流财务制度规定的标准，从而达到控制成本的目标。

6. 物流管理绩效评价

物流绩效是指在操作期间企业投入的资源与创造的价值之间的关系。物流绩效的评价则是在会计财务相关知识基础之上，利用经济学知识和相关分析技术的原理，建立起来的关于企业经营过程的分析，从而如实展示物流状况，对企业未来发展趋势做出预测。国内石油企业可以通过物流绩效评价，及时发现物流管理方面的漏洞和物流运作过程中的问题，从而反馈提出建议，以提高物流管理水平，这是物流管理模式的一个重要风险把控点。

附 件

附件1 2014年中国油气产业发展大事记

2014年1月

2014年1月3日，中国保险监督管理委员会发布行政许可公告称，同意中石油专属财产保险股份有限公司开业。

2014年1月6日，世界最大规模的焦炉煤气制液化天然气项目在内蒙古乌海市全面建成投产。

2014年1月6日，国家发展改革委制定了《节能低碳技术推广管理暂行办法》，引导用能单位采用先进适用的节能低碳新技术、新装备、新工艺，促进能源资源节约集约利用。

2014年1月7日，中巴能源工作组第三次会议暨中巴经济走廊能源工作组第一次会议在京召开。

2014年1月9日，中石化润滑油公司和中海油气开发利用公司签署合作协议。

2014年1月9日，中石油流通协会在京正式成立。协会由中石油、中石化等大型国有石油企业、民营企业、外资企业以及地方石油流通协会16家单位和机构发起成立。

2014年1月10日，国土资源部在网站上公布，完成2013年度银额，南黄海，塔里木3个盆地的油气探矿权竞争性出让，共成功出让14个区块，67935.5平方千米的探矿权。

2014年1月13日，中石化休斯顿研究开发中心进展情况汇报暨揭牌仪式在北京、休斯顿、纽约三地同时以音视频会议形式举行。这标志着中石化第一个境外研究机构正式成立运行，也标志着中石化科技创新工作一个新模式的开始。

2014年1月14日，中海油宣布，流花19-5气田已于近期开始生产天然气。

2014年1月14日，俄罗斯诺瓦泰克公司宣布，中石油天然气勘探开发公司完成了收购俄罗斯亚马尔液化天然气项目20%股份的交易。

2014 年 1 月 20 日，鉴于伊朗自 20 日开始执行伊核问题日内瓦第一阶段协议，美国当天宣布了一系列放松对伊朗制裁的举措。

2014 年 1 月 20 日，国家能源局发布《2014 年能源工作指导意见》。2014 年能源工作主要目标为：提高能源效率，优化能源结构，增强能源生产能力，控制能源消费。

2014 年 1 月 21 日，延长石油国际有限公司宣布：该公司已完成所有有关收购加拿大能源企业 Novus Energy Inc. 的交易手续。

2014 年 1 月 22 日，中海油参与冰岛海上油气资源合作开发签字仪式在冰岛举行。中海油将与冰岛 Eykon 能源公司合作，并获得在冰岛海域开发石油的许可，这标志着中海油获准在北极勘探油气。

2014 年 1 月 24 日，据乌兹别克斯坦媒体报道，2014 年中乌合资亚洲天然气运输公司将投资 3.2 亿美元，用于完成“中国—中亚”天然气管道乌境内段 C 线建设。

2014 年 1 月 24 日，英国启动了本国第 28 轮海上油气许可证出售招标，开放新的海上区块。乌干达能矿部长表示，乌干达政府已经同意图洛石油、道达尔和中海油就商业化开发乌干达石油资源签署的一份谅解备忘录的条款。

2014 年 1 月 27 日，国家能源局发布 2014 年 1 号公告称，决定废止《石油天然气工业套管、油管、钻杆和管线管性能计算》《气藏分类》《油田用往复式内燃机规范》等 23 项石油天然气行业标准。

2014 年 1 月 28 日，国务院发布国发[2014]5 号文，决定再取消和下放 64 项行政审批项目和 18 个子项；另建议取消和下放 6 项依据有关法律设立的行政审批项目。

2014 年 1 月 28 日，国土资源部发布消息，中石油天然气股份有限公司安岳气田磨溪区块特大整装气藏新增天然气探明储量通过国土资源部组织的评审，评审确定天然气探明地质储 4363 亿立方米，其中新增探明技术可采储量 3054 亿立方米，这是目前中国发现的最大单个、单层整装气藏。

2014 年 2 月

2014 年 2 月 6 日，乌干达政府宣布，与法国道达尔、中海油、英国图洛石油公司(Tullow)结束拖延已久的谈判，签署了开发该国石油资源的协议，协议投资可能达 150 亿~170 亿美元，包括 20 个油田的开发、建设一座能力为 6 万桶/日的炼油厂、一条通往肯尼亚北部拉穆港的石油出口管线以及乌干达石油生产区域的一座以原油为燃料的发电厂。

2014 年 2 月 9 日，四川盆地天然气勘探获重大突破。经国土资源部审定，安岳气田磨溪区块寒武系龙王庙组新增天然气探明地质储量 4403.85 亿立方米，技术可采储量为 3082 亿立方米，这是目前中国发现的单体模最大的特大型海相碳酸盐岩整装气藏。

2014 年 2 月 12 日，贵州习水县境内钻出目前国内埋藏最深的页岩气水平井——丁页 2HF 号，日产气量最高可达 10.5 万立方米，实现中国深层页岩气勘探又一重大突破。

2014 年 2 月 12 日，根据上海市燃气发展"十二五"规划，到 2015 年底，上海市人工煤气将全部转换成天然气，实现管道燃气全天然气化。

2014 年 2 月 13 日，国家能源局正式印发《油气管网设施公平开放监管办法（试行）》。《办法》的出台旨在促进油气管网设施公平开放，提高管网设施利用效率，保障油气安全稳定供应，规范油气管网设施开放相关市场行为。

2014 年 2 月 14 日，北京石油交易所成品油现货交易正式上线，标志着中国首家融合成品油批发与零售交易的线上交易平台正式运营，首期交易品种为国五标准的 93 号汽油。

2014 年 2 月 14 日，国家工商总局发布《工商总局关于停止企业年度检验工作的通知》（工商企字〔2014〕28 号）。

2014 年 2 月 17 日，据国家质检总局网站消息，质检总局、发展改革委、工信部联合下发通知，要求加强重大设备监理工作，冶金、电力、石油石化、环保等 9 大行业、35 个设备专业的重大设备或关键设备，纳入首批国家鼓励实施设备监理的重大设备目录。

2014 年 2 月 18 日，中石化子公司扬子石化与英力士公司（INEOS）联合投资 31.5 亿元建设 65 万吨/年苯酚丙酮项目合资合同在南京签字，同时签字的还有苯酚丙酮技术转让协议、项目入园协议。

2014 年 2 月 19 日，中石油化工股份有限公司发布公告，拟重组所属优质资产——油品销售业务，引入社会和民营资本，实现混合所有制经营。

2014 年 2 月 20 日，中国钢铁公司光正集团与中石油下属塔西南勘探开发公司签署一项协议，双方将共同开发新疆 5 个地区（巴州、喀什、和田、阿克苏和克州）的天然气下游市场。

2014 年 2 月 22 日，国家"973"项目"中国陆相致密油（页岩油）形成机理与富集规律”项目正式启动。

2014年2月24日，财政部、交通运输部、发展改革委、工信部发布财建〔2014〕24号文《老旧运输船舶和单壳油轮报废更新中央财政补助专项资金管理办法》，鼓励老旧运输船舶和单壳油轮报废更新，中央财政设立了专项资金予以补助。

2014年2月24日，国家973计划“超临界二氧化碳强化页岩气高效开发基础”项目正式启动。为进一步做好天然气合理使用监管，规范天然气购销市场秩序。

2014年2月25日，国家能源局印发《天然气购销合同(标准文本)》。《标准文本》适用于天然气供应企业与城市燃气集团、直供用户参照签订多年、年度或短期天然气购销合同。

2014年2月28日，财政部宣布：财政部、发展改革委、工信部、海关总署、税务总局及能源局六部委联合发布《关于调整重大技术装备进口税收政策的通知》，对重大技术装备进口税收政策有关规定和目录进行调整。

2014年3月

2014年3月1日，重庆市人民政府与中石油化工集团公司签署《关于涪陵页岩气开发利用战略合作协议》。

2014年3月6日，亚马尔液化天然气公司表示，俄罗斯和中国政府间落实亚马尔液化天然气项目领域合作的协议生效，协议有效期至2045年12月31日。

2014年3月7日，中海油国际融资租赁公司正式成立。该公司的成立是中海油产贸融相结合的重要举措，是中海油境内境外融资的重要平台。

2014年3月7日，中海油国际公司启动冰岛海上Dreki地区油气勘探准备工作。中海油拥有该探区60%的股份并担任作业者，爱尔兰Eykon能源公司和挪威Petoro公司分别拥有15%和25%的股份。

2014年3月7日，国务院发布国发〔2014〕14号文——《国务院关于进一步优化企业兼并重组市场环境的意见》，决定进一步优化企业兼并重组的市场环境。

2014年3月10日，中石油天然气集团公司宣布，中石油中亚天然气管道公司和塔吉克斯坦输气公司在塔吉克斯坦签署中塔天然气管道有限公司创建协议，这为中亚天然气管道D线建设搭建了平台。

2014年3月10日，国家税务总局发布2014年第16号公告，《中华人民共和国政府和厄瓜多尔共和国政府对所得避免双重征税和防止偷漏税的协定》及议定书自 2014 年 3 月 6 日起生效，并适用于 2015 年 1 月 1 日或以后取得的所得。

2014 年 3 月 12 日，美国能源部宣布，为测试美国石油系统应对石油供应中断等突发事件的能力，美国决定释放 500 万桶战略石油储备。

2014 年 3 月 12 日，安徽省人民政府与中石油化工集团公司在北京签署战略合作协议。

2014 年 3 月 13 日，国家发改委、财政部、商务部发布发改产业〔2014〕426 号文，印发《鼓励进口技术和产品目录(2014 年版)》，自发布之日起实施。

2014 年 3 月 17 日，中海油与中国核工业建设集团公司签署战略合作框架协议。

2014 年 3 月 17 日，中石化销售有限公司的全资子公司——中石化易捷销售有限公司在北京正式成立。

2014 年 3 月 17 日，国家税务总局发布国家税务总局 2014 年第 18 号公告，为贯彻落实《国务院关于取消和下放一批行政审批项目的决定》(国发〔2013〕44 号)，对企业因国务院决定事项形成的资产损失税前扣除问题进行规定。

2014 年 3 月 19 日，上海期货交易所旗下上海国际能源交易中心与中国银行签订战略合作协议，双方将发挥各自业务领域专业优势，共同推进能源期货交易及金融服务。

2014 年 3 月 19 日，中海油宣布，近期在南海琼东南盆地自营深水勘探首获突破，获得中型天然气新发现陵水 17-2。

2014 年 3 月 20 日，中石油宣布，位于四川遂宁的安岳气田龙王庙气藏新增天然气探明地质储量 4403.85 亿立方米，其中可采储量 1875 亿立方米，是目前国内单体规模最大的特大型海相碳酸盐岩整装气藏。

2014 年 3 月 20 日，山东科瑞石油控股集团有限公司与美国卡麦龙(CAMERON)集团首次对外宣布，双方就中国非常规天然气市场的合作缔结战略伙伴关系；双方同时公布了合作的进展情况、未来的目标与实施计划。

2014 年 3 月 20 日，发改委网站消息，为加强天然气基础设施建设与运营管理，建立和完善全国天然气管网，提高天然气基础设施利用效率，保障天然气安全稳定供应，制定《天然气基础设施建设与运营管理办法》，自 2014 年 4 月 1 日起施行。

2014 年 3 月 20 日，国家发改委印发《关于建立健全居民生活用气阶梯价格制度的指导意见》(发改价格〔2014〕467 号)，要求 2015 年底前所有已通气城市均应建立起居民生活用气阶梯价格制度。

2014 年 3 月 24 日，中海油宣布，近期在渤海海域获得一中型天然气新发现。

2014 年 3 月 25 日，壳牌宣布，致力于润滑剂和油品研发的上海技术中心——壳牌(上海)科技有限公司正式启用。

2014 年 3 月 26 日，中海油与法国道达尔公司在巴黎签署液化天然气(LNG)合作协议，中国国家主席习近平和法国总统奥朗德出席了签字仪式。

2014 年 3 月 26 日，哈斯基能源与中海油合作的南海荔湾天然气项目中的荔湾 3-1 气田投产。

2014 年 3 月 26 日，中国首座以页岩气为原料的 LNG 项目——涪陵白涛 LNG 项目开工。

2014 年 4 月

2014 年 4 月 1 日，俄罗斯天然气工业股份公司宣布，该公司对乌克兰出口天然气价格自当日起将上调 44%。

2014 年 4 月 8 日，挪威石油和能源部对外公布了挪威 APA 2014 年海上许可证出售招标的有关细节。

2014 年 4 月 8 日，中石油与壳牌签署《中石油和壳牌集团全球合作协议》，双方约定在全球范围加强在非常规、深海、LNG 等油气上下游领域的长期互利合作。

2014 年 4 月 8 日，国家发改委发布《境外投资项目核准和备案管理办法》，自 5 月 8 日起施行。2004 年 10 月发布的《境外投资项目核准暂行管理办法》(国家发展改革委第 21 号令)同时废止。

2014 年 4 月 17 日，“米哈伊尔 · 乌里扬诺夫”号从普里拉兹洛姆内油田(Prirazlomnoye)运送首批 7 万吨北极石油前往欧洲，是俄罗斯大规模开采北极石油的一个开端。

2014 年 4 月 18 日，李克强总理主持召开新一届国家能源委员会首次会议。

2014 年 4 月 18 日，环保部发出通知，决定自即日起解除中石油、中石化炼化项目环评限批，各省级环保部门同步解除。

2014 年 4 月 21 日，全国页岩气勘查开发推进会在重庆召开。

2014 年 4 月 23 日，国务院办公厅转发国家发改委《关于建立保障天然气稳定供应长效机制若干意见》的通知。中国将建立保障天然气稳定供应长效机制，增加天然气供应，力争到 2020 年天然气供应能力达到 4200 亿立方米。

2014年4月24日，中石化发布公告称，已确定中石化销售有限公司重组并引入社会及民营资本实现混合所有制经营项目的财务顾问。

2014年4月24日，十二届全国人大常委会第八次会议表决通过了《环保法修订案》，新法将于2015年1月1日施行。

2014年4月28日，阿联酋总统哈利法签署法令，批准阿布扎比国家石油公司(Adnoc)与中石油国际(香港)有限公司合资成立Al Yasat石油作业有限责任公司，Adnoc占股60%，中石油占股40%。

2014年4月29日，新疆中油神华油品销售有限公司在中石油新疆销售公司总部成立暨揭牌。

2014年4月29日，中石化与重庆市合资组建的中石化重庆涪陵页岩气勘探开发有限公司、中石化重庆天然气管道有限责任公司、中石化重庆涪陵页岩气销售有限责任公司正式授牌成立。

2014年4月30日，中石化工宣布，与中国华电集团公司就共同参与加拿大太平洋西北LNG项目15%权益一体化合作达成一致，其中中石化持有10%权益，华电持有5%权益。

2014年5月

2014年5月5日，中石油宣布，途经土库曼斯坦、乌兹别克斯坦、塔吉克斯坦、吉尔吉斯斯坦和中国新疆克州乌恰县的中亚天然气管道D线吉国段可研报告近期获得吉政府批准。

2014年5月7日，土库曼斯坦总统别尔德穆哈梅多夫出席了位于土库曼斯坦列巴普州巴格德雷区块的中石油土库曼斯坦第二天然气处理厂投产仪式。

2014年5月7日，伊拉克内阁已经批准两项合计金额近10亿美元的协议，同意与两大油田服务供应商共同经营全国最大的鲁迈拉油田。

2014年5月7日，国家发改委、财政部、水利部联合发布《关于水土保持补偿费收费标准(试行)的通知》(发改价格[2014]886号)。

2014年5月8日，由中石油承建的加尔金内什气田项目(复兴气田)二期300亿立方米/年增供气EPC总承包项目奠基。

2014年5月8日，中海油40亿立方米煤制天然气项目可行性研究报告专家评审会在北京召开，标志着中海油40亿立方米煤制天然气项目建设进入实质性阶段。

2014 年 5 月 8 日，中海油轮运输有限公司举行新加坡油品运输业务启动仪式。

2014 年 5 月 8 日，经淘汰落后产能工作部际协调小组第五次会议审议确定，近期工业和信息化部向各地下达了 2014 年淘汰落后和过剩产能任务。

2014 年 5 月 12 日，中石油发布公告称，将以西气东输一线和二线相关资产和负债出资设立东部管道公司，并通过产权交易所公开转让所持东部管道公司100%的股权，中石油不再持有东部管道公司任何股权。

2014 年 5 月 12 日，中海油宣布垦利 3-2 油田群已成功投产，比计划提前 22 天，其投产规模创国内之最。中海油拥有垦利 3-2 油田群 100%的权益。

2014 年 5 月 12 日，重庆市国土房管局和中石油、国家开发投资公司、中化股份有限公司签署了合作意向书，投资成立重庆页岩气勘探开发有限责任公司。

2014 年 5 月 12 日，国家能源局制定印发《能源监管行动计划（2014～2018 年）》，明确了未来 5 年能源监管的目标、重点任务和相关措施。

2014 年 5 月 13 日，厦门石油交易中心开始试运行现货挂牌融资交易模式。

2014 年 5 月 14 日，国务院办公厅公布《国务院办公厅关于支持外贸稳定增长的若干意见》（国办发[2014]19 号）。《意见》称，应进一步加强进口，扩大国内短缺资源进口，合理增加与群众生活密切相关、必要的一般消费品进口。

2014 年 5 月 15 日，国务院办公厅印发《2014～2015 年节能减排低碳发展行动方案》。《行动方案》提出节能减排降碳的具体目标：2014～2015 年，单位 GDP 能耗、化学需氧量、二氧化硫、氨氮、氮氧化物排放量分别逐年下降 3.9%、2%、2%、2%、5%以上，单位 GDP 二氧化碳排放量两年分别下降 4%、3.5%以上。

2014 年 5 月 16 日，国家发改委在官方网站公布了《能源行业加强大气污染防治工作方案》。该方案由国家发改委、国家能源局和环保部共同制定，旨在促进能源行业与生态环境的协调和可持续发展。

2014 年 5 月 17 日，国家发改委颁布第 12 号令，发布《外商投资项目核准和备案管理办法》，自 2014 年 6 月 17 日起施行。《办法》规定外商投资项目管理分为核准和备案两种方式。

2014 年 5 月 18 日，发改委发布《国家发展改革委关于发布首批基础设施等领域鼓励社会投资项目的通知》（发改基础[2014]981 号）。《通知》表示，经国务院同意，为加快投融资体制改革，推进投资主体多元化，进一步发挥社会资本作用，决定在基础设施等领域首批推出 80 个鼓励社会资本参与建设营运的示范项目。

2014年5月19日，中海油气电集团近日表示，总长448千米的广东省天然气管网一期工程实现机械完工，全线投产进入倒计时。

2014年5月20日，中国国家主席习近平与俄罗斯总统普京共同签署了《中俄关于全面战略协作伙伴关系新阶段的联合声明》。

2014年5月20日，中石化与俄罗斯西布尔公司在中国国家主席习近平和俄罗斯总统普京的见证下签署了战略合作协议。

2014年5月20日，俄罗斯诺瓦泰克公司与中石油签署了在“亚马尔液化天然气”项目框架下每年对华供应300万吨液化天然气的合同。

2014年5月20日，中石化石油工程技术服务有限公司与威德福国际有限公司(Weatherford International Ltd.)、胜利油田高原石油装备有限责任公司在京签署合资协议，将在中国成立合资公司，业务范围主要包括油气井技术服务、工具仪器加工制造研发等。

2014年5月21日，中国国家主席习近平和俄罗斯总统普京在上海共同见证中俄两国政府《中俄东线天然气合作项目备忘录》、中石油和俄罗斯天然气工业股份公司《中俄东线供气购销合同》的签署。

2014年5月21日，在上海亚洲相互协作与信任措施会议第四次峰会期间，中石油集团副总经理、股份公司总裁汪东进代表中石油分别与俄罗斯、哈萨克斯坦等国签署多项合作协议。

2014年5月24日，由3家中国民营企业、1家俄方企业合作的跨国能源项目获得国家发改委核准批复，将于2015年5月正式开工。

2014年5月27日，延长壳牌(广东)石油公司正式挂牌成立并投入运营。

2014年5月31日，中石油中亚天然气管道C线正式投产开始送气。

2014年6月

2014年6月4日，国务院常务会议部署石化产业科学布局和安全环保集约发展。

2014年6月4日，西气东输三线中段(中卫—吉安)工程日前获发改委正式批准投资建设，项目总投资为436.48亿元(含外汇3.3亿美元)。

2014年6月6日，税务总局发布《关于成品油经销企业开具的增值税发票纳入防伪税控系统汉字防伪版管理的公告》(国家税务总局2014年第33号)，要求成品油经销企业(包括加油站及从事成品油批发和零售的经销企业，含商务部备案的成品油经销企业)通过增值税防伪税控系统汉字防伪版开具增值税专用发票和增值税普通发票。

2014 年 6 月 8 日，中石油天然气集团公司与黑龙江省签署《深化战略合作框架协议》，双方将在油气勘探开发、炼化项目、油气管道和仓储配套设施建设，以及油气供应、工程技术服务、工程建设、装备制造等领域开展合作。

2014 年 6 月 9 日，国务院办公厅发布国办函〔2014〕54 号文，印发《推进长江危险化学品运输安全保障体系建设工作方案》。《方案》确定的主要任务是优化沿江石化、化工产业布局，提高化工园区风险防控能力。

2014 年 6 月 10 日，中石化管道储运有限公司在江苏省徐州市注册成立。

2014 年 6 月 13 日，国家主席、中央财经领导小组组长习近平主持召开中央财经领导小组第六次会议，中共中央政治局常委、国务院总理、中央财经领导小组副组长李克强，中共中央政治局常委、国务院副总理、中央财经领导小组成员张高丽出席会议，会议旨在研究中国能源安全战略。

2014 年 6 月 15 日，新疆霍尔果斯计量站放空火炬被点燃，宣告中亚天然气管道 C 线开始向国内通气。

2014 年 6 月 17 日，BP 与中海油在伦敦签署了一份价值 200 亿美元的协议，将从 2019 年起持续 20 年向中国供应 LNG。

2014 年 6 月 17 日，中海油和荷兰皇家壳牌公司宣布，两家公司已签署一项全球战略联盟协议。

2014 年 6 月 20 日，中油燃气宣布收购加拿大石油及天然气生产公司 100%股本权益，作价 2.355 亿加元(约合人民币 13.487 亿元)。

2014 年 6 月 20 日，国务院国资委召开中石油建设规范董事会工作会议，宣布聘任中石油外部董事，中石油董事会正式成立。

2014 年 6 月 23 日，国家能源局组织召开全国“十三五”能源规划工作会议，部署动员“十三五”能源规划编制工作。

2014 年 7 月

2014 年 7 月 1 日，中石化润滑油有限公司在北京成立。

2014 年 7 月 1 日，哈萨克斯坦总统纳扎尔巴耶夫签文批准“哈萨克斯坦共和国与俄罗斯联邦 2010 年 12 月 9 日签署的关于向哈萨克斯坦供应石油和石油产品经贸合作政府间协议的备忘录修正案”，该协议的宗旨是为俄罗斯石油通过哈萨克斯坦过境运输到中国创造条件。

2014年7月8日，中石化湖南分公司与湖南湘投控股集团合资组建湖南省燃气有限责任公司，共同发展加气业务。

2014年7月9日，由中化集团公司投资300亿元建设的泉州1200万吨/年炼油项目正式投产。

2014年7月9日，华油能源集团与美国哈里伯顿公司合资组建的压裂增产服务公司——新疆华顿同达油田技术服务有限公司在北京成立。

2014年7月9日，国务院总理李克强主持召开国务院常务会议，强调发展新能源汽车是中国交通能源战略转型、推进生态文明建设的重要举措。

2014年7月10日，中国国家发展和改革委员会副主任、国家能源局局长吴新雄与美国能源部部长莫尼兹共同签署了《中国国家能源局与美国能源部关于战略石油储备合作的谅解备忘录》。

2014年7月10日，据俄新社报道，俄罗斯克里姆林宫办公厅主任谢尔盖·伊万诺夫访问中国期间表示，向中国供气的“西伯利亚能量(Power of Siberia)”天然气管道将于8月份开建，俄罗斯将为此投资600亿~700亿美元。

2014年7月10日，贵州省与中广核集团、中石化、中石油、重庆三峡燃气集团和华能新能源5家大型企业签约，发展清洁能源。

2014年7月14日，俄政府批准中石油获得液化天然气出口专有权。

2014年7月17日，中石化宣布，国土资源部通过了对该公司涪陵页岩气田焦石坝区块焦页1-焦页3井区五峰组-龙马溪组一段的探明地质储量评审。

2014年7月17日，中海油的子公司海洋石油工程股份有限公司宣布，公司获得俄罗斯最大LNG工程亚马尔(YAMAL)项目核心工艺处理生产线工程的建造合同，合同总价格达16.63亿美元(约合101.09亿元人民币)，海油工程将分三年完成项目首期的建设。

2014年7月22日，国家能源局下发《关于规范煤制天然气产业科学有序发展的通知》，严格能源转化效率、水耗、排放等产业准入要求。

2014年8月

2014年8月1日，中俄原油管道中国境内漠河-大庆段工程竣工环境保护通过国家环境保护部验收。

2014年8月1日，哈纳斯集团和北方控股集团车用LNG清洁能源项目战略

合作签约及车辆交接启航仪式在山东省兰陵县举行。

2014 年 8 月 5 日，据当地媒体报道，尼日尔总统伊素福对外宣布尼政府与乍得政府就原油外输过境管道建设达成合作协议。

2014 年 8 月 5 日，中石油公布，国家发改委已经对陕京四线输气管道工程项目给予正式核准批复。

2014 年 8 月 8 日，光汇石油对 Anadarko 公司在渤海湾油田权益的收购正式完成交割。

2014 年 8 月 8 日，洲际油气股份有限公司（原海南正和实业集团股份有限公司）在哈萨克斯坦南部城市阿拉木图举行交接庆典，庆祝公司成功收购哈萨克斯坦马腾石油公司 95%的股份。

2014 年 8 月 10 日，国土资源部近日复函同同意设立黔北页岩气综合勘查试验区，试验区有望在 2020 年前建成年产能达 10 亿立方米的页岩气勘查开发基地。

2014 年 8 月 10 日，国家发改发布《国家发展改革委关于调整非居民用存量天然气价格的通知》（发改价格〔2014〕1835 号）。

2014 年 8 月 14 日，据《新海峡时报》报道，中国政府批准中石化与华电成立的合资公司购买马来西亚国家石油公司（Petronas）在加拿大的 LNG 项目 15%的股份。

2014 年 8 月 15 日，国务院印发《关于促进海运业健康发展的若干意见》（国发〔2014〕32 号），部署促进海运业健康发展，加快推进海运强国建设，这是中国第一次国家层面发布海运发展战略。

2014 年 8 月 19 日，在中国国家主席习近平和乌兹别克斯坦总统卡里莫夫的共同见证下，中石油董事长周吉平与乌兹别克斯坦国家石油公司主席费依祖拉耶夫签署《中国-乌兹别克斯坦天然气管道 D 线企业间协议》和《穆巴列克天然气化工厂合作备忘录》。

2014 年 8 月 25 日，中石油宣布，随着西气东输三线位于甘肃省瓜州县的瓜洲站完成最后一道焊口，西气东输三线西段全线贯通。

2014 年 8 月 25 日，中海油宣布，已正式投产其位于珠江口盆地西部的文昌 13-6 油田。

2014 年 8 月 27 日，广汇能源发布公告，已收到国家商务部下发的商贸函〔2014〕635 号文件《商务部关于赋予新疆广汇石油有限公司原油非国营贸易进口资质的批复》，赋予新疆广汇石油有限公司原油非国营贸易进口资质；安排广汇石油 2014 年原油非国营贸易进口允许量为 20 万吨；广汇石油可根据市场情况将原油销售给符合产业政策的炼油企业。

2014 年 8 月 27 日，北京石油交易所与中阿产业投资基金合作，携手打造的北油所“中阿商品交易服务平台”在京正式启动。

2014 年 8 月 27 日，俄罗斯天然气工业石油公司已同意在原油交付中接收卢布和人民币。

2014 年 8 月 29 日，中石化炼化工程股份有限公司与马来西亚国家石油公司的附属公司 PRPC 炼油公司就 RAPID 项目的一个合同包正式签署设计、采购、施工、试车总承包合同，合同总额 13.29 亿美元，合 81.92 亿元人民币。

2014 年 8 月 30 日，中海油证实，深水钻井平台“海洋石油 981”已在南海北部深水区陵水 17-2-1 井测试获得高产油气流。

2014 年 8 月 30 日，中石油广西石化 1000 万吨/年常减压装置开始混炼高硫原油，这既标志着 400 万吨/年渣油加氢脱硫装置安全、绿色一次开车成功，又标志着总投资 68 亿元的该公司含硫原油加工配套工程全面建成投产。

2014 年 9 月

2014 年 9 月 1 日，中国国务院副总理张高丽与俄罗斯总统普京出席中俄东线天然气管道俄境内段“西伯利亚力量”的开工仪式。“西伯利亚力量”天然气管道西起伊尔库斯克州，东至俄远东港口城市符拉迪沃斯托克，全场近 4000 千米，连接西伯利亚的科维克金和恰杨金气田，目标市场主要是中国东北、京津唐和长江三角区。

2014 年 9 月 2 日，第十一届亚太经合组织(APEC)能源部长会议在北京召开。会议通过《北京宣言》，明确 21 个国家将共同致力构建亚太能源安全新体系。

2014 年 9 月 3 日，中国进出口银行表示，中巴两国将签署一系列的合作协议与备忘录，中国进出口银行未来将向巴基斯坦能源领域投资数十亿元。

2014 年 9 月 5 日，“中国能源国际合作论坛”在中国人民大学落幕，来自中国、美国、韩国、菲律宾泰国等多个国家的专家学者、以及政界、业界、学界代表和 APEC 的 21 个经济体的能源代表等 100 余人出席论坛。

2014 年 9 月 9 日，商务部发布了新修订的《境外投资管理办法》，旨在进一步贯彻落实党的十八届三中全会决定和国务院关于减少行政审批、加大减征放权力度精神，确立企业对外投资主体地位，提高境外投资便利化水平。

2014 年 9 月 11 日，中海油公告，中国海上 2014 年推出 33 个开放区块与国外石油公司合作，总面积达 126108 平方千米。

2014 年 9 月 12 日，新奥能源与中石化销售有限公司签订增资协议，新奥能源以 40 亿元参与中石化增资，增资以后，新奥能源将拥有中石化 1. 12%的股权。

2014 年 9 月 13 日，中国国家主席习近平和塔吉克斯坦总统拉赫蒙共同出席中塔杜尚别 2 号热电厂一期工程竣工仪式、二期工程开工仪式和中国—中亚天然气管道 D 线塔吉克斯坦境内段开工仪式。

2014 年 9 月 14 日，中石化公告，其全资公司中石化销售有限公司于 9 月 12 日与 25 家境内外投资者签署了《关于中石化销售有限公司之增资协议》，25 家投资者以现金 1070. 94 亿元，认购销售公司的 29. 99%的股权。

2014 年 9 月 15 日，中海油宣布，“海洋石油 981”钻井平台日前在南海北部深水区测试获得高产油气流。

2014 年 9 月 25 日，中国庆华能源集团与哈萨克国家石油天然气集团合作谅解备忘录签约仪式在京举行，双方将共同在哈萨克斯坦开发建设煤基清洁综合利用项目。

2014 年 9 月 28 日，由内蒙古交通投资集团有限公司、中国天伦燃气控股有限公司、内蒙古明华能源集团有限公司共同出资组建的内蒙古油气投资股份有限公司在京成立。

2014 年 9 月 28 日，贵州省能源局召开贵州省“十三五”能源规划会，宣布贵州省能源“十三五”规划编制工作正式启动。

2014 年 9 月 28 日，中石化与中国电力建设集团有限公司在北京签署战略合作框架协议，双方合作进入新的阶段。

2014 年 10 月

2014 年 10 月 8 日，日本莫斯科石油公司宣布将首次从美国进口凝析油。

2014 年 10 月 9 日，中石油独山子石化公司国四标准的 0 号精制柴油出厂量累计达 10. 2 万吨，目前国四柴油日产量稳定在 0. 93 万吨。

2014 年 10 月 9 日，财政部、国家税务总局发布《关于调整原油、天然气资源税有关政策的通知》（财税［2014］73 号文）。决定从 12 月 1 日起，调整原油、天然气资源税政策，并全面清理油气收费基金。

2014年10月10日，俄罗斯政府发布公告称，已经批准与中国之间的一项协议，把2014年5月签署的天然气合同的时间继续延长至少5年。

2014年10月10日，财政部、国家发改委发布《关于全面清理涉及煤炭原油天然气收费基金有关问题的通知》(财税[2014]74号文)。

2014年10月11日，商务部发布2014年第69号公告，公布《2015年成品油(燃料油)非国营贸易进口允许量申领条件、分配原则及相关程序》。

2014年10月12日，阿尔及利亚国家石油公司宣布该国将从2022年起出产页岩气，到2025年，阿尔及利亚页岩气的年产量将达到100亿立方米。

2014年10月13日，国务院总理李克强在莫斯科同俄罗斯总理梅德韦杰夫会晤，两国总理签订《中俄总理第十九次定期会晤联合公报》。

2014年10月15日，中石油宣布，与俄罗斯天然气工业股份公司签署《关于中俄东线天然气管道建设和运营的技术协议》。

2014年10月18日，中部非洲经济与货币共同体(CEMAC)和中部非洲国家经济共同体(CEEAC)共10个成员国的能源部长在喀麦隆首都召开会议，审议通过了《中部非洲经济与货币共同体和中部非洲国家经济共同体白皮书。

2014年10月20日，安庆市政府与安徽京皖天然气有限公司在合肥举行签约仪式，正式签署了《共同推进煤制天然气项目建设合作框架协议》。

2014年10月22日，国家发改委及国家能源局下发《关于做好2014年天然气迎峰度冬工作的通知》(发改运行[2014]2337号)，力求实现迎峰度冬期间天然气稳定供应。

2014年10月22日，深圳赤湾石油基地股份公司与成都市新都区人民政府签约，该公司将投资36亿元在新都工业东区投资建设成都国际油气基地项目。

2014年10月23日，国家发改委、住房和城乡建设部、国家能源局三部委联合印发特急文件《天然气分布式能源示范项目实施细则》，就天然气分布式能源示范项目的申报、评选、实施、验收、后评估，以及激励政策等做了一系列比较全面的规定。

2014年10月23日，阿布扎比成功赢得了2019年第24届世界能源大会的主办权。

2014年10月24日，中国国际矿业大会上发布了《中国矿产资源报告(2014)》。《报告》显示，2013年中石油新增探明储量10.83亿吨，天然气新增探明储量6159.11亿立方米，煤、铜等重要矿产勘查成果显著。

2014年10月28日，经过两年的地质勘查，新疆煤田地质局在新疆哈密地区三道岭矿区南部新探明一处煤炭资源量达116亿吨的大型整装煤田，为新疆“疆煤东运”和新型工业化战略的实施提供了重要资源保障。

2014年10月29日，中石化江汉油田涪陵页岩气公司宣布，中石化涪陵页岩气田累计产量已突破10亿立方米。

2014年10月30日，国家发改委、环保部、财政部、交通部及质检总局等12部委联合印发《加强“车、油、路”统筹，加快推进机动车污染综合防治方案》的通知，旨在贯彻落实《大气污染防治行动计划》，强化机动车污染综合防治。

2014年10月30日，中国政府网发布了《国务院办公厅关于成立国务院油气输送管道安全隐患整改工作领导小组的通知》(国办发[2014]48号文)。

2014年11月

2014年11月3日，中信银行与陕西延长石油集团在西安签署银企战略合作协议。

2014年11月5日，宁夏地质调查院获悉，由该院实施的六盘山地区页岩气调查项目取得重要进展，通过钻探，初步取得具有地质前景意义的发现，这是宁夏首次发现页岩气资源。

2014年11月9日，中海油与俄罗斯天然气工业股份公司在京签署了合作谅解备忘录。

2014年11月10日，中石化承建的加纳天然气工程一期投产一次成功。

2014年11月13日，中石油和俄罗斯签署了一项新的天然气交付框架协议，俄罗斯将使用阿尔泰西线每年向中国额外交付300亿立方米天然气。

2014年11月13日，中海油与墨西哥国家石油公司在京签署了合作谅解备忘录。

2014年11月14日，国家发改委发布关于印发《国家应对气候变化规划(2014~2020年)》的通知。《规划》要求，到2020年，控制温室气体排放行动目标全面完成。其中，单位国内生产总值二氧化碳排放比2005年下降40%~45%，非化石能源占一次能源消费的比重到15%左右。

2014年11月17日，从贝克休斯官方网站获悉，石油服务业巨头哈里伯顿与贝克休斯就合并交易达成一致，哈里伯顿拟以股权加现金的形式收购贝克休斯所有已发行股份，交易作价346亿美元，交易预计2015年下半年完成。

2014年11月18日，二十国集团领导人第九次峰会发表公报，指出加强能源合作是未来的工作重点，并核准了《G20能源合作原则》。此次峰会上，中国还宣布将定期发布石油库存数据，这为期货市场交易商提供了一个很重要的交易指引。

2014年11月18日，第四届中阿能源合作大会在沙特阿拉伯首都利雅得开幕。

2014年11月19日，中海油宣布，中海油日前在位于中国南海东部的陆丰14-4构造上获得了一个中等规模的石油发现。

2014年11月20日，中石化炼化工程发布公告，宣布与中安联合煤业化工公司就170万吨/年煤制甲醇及烯烃转化项目签署了多份设计、采购、施工工程总承包合同，合同金额约为47.79亿元。

2014年11月20日，国务院办公厅发布《能源发展战略行动计划(2014~2020年)》明确了2020年中国能源发展的总体目标、战略方针和重点任务，部署推动能源创新发展、安全发展、科学发展。

2014年11月20日，国家统计局报告中表示，中国开始了第一阶段的战略石油储备。第一阶段战略石油储备能够存储1243万吨原油。

2014年11月21日，国际电力和自动化技术集团ABB宣布与中石化达成协议，将在未来3年内为中石化在重庆涪陵的页岩气田项目提供自动化解决方案和工程服务，这标志着中国首个大型页岩气田有望率先实现高效智能生产。

2014年11月25日，财政部、科技部、工信部、发改委四部门联合下发《关于新能源汽车充电设施建设奖励的通知》，称中央财政拟安排资金对2013年到2015年期间新能源汽车推广效果较好的城市或城市群给予充电设施建设奖励，重点集中在京津冀、长三角和珠三角地区。

2014年11月26日，由福建省矿业协会、中国矿冶工程学会共同主办、福建省海峡地质研究所承办的海峡两岸石油天然气资源学术研讨会在福州市举行。

2014年11月27日，由《石油与装备》杂志社主办的第四届中国页岩气发展大会在成都举办，论坛主题为“川渝经验与技术进步”。

2014年11月27日，中石化与中国兵器工业集团公司在京签署战略合作框架协议，标志着合作进入新阶段。

2014年11月28日，经国务院批准，财政部、国家税务总局联合下发《关于提高成品油消费税的通知》。

2014年12月

2014年12月1日，中海油位于南海的三个天然气田(番禺34-1/35-1/35-2项目)联合投产。这三个气田位于中国南海珠江口盆地，预计2015年可实现425万立方米的高峰日产量。

2014年12月2日，中石化宣布正式启动智能管线建设项目试点工作，并将从2015年1月起在中石化范围内全面推广，2015年5月正式投用。

2014年12月3日，在焦页9-2HF井压裂施工中，江汉油田首次应用国产化复合桥塞送进工具获得成功，为降低页岩气开发成本提供了一项新的技术手段。

2014年12月10日，中海油与总部位于科威特的科佩克(中国)有限公司分别就南海三个区块签订三个产品分成合同。

2014年12月11日，由非常规油气产业联盟、中国能源网研究中心、重庆市发展和改革委员会共同主办的“2014非常规油气合作伙伴峰会暨非常规油气产业联盟年会”在重庆召开。

2014年12月12日，中国内地首个国际化的商品期货品种——原油期货获得上市批准。证监会将会同相关部委发布与原油期货相关的各项配套政策和管理办法。

2014年12月13日，装载着约15万立方米LNG停靠在位于该港区的中石化山东LNG接收站。首船商业气的到港接卸，标志着中石化首个LNG项目在山东正式投入运行。

2014年12月14日，中国最大的核能生产企业—中广核集团宣布从法国电力公司EDF收购三家英国的风能厂，标志着中国企业正试图扩展全球性的发电业务。

2014年12月18日，中国工程院发布两项重大能源咨询项目研究成果——《中国煤炭清洁高效可持续开发利用战略研究》和《中国非常规天然气开发利用战略研究》报告。

2014年12月18日，中海油在国内近海的在生产油气田已突破百个，其中油田93个、气田13个，已有生产平台达200座。自2010年公司国内总产量达到5000万吨后，中海油预计连续第五年实现稳产。

2014年12月19日，中石化继新疆准东80亿立方米/年煤制天然气项目之后，拟在榆林建设80亿立方米/年煤制天然气煤化一体化项目。

2014 年 12 月 25 日，中国首个超深高含硫生物礁大气田——元坝气田正式投产，一期建成 17 亿立方米净化天然气产能。

2014 年 12 月 25 日，“煤制天然气甲烷化中试技术”通过中石油和化学工业联合会组织的成果鉴定。这标志着在煤制天然气领域，中国已经掌握全产业链的所有技术，从而摆脱对外国技术依赖。

附件 2　2014 年国内外油气产业相关数据

附表 1　2014 年中国全年石油石化主要产品产量

单位：万吨、亿立方米

月份 / 名称	1	2	3	4	5	6	7	8	9	10	11	12	合计	同比%
原油	1667.1	1702.8	1763.8	1697.9	1775.6	1750.2	1734.2	1748.8	1764.3	1793.6	1763.0	1832.3	21009.6	0.6
天然气	117.5	96.4	109.5	97.8	98.9	93.3	98.3	98.8	99.3	103.1	110.7	121.5	1234.1	6.9
原油加工量	3972.0	3967.4	4191.7	3957.8	4033.5	4183.2	4108.1	4139.1	4142.3	4351.4	4224.6	4457.8	50277.4	5.3
成品油	2410.1	2576.4	2638.7	2510.9	2545.8	2662.2	2582.8	2604.5	2655.3	2736.6	2678.3	2827.7	31666.2	7.1
汽油	957.6	774.7	932.7	877.0	886.1	923.9	886.1	889.4	903.3	953.9	920.3	898.5	11029.9	12.3
煤油	232.1	227.5	243.8	241.7	244.9	251.7	256.9	270.0	267.3	246.6	246.1	273.1	3001.0	19.4
柴油	1328.7	1465.9	1462.2	1392.3	1414.8	1486.6	1439.8	1445.0	1566.3	1536.1	1511.9	1556.1	17635.3	2.4
润滑油	37.9	46.6	56.6	51.2	51.8	51.0	49.6	48.7	48.9	44.6	44.2	43.5	568.7	-3.8
燃料油	190.9	191.9	238.9	219.5	209.8	225.1	202.3	203.4	201.4	210.9	228.7	212.7	2541.7	-1.6

数据来源：中国石油与化学工业联合会

附表 2　2014 年中国全年石油石化主要产品表现消费量

单位：万吨、亿立方米

月份 / 名称	1	2	3	4	5	6	7	8	9	10	11	12	合计	同比%
原油	4474.6	3990.4	4115.7	4485.2	4383.7	1750.2	6437.9	4257.0	4526.6	4214.5	4303.9	4845.6	51785.3	5.8
天然气	162.0	154.1	147.8	140.4	146.6	93.3	198.4	147.1	140.0	147.3	147.2	181.7	1805.9	8.9
成品油	2245.7	2516.1	2525.8	2406.5	2431.4	2659.7	2364.8	2541.8	2528.8	2567.5	2551.1	2842.4	30181.6	5.6
汽油	882.9	777.7	881.5	846.2	859.9	923.8	809.1	883.1	871.4	897.5	874.8	1026.9	10534.8	12.6
煤油	243.5	152.3	183.8	199.8	180.5	249.8	193.8	209.3	210.8	163.8	179.6	196.9	2363.9	4.4
柴油	1302.3	1403.1	1460.5	1360.5	1391.1	1485.9	1362.0	1449.4	1446.6	1506.2	1496.7	1618.6	17282.9	1.9
润滑油	61.8	70.2	90.2	82.5	77.0	49.4	94.0	70.9	71.9	60.2	65.2	65.5	858.8	2.0
燃料油	314.4	335.7	312.3	310.5	250.7	225.1	294.9	281.5	251.0	227.2	273.8	306.9	3384.0	-10.8

数据来源：中国石油与化学工业联合会

附表 3　2014 年中国全年石油石化主要产品进口量

单位：万吨、亿立方米

名称＼月份	1	2	3	4	5	6	7	8	9	10	11	12	合计	同比%	依存度%
原油	2815.5	2305.0	2351.8	2787.5	2608.2	2327.9	2375.8	2519.0	2757.7	2408.9	2541.1	3037.3	30835.7	9.3	59.4
天然气	443.2	317.0	287.9	318.6	358.0	345.0	379.8	365.8	337.3	337.7	352.4	62.6	598.1	12.6	31.7
天然沥青、页岩及砂	5.1	0.5	1.1	0.8	0.8	1.1	7.5	0.9	4.1	6.8	1.0	1.4	31.0	-53.0	—
成品油	56.3	34.5	37.4	74.4	30.8	49.7	27.6	37.8	42.1	34.0	34.8	49.0	467.5	-32.8	-4.9
汽油	0.0	0.0	0.0	0.0	0.0	0.0	0.0	0.0	3.3	0.0	0.0	0.0	3.4	8132.2	-4.7
煤油	49.3	28.5	35.3	69.3	29.2	46.1	27.5	37.6	38.0	29.5	27.3	35.7	416.7	-37.7	-27
柴油	7.0	6.0	2.2	5.1	1.6	3.6	0.0	0.1	0.8	4.5	7.5	13.4	47.4	77.6	-2.0
润滑油	26.7	24.9	31.4	22.4	26.4	22.6	23.6	23.2	30.3	17.1	22.7	24.0	305.0	4.4	33.8
燃料油	241.5	167.8	167.8	236.8	113.2	139.9	104.0	145.4	121.9	115.4	124.8	189.7	1782.6	-24	24.9
石脑油	39.4	5.9	12.5	47.4	7.5	15.4	25.6	40.9	49.6	56.0	51.1	51.7	369.8	14.5	10.9
石油气	51.4	31.7	76.2	28.7	76.6	65.0	62.9	54.7	69.3	70.9	78.3	72.9	743.2	64.4	—
石蜡	1.4	1.4	1.9	0.8	1.2	2.2	1.5	1.7	2.6	1.1	2.7	2.5	21.7	125.1	—
石油焦	84.9	41.3	71.1	94.0	81.4	50.7	32.5	8.4	41.2	41.2	16.1	32.2	535.0	-42.8	10.7
石油沥青	61.2	53.9	79.1	48.4	78.3	77.1	71.2	63.9	63.8	67.3	62.1	121.9	856.3	72.6	22.2

数据来源：中国石油与化学工业联合会

附表 4　2014 年中国全年石油石化主要产品出口量

单位：万吨、亿立方米

名称＼月份	1	2	3	4	5	6	7	8	9	10	11	12	合计	同比%
原油	7.8	17.5	0.0	0.0	0.0	0.0	0.0	10.8	0.0	0.0	0.0	24.0	60.0	-63.0
天然气	15.8	11.3	12.1	12.1	17.1	13.2	21.4	19.2	17.1	20.4	12.3	2.4	26.4	-4.9
天然沥青、页岩及砂	6.3	1.8	4.3	5.8	4.9	2.8	6.3	4.3	4.5	2.3	6.8	4.5	54.6	-2.3
成品油	143.2	138.0	181.0	141.9	148.1	150.4	150.8	192.1	148.8	213.5	162.0	182.6	1952.1	17.3
汽油	39.0	29.7	54.3	30.8	26.2	42.1	35.0	48.7	35.9	67.4	45.5	43.7	498.4	6.3
煤油	70.2	71.3	92.8	77.1	89.6	60.6	82.0	102.6	90.3	111.5	93.8	111.9	1053.9	14.9
柴油	34.0	37.0	33.9	33.9	32.3	47.6	33.8	40.8	22.6	34.6	22.6	27.0	399.8	43.7
润滑油	0.9	0.8	1.1	1.3	1.0	1.0	1.0	1.2	1.0	1.4	2.2	2.0	14.9	-2.1
燃料油	78.1	62.8	78.8	76.4	72.7	73.2	78.2	77.7	65.4	99.4	79.8	97.7	940.2	-17.2
石脑油	0.0	3.3	8.8	0.0	0.0	0.0	1.0	0.0	0.0	0.0	0.0	0.0	13.1	-63.0
石油气	12.0	8.3	12.7	13.4	11.5	10.9	13.6	13.4	11.9	12.2	12.7	13.2	144.6	13.8
石蜡	3.7	3.6	4.6	3.8	3.3	3.4	6.9	5.2	4.2	3.2	3.9	3.3	49.2	-2.4
石油焦	20.2	19.6	12.0	10.3	27.6	25.5	21.7	28.9	25.2	13.9	19.0	20.4	244.2	4.4
石油沥青	0.9	2.2	0.8	1.0	3.4	2.6	1.3	1.3	2.4	3.2	1.2	0.9	21.2	17.0

数据来源：中国石油与化学工业联合会

附表 5　2014 年中国全年石油石化行业主要经济指标完成情况一

单位：亿元、个

行业名称	企业数	资产总计	主营业务收入	利润总额	亏损企业亏损额
石油天然气开采业	281	21464.1	13536.5	3663.0	126.6
精炼石油产品制造业	1337	15604.9	34680.4	399.7	399.3
化学工业	25634	63877.1	81037.1	4308.0	745.7
专业设备制造业	1400	3627.9	3945.6	272.6	187.2
石油和化学工业合计	28652	104574.2	133199.8	8643.5	1290.3

数据来源：中国石油与化学工业联合会

附表 6　2014 年中国全年石油石化行业主要经济指标完成情况二　单位：%

行业名称	销售利润率	成本费用利润率	资产负债率	销售费用投入产出比
石油天然气开采业	27.1	38.2	46.3	0.4
精炼石油产品制造业	1.2	1.2	59.7	0.5
化学工业	5.3	5.6	57.3	2.2
专业设备制造业	6.9	7.4	54.9	2.1
石油和化学工业合计	6.5	7.0	55.3	1.6

数据来源：中国石油与化学工业联合会

附表 7　2014 年中国全年石油石化行业固定资产投资完成情况表

单位：亿元、个

行业名称	计划投资	实际完成	施工项目	新开工项目	竣工项目
石油天然气开采业	6603.1	3805.1	542	406	367
精炼石油产品制造业	8942.5	2137.6	1337	859	713
化学工业	35157.1	14071.7	14910	10455	9693
专业设备制造业	1981.5	1023.2	1114	799	756
石油和化学工业合计	52684.4	21037.7	17903	12519	11529

数据来源：中国石油与化学工业联合会

附表 8　2014 年中国全年石油石化行业进出口总额及贸易差情况表

单位：万美元、%

行业名称	进出口贸易总额	同比增减%	贸易顺(逆)差	同比增减%
石油天然气开采业	24288814.0	1.2	-23744774.0	1.8
原油加工和石油制品	6735637.0	4.7	-1295706.0	-20.2
化工产品	33117008.0	3.3	-3948837.0	-3.2
专业设备	920802.0	-26.8	-9705.0	59.2
石油和化学工业合计	65062261.0	2.0	-28999022.0	-0.1

数据来源：中国石油与化学工业联合会

附表 9　2014 年全国主要石油石化产品进口平均价格　单位：美元/吨

日期	原油	液化天然气	航空煤油	5~7 号燃料油	润滑油	石油沥青
2014 年 1 月	796.7	695.2	1014.9	632.8	2739.4	592.4
2014 年 2 月	784.2	606.7	987.1	673.2	2575.1	578.9
2014 年 3 月	782.2	624.8	989.3	649.8	2641.1	589.4
2014 年 4 月	775.6	566.8	972.7	618.3	2643.5	573.8
2014 年 5 月	768.7	595.3	972.5	615.0	2663.3	565.8
2014 年 6 月	777.6	584.8	968.4	629.0	2699.3	559.3
2014 年 7 月	786.5	537.5	971.2	635.9	2773.9	561.4
2014 年 8 月	775.0	613.2	962.8	622.0	2830.2	562.4
2014 年 9 月	743.8	635.4	943.3	625.1	2924.1	570.6
2014 年 10 月	707.8	641.1	891.8	614.0	2845.6	576.9
2014 年 11 月	646.1	604.0	835.2	549.5	2807.0	553.8
2014 年 12 月	568.4	632.0	814.1	470.4	2723.8	524.1
年均价	739.9	615.4	945.4	606.4	2731.1	567.8
比上年增减%	-4.9	4.5	-4.3	-4.3	4.1	-8.8

数据来源：中国石油与化学工业联合会

附表 10　2014 年国内主要汽柴油月平均价格　单位：元/吨

日期	90#无铅汽油	93#无铅汽油	97#无铅汽油	0#无铅柴油	-10#无铅柴油	重油	液化气
2014 年 1 月	9536	10138	10713	8460	8941	5240	6590
2014 年 2 月	9441	10012	10587	8336	8810	5200	6630
2014 年 3 月	9637	10221	10813	8540	9017	4980	6520
2014 年 4 月	9547	10150	10734	8467	8907	4530	6470
2014 年 5 月	9634	10245	10835	8563	8989	4490	6380
2014 年 6 月	9713	10331	10924	8644	9077	4440	6080
2014 年 7 月	9736	10370	10964	8673	9112	4420	5910
2014 年 8 月	9516	10129	10712	8451	8900	4320	5810
2014 年 9 月	9238	9836	10401	8186	8636	4230	6020
2014 年 10 月	8945	9528	10076	7916	8352	4220	5740
2014 年 11 月	8380	8925	9442	7388	7795	4200	5050
2014 年 12 月	8261	8738	9244	7071	7390	4050	3790
年均价	9294	9885	10545	8225	8660	4527	5916
比上年增减%	-0.2	-0.5	-0.4	-3.3	-3.5	-15.9	-3.7

数据来源：中国石油与化学工业联合会

附表 11　2014 年国际原油现货市场月平均价格　　单位：美元/桶

日期	西德克萨斯中质油（WTI）	布伦特	迪拜	辛塔	大庆	胜利
2014 年 1 月	94.69	108.21	104.14	102.62	103.95	101.42
2014 年 2 月	100.95	108.97	105.04	103.62	103.17	103.15
2014 年 3 月	100.52	107.56	104.31	106.83	107.52	104.81
2014 年 4 月	101.34	107.90	104.60	103.47	104.27	102.87
2014 年 5 月	101.87	109.60	105.60	104.51	103.37	104.02
2014 年 6 月	105.24	111.66	108.02	107.09	107.12	106.55
2014 年 7 月	103.05	106.76	106.20	103.67	101.79	103.07
2014 年 8 月	96.13	101.62	101.48	98.20	96.31	97.65
2014 年 9 月	93.33	97.26	96.40	93.50	91.59	93.02
2014 年 10 月	84.65	87.54	86.82	83.00	80.98	82.13
2014 年 11 月	76.14	78.90	76.33	74.42	72.27	71.64
2014 年 12 月	59.50	62.53	60.25	58.45	56.46	55.71
年均价	93.12	99.04	96.60	94.95	94.07	93.84
比上年增减%	-4.84	-8.79	-8.38	-9.77	-9.65	-9.07

数据来源：中国石油与化学工业联合会

附表 12　2014 年国际市场主要油品月平均现货价格

普氏现货报价，单位：美元/桶

日期	95#无铅汽油	柴油	航空煤油	石脑油	燃料油（180）*	燃料油（380）*
2014 年 1 月	118.07	121.64	121.73	104.68	612.54	604.85
2014 年 2 月	119.80	123.63	122.85	102.33	612.07	606.85
2014 年 3 月	119.37	121.67	119.98	102.07	603.94	596.06
2014 年 4 月	120.77	122.77	120.43	104.23	595.92	587.06
2014 年 5 月	121.38	122.39	119.93	105.30	604.55	593.75
2014 年 6 月	123.70	121.23	120.80	106.16	618.15	608.78
2014 年 7 月	121.94	118.95	118.78	106.39	600.86	597.47
2014 年 8 月	111.56	116.79	116.65	99.08	594.70	588.58
2014 年 9 月	110.65	112.17	112.66	94.65	578.53	571.38
2014 年 10 月	101.57	100.54	101.82	80.26	504.05	497.09
2014 年 11 月	90.44	93.85	96.41	71.86	455.69	450.51
2014 年 12 月	71.91	77.10	78.36	56.33	352.94	349.44
年均价	110.93	112.73	112.53	94.44	561.16	554.32
比上年增减%	-6.90	-8.53	-8.40	-6.45	-9.35	-9.44

数据来源：中国石油与化学工业联合会

附表 13　2004～2013 年全球主要国家和地区的石油探明储量

单位：十亿桶

地区＼年份	2004	2005	2006	2007	2008	2009	2010	2011	2012	2013
委内瑞拉	79.7	80.0	87.3	99.4	172.3	211.2	296.5	296.5	297.6	298.3
沙特阿拉伯王国	264.3	264.2	264.3	264.2	264.1	264.6	264.5	265.4	265.9	265.9
伊朗	132.7	137.5	138.4	138.2	137.6	137.0	151.2	151.2	157.0	157.0
伊拉克	115.0	115.0	115.0	115.0	115.0	115.0	115.0	143.1	150.0	150.0
科威特	101.5	101.5	101.5	101.5	101.5	101.5	101.5	101.5	101.5	101.5
阿拉伯联合酋长国	97.8	97.8	97.8	97.8	97.8	97.8	97.8	97.8	97.8	97.8
俄罗斯	78.8	80.2	81.5	83.2	83.3	83.9	86.6	88.2	87.2	93.0
利比亚	39.1	41.5	41.5	43.7	44.3	46.4	47.1	47.1	48.0	48.5
尼日利亚	35.9	36.2	37.2	37.2	37.2	37.2	37.2	37.2	37.2	37.1
哈萨克斯坦	9.0	9.0	9.0	30.0	30.0	30.0	30.0	30.0	30.0	30.0
中国	15.5	15.6	15.6	15.5	14.8	14.8	14.8	14.7	17.3	18.1
经济合作组织(OECD)	245.2	244.7	241.0	239.8	234.4	236.0	235.0	234.7	238.3	248.8
石油输出国组织(欧佩克)	918.8	927.8	936.1	954.0	1028.8	1068.6	1167.3	1196.3	1169.9	1214.2
欧盟	7.5	7.3	6.9	6.7	6.1	6.4	6.8	6.7	6.8	6.8
全球总计	1346.2	1357.0	1364.5	1404.5	1475.4	1518.16	1622.06	1652.61	1668.9	1687.9

数据来源：2014 年 BP 能源统计年鉴

附表 14　2004～2013 年全球主要国家和地区的石油产量

单位：百万吨/年

地区＼年份	2004	2005	2006	2007	2008	2009	2010	2011	2012	2013
沙特阿拉伯王国	504.3	524.9	512.4	492.4	513.5	462.7	466.6	525.8	547.0	542.3
俄罗斯	458.8	470.0	480.5	491.3	488.5	494.2	505.1	511.4	526.2	531.4
美国	329.2	313.3	310.2	309.8	304.9	328.6	339.9	352.3	394.9	446.2
中国	174.1	181.4	184.8	186.3	190.4	189.5	203.0	203.6	207.5	208.1
加拿大	147.6	144.9	153.4	158.6	155.9	156.1	164.4	172.6	182.6	193.0
伊朗	206.9	205.1	207.9	209.6	213.0	204.0	207.1	205.8	174.9	166.1
阿拉伯联合酋长国	131.7	137.3	145.5	140.7	142.9	126.3	130.8	150.1	154.1	165.7
伊拉克	100.0	90.0	98.1	105.2	119.5	120.0	121.4	136.9	152.4	153.2
科威特	123.4	130.4	133.8	129.9	135.8	121.0	122.7	140.0	152.5	151.3
墨西哥	190.9	187.3	183.3	172.9	157.6	147.4	146.3	145.1	143.9	141.8
委内瑞拉	145.2	154.5	151.2	152.1	154.1	149.9	142.5	139.6	139.7	135.1
经济合作组织(OECD)	979.5	933.4	912.9	898.0	863.7	864.0	868.1	866.7	903.0	951.0
石油输出国组织(欧佩克)	1621.4	1679.8	1689.3	1679.4	1736.6	1613.6	1645.9	1695.9	1778.4	1740.1
非石油输出国组织(NON-欧佩克)	1699.4	1659.5	1639.2	1625.3	1601.3	1611.1	1641.3	1640.1	1669.6	1711.6
欧盟	137.7	125.7	114.6	113.1	105.4	99.0	92.7	80.9	73.0	68.4
全球总计	3879.3	3916.4	3929.2	3928.8	3965.0	3869.3	3945.4	3995.6	4118.9	4132.9

数据来源：2014 年 BP 能源统计年鉴

附表 15　2004~2013 年全球主要国家和地区的石油消费量

单位：百万吨/年

地区＼年份	2004	2005	2006	2007	2008	2009	2010	2011	2012	2013
美国	936.5	939.8	930.7	928.8	875.8	833.2	849.9	833.6	819.9	831.0
中国	318.9	327.8	351.2	369.3	376.0	388.2	437.7	461.8	483.7	507.4
日本	241.1	244.4	237.1	228.7	220.9	198.3	200.3	201.4	218.2	208.9
印度	120.2	119.6	120.4	133.4	144.1	153.7	156.2	162.3	171.6	175.2
俄罗斯	124.2	123.2	130.8	123.6	129.8	124.8	128.9	136.0	147.5	153.1
沙特阿拉伯王国	88.3	87.5	91.7	97.4	106.1	115.4	123.2	127.8	129.7	135.0
巴西	91.5	93.8	95.0	100.7	107.9	108.0	118.0	120.7	125.6	132.7
德国	124.0	122.4	123.6	112.5	118.9	113.9	115.4	111.5	111.5	112.1
韩国	104.6	104.6	104.7	107.6	103.1	103.7	106.0	106.0	108.8	108.4
加拿大	100.6	100.3	100.5	103.8	102.5	97.1	102.7	103.1	104.3	103.5
经济合作组织(OECD)	2285.8	2301.5	2290.6	2277.5	2208.9	2097.8	2118.0	2092.0	2072.8	2059.9
非经济合作组织(NON-OECD)	1570.8	1600.1	1653.6	1727.5	1778.3	1811.1	1913.9	1967.0	2057.7	2125.1
欧盟	715.1	720.1	722.2	706.5	705.6	667.7	662.8	645.9	611.3	605.2
全球总计	3856.6	3901.7	3944.2	4005.0	3987.3	3908.9	4031.9	4059.1	4130.5	4185.1

数据来源：2014 年 BP 能源统计年鉴

附表 16　2004~2013 年全球主要国家和地区的炼油能力

单位：千桶/天

地区＼年份	2004	2005	2006	2007	2008	2009	2010	2011	2012	2013
美国	17125	17339	17443	17594	17672	17688	17594	17730	17388	17818
中国	6603	7165	7865	8399	8722	9479	10302	10834	11547	12598
俄罗斯	5327	5392	5471	5484	5405	5382	5491	5663	5754	6027
印度	2558	2558	2872	2983	2992	3574	3703	3804	4099	4319
日本	4531	4531	4588	4650	4650	4630	4291	4274	4254	4123
韩国	2598	2598	2633	2671	2712	2712	2712	2783	2887	2887
德国	2320	2322	2390	2390	2366	2362	2091	2077	2097	2522
沙特阿拉伯王国	2075	2100	2100	2100	2100	2100	2100	2110	2122	2122
巴西	1915	1916	1916	1935	2045	2093	2093	2116	2000	2093
意大利	2497	2515	2526	2497	2396	2396	2396	2331	2200	2062
经济合作组织(OECD)	45133	45204	45469	45688	45789	45752	44989	45426	44686	44704
非经济合作组织(NON-OECD)	40065	40823	41879	42807	43535	45193	46627	47578	47845	50225
欧盟	15803	15811	15857	15784	15658	15553	15229	15234	14797	14736
全球总计	85198	86027	87347	88495	89324	90946	91616	93004	92531	94929

数据来源：2014 年 BP 能源统计年鉴

附表 17 2004~2013 年全球主要国家和地区的天然气探明储量

单位：万亿立方米

地区＼年份	2004	2005	2006	2007	2008	2009	2010	2011	2012	2013
伊朗	27.5	27.6	26.9	28.1	29.6	29.6	33.1	33.1	33.6	33.8
俄罗斯	30.3	30.3	30.3	30.4	30.4	31.1	31.1	32.9	32.9	31.3
卡塔尔	25.4	25.6	25.5	25.5	25.4	25.3	25.0	25.0	25.1	24.7
土库曼斯坦	2.6	2.6	2.6	2.6	8.1	8.0	13.4	24.3	17.5	17.5
美国	5.5	5.8	6.0	6.7	6.9	7.7	8.2	8.5	8.5	9.3
沙特阿拉伯王国	6.8	6.8	7.1	7.3	7.6	7.9	8.0	8.2	8.2	8.2
阿拉伯联合酋长国	6.1	6.1	6.4	6.4	6.1	6.1	6.1	6.1	6.1	6.1
委内瑞拉	4.3	4.3	4.7	4.8	5.0	5.1	5.5	5.5	5.6	5.6
尼日利亚	5.2	5.2	5.2	5.3	5.3	5.3	5.1	5.1	5.2	5.1
阿尔及利亚	4.5	4.5	4.5	4.5	4.5	4.5	4.5	4.5	4.5	4.5
中国	1.4	1.5	1.7	2.3	2.5	2.8	2.9	3.1	3.1	3.3
经济合作组织(OECD)	15.1	15.1	15.1	15.5	16.9	17.4	18.1	18.7	18.6	19.2
非经济合作组织(NON-OECD)	156.6	157.2	158.2	161.0	168.2	169.9	178.0	189.7	168.6	166.5
欧盟	3.1	3.0	2.8	2.6	2.5	2.5	2.3	1.8	1.7	1.6
全球总计	171.8	172.3	173.2	176.5	185.1	187.3	196.1	208.4	187.3	185.7

数据来源：2014 年 BP 能源统计年鉴

附表 18 2004~2013 年全球主要国家和地区的天然气产量

单位：十亿立方米/年

地区＼年份	2004	2005	2006	2007	2008	2009	2010	2011	2012	2013
美国	526.4	511.1	524.0	545.6	570.8	584.0	604.1	651.3	681.4	687.6
俄罗斯	573.3	580.1	595.2	592.0	601.7	527.7	588.9	607.0	592.3	604.8
伊朗	84.9	103.5	108.6	111.9	116.3	131.2	146.2	151.8	160.5	166.6
卡塔尔	39.2	45.8	50.7	63.2	77.0	89.3	116.7	146.8	157.0	158.5
加拿大	183.7	187.1	188.4	182.7	176.6	164.0	159.9	160.5	156.5	154.8
中国	41.5	49.3	58.6	69.2	80.3	85.3	94.8	102.5	107.2	117.1
挪威	78.5	85.0	87.6	89.7	99.3	103.7	106.4	101.4	114.9	108.7
沙特阿拉伯王国	65.7	71.2	73.5	74.4	80.4	78.5	87.7	99.2	102.8	103.0
阿尔及利亚	82.0	88.2	84.5	84.8	85.8	79.6	80.4	78.0	81.5	78.6
印度尼西亚	70.3	71.2	70.3	67.6	69.7	71.9	82.0	75.6	71.1	70.4
经济合作组织(OECD)	1093.7	1078.6	1091.5	1100.9	1130.9	1121.9	1148.2	1168.1	1211.5	1200.0
非经济合作组织(NON-OECD)	1594.8	1691.8	1777.9	1838.4	1916.4	1834.0	2030.0	2108.1	2152.5	2169.8
欧盟	227.3	212.0	201.3	187.5	189.4	171.5	174.9	155.0	149.6	146.8
全球总计	2688.5	2770.4	2869.4	2939.3	3047.2	2955.9	3178.2	3276.2	3363.9	3369.9

数据来源：2014 年 BP 能源统计年鉴

附表 19　2004~2013 年全球主要国家和地区的天然气消费量

单位：十亿立方米/年

地区＼年份	2004	2005	2006	2007	2008	2009	2010	2011	2012	2013
美国	634.4	623.4	614.4	654.2	659.1	648.7	673.2	690.1	722.1	737.2
俄罗斯	394.1	400.3	408.5	422.1	416.0	389.6	414.1	424.6	416.2	413.5
伊朗	86.5	105.0	108.7	113.0	119.3	131.4	144.6	153.3	156.1	162.2
中国	39.7	46.8	56.1	70.5	81.3	89.5	107.6	130.7	143.8	161.6
日本	77.0	78.6	83.7	90.2	93.7	87.4	94.5	105.5	116.7	116.9
沙特阿拉伯王国	65.7	71.2	73.5	74.4	80.4	78.5	87.7	99.2	102.8	103.0
加拿大	95.1	97.8	96.9	96.2	96.1	94.9	95.0	104.8	100.7	103.5
墨西哥	55.8	56.1	60.9	63.2	66.1	66.2	67.9	68.9	83.7	82.7
英国	97.4	95.0	90.1	91.1	93.9	86.7	94.0	80.2	78.3	73.1
德国	85.9	86.2	87.2	82.9	81.2	78.0	83.3	72.5	75.2	83.6
意大利	73.9	79.1	77.4	77.8	77.8	71.5	76.1	71.3	68.7	64.2
经济合作组织（OECD）	1418.5	1425.6	1425.7	1477.3	1499.2	1451.4	1536.2	1534.6	1588.3	1596.5
非经济合作组织（NON-OECD）	1260.9	1341.1	1398.6	1453.1	1505.9	1479.2	1616.9	1688.4	1726.1	1751.1
欧盟	486.7	494.8	487.8	482.0	491.3	460.1	496.9	447.9	443.9	438.1
全球总计	2679.4	2766.7	2824.3	2930.4	3005.1	2930.6	3153.1	3222.9	3314.4	3347.6

数据来源：2014 年 BP 能源统计年鉴

参 考 文 献

[1]彭元正，董秀成．中国油气产业发展分析与展望报告蓝皮书(2013-2014)[M]．北京：中国商业出版社，2014.

[2]闫世刚，刘曙光．新能源安全观下的中国能源外交[J]．国际问题研究，2014(2)：109-117.

[3]王俊峰，贾芦苇．中俄能源合作的新战略与新思考[J]．中国地质大学学报(社会科学版)，2014(4)：88-92.

[4]曾涛，查金才．乌克兰危机对世界能源行业的影响[J]．国际石油经济，2014(3)：106-119.

[5]王海运．乌克兰危机、俄罗斯战略调整与国际格局演变[J]．国际石油经济，2014(10)：106-109.

[6]孔祥永．美国“页岩气革命”及影响——兼论对中国页岩气开发的启示[J]．国际论坛，2014(1)：71-81.

[7]徐小杰，吴康．2014至2015年国际油价趋势分析[N]．中国石油报，2014-11-25：002.

[8]田野．国际油价暴跌为中国敞开机会窗口[J]．中国石油企业，2014(11)：74-124.

[9]IMF.《World Economic Outlook》[R].2014(10).

[10]朱春凯．国内炼油行业盈利不及预期[J]．中国石化，2014(11)：32-35.

[11]吕建忠．创新战略：油公司的低油价对策[N]．石油商报，2014-12-10.

[12]庞萧．低油价：国际巨头滑向下游的衰退[N]．中国化工报，2014-11-15.

[13]邹才能，翟光明，张光亚等．全球常规和非常规油气未来趋势分析(2014)[J/OL]．石油观察，2014-12-23.

[14]王丽忱，甄鉴．全球海洋油气勘探开发投资趋势[J]．国际石油经济，2014(9)：34-37.

[15]德勤有限公司．北美能源变革的主要影响[J]．国际石油经济，2014(10)：76-79.

[16]罗卓辉．我国油气装备制造业转型升级的主要途径浅析[J]．国际石油经济，2014(10)：90-93.

[17]郭一凡，朱和，董振宇．转型期中国油品消费增长分析[J]．国际石油经济，2014(Z1)：105-109+222.

[18]徐舜华，曹斌，郝立新．世界原油贸易走势与中国进口形势分析[J]．国际石油经济，2014(Z1)：110-116+222-223.

[19]陈葳．“世纪合同”的背后——中俄天然气大单解读[J]．中国石油和化工，2014(6)：8-11.

[20]杨阳．中俄签署天然气大单合同上市公司受益几何？[J]．股市动态分析，2014(20)：56-57.

[21]张祺．中国石油进口依存度问题研究[D]．武汉大学，2013.

[22]唐晖．新格局下我国天然气定价机制研究[J]．现代经济信息，2014(8)：354+357.

[23]马宝玲．中国天然气市场化改革的理论与实证研究[D]．对外经济贸易大学，2014.
[24]高培勇．2015 积极财政政策空间有多大[J]．财智观察，2014，12(21).
[25]董秀成．我国成品油价格市场化改革大趋势[J]．价格理论与实践，2014(5)：9-11.
[26]胡颖，王蒙．页岩气勘探开发现状及发展趋势[J]．广东化工，2014，22(41)：69-70.
[27]王琳，毛小平，何娜等．页岩气开采技术[J]．石油与天然气化工，2011，40(5)：400-502.
[28]曾少君，杨来，曾凯超．中国页岩气开发现状、问题及对策[J]．中国人口·资源与环境，2013，23(3)：33-38.
[29]钱伯章，朱建芳．页岩气开发的现状与前景[J]．天然气技术，2010，4(2)：11-15.
[30]葛忠伟，樊莉．页岩气研究中应注意的问题[J]．油气地质与采收率，2013(6)：19-22+112.
[31]冯爱国，张建平，石元会等．中扬子地区涪陵区块海相页岩气层特征[J]．特种油气藏，2013(6)：15-19+141.
[32]刘长胜，顾家瑞，季东军．页岩气开发热需要“冷思考”[J]．宁波节能，2012(2)：23-26.
[33]姜福杰，庞雄奇，欧阳学成等．世界页岩气研究概况及中国页岩气资源潜力分布[J]．地学前缘，2012，19(2)：198-201.
[34]赵先良，潘继平．中俄油气合作重大进展及其潜在风险与对策[J]．国际石油经济，2014，10(10)：29-32.
[35]陈光玖，何洁如．非常规油气开发的国际合作动因与阻力分析[J]．企业改革与管理，2014，4(8)：114-115.
[36]杨晨曦．欧亚能源格局调整促“一带一路”合作[N]．中国石油报，2014-10-28.
[37]赵亚博，方创琳．中国与中亚地区油气资源合作开发模式与前景分析[J]．世界地理研究，2014，1(23)：29-35.
[38]郭庆芳．中国油气国际合作区域战略研究[J]．改革与战略，2013，10(11)：40-42.
[39]姜睿．大油气需要大数据[J]．中国石油石化，2012(12)：24-29.
[40]李金诺．浅谈石油行业大数据的发展趋势[J]．价值工程，2013(29)：172-174.
[41]郑军，尹兆涛．中国石油应对“大数据”的策略分析[J]．石油规划设计，2013(6)：27-29+49.
[42]夏春燕，夏颖．对我国石油企业海外项目融资模式的相关思考[J]．金融经济，2014(9)：76-78.
[43]陈卫东．中国在石油国际合作中如何“转身”[N]．中国矿业报，2014-8-26.
[44]朱润民，吴润芳．全球油气并购大潮将袭[M]．观察，2014-8-15(16).
[45]蒋隅琼．油价跌出中国企业并购良机[N]．上海证券报，2014-11-19：F02.
[46]刘锴．我国石油企业跨国并购定价风险成因与控制策略[J]．财会月刊，2012(5)：41-43.

[47]北京国际能源专家俱乐部．国际天然气定价新趋势[J]．国际石油经济，2011(3)：48-52+105-106.

[48]何润民．构建东北亚天然气国际合作体系[J]．天然气工业，2012，32(9)：110-115+139.

[49]申现杰，肖金成．国际区域经济合作新形势与我国“一带一路”合作战略[J]．宏观经济研究，2014(11)：30-38.

[50]陈德胜，雷家骕．法、德、美、日四国的战略石油储备制度比较与中国借鉴[J]．太平洋学报，2006(2)：61-71.

[51]田晓耕．借鉴国际经验建立我国石油储备体系研究[J]．辽宁工学院学报(社会科学版)，2007(4)：19-21+45.

[52]庞昌伟．五国石油战略储备火热进行中[J]．中国石油和化工(综合版)，2007(1)：28-30.

[53]张磊，郑丕谔等．基于美日英法石油战略储备的中国石油安全储备的分析与对策研究[J]．未来与发展，2009(10)：40-45.

[54]李红．美日石油战略储备模式的特点及借鉴意义[J]．全国商情(经济理论研究)，2009(4)：91-93.

[55]国家能源局发展规划司．科学发展的2030年——国家能源战略研究报告[R]．北京：国家能源局，2009.

[56]罗晓梅，黄鲁成．燃油汽车与纯电动车能源足迹实证研究[J]．中国人口．资源与环境，2014(9)：84-90.

[57]张成，浦耿强，王成焘．电动自行车与燃油助动车生命周期评价的比较[J]．机械设计与研究，2003(4)：69-71+10.

[58]崔现华．高速公路特许经营项目投融资管理研究[D]．北京：北京交通大学，2009.

[59]唐涌．高速公路投融资研究[D]．成都：四川大学，2006.

[60]董秀成．完善国内石油资源保障战略的思考[J]．中国石油和化工经济分析，2014，(8)：19-21.

[61]尹明发．企业物流成本管理问题分析与对策[J]．企业经济，2007(8)：36-38.

[62]张轩昂．我国石油企业物流改革探讨[J]．科技创业月刊，2011(2)：69-70.

[63]徐勇，姜晶晶，黄世秀，全英华，倪莉森．石油企业物流管理浅析[J]．湖北三峡职业技术学院学报，2013(2)：35-37+45.

[64]董翔．中国石油储备方式与效益研究[D]．天津：天津大学，2007.

[65]冀星，王璇．发达国家的石油储备体系[J]．国际化工信息，2003(4)：1-6.

[66]刘豆豆．山东战略石油储备基础性问题研究[J]．科学与管理，2010(2)：60-62.

[67]孙斌．略论垄断行业收入问题及其解决[J]．理论导刊，2008(3)：95-96.

[68]王新新．我国石油储备发展的审视与对策分析[J]．技术经济与管理研究，2013(2)：102-106.

[69]杨阳．我国石油战略储备规模与吞吐模式研究[D]．南京：南京航空航天大学，2011.

[70]由然．美德日法油储战略比较[J]．中国石油企业，2009(3)：50-53.
[71]杨凤玲.天然气产业中下游领域的自然垄断性[J]天然气工业，2005，25(11)：132-133+139.
[72]王丹.中国石油产业发展路径：寡占竞争与规制[M]．北京：中国社会科学出版社，2007.
[73]周仲兵，董秀成，李君臣．天然气价格管制的利与弊——美国经验及其启示[J]．天然气技术，2010(4)：4-6+8+77.
[74]董秀成，周仲兵，李君臣，佟金辉，尹海彤．基于库诺特模型的天然气管道一体化研究[J]．中国石油大学学报(自然科学版)，2010(6)：168-172.
[75]李君臣．我国天然气产业网络链一体化研究[D]．北京：中国石油大学(北京)，2011.
[76]王占国．产权论纲[M]．哈尔滨：黑龙江教育出版社，1998：75.
[77]西气东输价格研究课题组．美国天然气管道运输价格制定方法[M]．北京：石油工业出版社，2002：04.
[78]孙吉．《欧盟第三次能源改革方案》中的“第三国条款”研究[J]．华北电力大学学报：社会科学版，2013(1)：14-20.
[79]倪健民．国家能源安全报告[M]．北京：人民出版社，2005.
[80]瞿国华．加速发展天然气产业是我国能源结构调整的核心任务之一[J]．中外能源，2011，16(1)：2-7.
[81]姜子昂，肖学兰，王黎明等．天然气产业低碳发展模式研究[M]．北京：科学出版社，2012：134.
[82]刘鹏，詹淑慧，黄葵．天然气替代传统能源的减排效果[J]．城市管理与科技，2012(6)：52-55.
[83]蒋奇，黄绪春，夏启明．欧盟第三阶段天然气市场自由化改革及其对俄欧天然气合作的影响[J]．国际石油经济，2011(9)：29-35+109.
[84]孙梅，赵映梅，潘袁园，董秀成．中外石油战略储备模式比较研究[J]．亚太经济，2014(4)：80-83+144.
[85]彭倩，姚兰，胡国松．中国能源安全及对策[J]．财经科学，2014(10)：73-80.
[86]蔡德洪，龚满英，马根萍．国外石油公司成品油物流管理分析[J]．国际石油经济，2008(4)：26-28+33+98.
[87]邵强．中国石油天然气运输公司物流管理模式研究[D]．西安石油大学，2012.
[88]马妍，荀烨．我国物流企业物流信息化的发展和创新[J]．物流工程与管理，2012(1)：27-28+31.
[89]廖华．浅谈石油企业物流成本的优化与控制[J]．现代商业，2012(10)：56.
[90]刘睿，魏军．石油公司国际物流管理规划方法[J]．油气田地面工程，2012(7)：8-9.